Bartsch / Knigge-Illner (Hrsg.)
Sucht und Erziehung
Band 1: Sucht und Schule

Suchtprobleme in Pädagogik und Therapie
Band 3

Herausgegeben von Wolfgang Heckmann

Sucht und Erziehung

Band 1
Sucht und Schule

Ein Handbuch für Lehrer
und Sozialpädagogen

Herausgegeben von
Norbert Bartsch und Helga Knigge-Illner

2. Auflage

Beltz Verlag · Weinheim und Basel

Die Deutsche Bibliothek – CIP-Einheitsaufnahme

Sucht und Erziehung : Ein Handbuch für Lehrer und
Suchtpädagogen / hrsg. von Norbert Bartsch und Helga
Knigge-Illner. – Weinheim ; Basel : Beltz.
  (Suchtprobleme in Pädagogik und Therapie ; ...)
NE: Bartsch, Norbert [Hrsg.]

Bd. 1. Sucht und Schule – 2., unveränd. Aufl. – 1995

Sucht und Schule : ein Handbuch für Lehrer und
Sozialpädagogen / hrsg. von Norbert Bartsch und Helga
Knigge-Illner. – 2., unveränd. Aufl. – Weinheim ; Basel : Beltz, 1995
  (Sucht und Erziehung ; Bd. 1)
  (Suchtprobleme in Pädagogik und Therapie ; Bd. 3)
  (Beltz grüne Reihe)
  ISBN 3-407-25097-5
NE: Bartsch, Norbert [Hrsg.]; 2. GT

2., unveränderte Auflage 1995
Lektorat: Richard Grübling

© 1987 Beltz Verlag · Weinheim und Basel
Herstellung: Klaus Kaltenberg
Satz: Satztechnik Kopietz, Hemsbach
Druck und Bindung: Druck Partner Rübelmann, Hemsbach
Umschlaggestaltung: Dieter Vollendorf, München
Printed in Germany

ISBN 3-407-25097-5

Inhaltsverzeichnis

Inhaltsverzeichnis Band 2:
Sucht und Jugendarbeit

Vorwort

Buchtitel haben oft eine denkwürdige Genesis. Nicht selten ist es der Verlag, sein Lektorat oder die Werbeabteilung, die den endgültigen Titel einer Arbeit bestimmen und dabei den Markt und die Signalwirkung eines Titels im Auge haben. Häufig auch finden Autoren erst gegen Ende ihrer Arbeit zur Formulierung von Titeln und Untertiteln, die dann das Wesentliche, den Kern einer Arbeit aus der rückschauenden Bewertung heraus markieren. Im eher wohl seltenen Fall ist der Titel eines Buches Programm, d. h. er leitet die Arbeit von Anbeginn, die Ausarbeitung des so bestimmten Themenkomplexes folgt in allen Phasen dem programmatischen Impetus des Titels.

So war es hier: Der Titel war vor dem Werk. Als mir der Verlag Gelegenheit eingeräumt hatte, eine Reihe zu „Suchtproblemen in Pädagogik und Therapie" herauszugeben, war mir klar, daß sich ein Band auch dem Streitthema „Sucht und Erziehung" widmen müßte. Ich diskutierte den Titel mit vielen Kollegen, und wir zogen Anregungen allein aus dem Widerspruch und der vielfältigen Beziehung der Begriffe. Mit Helga Knigge-Illner und Norbert Bartsch fand ich denn auch die sachlich kompetenten und organisatorisch versierten Herausgeber für den Band, der nun vorliegt. Allerdings war der Weg bis hierhin weiter und langwieriger, als wir geplant hatten. Dafür hat das Thema noch einen Zwilling geboren, der diesem ersten Band folgen wird: Nach der Konzentration auf den Aspekt „Sucht und Schule" wird ein Band zu „Sucht und Jugendarbeit" entstehen.

„Sucht und Erziehung" – was signalisiert dieses Begriffspaar? Zunächst einmal weist es auf sozialisationstheoretische Ursachenmodelle hin, die etwa im Sinne einer „Drogenerziehung" sowohl eine „Erziehung zur Sucht", als auch eine „Erziehung zu Abstinenz und Selbstbestimmung" kennen.

Dann erhebt das Begriffspaar den Anspruch, daß sich Erziehung generell um Suchtprobleme zu kümmern hat, daß also Suchtprävention nicht etwas Besonderes, der allgemeinen Erziehung im Sinne hervorgehobener Veranstaltungen und zusätzlicher Materialien additiv Zugeordnetes sein kann.

Schließlich enthält die Begriffskoppelung die optimistische Verheißung, daß durch Erziehung – und zwar in ganz vielen verschiedenen pädagogischen Feldern – etwas am fatalen Zustand von Sucht und Suchtgefährdung geändert werden kann.

Das Aufregendste aber an „Sucht und Erziehung" ist, daß beide Begriffe für viele Diskussionen in und um Schule Reizbegriffe sind: Das Wort Sucht verweist darauf, daß man sich eben nicht bequem und vereinfachend auf die hierzulande illegalen Drogen zurückziehen, d. h. auch auf die Süchte der anderen kaprizieren kann, sondern daß es um ein umfassendes, die Vielen betreffendes Phänomen geht. Darauf gehen die Sachbeiträge, die eben nicht in erster Linie Haschisch und Heroin, sondern Nikotinsucht, problematisches Glücksspiel und Eßstörungen als Probleme von Schülern behandeln, ausführlich ein.

Das Wort Erziehung verweist – in diesem engen Zusammenhang zu Sucht und Schule stehend – darauf, daß gerade Phänomene wie Sucht oder psychische Störungen den Erziehungsauftrag der Schule ganz stark forcieren und den Rückzug vergangener Jahrzehnte auf den Bildungsauftrag der Schule ad absurdum führen. Ähnlich wie schon die Sexualpädagogik sprengt die Bedrohung durch die modernen Suchtformen die Enge fachunterrichtlichen Denkens und Handelns. Themen wie Betreuung, Vorbildverhalten, Erziehungsstile, Entwicklungsbegleitung oder Verantwortung werden beim Angstthema Sucht erneut radikalisiert. Darauf gehen die Beiträge zur Suchtprävention in Schule und Lehrerbildung im Detail und vor allem im Beispiel ein.

Zweibändig ist „Sucht und Erziehung" nun geworden, weil der Fundus an praktischen Erfahrungen und an Autoren aus ganz unterschiedlichen Diskussions- und Praxiszusammenhängen mittlerweile doch schon recht groß geworden ist, weil sich vieles, das erst mit dem Umdenken von der aufklärerischen zur erzieherischen Prävention zum Ende der siebziger Jahre entstanden ist, heute bereits dokumentieren und auswerten läßt. Zweibändig wird „Sucht und Erziehung" nun nicht vorgelegt, weil „Sucht und Schule" ein Buch für Lehrer, hingegen „Sucht und Jugendarbeit" ein Buch für Sozialarbeiter sein soll. Im Gegenteil: „Sucht und Erziehung" sind zwei Bände für Erziehende jeglicher Profession, beide Teilthemen entsprechen einem Konzept, reagieren auf eine gleichartige Provokation: Sucht und Suchtgefährdung *ist* in allen pädagogischen Bereichen, Erziehung muß sich stets damit auseinandersetzen.

Wolfgang Heckmann

I Grundlagen

Sucht und Schule

Norbert Bartsch/Helga Knigge-Illner

1 Fragestellungen

Seit die Massenmedien begannen, über haschischrauchende Jugendliche zu berichten, die Sensationsmeldungen über Herointote in Presse, Rundfunk und Fernsehen zunahmen und schließlich die Gefährlichkeit von Drogen – den illegalen wie auch den gesetzlich akzeptierten – immer häufiger zum Thema gemacht wurde, sind auf Pädagogen und Erzieher Erwartungen, neue Anforderungen und Aufgaben zugekommen. Beunruhigung und Sorge um die Entwicklung der Kinder und Jugendlichen haben dazu geführt, Gegenmaßnahmen auf verschiedenen Ebenen zu treffen: In den Schulen sind Drogenkontaktlehrer benannt worden, auf Landes- und Bundesebene sind Experten mit der Ankurbelung von Aufklärungskampagnen, der Durchführung von Forschungsprojekten und der Entwicklung von Unterrichtsmaterialien betraut.

In der Lehreraus- und -fortbildung beschäftigt man sich zunehmend mit Sucht und Drogen und mit der Fragestellung, wie man in Unterricht und Erziehung mit diesen Problemen adäquat umgehen soll. Wird damit genug unternommen, das Problem in den Griff zu bekommen? Oder ist das Insgesamt der Maßnahmen nur der berühmte Tropfen auf den heißen Stein?

Berücksichtigt man die Statistiken zum Drogenmißbrauch und Suchtverhalten bei Jugendlichen – 30 000 Jugendliche sind als alkoholsüchtig zu bezeichnen, 35% der Halbwüchsigen (12 bis 15 Jahre) rauchen regelmäßig, auch die Schätzungen von Medikamentenmißbrauch fallen recht hoch aus, um nur einige Zahlen zu nennen – (vgl. DHS 1984) – und hört man auf die Worte von Drogenbeauftragten und -experten, dann wird zu wenig getan. Manche wissenschaftlichen Publikationen und Expertenmeinungen, die über die Notwendigkeit eines breiten Suchtbegriffs aufklären wollen und süchtiges Verhalten auch in Gestalt von Spielsucht, Fernsehsucht, Eßsucht usw. erkennen wollen (vgl. Heckmann 1985), lösen bei Lehrern und Erziehern nicht selten Skepsis und Befremden aus: Soll damit alles, was mit Hingabe und Ausdauer genossen wird, zur Sucht erklärt werden? Liegt darin nicht gerade die Gefahr des hysterischen Überreagierens begründet? Abgrenzungsprobleme lösen Irritation aus: Gibt es dann keine prinzipiellen Unterschiede mehr zwischen der Abhängigkeit eines jugendlichen Schnüfflers, dem Fanatismus eines Rockmusik-Fans und dem gewohnheitsmäßigen allabendlichen Fernseh- und Bierkonsum des freizeitgenießenden Familienvaters?

Jenseits der Abgrenzungsprobleme besteht jedoch weitgehend Übereinstimmung darüber, daß die gesellschaftlichen Erziehungsinstitutionen, insbesondere die Schule, der Entwicklung von Sucht und Abhängigkeit möglichst frühzeitig entgegenwirken sollten. Allerdings ist das Wie, die Frage nach der adäquaten Vorgehensweise von Suchtprävention, noch längst nicht einhellig beantwortet.

Mit der Aufgabenstellung, geeignete Unterrichtsansätze und schulische Projekte zu entwickeln, wird zwangsläufig eine Beschäftigung mit impliziten Zielen und Normen erforderlich: Soll das erklärte Ziel darin bestehen, zur Abstinenz von Drogen oder zu mäßigem, selbstkontrolliertem Konsum zu erziehen? Die Beantwortung dieser Frage ist sicherlich auch von der Gefährlichkeit der Droge selbst abhängig, aber was grundsätzlich mitberührt wird, ist immer auch die Frage nach *positiven* Wertsetzungen, die vermittelt werden können: Welche Alternativen lassen sich anbieten, die in Konkurrenz treten können mit den gerade von Jugendlichen als recht attraktiv erlebten Suchtmitteln (wie z.B. Zigaretten) und ihren assoziierten (subkulturellen) Image-Werten (wie bei Haschisch)? Läßt sich die Erhaltung der eigenen Gesundheit als „wertvolles" Ziel vermitteln, reichen die Erfahrungen und Erlebnisse aus, die Heranwachsenden ein Feedback für ihre eigenen kreativen Handlungserfolge geben?

Die Zielsetzung, drogenfreie Alternativen anzubieten, stellt eine schwer zu realisierende Aufgabe angesichts einer Gesellschaft dar, in der der Konsum von Drogen im Alltag weit verbreitet und integriert ist. Auf alle diese Fragen Antwort zu finden – oder sich zumindest mit ihnen auseinanderzusetzen –, ist Aufgabe dieses Buches.

Die aufgeworfenen Fragen machen deutlich, daß zunächst eine realistische und differenzierte Einschätzung der gegenwärtigen Suchtproblematik bei Jugendlichen nottut. Darin soll eine der Hauptintentionen bestehen: Das Buch soll klären, was unter Sucht und süchtigem Verhalten zu verstehen ist; es soll verschiedene Suchtprobleme, die gegenwärtig bei Jugendlichen auftreten, und deren spezifische Folgeprobleme beleuchten. Und es soll aufzeigen, welche Aufgaben daraus für Erziehung und Unterricht resultieren und mit welchen Ansätzen, Ideen und Projekten sich diese in der Schule umsetzen lassen.

2 Begriffsklärung

Unter Drogen im engeren Sinne sind jene Mittel stofflich-chemischer Art zu verstehen, die durch ihre psychophysischen Effekte Erlebniszustände (Rauschzustände, angenehme Erlebniszustände) auslösen und dadurch menschliche Bedürfnisse so weit binden können, daß es zur Abhängigkeit von der Droge kommen kann. Entsprechend der Sprachregelung der Weltgesundheitsorganisation (WHO) (vgl. Eddy u. a. 1965) ist zwischen der physischen und der psychischen Abhängigkeit zu unterscheiden. Physische Abhängigkeit ist dadurch charakterisiert, daß

- nach mehrfachem Konsum eine physische Toleranz gegenüber der Drogenwirkung entsteht,
- eine Dosissteigerung nachfolgt und
- das Absetzen der Droge Entzugssymptome hervorruft.

Die psychische Abhängigkeit ist durch folgende Merkmale zu kennzeichnen:

- ein starkes psychisches Bedürfnis nach periodischem oder dauerndem Genuß der Droge" (Eddy u. a. 1965), das zu einem Wiederholungszwang führt,
- eine Dominanz der Droge im Wahrnehmungs- und Erlebnisraum des Konsumenten,
- die Tendenz zu selbstschädigendem Verhalten, die sich äußert in der Einengung des Interessenspektrums, der Beschränkung persönlicher Entwicklungspotentiale und der Verkümmerung sozialer Beziehungen.

Physische Abhängigkeit schließt die psychische immer mit ein, während psychische Abhängigkeit auch ohne die Symptome physischer Abhängigkeit auftreten kann. Die Merkmale psychischer Abhängigkeit lassen sich ebenso auf den glücksspielsüchtigen Jugendlichen anwenden, der jede Gelegenheit nutzt, um an Groschenautomaten die Erregung des Spielers zu erleben und auch nicht davor zurückschreckt, Freunde und Eltern zu bestehlen, um an Geld und damit an Nachschub für seine Spielleidenschaft zu kommen.

Der von der WHO aufgestellte Katalog von Drogenabhängigkeiten schließt lediglich stoffgebundene Abhängigkeiten ein, bleibt allerdings auch darin lückenhaft, so fehlen – wie Heckmann (1983, 6) kritisiert – darin Drogen wie Nikotin, mißbrauchsfähige Arzneimittel und Schnüffelstoffe. Heckmann hält es für eine ungerechtfertigte Reduktion der gesellschaftlichen Suchtprobleme, lediglich die stoffgebundenen Süchte als gesundheitsschädigend einzuordnen. Sein Suchtbegriff wird im wesentlichen durch die o. g. Merkmale psychischer Abhängigkeit definiert, in der er das Kernproblem von Süchtigkeit sieht. Er weist zudem besonders auf die Funktion der Ersatzbefriedigung durch das Suchtmittel hin sowie auf die Tendenz zur Realitätsflucht des Süchtigen: „Sucht stellt einen Versuch dar, Bedürfnisse unmittelbar und unter Umgehung der Verhaltensweisen zu befriedigen, die natürlicherweise zu ihrer Befriedigung führen" (Heckmann 1983, 6). Zu den stoffungebundenen Süchten zählt er „alle süchtigen Entartungen menschlichen Interesses, Exzesse wie sie beispielsweise bei Freizeitbeschäftigungen, beim Sport oder auch beim Kaufverhalten auftreten können" (Heckmann 1981, 1). Damit wird der Suchtbegriff auf vielfältige Erscheinungsformen von Bedürfnisbefriedigung im Alltag ausgedehnt und bezieht sich sowohl auf die fernsehsüchtige Familie, die keinen gemeinsamen Abend mehr ohne den laufenden Fernseher verbringt, als auch die putzsüchtige Sekretärin, die ihr ganzes Einkommen für neue Kleider ausgibt. Diese Ausweitung hat den Vorzug, daß damit eine Ausgrenzung von bestimmten, als abweichend oder exotisch empfundenen Drogen – wie z. B. Haschisch – und von Konsumentengruppen vermieden wird. Süchtiges Verhalten betrifft somit fast alle Mitglieder der Gesellschaft. Sie birgt aber auch die Gefahr in sich, wichtige Unterschiede im Grad der Gefährlichkeit eines Suchtmittels nicht mehr ernst genug zu nehmen, wie z. B. ihre unterschiedlichen gesundheitsschädigenden Effekte oder den Grad der Integriertheit einer Droge in gesellschaftliche Interaktionsmuster.

Es fällt aufgrund des breiten Suchtbegriffs nicht leicht, Abgrenzungen zwischen gravierenden Formen von Sucht und weniger bedeutsamen Erscheinungen vorzunehmen. Ist die Faszination eines jugendlichen Rockmusik-Fans oder die des besessenen Motorrad-Fahrers schon Anzeichen beginnender Sucht oder lediglich überschäumende Begeisterung als Ausdruck normaler jugendlicher Interessenentwicklung?

Wesentlich für die Abgrenzung ist der Grad der Selbstschädigung: In welchem Maße trifft es zu, daß das Individuum die freie Entfaltung seiner Persönlichkeit beeinträchtigt und/oder damit seine sozialen Chancen zerstört (Wanke 1984)? Der Heroinsüchtige vernachlässigt seine elementaren Lebensinteressen, seine Zukunftsperspektive, seine sozialen Beziehungen und gefährdet beides. Der Jugendliche, der zunehmend dem Sog der Videounterhaltung erliegt, läßt seine sonstigen Interessen und Fähigkeiten brach liegen und macht immer weniger neue Erfahrungen, aus denen Lern- und Entwicklungsprozesse resultieren können: Er beeinträchtigt damit seine Persönlichkeitsentwicklung.

Suchtverhalten ist als komplexes psychosoziales Verhalten zu betrachten, das sich im Laufe der Entwicklungsgeschichte eines Individuums als habitualisiertes Verhaltensmuster und Teil der Persönlichkeit herausgebildet hat. Es ist unter dem Aspekt der handelnden Auseinandersetzung des Subjekts mit seiner Umwelt als ein inadäquater Lösungsversuch zu betrachten, mit dem es sich an einen als unbefriedigend empfundenen Zustand anzupassen versucht, wodurch es sich schließlich selbst schädigt. Darin entspricht es der Struktur neurotischer Störungen. – Das Individuum greift zu einer kompensatorischen Bedürfnisbefriedigung, da es zu einer realitätsgerechten, seinen eigenen Interessen dienenden Problemlösung nicht fähig ist aufgrund von

– unzulänglich ausgebildeten Kompetenzen,
– unbewältigten Konflikten und neurotischen Ängsten,
– defizitär entwickelten Motiven und Antrieben und'
– fehlender Zielorientierung.

Für den Erzieher ist es wichtig, Suchtverhalten bei Jugendlichen in diesem Sinne als Symptom zu betrachten, das auf Probleme oder Mangelzustände hinweist.

Die Bewertung süchtigen Verhaltens als *inadäquaten* Lösungsversuch setzt zugleich eine Orientierung an einem positiven Leitbild eines altersgemäßen Entwicklungsstandes bzw. einer „gesunden" Persönlichkeitsentwicklung voraus, das im folgenden in seinen Sollwerten charakterisiert werden soll:

Die Jugendlichen sollen dazu in der Lage sein,
– ihre körperlichen, geistigen, seelischen und sozialen Fähigkeiten voll auszuschöpfen und zu entwickeln,
– als handelnde Subjekte altersgemäße Aufgaben und Anforderungen aktiv und selbstbestimmt bewältigen zu können,
– Interessen und Motive auszubilden, die auf eine vorsorgende Verfügung über die eigenen Existenzbedingungen gerichtet sind, um damit an der gesellschaftlichen Kooperation teilhaben zu können (vgl. Holzkamp 1981),
– und sie sollen auf der Grundlage dieser Kompetenzen über subjektives Wohlbefinden verfügen (vgl. Zimmer 1981).

Mit diesen Leitvorstellungen werden gleichzeitig Grundintentionen für eine Prävention von Suchtverhalten beschrieben. Präventive Lern- und Erziehungsprozesse sollten darauf gerichtet sein, bei Jugendli-

chen Handlungskompetenzen zu entwickeln, die sie zu selbstbestimm-
tem und selbstverantwortlichem Handeln und zur aktiven Beeinflussung ihrer subjektiven und gesellschaftlichen Lebensbedingungen
befähigen, und es sollten ihnen optimale Gelegenheiten geboten
werden, ihre körperlichen, geistigen, seelischen und sozialen Fähigkeiten entsprechend ihren Interessen und Bedürfnissen zu entfalten,
damit sie ein positives Lebensgefühl empfinden können (vgl. Fend
und Helmke 1981).

3 Suchtpräventive Ansätze

Die negativen Auswirkungen von Drogenmißbrauch und Suchtverhalten auf die Persönlichkeitsentwicklung Heranwachsender stehen
im Widerspruch zum gesellschaftlichen Auftrag an die Schule; sie hat
nicht nur Bildungs-, sondern auch Erziehungsfunktionen wahrzunehmen, zu denen die Entwicklung der Persönlichkeit der Schüler wie
auch deren soziale Integration gehört (vgl. Fend 1976). Die wichtigsten suchtpräventiven Ansätze sind im wesentlichen auf Intentionen
psychosozialer Erziehung gerichtet. Es sind dazu Unterrichtskonzepte
entworfen worden, die soziale wie auch affektive Lernprozesse vor-
sehen und in einem ganzheitlichen Sinne auf die Persönlichkeitsentwicklung der Heranwachsenden Einfluß nehmen wollen. Zu einem
zentralen Begriff ist dabei „soziale Kompetenz" geworden. Verschiedene Unterrichtsansätze, die ursprünglich von speziellen Unterrichts-
fächern und Sachinhalten zum Thema Drogen ausgingen, konvergier-
ten schließlich auf die zentrale Zielsetzung, Schüler hinsichtlich ihrer
sozialen Fähigkeiten – z. B. ihrer Durchsetzungsfähigkeit, ihrer Kommunikationsfähigkeit etc. – zu fördern und – so die Erwartung – sie
autonomer und resistenter gegenüber den Verlockungen des Drogenkonsums zu machen.
    Auch wenn die verschiedenen Ansätze zur Suchtprävention in ihren
Zielsetzungen sehr ähnlich sind bzw. sich darin weitgehend über-
schneiden, lassen sich doch aufgrund ihrer Akzentsetzungen die
folgenden Hauptintentionen voneinander abheben:

(1) Förderung von sozialer Kompetenz,
(2) Entwicklung von Selbstwertgefühl und Selbstkonzept (persön-
    lichkeitszentrierte Ansätze),
(3) Förderung von sinnerfüllten und erlebnisintensiven Aktivitäten.

(1) Ansätze, die soziale Kompetenz ausbilden wollen, verfolgen Zielsetzungen wie z. B.:

– Kontaktfähigkeit verbessern (Blickkontakt aufnehmen, Ansprechen, Feedback geben etc.),
– eigene Meinungen und Interessen auch gegenüber Mehrheiten behaupten und gegebenenfalls durchsetzen können,
– Probleme und Konflikte adäquat lösen können,
– dem Gruppendruck widerstehen können.

Hauptzielsetzung ist dabei, daß Jugendliche sich auch gegenüber sozial mächtigeren Interaktionspartnern, wie z. B. „Meinungsführern" und Gruppenvorbildern, behaupten und infolgedessen selbstbestimmter handeln können. Für den Unterricht sind dabei Programme von Unterrichtseinheiten (vgl. Botvin 1984) oder auch lernzielorientierte Trainingsprogramme (vgl. Manns/Schultze, Kap. III) vorgesehen.

(2) Persönlichkeitszentrierte Ansätze sind in erster Linie daraufhin konzipiert, daß Schüler Gelegenheit erhalten, wichtige Ich-Erfahrungen zu machen, wodurch sie sich über eigene Gefühle, Wünsche und Eigenschaften bewußter werden und sich dadurch als Person besser kennenlernen können. In Gesprächs- und Selbsterfahrungsgruppen erleben sie einen nahen persönlichen Kontakt zueinander und lernen es,

– die anderen und sich selbst sensibler und differenzierter wahrzunehmen,
– größere Offenheit gegenüber Gefühlen und Erfahrungen zu entwickeln,
– durch Feedback-Erfahrungen ihr Selbstkonzept zu überprüfen,
– sich selbst und andere mehr zu akzeptieren,
– Selbstverantwortung für eigenes Handeln zu übernehmen (vgl. Knigge-Illner u. a. Kap. III).

Zum Thema solcher Gesprächsgruppen kann auch der Drogenkonsum der Teilnehmer werden, mit dem Ziel, zugrundeliegende Motive zu ergründen.

(3) Suchtpräventive Ansätze, die auf die Förderung sinnerfüllter, erlebnisintensiver Aktivitäten gerichtet sind, versuchen, dem „verführerischen Leichtmacher" Droge etwas entgegenzusetzen, was zu aktivem Handeln und kreativer Gestaltung herausfordert. Den Schülern werden

- ganzheitliche Lernerfahrungen vermittelt, die neben kognitiven, vor allem affektive und soziale Prozesse umfassen,
- Erfahrungsmöglichkeiten eröffnet, bei denen sie Akteur und Produzent sind und daraus positive Bestätigungserlebnisse beziehen können.

So haben sie beispielsweise bei einem Rockmusik-Projekt im Musikunterricht Gelegenheit, mit dem, was sie an Können mitbringen, gemeinsam Musik zu machen, sind dabei mit ihrem ganzen Körper aktiv, affektiv beteiligt und erleben sich als kreative Produzenten, indem sie durch die Musik ihre Stimmungen, Gefühle und Gedanken ausdrücken. Hinzu kommt das erregende Moment gemeinsamen Gestaltens (vgl. Engel/Orlopp, Kap. III und Obenhuber, Herzog und Witte in Bd. II).

Sie können dadurch intensive sinnliche Erfahrungen machen und daraus positive Selbstwertgefühle beziehen. Darüber hinaus wird eine grundsätzliche Alternative zum Drogenkonsum erlebbar: nämlich Bedürfnisbefriedigung durch eigenes aktives Tun und ganzheitliches Erleben.

Es ließe sich eine weitere Zielsetzung hervorheben, die weniger einen eigenen Ansatz vertritt als vielmehr eine suchtspezifische Intention, die häufig mit den anderen Zielsetzungen allgemeiner psychosozialer Erziehung verbunden wird, nämlich die Förderung kritischer Urteilsfähigkeit über Suchtverhalten (vgl. z. B. Botvin 1984). Damit ist nicht lediglich eine kognitive Aufklärung über Drogenwirkungen und -schädigungen gemeint, vielmehr soll sich die Reflexion auch auf die Funktion von Drogen beziehen, auf die Art der Bedürfnisbefriedigung und der zugrundeliegenden Motive. Je mehr Selbstreflexion dabei auf die eigene Situation bezogen wird, um so erfahrungsnäher und ganzheitlicher können die Lernprozesse ablaufen. Eine solche angeleitete Selbstreflexion stellt an den Lehrer bestimmte Erwartungen, nämlich die Bereitschaft,

- eigene Tendenzen süchtigen Verhaltens zu reflektieren,
- zu einer persönlichen und offenen Beziehung mit den Schülern, die ihn als Person greifbarer und angreifbarer macht,
- sowie die Fähigkeit zur Förderung von gruppendynamischen Prozessen.

Als Voraussetzung dafür bedarf es spezieller Trainings- und Gruppenangebote im Rahmen von Lehreraus- und -fortbildung.

Die bisher genannten Intentionen ordnen sich in das bestehende Schulsystem ein und konzentrieren sich auf das, was im gegebenen

Rahmen möglich erscheint. Aber berücksichtigt man die Forderungen, die z. B. von dem Projekt „Beratung in der Schule" von Knigge-Illner, Rubeau und Sommer nahegelegt werden, so wird darüber hinaus eine Erweiterung der „Freiräume" erforderlich, wie z. B.

- für die Etablierung von Beratungslehrern bzw. Lehrerteams in der Schule,
- für die Einrichtung eines Kommunikationszentrums in der Schule, in dem eine personenzentrierte Kommunikation in Form von Beratungsgesprächen mit einzelnen Schülern, Gesprächsgruppen und anderen kommunikativen Aktivitäten realisiert werden kann.

Strukturelle Bedingungen werden da obsolet, wo wir es mit Jugendlichen zu tun haben, die schon weitgehend aus dem Wertesystem der Schule herausgefallen und nicht mehr motivierbar sind für Schulleistungsnormen und Drogenbefreiungsversuche. Hier wird eine Prävention notwendig, die an strukturellen Bedingungen der Lebenssituation der Schüler ansetzt und darauf abzielt, ihre konkreten sozialen Lebensbedingungen und Zukunftschancen zu verbessern. Dazu gehören z. B. an die Voraussetzungen der Adressaten angepaßte Qualifizierungsmaßnahmen und eine unterstützende Überleitung in das gesellschaftliche Beschäftigungssystem. Hierzu liegen bislang vorwiegend allgemeine Forderungen und noch kaum konkrete Projekte vor (vgl. Zimmer 1983).

Eine in Berlin entwickelte Planung für eine stadtteilorientierte Lernwerkstatt zielt auf die Verbesserung sozialer Lebensbedingungen für Jugendliche im „Kiez" ab (vgl. Knigge-Illner, Bd. II).

Auf eine in den Konzepten psychosozialer Erziehung implizit enthaltene Intention soll noch hingewiesen werden: Es wird im Prinzip angestrebt, daß Jugendliche sich künftig vernünftiger, selbstbewußter, sozial kompetenter und auch „besser" verhalten sollen, besser, als sie es von der älteren Generation und den Vorbildern der Gesellschaft vorgeführt bekommen. Es geht auch darum, daß ihnen eine Werthaltung vermittelt wird, die über die bestehende Konsumgesellschaft und ihre „Mißstände" hinausweist auf eine lebendigere und drogen- oder suchtfreie oder zumindest -freiere Gesellschaft, eine Gesellschaft, deren ideelle Werte mehr Sinn stiften und mehr Identifikationsmöglichkeiten für die junge Generation anbieten können.

4 Suchtprävention als Bestandteil einer allgemeinen Gesundheitserziehung

In einer Standortbestimmung zur Drogenprävention ist die Deutsche Hauptstelle gegen die Suchtgefahren (DHS) zu dem Ergebnis gekommen, daß „nicht ein einzelner Faktor, sondern ein komplexes Bündel von Ursachen die Entwicklung einer Abhängigkeit bewirkt" (1983, 9). Dies erfordere ein allgemeines Konzept von Prävention, das die Vernetzung von

- Ursachenbündeln (Person, Droge, Umwelt),
- Strategien (strukturelle und kommunikative Primär- und Sekundärprävention) sowie
- Situation und Lebensgeschichte der Betroffenen berücksichtigt.

Eine Suchtprävention, die eine Interdependenz von komplexen Ursachenfaktoren und entsprechenden Maßnahmen reflektiert (vgl. Wöbcke, Kap. I), überwindet die traditionelle Sichtweise schulischer Drogenerziehung, die Kinder und Jugendliche nur in ihrer Gefährdung durch Suchtmittel im Auge hat, und bettet sie in den größeren Begründungszusammenhang einer allgemeinen schulischen Gesundheitserziehung ein. Diese wird definiert als Erziehungs- und Unterrichtsprinzip, das ausgewählte Ziele, Inhalte, Methoden und Medien verschiedener Bezugsdisziplinen (z. B. Humanbiologie, Medizin, Erziehungs- und Unterrichtswissenschaften, Psychologie, Soziologie) zu gemeinsamen Inhalten und Strategien einer gesunden Lebensführung integriert (Bartsch 1979, 152).

Gesundheit beschreibt hierbei eine physische und zugleich psychische sowie soziale Befindlichkeit des Menschen und nicht allein das Freisein von körperlichen Krankheiten oder Gebrechen. In Abgrenzung zur WHO (Weltgesundheitsorganisation: „Gesund ist ein Zustand ... uneingeschränkten Wohlbefindens") darf der Gesundheitsbegriff nicht situationsunabhängig als unrealistische „objektive Norm" definiert werden, um nicht von vornherein alle Erziehungshilfen mit einem utopischen Ziel zu belasten. Der Gesundheitswert wird individuell bestimmt; denn er wird jederzeit relativiert durch einschränkende, kurzfristig nicht veränderbare gesellschaftliche Bedingungen (z. B. Umweltbelastungen) oder durch individuelle Beeinträchtigungen (z. B. Körperbehinderungen). Im Rahmen gesellschaftlicher Realität hat schulische Gesundheitserziehung die Aufgabe, den Schüler entsprechend seinen individuellen Möglichkeiten zu befähigen, seine Gesundheit jederzeit zu erhalten oder wiederzuerlangen, und zwar sowohl aus eigenem Interesse als auch aus sozialer Verantwortung gegenüber der Gesellschaft.

„Gesunde Lebensführung" – als dem zentralen Zielwert von Gesundheitserziehung – bedeutet in diesem Zusammenhang, Kinder und Jugendliche zu befähigen, sich aufgrund von physischer, psychischer und sozialer Gesundheit (relativiert im o. g. Sinne) jederzeit – und das möglichst ein Leben lang – an allen gesellschaftlichen Prozessen uneingeschränkt beteiligen zu können. Gesunde Lebensführung heißt also nicht: Verzicht auf Genuß, Geselligkeit oder auf Freude am Leben; sie ist vielmehr Voraussetzung und Bestandteil selbst erworbener individueller und kollektiver Lebensqualität, die für den einzelnen Genußfähigkeit schafft. Gesund sein, das heißt: Fit und aktiv sein, aber auch ausgeglichen, lebensfroh, sozial integriert und beteiligt an gesellschaftlicher Kooperation.

Ziel einer Suchtprävention in der Schule ist demnach, bei Kindern und Jugendlichen physische, psychische und soziale Gesundheit (z. B. Fitness, Selbstsicherheit, soziale Kompetenz) zu erhalten oder zu erlangen, damit sie selbstverantwortlich sowohl aktuell als auch langfristig lernen, mit allen unvermeidlichen Abhängigkeiten gesundheitsgerecht umgehen zu können und gesundheitsfeindliches Suchtverhalten völlig zu vermeiden, insbesondere den Frühbeginn von Alkohol- und Nikotinkonsum sowie den Konsum illegaler Drogen, aber auch stoffungebundene Abhängigkeiten, wie z. B. übermäßiges Fernsehen, unkontrolliertes Essen sowie unkritisches Ausgeliefertsein dem Urteil von Gleichaltrigen und anderen Bezugspersonen.

Im allgemeinen wird der Begriff der Suchtprävention (d. h. Verhütung süchtigen Verhaltens) differenziert nach

– *Primärprävention* (d. h. früh einsetzende und langfristig angelegte Vorbeugung im Vorfeld einer Suchtgefährdung, z. B. im Grundschulalter),

– *Sekundärprävention* (Hilfe für Gefährdete, für Risikogruppen, z. B. Haschischprobierer, Gelegenheitsraucher) sowie

– *Tertiärprävention* (Behandlung und Nachbetreuung von Suchtabhängigen, z. B. Alkoholkranken).

Für die Schule sind Primär- und Sekundärprävention relevant. In ihren Strategien differenzieren sie nach
kommunikativen Maßnahmen (z. B. Aufklärung, Stärkung der sozialen Kompetenz, Rollenspiel, Verbesserung der Unterrichtsatmosphäre) und
strukturellen Maßnahmen (z. B. Drogenkontaktlehrer, Selbsthilfegruppen, Verbot von Werbung, Betäubungsmittelgesetz).

Ziele	Maßnahmen	
	strukturelle	kommunikative
Primärprävention		
Sekundärprävention		
Tertiärprävention		

Abb. 1: Taxonomie der Prävention, Feser 1977

Suchtprävention hat wie andere Themenbereiche (z. B. Psychohygiene, Ernährungserziehung, Individualhygiene, Sicherheitserzie-
hung) konstituierende Prinzipien, die gleichzeitig auch Merkmale
schulischer Gesundheitserziehung sind.

Suchtprävention ist:

– *interdisziplinär:* Suchtprävention sichert sich Erkenntnisse aus
Psychologie (z. B. Selbstkonzeptforschung), Soziologie (z. B. Einfluß
der peergroup), Pädagogik (z. B. Vorbildwirkung), Medizin (z. B.
Gesundheitsgefährdung), Humanbiologie (z. B. Stoffwechselvor-
gänge) und Unterrichtswissenschaft (z. B. Rollenspiel) und konzentriert diese auf suchtspezifische Fragestellungen und Strategien.

– *unterrichtsfächerübergreifend:* Da Probleme der Suchtprävention
immer physische, psychische und soziale Dimensionen ansprechen, ist
eine Verlagerung ausschließlich in den Biologieunterricht sachunan-
gemessen. Zu oft führt das zu biologistischem Aufklärungsunterricht,
der verhaltensirrelevant für die Betroffenen bleibt. In Konsequenz zu
seiner Interdisziplinarität ist Suchtprävention immer ein Anliegen
aller Fächer; sinnvollerweise sollten alle Lehrer ihr spezielles know
how in einem gemeinsamen Projekt zur Verfügung stellen. Der
Schüler sollte im Mittelpunkt des Unterrichts stehen, nicht das
Fachinteresse.

– *ganzheitlich:* Kinder und Jugendliche werden in ihrer gesamten
Persönlichkeit („Kopf, Herz und Hand") angesprochen: zugleich im
Verstehen, Erleben und Handeln. Suchtprävention sollte immer eine
Einheit von Information, Problematisierung und Handlungskompe-
tenz sein.

– *schülerorientiert:* Suchtprävention knüpft an den aktuellen Interessen, Bedürfnissen und Erfahrungen von Schülern an und entwickelt
mit ihnen gemeinsam konkrete Strategien einer gesundheitsorientier-
ten Lebensführung, d. h. Suchtprävention holt Kinder und Jugendliche bei ihren Problemen ab und hilft ihnen bei der Problembewälti-

gung durch Information, emotionale Unterstützung und konkrete Handlungshilfen.

– *verhaltensorientiert:* Kenntnisvermittlung und Einstellungsbildung sind Vermittlungshilfen für ein selbstverantwortliches, positiv motiviertes und aktives Gesundheitsverhalten, das gelernt werden kann. Suchtprävention sollte niemals steriler Aufklärungsunterricht sein, da dieser wenig verhaltensrelevant ist. Vielmehr sollen konkrete Verhaltensalternativen diskutiert und nach Möglichkeit praktiziert werden (Projektunterricht, Rollenspiel).

– *Rahmenbedingungen reflektierend und überwindend.* Einseitige Schuldzuweisungen (z.B. Charakterschwäche, Drogenmarkt, Werbung) fördern eine Ideologie von einer selbstverschuldeten Abhängigkeit oder einer fremden Verantwortlichkeit. Die Schule wird vielerorts als Mitverursacher von Sucht verantwortlich gemacht (u.a. Schulstrukturen, Notengebung, Schulstreß). Auch wenn das der Fall ist, befreit es niemanden von der Pflicht zu kommunikativer Suchtprävention; alles andere wäre Resignation.

Suchtprävention versucht, nicht nur mit kommunikativen Maßnahmen (z.B. Schulleben, Klassenfahrten, offenen Lernsituationen, entspannter Lernatmosphäre) eine konstruktive und optimistische Lebensperspektive zu vermitteln, sondern Eltern, Lehrer und Schulaufsicht sollten sich zur Unterstützung dieser Maßnahmen um strukturelle Prävention engagiert bemühen (z.B. kleine Klassen, Projektwochen, Feiern, Anerkennung von Suchtprävention als Unterrichtsprinzip, Gründung von Initiativ-Lehrergruppen, Schaffen von schulischen Freiräumen (vgl. Knigge-Illner, Kap. III).

Suchtprävention, die sich als Aufgabe eines Spezialisten begreift, dürfte auf lange Sicht exotisches Randphänomen im Schulalltag bleiben, und zwar wie bei anderen Spezialdisziplinen auch: Sexualerziehung, Zahnpflege, Bewegungserziehung oder Entspannungsübungen. Sie arbeiten isoliert voneinander und damit ineffektiv, weil ein gemeinsames Konzept fehlt. Gerade das kann die Gesundheitserziehung liefern.

Eine Integration von Suchtprävention in eine allgemeine schulische Gesundheitserziehung befreit diese aus der Isolation und bereitet eine eigenständige Legitimation vor:

1. Eine Delegierung von Suchtprävention an „Experten" (Drogenkontaktlehrer, Biologie-Fachlehrer) hat einer Selbsttäuschung von Nichtverantwortlichkeit der Schule Vorschub geleistet. In Wirklichkeit ist Suchtprävention eine Gemeinschaftsaufgabe aller Sozialisationsagenturen wie bei anderen Gesundheits- und Erziehungsproblemen auch.

Solange nur Bruchstücke einer Theorie der Suchtprävention vorliegen, Grundfragen (z. B. Drogenabhängigkeit versus stoffungebundene Sucht) und Ziele (z. B. Drogenfreiheit versus kontrollierter Umgang) umstritten sind, kann eine eigenständige Legitimation von Suchtprävention nicht gelingen. Gesundheitserziehung liefert immerhin einen übergeordneten Begründungszusammenhang und allgemeine Richtziele einer gesunden Lebensführung.

2. Suchtprävention berührt viele andere Gesundheitsthemen (z. B. Ernährung, Individualhygiene, Psychohygiene, Krankheitsvorsorge). Das führt zu etlichen inhaltlichen Verknüpfungen und betrifft auch Fachlehrer, die sich bisher nicht zuständig fühlten (vgl. Kap. III).

3. Alltagsbeobachtungen und erste empirische Indikatoren verweisen auf die Annahme, daß es einen Transfereffekt von gesundheitsorientiertem Verhalten, das in einem Gesundheitsbereich erworben worden ist, auf andere Bereiche geben kann, m. a. W.: Selbstkontrolle, Selbstverantwortung, Gesundheitstraining, optimistische Lebenseinstellung, Risikoreduktion o. ä. sind keine suchtspezifischen, sondern allgemeine Gesundheitsprinzipien.

4. Suchtprävention als „pädagogisches Handlungsprinzip" (Hallmann 1985, 145 ff.), das „das soziale Handlungsrepertoire von Kindern und Jugendlichen in Konflikt- und Problemsituationen" (Kollehn/Weber 1985, 17) erweitert, wird zu einem innovativen Reformimpuls einer „neuen Schule", die ein neues psychosoziales Erziehungskonzept einlöst (z. B. Modellversuche zur Integration behinderter Kinder in die Grundschule, Reform der Primarschule durch Offenen Unterricht, Rückbesinnung auf pädagogische Prinzipien der Reformpädagogik, gemeindeorientierte Stadtschulen für sog. Schulversager, Projektunterricht).

5 Suchtprävention unter didaktischem Aspekt

Bisher ist ungeklärt, welche wissenschaftliche Disziplin die Planungsprobleme einer schulischen Suchtprävention leisten soll, und zwar im Hinblick auf Inhalte, Ziele und Vermittlungsvariablen (Schulz 1980) einschließlich ihrer sozio-kulturellen und anthropogenen Voraussetzungen (Heimann 1962).

Nach unseren Erfahrungen wird diese schwierige Aufgabe vielerorts naiv und unprofessionell ausgeführt. Engagement und beste Absichten können Laienhaftigkeit nicht ausreichend kompensieren. Didaktisch unkundige Intervention (z. B. „der Mann mit dem Koffer", Vortrag eines schulfremden „Experten", Filmvorführung ohne Nacharbeitung) kann Suchtprävention nicht nur ineffektiv, sondern sogar problematisch werden lassen (z. B. Besuch des Films Christiane F.). Lehrer, die sich durch Aus- oder Fortbildung sachkundig gemacht haben (vgl. Rieck/Schupp, Knigge-Illner, Priebe, Kap. IV), sind u. E. vor allem aufgrund ihrer didaktischen Kompetenz primär zur Suchtprävention aufgerufen; denn didaktisches Handeln heißt, alle Hinweise, die Fachwissenschaften und Bezugsdisziplinen liefern, zu reflektieren und zu einem Planungskonzept zu bündeln. Diese Aufgabe, Ziele, Inhalte, Methoden und Medien – auf dem Hintergrund von gesellschaftlichen Voraussetzungen und Folgen – zu integrieren, um z. B. fachwissenschaftliche Kopflastigkeiten, methodische Verselbständigungen und unrealistische Ziele zu vermeiden, übernimmt die Didaktik.

Im folgenden soll am Beispiel der Nichtrauchererziehung dargestellt werden, daß Suchtprävention im Rahmen einer schulischen Gesundheitserziehung, dargestellt als didaktischer Prozeß (vgl. Abb. 2), alle Planungsentscheidungen (Variablen) integriert. Die Grafik soll dabei veranschaulichen, daß die Variablen in einem gegenseitigen Abhängigkeitsverhältnis stehen:

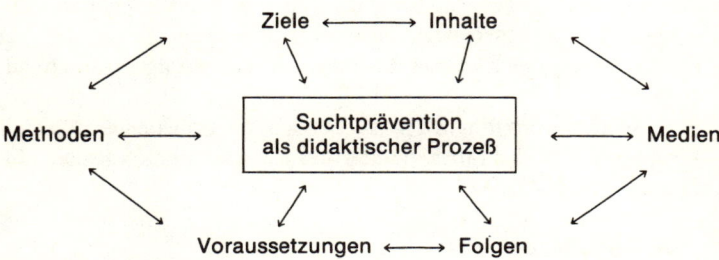

Abb. 2: Suchtprävention als didaktischer Prozeß

1. Variable: „Voraussetzungen"

Die Didaktik recherchiert die Ausgangslage, deren Ergebnisse zur Entscheidungshilfe für realistische Ziele, notwendige Inhalte und geeignete Methoden und Medien werden, z. B.:
– Haben die Kinder Probiererfahrungen?
– Ist der opinion-leader in der Klasse (Gruppe) bereits Raucher?
– Raucht der Lehrer?

2. Variable „Ziele"

Die Didaktik reflektiert (und revidiert ggf.) die Zielvorgaben, z. B.:
- Gibt es einen „kontrollierten Umgang" mit Zigaretten?
- Ist eine Anti-Werbung gegen Zigaretten-Werbung wirksam, z. B. durch Collagen mit abschreckender Wirkung?
- Wie wirksam sind Rollenspiele, um dem Gruppendruck später widerstehen zu können?

3. Variable „Inhalte"

Didaktik sieht Nichtrauchererziehung in einem curricularen Zusammenhang, d. h., sie prüft ihren Stellenwert im Rahmen der Inhalts- und Erziehungsrichtlinien der Schule, z. B.:
- Ist eine gründliche Aufklärung über die Gesundheitsschäden des Rauchens notwendig und sinnvoll?
- Ist Raucherentwöhnung für Schüler eine Aufgabe der Schule?
- Ist Rauchen eine Einstiegsdroge für illegalen Drogenkonsum?

4. Variable „Methoden"

Hierbei hat die Didaktik die meisten Erfahrungen, da empirisch gewonnene Daten vorliegen, z. B.:
- Abschreckung gegen das Rauchen z. B. mit Schockplakaten und -filmen ist erwiesenermaßen langfristig unwirksam.
- Eine Stärkung des Nichtraucherimages scheint erfolgversprechend zu sein.
- Eine Schlüsselfunktion in der rauchenden/nichtrauchenden Klasse/ Gruppe nimmt der rauchende/nichtrauchende opinion-leader ein (Lopez u. a. 1983, 51).

5. Variable „Medien"

Medien entwickeln bei ihrem Einsatz bisweilen eine dysfunktionale Eigendynamik: sie übermitteln fragwürdige, gefährliche Botschaften. Die Didaktik prüft und reduziert Medien auf ihre originäre Vermittlungsfunktion, z. B.:
- Verarmt der Film zu platter Unterhaltung, anstatt z. B. Betroffenheit auszulösen?
- Provoziert die Dia-Reihe (z. B. F. Schmidt: Die Gesundheitsschäden des Rauchens) ungewollt Mechanismen der kognitiven Dissonanz, Verdrängung oder Rationalisierung?

6. Variable „Folgen"

Im schlimmsten Fall kann Nichtrauchererziehung negative Folgen haben: Eltern verbitten sich die Einmischung in ihre Privatsphäre, Jugendliche die Beschneidung ihrer Emanzipationsbestrebungen. Didaktik steuert vorbeugend und Schwierigkeiten und Folgen antizipierend realistische Ziele, notwendige Inhalte und geeignete Methoden und Medien an, z. B.:

– Konkrete, nachweisbare gesundheitliche Erfolge beim Nichtraucher werden belegt.
– Das Konzept einer Nichtrauchererziehung enthält sich jeglicher militanter, missionarischer Ereiferungen.
– Raucher werden niemals ins moralische Abseits von haltlosen, asozialen Schwächlingen gestellt; die Menschheit wird nicht in Nichtraucher (also gut) und Raucher (also schlecht) eingeteilt.

6 Zusammenfassung

Suchtprävention führt zu keiner neuen erziehungswissenschaftlichen Disziplin. Sie ist auch kein Ersatz für ein Konzept zur Sozialerziehung. Vielmehr mahnt sie an, daß sich die Schule neben der Aufgabe, Unterricht zu erteilen, gleichrangig mit der Lebenswelt von Kindern und Jugendlichen auseinanderzusetzen hat, m. a. W., Suchtprävention reklamiert die Rückbesinnung der Schule auf ihre Erziehungsaufgaben.

Sie fordert intensive erzieherische Anstrengungen, Kinder und Jugendliche vorbeugend gegen stoffliche und stoffungebundene Süchte zu schützen, indem das Selbstwertgefühl gestärkt, soziale Kompetenz vermittelt und gesundheitsgerechte Aktivitäten als attraktive Alternative aufgezeigt und eingeübt werden.

Mit diesem Bekenntnis zu mehr Erziehungsanstrengungen in der Schule befindet sich Suchtprävention im Einklang mit anderen Reformansätzen (z. B. offener Unterricht, Rückbesinnung auf Prinzipien der Reformpädagogik), die nicht allein das Curriculum eines Fachs, sondern die Interessen und Bedürfnisse von Kindern und Jugendlichen in den Mittelpunkt des Schulalltags stellen.

Literatur

Bartsch, N.: Gesundheitserziehung. In: Kochan, B./Neuhaus-Siemon, E.: Taschenlexikon Grundschule. Königstein/Ts. 1979

Botvin, G. J.: Life Skills Training – A Self-Improvement Approach to Substance abuse Prevention. Teachers Manual. New York 1984

Deutsche Hauptstelle gegen die Suchtgefahren (DHS) (Hrsg.): Jahrbuch zur Frage der Suchtgefahren 1984. Hamburg 1984

Deutsche Hauptstelle gegen die Suchtgefahren (Hrsg.): Jahrbuch zur Frage der Suchtgefahren 1986. Hamburg 1986

Eddy, N. B. u. a.: Drug dependence: It's significance and characteristics. In: Bull, Wld. Hlth. Org. 32 (1965) 721

Fend, H. u. a.: Sozialisationseffekte der Schule, Bd. 2. Weinheim 1976

Fend, H./Helmke, A.: Die Konstanzer Untersuchungen über Verbreitung und Bedingungen psychischer Risikofaktoren. In: Zimmer, G.: Persönlichkeits-entwicklung und Gesundheit im Schulalter – Gefährdungen und Prävention. Frankfurt a. M. 1981

Feser, H.: Angewandte Prävention. In: Pongratz, L. J. (Hrsg.): Handbuch der Psychologie – Klinische Psychologie, 2. Halbband. Göttingen 1977, 3208–3231

Hallmann, H. J.: Suchtprävention als pädagogisches Handlungsprinzip. In: Kollehn, K./Weber, N. H. (Hrsg.): Der drogengefährdete Schüler. Düsseldorf 1985

Heckmann, W.: Sucht ist nicht nur aus „Stoff" gemacht. Unveröffentl. Manuskript für die Werkstattwoche Wissenschaft, Gesellschaft der Süchtigen. Sender Freies Berlin. Berlin 1981

Heckmann, W.: Berliner Drogenbericht 1983. Hrsg. vom Senator für Schulwesen, Jugend und Sport, Drucksache 9/1982. Berlin 1982

Heckmann, W.: Zum Beispiel Spielleidenschaft. In: Psych. heute, 12. Jg. 1985, 6, 36

Heimann, P.: Didaktik als Theorie und Lehre. In: Die Deutsche Schule 54 (1962) 407–427.

Holzkamp, K.: Was heißt „normale", „gesunde" Entwicklung der kindlichen Persönlichkeit? In: Zimmer, G.: Persönlichkeitsentwicklung und Gesundheit im Schulalter – Gefährdungen und Prävention. Frankfurt a. M. 1981

Kollehn, K./Weber, N. H. (Hrsg.): Der drogengefährdete Schüler. Düsseldorf 1985

Lopez, H. u. a.: Der Einsatz von Schülertutoren im Unterricht. In: Prävention 6 (1983) 2, 51–54

Schulz, W.: Unterrichtsplanung. München 1980

Wanke, K.: Wer ist gefährdet? In: Mohl, H. (Hrsg.): Sucht: Erfahrungen – Probleme – Informationen. München 1984

Zimmer, G.: Persönlichkeitsentwicklung und Gesundheit im Schulalter – Gefährdungen und Prävention. Frankfurt a. M. 1981

Ursachen der Drogenabhängigkeit

Manfred Wöbcke

1 Einleitung

Eine einzige, alleinige Ursache des Drogenmißbrauchs bzw. der
-abhängigkeit läßt sich nicht festmachen. Zwar gibt es kaum ein
Persönlichkeitsmerkmal, kaum ein einzelnes Motiv, keine erzieherische Fehlhaltung, keine soziale Determinante, die nicht seit 1970 in
der mit einer gewissen Verzögerung hinter der „Drogenwelle" hinter-
herflutenden „Drogenliteraturwelle" als Ursache der Misere angesehen wurde, doch zeigte sich in empirischen Untersuchungen immer
wieder, daß sich eine monokausale Beziehung nicht behaupten läßt.
Der Extrakt pädagogischer Überlegungen, psychologischer Beiträge
zur Drogenforschung und soziologischer Untersuchungen läßt eher
vermuten, daß die Verursachung in einem Komplex von Faktoren des
gesamten persönlichen und sozialen Feldes des betreffenden Individuums zu suchen ist. Dieser Komplex ist wieder zu differenzieren nach
Faktoren, die in der jeweiligen Droge selbst begründet sind, Faktoren, die in der Persönlichkeit des Konsumenten liegen und somit auch
seine individuellen Motive strukturieren, nach lernpsychologischen
Vorgängen, die Drogenkonsum ermöglichen, auslösen, bedingen und
verstärken (und auch wieder löschen), nach solchen Faktoren, die im
sozialen Nahraum und in der Sozialisation des Individuums liegen,
sowie nach soziologischen Determinanten, die ebenfalls als Bedingungen und Verstärkungen angesehen werden müssen. Darüber hinaus
sind alle diese Determinanten nicht unabhängig voneinander wirksam, und ein einfacher additiver Effekt läßt sich kaum begründen.
Schon die Ergebnisse hinsichtlich der persönlichkeitsspezifischen
Wirkung der meisten Drogen zeigen, daß vielfältige Wechselwirkungen bestehen, deren Art, Ausmaß und Einfluß auf den gesamten
Vorgang der Verursachung kaum anzugeben sind. Schließlich ist auch
die Persönlichkeit zum überwiegenden Teil das Ergebnis von Lernvorgängen, Sozialisationsbedingungen und -prozessen. Darüber hinaus
bleibt der Einfluß einer einzelnen Determinante im Zuge der Ent-

wicklung von Drogenmißbrauch und -abhängigkeit nicht konstant, sondern steht wiederum in Wechselwirkung mit dem weiteren Geschehen.

So stellt sich der gegenwärtige Stand der Ursachenforschung im Drogenbereich dergestalt dar, daß in den einzelnen bedingenden Bereichen recht gut belegte Einzelergebnisse vorliegen, ein umfassendes Modell der Integration der einzelnen Determinanten jedoch noch aussteht.

2 Motivforschung

Über die Motivationen jugendlicher Drogenkonsumenten sind seit 1970 sehr viele empirische Untersuchungen (Befragungen) durchgeführt worden. In den meisten Fällen ergaben sie unterschiedliche Prozentsätze für Motivationen wie Lust, Neugier, Nachahmung, Intensivierung von Sinneserfahrungen, Protest, Gruppenzugehörigkeit u. a. Abgesehen davon, daß diese Begriffe und hypothetischen Konstrukte keine ausreichend erklärende Motivation darstellen, sondern eine Mischung aus situativen Variablen, individuellen Vermutungen und Rechtfertigungen sowie sozialer Erwünschtheit, ist auch zu bedenken, daß es sich um Selbstauskünfte handelt. In diese fließen unzureichende individuelle Versuche ein, die eigene Sozialisationsgeschichte zu erklären. Der wissenschaftliche Erkenntniswert bleibt dabei gering.

Schon früh warnte Stahl davor, die Motivation Jugendlicher zum Drogenkonsum getrennt von Faktoren „ihres gesamten persönlichen und sozialen Feldes" (1974, 303) zu untersuchen. Er riet zu unterscheiden zwischen solchen Motivationen, die zu Beginn des Konsums zum erstmaligen Probieren führen, und späteren Bedingungen des Mißbrauchs und der Abhängigkeit von Drogen. Stahl stellte in seiner Untersuchung fest, daß die Anfänger aus „alterstypischen", d. h. entwicklungspsychologisch zu erklärenden Gründen probieren, während bei Abhängigen die jeweilige Motivation von Determinanten der individuellen Drogenkarriere bestimmt wird, z. B. von der Funktion, die die Droge mittlerweile für den Abhängigen erhalten hat, oder dem Mangel an sozialen Bindungen, der inzwischen eingetreten ist, oder ganz einfach von der Gewöhnung – im psychologischen Sinne – an die Droge. Die hinter oberflächlichen, spontanen und subjektiven Angaben der Konsumenten liegenden und meist verborgenen tatsächlichen Motivationen sind mit der Methode der Befragung nicht zu ermitteln.

Selbst Versuche, die Vielfalt der Angaben zu systematisieren, ergaben zwar zunächst eine hoffnungsvolle Ordnung, die weitere Hypothesen ermöglichte, mußten dann jedoch durch andere empirische Erhebungsmethoden ergänzt werden, welche ätiologische Aufschlüsse liefern konnten.

Wormser (1973) unterschied z. B. zwischen Abundanzmotivation (Suchen nach neuen Reizen und Erfahrungen, Lustgewinn) und Defizienzmotivation (Vermeiden von Unlust, Angst, Spannungen), Stahl (1974, 301) nach mehreren Kategorien von Motivationen (selbstanalytische, ideologische, hedonistische Fluchtmotive). Interessant ist in diesem Zusammenhang eine schon 1970 von Bschor vorgelegte Studie, die die angegebenen Beweggründe in „modische Tendenzen" (531), welche am Anfang der Drogenkarriere ohne Beziehung zu den speziellen Wirkungsweisen der Drogen stehen, und Motivationen im eigentlichen Sinne teilte, die von der Wirkung der jeweiligen Droge abhängen. Dabei würden Selbsthandlungs-, hedonistische und emanzipatorische Motivationen miteinander verwoben.

Man kann annehmen, daß ein beträchtlicher Teil derjenigen, die erstmals Drogen probieren, dies aus reiner Neugierde oder als Nachahmung tun, um bei Diskussionen im Freundeskreis mithalten zu können. Weitergehende ursächliche Faktoren – z. B. als Prädisposition im Persönlichkeitsbereich oder Einfluß aus einer konfliktreichen familiären Sozialisation – müssen gar nicht vorliegen. Die in empirischen Untersuchungen vorfindbare Dunkelziffer an Drogenkonsumenten geht vermutlich auf solche „alterstypischen" Vorgänge zurück, bei denen die Probierer nach kurzer Zeit auf weiteren Genuß verzichten.

3 In der Droge begründete Ursachen

Der Einfluß der jeweils benutzten Droge auf die Entstehung von Konsum, Mißbrauch, Gewöhnung und Abhängigkeit sowie den weiteren Verlauf einer Drogenkarriere ist in der einschlägigen Literatur lange Zeit unterschätzt worden. Schon 1970 wies Bschor aufgrund einer größeren empirischen Untersuchung auf die Bedeutsamkeit der Wirkungsweise der einzelnen Modedrogen hin.

Wenn auch Feuerleins Ausgangshypothese (1969), die Wirkungen bestimmter Drogen würden gewissen Urbedürfnissen und heimlichen Wünschen des Menschen entsprechen, in der Bestimmung eben dieser Bedürfnisse noch recht ungenau ist, ergeben doch die vielen Nennungen in den Motivationsuntersuchungen, die „Suche nach neuen Sinneserfahrungen", „Streben nach Lust", „Neugier" und ähnliches einschließen, einige Hinweise darauf. Es ist nur der Nachweis nicht zu führen, daß Ur- und heimliche Wünsche sich in solchen Nennungen niederschlagen.

Hierbei muß die *Wirkung* der einzelnen Drogen in zweierlei Hinsicht berücksichtigt werden. Zum einen ist sie drogenspezifisch, so daß z. B. Individuen, die Antrieb und Leistung steigern sowie Müdigkeit verringern wollen, zu Stimulantien greifen. In diesem Falle wäre die spezifische Wirkung tatsächlich Auslöser des Konsums, dessen auslösende Bedingung. Zum anderen muß bedacht werden, daß auch eine persönlichkeitsspezifische Wirkung (Huber 1971) nachgewiesen wurde (vor allem für Cannabis und Halluzinogene), die von den Kenntnissen, Absichten und Erwartungen des Konsumenten, von seinen Grundhaltungen, Einstellungen und Persönlichkeitsmerkmalen abhängt, teilweise auch von situativen Variablen.

Die weiteren Merkmale der Droge, die den Verlauf einer Drogenkarriere entscheidend beeinflussen, sind die Art der Droge, die Art der Einnahme, die Dosis, die Dauer des Konsums, der Zugang zur Droge sowie deren Toleranzentwicklung.

Das Bedürfnis eines Individuums, eine Droge weiterhin zu nehmen, muß sich auch in biochemischen Veränderungen des zentralen Nervensystems begründen. Diese Veränderungen sind wiederum abhängig von den chemischen Eigenschaften der jeweiligen Droge. Es ist also auch die *Art der Droge,* die entscheidend mitbestimmt, ob es einem Individuum leichter oder schwerer gelingt, auf die Fortsetzung der Einnahme zu verzichten. Offensichtlich sind es die Drogen aus der Opiatgruppe, die so sehr Veränderungen des Zentralnervensystems bewirken, daß die Einnahme zum Zwang wird und Abhängigkeit entsteht.

Die *Art der Einnahme* umfaßt gewöhnlich Inhalieren, Injektion, orale Einnahme und Schnupfen des Mittels. Die Injektion ist zweifellos die gefährlichste Art, nicht nur wegen lokaler Entzündungen und drohender Hepatitis, sondern insbesondere wegen der Gefahr der Überdosierung. Die sozialen und psychischen Folgen sind schwerer als bei oraler Einnahme, das Abhängigkeitsverhältnis wird wegen der subjektiv als angenehmer erlebten Wirkungen dichter. Auch wird das weitere Verhalten bestimmt durch die *Dosis,* an die man sich gewöhnt hat, und auch durch die *Dauer des Konsums.* Je größer die Zeitspanne, über die sich regelmäßiger Mißbrauch erstreckt, desto größer die Wahrscheinlichkeit, daß der Mißbrauch beibehalten wird.

Auch der *Zugang zur Droge* scheint von entscheidender Bedeutung zu sein. Nach Untersuchungen von Bejerot (1969) in Schweden veranlassen die Ergebnisse zu der Schlußfolgerung, daß es weniger Persönlichkeitsmerkmale sind, die Mißbrauch und Abhängigkeit von Drogen entstehen lassen, sondern allein der offene Zugang zur Droge, ihr Vorhandensein, ihre Griffnähe. Hiergegen seien weder Aufklärung noch günstige soziale Verhältnisse sowie eine stabile Persönlichkeit gefeit.

Die *Toleranzentwicklung* einer Droge besteht darin, daß der Körper des Konsumenten sich der regelmäßigen Drogenzufuhr anpaßt, daß damit die gleiche Dosis im Laufe der Leit eine immer geringere Wirkung hervorruft. Die Dosis muß also kontinuierlich erhöht werden, um gleiche oder intensivere Wirkung zu erzielen. Dies gilt für alle Opiate und Stimulantien.

Sicherlich sind diese Drogen-Merkmale nicht als Ursachen im eigentlichen Sinne zu bezeichnen, auch wenn einige Autoren ihre Bedeutung hoch einschätzen. Man muß wohl davon ausgehen, daß sie zusammen und in Wechselwirkung mit anderen Voraussetzungen und Einflüssen erheblich und dann auch in ursächlichem Sinne zur Entstehung und Förderung einer Abhängigkeit von Drogen beitragen können.

4 Die zum Drogenkonsum disponierte Persönlichkeit

Die Diskussion um die Ursachen von Drogenabhängigkeit schloß von Anfang an die Benennung von prämorbiden Charakterzügen ein. Dahinter stand der Gedanke, daß eine ätiologisch orientierte Prävention und Beratung solche Prädiktorvariablen nutzen könnte, um das Abgleiten eines Individuums in längeren Drogenmißbrauch zu einem frühen Zeitpunkt verhindern zu können. In einer großen Zahl von empirischen Untersuchungen wurden Variablen des Drogenverhaltens in ihrem Zusammenhang zu Persönlichkeitsmerkmalen der Konsumenten erforscht, so daß korrelierende Charakterzüge benannt werden konnten. Auch die Psychoanalyse legte eine Reihe von Beiträgen zur Entstehung der prädisponierten Persönlichkeit vor.

4.1 Empirische Untersuchungen

Remschmidt (1971) betonte die Bedeutsamkeit solcher Faktoren für die Initialphase der Drogenabhängigkeit, an die eine Phase innerhalb der Drogenkarriere anschließt, in der der Genuß als Selbstzweck erfolgt. Zu diesen disponierenden Persönlichkeitszügen zählt der Autor neurotische und psychopathologische Fehlentwicklungen, jedoch auch psychotische Erkrankungen und Retardierungen. Auch die Experimentierlust, möglicherweise als erhöhte Risikobereitschaft ein Persönlichkeitsfaktor, wird von Remschmidt zu den disponierenden Charakterzügen gezählt. Interessant ist in diesem Zusammenhang, daß der Autor seinerzeit eine „Schrittmacherfunktion" zu den spezifischen Wirkungen gewisser Modedrogen zählte.

Kielholz/Ladewig berichten von langjährigen Untersuchungen, die zu der Annahme gewisser erblicher charakteristischer Belastungen (durch frühkindliche Frustration bedingt) als begünstigende Faktoren für Drogenabhängigkeit führen, nämlich „ängstliche, verschlossene, sensitive, leicht verletzliche Persönlichkeiten" und „Menschen mit übergewissenhaften, ehrgeizigen, perfektionistischen Charakterzügen" (1973, 25). Die Ergebnisse resultieren hauptsächlich aus Familienuntersuchungen.

Eine empirische Untersuchung des Verfassers (Wöbcke 1977, 187 ff.) an Drogenabhängigen, Drogenkonsumenten und einer Kontrollgruppe ergab einen Zusammenhang zwischen Drogenkonsum und Extraversion dergestalt, daß ein niedriges Ausmaß an Extraversion mit längerem, häufigerem, exzessivem Konsum korrelierte. Die Ergebnisse einer kausalen Abhängigkeitsanalyse (Pfadanalyse) zeigten, daß ein niedrigeres Ausmaß an Extraversion und Leistungsmotivation und ein hohes Ausmaß an Neurotizismus spätere Drogenabhängigkeit begünstigen. Die Variable „Muster der sofortigen Bedürfnisbefriedigung/mangelnder Belohnungsaufschub" korrelierte positiv mit Drogenkonsum und -abhängigkeit.

Ähnliche Untersuchungsergebnisse wurden von vielen weiteren Autoren vorgelegt, zum Teil in Übereinstimmung mit den obigen, teilweise auch widersprechend. Allen gemeinsam ist jedoch, daß korrelative Beziehungen zwischen Drogenverhalten und Persönlichkeitsvariablen gefunden wurden. Derartige Zusammenhänge erlauben keinerlei Schlußfolgerungen hinsichtlich eines möglichen Ursache-Wirkung-Verhältnisses. Jene Charakterzüge, die als disponierende oder prämorbide bezeichnet wurden, können genausogut die Folgen des Drogenkonsums sein, falls nicht nachgewiesen wird, daß sie bereits vorher vorlagen. Auch die Pfadanalyse führt nicht sehr viel weiter, da sie methodisch nicht ausgereift ist. Es wird dabei der Versuch gemacht, Annahmen über die zeitliche Reihenfolge des Auftretens korrelierender Variablen (und damit über Kausalität) zu falsifizieren; falls dies mißlingt, werden die Annahmen (z.B. über

Neurotizismus als disponierende, weil Vorgänger-Variable für späteren Drogenkonsum) aufrechterhalten.

4.2 Psychoanalytische Annahmen

Die tiefenpsychologische Suchtforschung ist auf die Persönlichkeit des Individuums konzentriert. Sie sieht in der Einverleibung einer Droge eine regressive Verhaltensweise, einen Rückgriff auf frühere Erlebnis- und Befriedigungsformen, der sich im wesentlichen nach frustrierenden Ereignissen einstellt (Müller 1972, 17f.). Die Anpassung des Lustprinzips an das Realitätsprinzip mißlingt erneut. Insbesondere sind es frühkindliche Störungen der Mutter-Kind-Beziehung, die die Frustrationstoleranz des Individuums so verringern, daß es bei frustrierenden Vorgängen Zuflucht in der Regression sucht. Die prämorbide Persönlichkeit wird geschaffen, wenn die Ausbildung von Urvertrauen in früher Kindheit nicht gelingt. Nach Ehebald (1972, 118) sind es wiederholte und tiefe Liebesentbehrungen im ersten und zweiten Lebensjahr, die zu mangelndem Urvertrauen führen. Auch ein Zuviel an Liebe, das aus Schwäche erfolge und nicht Ich-gerecht versage und gewähre, führe dazu.

Auch mit weiteren Annahmen zur prämorbiden Persönlichkeit des Drogenabhängigen stellt die Psychoanalyse dar, „daß es lebensgeschichtlich bedingte Störungen im Seelenleben sind, die der Sucht den Boden bereiten" (Cremerius 1960, 51).

Lürßen (1974) legt dar, wie der Mangel an Reizschutz nach innen zur Suche nach einem künstlichen Reizschutz des Individuums führe und im Konsum der abhängigmachenden Droge resultiere. Dieser bewirke die Verminderung der Schmerzhaftigkeit oder deren Aufhebung und gleichzeitig eine Förderung der Ich-Funktion in Form einer Stimulation des subjektiven Selbstwertgefühls. Allerdings werde das Individuum durch den künstlichen Reizschutz gegen die Ansprüche der Realität nur scheinbar und vorübergehend entlastet.

Auch die ältere Psychoanalyse liefert nach Lürßen Anhaltspunkte zur Erklärung der Entstehung von zur Sucht disponierenden Persönlichkeitszügen. Die Droge erlange Bedeutung als symbolisches Objekt, das häufig als Ersatz an die Stelle einer fehlenden Objektbeziehung trete und Übergangsobjekt sei. Man könne das Schutzmittel „anstelle der einstmals schützenden Eltern jederzeit bei sich tragen" und sich damit jene Verschmelzung gestatten, die „einstmals an der Mutterbrust gesucht wurde" (1974, 148).

Individuen mit frühkindlichen Störungen, wie sie die Psychoanalyse darlegt, sind zu einer großen Variabilität späteren abweichenden Verhaltens disponiert. Auch bei Zutreffen der Annahmen müssen weitere Vorgänge hinzutreten, damit ein spezielles Drogenverhalten entsteht.

5 Der soziale Nahraum als Bedingungsfeld für Drogenkonsum

Unter Determinanten des sozialen Nahraumes, die Drogenkonsum und -abhängigkeit auslösen und bedingen, verstehen wir solche Faktoren der Sozialisation und des sozialen Umfeldes von Kindern und Jugendlichen, die nach Ergebnissen empirischer Untersuchungen bei Drogenkonsumenten häufiger vorlagen oder auftraten als bei Nichtkonsumenten. Das Problem des Ursache-Wirkung-Verhältnisses stellt sich dabei auch, jedoch können dabei meist objektive Daten über die zeitliche Abfolge ermittelt werden. Schwieriger ist es, den direkten kausalen Bezug zwischen dem sozialen Einflußfaktor und dem Drogenverhalten nachzuweisen. In der einschlägigen Literatur sind zu dieser Frage Familienbedingungen, familiäre Erziehung, soziale Schichtzugehörigkeit, Einfluß der Gleichaltrigengruppe und die Situation in Schule und Ausbildung als die stärksten Determinanten genannt worden.

5.1 Familienbedingungen

Schwarz (1971) führte eine Erhebung unter fast 4700 Schleswig-Holsteinischen Oberschülern durch, um die Merkmale „broken-home-Situation" (Eltern geschieden, getrennt lebend, ein Elternteil verstorben) und „unerfreuliches Familienleben" zwischen Drogenkonsumenten und Nichtkonsumenten zu unterscheiden. Eine broken-home-Situation zeigte sich bei 13,6% der Konsumenten (gegenüber 9,3% bei Nichtkonsumenten), das Familienleben war bei 23,5% der Konsumenten (vorher) unerfreulich (8,1% bei Nichtkonsumenten). Ähnliche Untersuchungen wurden anschließend in anderen Bundesländern mit ähnlichen Ergebnissen vorgelegt. Die Befunde sind eindeutig; jedoch finden sich die dargelegten Verhältnisse bei mehr Jugendlichen, als tatsächlich Drogen nehmen. Die Annahme einer direkten kausalen Beziehung zwischen abweichenden Familienmerkmalen und Drogenkonsum läßt sich darüber hinaus auch deswegen nicht ohne weiteres vortragen, weil der Drogengebrauch ebensogut die Folge *anderer* Verhältnisse, des Andersseins, der fehlenden Konformität sein kann.

5.2 Familiäre Erziehung

Nach Bussewitz (1972, 116) stellt sich die geringe Frustrationstoleranz der Drogenkonsumenten dann ein, wenn das Erziehunsverhalten der Mutter „verwöhnend, überduldsam, übermütterlich, nachgiebig und fürsorglich" war. Dieser Befund steht für viele Überlegungen und Untersuchungen, in die auch verwahrlosende und stark autoritäre Erziehungshaltungen eingeschlossen waren.

Wichtiger scheinen jene Befunde, daß die Übertragung eigener Probleme der Eltern auf die Kinder, das Vorbild und die Selbstmedikation der Eltern (einschließlich Alkohol- und Tabakgenuß) bei Kindern zu signifikant häufigerem Drogengenuß führen (Schenk 1975, 247f.). Denn die mangelnde Auseinandersetzung mit einem angemessenen Erziehungsstil, zu hohe Leistungserwartungen von Eltern bei ihren Kindern und andere erzieherische Fehlhaltungen führen eher generell zu abweichendem Verhalten; ein Bezug zu spezifischem Drogenverhalten ist nur schwer herzustellen. Die Vielzahl der dargelegten Untersuchungen (vgl. z.B. Schenk 1975, 239) macht die Befunde nicht gewichtiger.

5.3 Die soziale Schichtzugehörigkeit

Während zu Beginn der Drogenwelle in der Bundesrepublik in der zweiten Hälfte der sechziger und zu Beginn der siebziger Jahre Drogengebrauch unter Angehörigen der Mittelschicht deutlich häufiger anzutreffen war, ist danach eine Differenzierung eingetreten, die heute noch anhält. Die Konsumenten von Cannabis-Produkten und Halluzinogenen verteilen sich gleichermaßen auf den Bevölkerungsquerschnitt, der Konsum von „harten" Drogen und vor allem der von Opiaten ist häufiger in der Unterschicht zu beobachten. Als Erklärungsversuch dafür könnte folgender Zusammenhang herangezogen werden: Aufgrund von Untersuchungsergebnissen ist das folgende Motivationsmuster relativ häufiger bei Angehörigen der Unterschicht anzutreffen: niedrige Frustrationstoleranz, einhergehend mit stärkerer Gegenwartsorientierung und Bevorzugung von sofortiger Bedürfnisbefriedigung im Gegensatz zu aufgeschobener, zukünftiger Bedürfnisbefriedigung. Dieser Zusammenhang läßt es plausibel erscheinen, daß Konsumenten harter Drogen von deren zukünftigen negativen Auswirkungen weniger beeindruckt werden und demgegenüber die Aussicht auf unmittelbaren starken Genuß verlockender wirken kann.

5.4 Der Einfluß von Gleichaltrigengruppen (peer groups)

Dissoziale Verhaltensweisen wie kriminelle (Eigentumsdelikte) und das sog. „Gammeln" (beide in Gruppen) wurden bei Drogenkonsumenten signifikant häufiger vor Beginn des Drogenkonsums beobachtet als bei Nichtkonsumenten (Platt/Labate 1980, 110ff.). Das erste Probieren erfolgt meist auf Parties, in Diskotheken, im Kreise der Clique (Schenk 1975, 244). Viele Untersuchungen sprechen dafür, daß der Wunsch, in der sozialen Nahgruppe der Gleichaltrigen akzeptiert zu werden und sich konform zu verhalten, zum großen Teil ein Auslöser für Drogengebrauch ist. Eine Untersuchung von Reuband (1976, 58) zeigt deutlich den Einfluß der peer group auf die Bereitschaft zum Drogengenuß.

5.5 Die Situation in Schule und Ausbildung

In der schon oben angeführten Untersuchung von Schwarz (1971) war auch das Verhältnis zur Schule bei 21,7% der Drogenkonsumenten schlecht (5,8% bei Nichtkonsumenten), jedoch ohne daß klar ersichtlich ist, ob dies schon vor Beginn des Konsums der Fall war. Jedoch gibt es eine Reihe weiterer Erhebungen, die diese Ergebnisse bestätigen. Eine Untersuchung von Reuband (1976, 33f.) zeigt, wie subjektiv als Geringschätzung erlebtes Lehrerverhalten die Bereitschaft zum Konsum von Rauschmitteln fördert.

Obwohl die Frage nach Ursache oder Wirkung im Bereich sozialer Faktoren einfacher zu beantworten ist als bei Persönlichkeitsfaktoren, befriedigen die Ergebnisse nicht. Was in den vorstehenden und vielen weiteren Untersuchungen als auslösende oder bedingende Determinanten genannt wird, trifft für mindestens die Hälfte aller Jugendlichen zu. Nur ein Bruchteil von ihnen beginnt jedoch mit Drogenkonsum oder wird gar abhängig. Eine Theorie über den Zusammenhang der identifizierten Variablen, über ihre Interdependenz und Wechselwirkungen und den Einfluß auf Drogenbrauch, -mißbrauch und -abhängigkeit ergibt sich daraus noch nicht.

6 Lernpsychologische Beiträge

Lernpsychologische Erklärungsversuche für Drogenkonsum sind für das erste Probieren, regelmäßigen Konsum und Drogenbindung (Gewöhnung) sowie die Entstehung von Abhängigkeit vorgelegt worden. Eine ausführliche Darstellung aus sozialpsychologischer Sicht findet sich bei Lennertz (1974), eine stark lerntheoretisch orientierte Analyse liefert Lange (1974).

Zwei Umfragen von Kreuzer (1974) unter Drogenkonsumenten in Hamburg führten zu der Erkenntnis, daß Drogenkonsum als eine sozialepidemische Erscheinung betrachtet werden muß, die durch Verleiten und Verführen entsteht. Erstkonsum geschieht selten auf eigene Initiative, sondern meist in kleinen Gruppen in Gegenwart von Freunden oder Bekannten, darüber hinaus gewöhnlich gratis. Er leitet sich also vom Konsum anderer ab. Der Einfluß der peer group ist so stark, daß auch bei enttäuschendem Erstkonsum, wenn die Erwartungen nicht erfüllt werden, deren Ermutigung zu erneutem Versuch führt. Bedeutsam ist hierbei eine Modellperson, die über Informationen verfügt und die die Technik des Gebrauchs beherrscht.

Besonderes Gewicht erhält in den lernpsychologischen Erklärungen der Erstkonsum. Dieser erfolgt nach einer Untersuchung von Zimmermann (1976) überwiegend im Bekannten- und Gleichaltrigenkreis, vorwiegend auf Parties. Die Wirkung ist dabei bei nur 15% der Haschischraucher unangenehm, bei den übrigen zur Hälfte angenehm, zur Hälfte wird keine Wirkung verspürt. Liegen nun zwischen dem Probieren und dem weiteren Konsum aversive Reize, die eine bestimmte Intensität überschreiten und durch Ermutigung der Gleichaltrigengruppe oder des Modells nicht mehr kompensiert werden können, bleibt es beim Probieren. Nur ein kleiner Teil der Probierer setzt den Konsum fort.

Ist es aufgrund von – schon oben genannten – vordergründigen Motivationen, wegen sich bietender Gelegenheit oder durch Verleiten/Verführen zu erstmaligem Konsum gekommen, kann der weitere Lauf des Geschehens – d. h. der sog. Drogenkarriere – in vielen Fällen mit den bekannten Prinzipien des Verstärkungslernens erklärt werden. Da das weitere Verhalten durch die sich einstellenden Konsequenzen gesteuert wird, tritt Drogenverhalten in Zukunft häufiger auf, wenn die Begleiterscheinungen oder Folgen des weiteren Konsums als angenehm erlebt werden – und umgekehrt. Tritt also Lustempfinden im weitesten Sinne ein, also Euphorie, Wohlsein, die erwartete Sinneserweiterung, oder verschwinden Unlustgefühle wie Angst, Unruhe oder gegenwärtige Probleme und Konflikte, führt dies zu erneuter Einnahme der Droge. Wer in einer Belastungssituation die Erfahrung macht, daß die Droge vorübergehend Abhilfe schafft, wird bei nächster Gelegenheit wieder zu diesem Mittel greifen; und die Wahrscheinlichkeit, daß dieser Vorgang sich wiederholt, wächst von Mal zu Mal. Die Droge reduziert Angst, löst Spannungen, beseitigt Probleme und Konflikte und löst Wohlgefühl aus. Sie schafft zwar ein großes Problem, nämlich den ständigen Bedarf und die daraus resultierende Abhängigkeit, aber diese Dinge liegen zunächst noch in weiter Ferne. Wenn die Eigenschaften der Droge zu körperlicher Abhängigkeit führen, wie z. B. Alkohol, Opiate (Opium, Morphium, Heroin) und Barbiturate (Schlafmittel), oder zu psychischer Abhängigkeit, wie z. B. Stimulantien und Halluzinogene, setzt sich der Lernvorgang fort. Bei Unterbrechung der regelmäßigen Zufuhr wird das Abstinenzsyndrom als unangenehm erlebt, und seine Erwartung löst zukünftig Angst vor seinem Auftreten aus. Durchfall, Schweißausbrüche, Schüttelfrost, Kreislaufstörungen und enorme Unruhe sind nur einige Symptome. Die regelmäßige Versorgung mit der gewünschten Droge einschließlich einer gewissen Vorratshaltung wird angestrebt, nur um die unangenehmen Erlebnisse des Abstinenzsyndroms zu vermeiden. An den zusätzlichen Effekt des Lustgewinns ist – mangels ausreichender Mittel zur Beschaffung der meist recht teuren Drogen – oft nicht mehr zu denken. Durch die dauernde Wiederholung der Vorgänge – Angst vor Entzugsbeschwerden, Suche und Beschaffung der erforderlichen Droge, Verringerung der Angst, Verstärkung durch Einnahme der Droge – wird ein Verhalten eingeübt, das zum festen Repertoire des Abhängigen gehört. Die Tatsache, daß das Entzugssyndrom immer nur weiter nach vorn geschoben wird, wird nicht realisiert; das Verhalten erfolgt reflexartig.

Nach dem Prinzip des klassischen Konditionierens können Reize, die mit dem Drogenkonsum in zeitlichem und/oder örtlichem Zusammenhang stehen, den Status eines sekundären Auslösers erlangen. Dies erklärt möglicherweise auch die hohe Rückfallquote: Kommt der ehemalige Konsument aus der Strafanstalt oder der Therapiestätte in seine alte Umgebung zurück, dann lösen Bekannte aus der ehemaligen Drogenszene, die alten Örtlichkeiten und Utensilien den neuerlichen Konsum und damit den Rückfall aus. Man hat auch z. B. die Beobachtung gemacht, daß der Vorgang des Injizierens allein (ohne die Droge, mit Placebos wie destilliertem Wasser) die erwartete Euphorie auslösen kann.

Der zunehmende Drogenkonsum zieht vermutlich auch aversive Reize nach sich: abnehmendes Interesse für Schule, Ausbildung und Beruf mit dessen Mißbilligung durch die jeweiligen Instanzen, soziale

Auffälligkeiten, wie z. B. Einschaltung des Jugendamtes oder Justizbehörden und ähnliches. Dies muß in der Drogensubkultur kompensiert werden, wo das Individuum für seine neuen Verhaltensweisen – Drogenkonsum, kritische Distanz zu herkömmlichen Werten, Akzeptieren neuer Normen – belohnt wird, und zwar durch soziale Zuwendung und Erfolgserlebnisse im Kreise der Gleichgesinnten.

Für den Erstkonsum müssen einige Zusatzannahmen gemacht werden: ein geeignetes Rauschmittel sowie ein Modell (eine drogenerfahrene Person) müssen vorhanden sein; hat das Modell ein positives Image für den Probierer und in der Gleichaltrigengruppe, wird der Vorgang erleichtert und beim Scheitern evtl. wiederholt. Beim Erstkonsum muß auch ein Mangelzustand vorhanden sein, eine Krise, ein Konflikt, als unangenehm erlebte Zustände wie Antriebsarmut oder ähnliches. Die persönlichkeitsspezifische Wirkung vieler Drogen unterstützt dann den Erstkonsum. Falls diese Voraussetzungen erfüllt sind, können soziale Lernvorgänge einsetzen, die zur Gewohnheitsbindung und zu körperlich/seelischer Abhängigkeit führen. Die Lernpsychologie sieht sich somit in der Lage, eine umfassende Theorie der Suchtentwicklung zu liefern und durch empirische Befunde zu stützen, von der Entstehung des Konsums und dessen Fortsetzung bis zur Genese von Abhängigkeit und der Erklärung des Rückfalls.

7 Gesellschaftliche Einflußfaktoren

Einige soziale Faktoren sind hinsichtlich ihrer Beteiligung an der Verbreitung von Drogenmißbrauch so auffällig, daß sie einer näheren Untersuchung unterzogen werden sollten. Täschner (1975) versucht jedoch, ihren Einfluß zu relativieren, da die sozialkritische Orientierung der „Drogenbewegung" mit ihrem Beginn während der Studentenunruhen von 1968, die Drogen-Subkultur mit ihren spezifischen Erscheinungsformen und die fehlende Krankheitseinsicht vieler Abhängiger zu einer Überbewertung soziogener Faktoren geführt hätten. Berechtigt scheinen Täschners Hinweise auf die methodischen Unzulänglichkeiten vieler soziologischer Untersuchungen, die eine überwiegende Soziogenese des Drogenmißbrauchs suggerieren, jedoch kausale Schlußfolgerungen nur sehr schwer zulassen. Jene Einflußfaktoren, die im Bereich der disponierten Persönlichkeit genannt wurden, sind Folge von Erziehung und Sozialisation, zumindest zum überwiegenden Teil. Auch die Determinanten des sozialen Nahraumes, der Sozialisation in der Familie, der Schule und am

Ausbildungsplatz sind abhängig von gesellschaftlichen Strukturen. Insofern läßt sich eine globale Rückführung des modernen Drogenmißbrauchs auf die gesellschaftlichen Verhältnisse durchaus vornehmen. Sinnvoller scheint es jedoch, einige bestimmte Aspekte sorgfältiger herauszuheben.

Richter (1972, 25) führt die Beobachtung zunehmender diffuser psychischer Leiden in der Bevölkerung von Menschen, „die sich nicht mehr richtig zurechtfinden", auf die einseitige Beanspruchung des Individuums in der modernen Industriegesellschaft zurück. Jugendliche sähen in dieser Situation oft einen Ausweg in der Selbstbehandlung mittels der bekannten Modedrogen. Der Autor sieht in der „allgemeinen psychischen Labilisierung" (26) die „Verzweiflung des Individuums" (27) mit seinen Selbstheilungsversuchen.

Wormser (1973, 212) erkennt die Ursachen des Drogenmißbrauchs als Ausdruck und Folge „falscher und einseitiger gesellschaftlicher Normierungs- und Wertsetzungsprozesse". Für ihn ist die Suche nach familiären Gründen für das Fehlverhalten von Jugendlichen ein Zeichen dafür, daß Kräfte in der Gesellschaft am Werk seien, die die einseitigen Normen und Wertmaßstäbe aufrechterhalten und deswegen mit derartigen „Ursachen" ablenken wollen. Hünnekens führt den modernen Rauschmittelmißbrauch auf den Wandel der Erziehungsvorstellungen der Eltern nach dem Zweiten Weltkrieg zurück. Angesichts der Aufbaubemühungen, „nach deutscher Manier, ohne Besinnung und Muße" (1971, 241) seien die Kinder vernachlässigt worden. Überforderung und Anpassung an eine perfekte technisch-bürokratische Leistungsgesellschaft würden von vielen Jugendlichen abgelehnt und mit Drogengebrauch beantwortet.

Ähnliche Vorstellungen werden von vielen weiteren Autoren vorgetragen. Die einseitige wirtschaftliche Orientierung und Maximierung mit ihrem Leistungszwang wird von der nachfolgenden Generation nicht mehr vorbehaltlos unterstützt.

Hinzu kommen die Reaktionen der Gesellschaft auf die Drogenwelle. Es ist vermutet worden, daß sie wiederum die weitere Verbreitung der Rauschmittel unterstützt haben Gaedt/Gaedt (1973) untersuchten die Drogen-Berichterstattung in der Presse und fanden überwiegend Darstellungen sensationeller Einzelfälle mit extrem abweichendem Verhalten. Konsumenten und Drogen werden überwiegend negativ dargestellt und bewertet. Jugendliche Drogenkonsumenten werden als amoralisch, sexuell ausschweifend und kriminell dargestellt, die es zu verfolgen gilt.

Die einheitliche Benennung aller Rauschmittel und Modedrogen als „Rauschgift", mit der Cannabis, Opiate und Schnüffelstoffe in einen Topf geworfen wurden, hat die harmlosen Marihuana-Probierer und Pattex-Schnüffler an den Rand der Kriminalität gebracht. Auch wurde fälschlich gewarnt vor der körperlichen Abhängigkeit, die durch Cannabis und Halluzinogene entstehe. Durch solche Übertreibungen ist zweifellos auch Unheil angerichtet worden; wer feststellt, daß man von Marihuana nicht süchtig wird, glaubt auch den anderen (berechtigten) Warnungen nicht. Über die modernen Rauschdrogen konnte alles berichtet werden, wenn es nur negativ genug war und wenn Alkohol und Tabak ausgespart blieben.

Die Öffentlichkeit hat ohne Sachkunde und mit Vorurteilen alle Drogen pauschal verurteilt und kriminalisiert, um der neuen Gefahr zu begegnen. Die zeigt sich auch in der Verfolgung und Bestrafung minderjähriger Probierer und Konsumenten, die dadurch erst etikettiert und in die Subkultur der Drogenbewegung gedrängt wurden.

Diese Ächtung der Modedrogen steht im krassen Gegensatz zur allgemeinen Drogenorientierung der Gesellschaft. Die Erwachsenen verbrauchen nicht nur gewaltige Mengen an Alkohol und Tabak, sondern viele betreiben darüber hinaus auch intensive Selbstmedikation mit Arzneimitteln. Jede kleine Unpäßlichkeit wird mit entsprechenden Medikamenten beseitigt. Morgens nimmt man ein Aufputschmittel, abends kann man ohne Tablette nicht einschlafen. Der Umsatz an Pharmaka ist in den vergangenen Jahren erheblich gestiegen, unterstützt von einer nie müde werdenden Arzneimittelwerbung.

Drogengebrauch existiert seit Jahrhunderten in fast jeder Gesellschaft, und einige der bei uns verbotenen Drogen wie Cannabis oder Peyote gehören in Indien und Mexiko zum Alltag. Man denke nur an den Kokain-Konsum in Südamerika. Veränderte Einnahmetechniken (z. B. Injizieren statt Inhalieren) und illegaler Handel (unter Vermischung der Drogen mit gefährlichen Substanzen zwecks Verlängerung und damit Gewinnerhöhung) machen die Modedrogen bei uns zu einem großen Problem.

Zur Frage der gesellschaftlichen Mitverursachung des Drogenproblems liegen nur wenige soziologische Untersuchungen vor. Längsschnittuntersuchungen sind in diesem Bereich nur unter sehr großem Aufwand zu betreiben und scheitern an ethischen und methodischen Problemen. Querschnittuntersuchungen leiden unter dem ungelösten Ursache-Wirkung-Problem und basieren auf Selbstauskünften („Halten Sie das gegenwärtige Gesellschaftssystem für schlecht?"). Die Antworten auf solche Fragen führen nicht weiter.

Soziale Faktoren lassen sich kaum als direkte, unmittelbare Verursacher von Drogenkonsum feststellen und „Unruhen, Wirkungen und Begleiterscheinungen (im Sinne von Nebenwirkungen) nur schwer voneinander unterscheiden" (Täschner 1975, 76). Sie können aufgrund von Plausibilitätserwägungen jedoch als fruchtbarer Boden betrachtet werden, der die oben genannten Vorgänge begünstigt.

8 Zusammenfassung: ein multifaktorielles Modell

Heute wird die Verursachung des modernen Rauschmittelmißbrauchs fast einhellig als Ergebnis des Zusammenwirkens einer Vielzahl von Faktoren betrachtet, die in höchst unterschiedlicher Weise voneinander abhängen und sich teilweise gegenseitig bedingen. Sehr früh wurde ein solches Modell z. B. von Kielholz/Ladewig (1973) vorgeschlagen. Aus heutiger Sicht lassen sich die unterschiedlichen ursächlichen Faktoren den Bereichen Droge, Persönlichkeit, sozialer Nahraum und Gesellschaft zuordnen. Im Bereich der *Droge* sind es deren Art, ihre Verfügbarkeit, die Art der Einnahme, die Dosis, die Dauer der Einnahme und die Wirkung sowie die Toleranzentwicklung, welche den Erstkonsum und den weiteren Verlauf von Konsum, Mißbrauch, Gewöhnung und Abhängigkeit bestimmen.

Die *Persönlichkeit des Drogenkonsumenten* ist aus der Sicht der Psychoanalyse und der Persönlichkeitspsychologie an der Entstehung von Drogenmißbrauch beteiligt. Die als prämorbid bezeichnete, disponierte Persönlichkeit weist Merkmale wie erhöhte Risikobereitschaft, niedrige Frustrationstoleranz, starke Gegenwartsorientierung, Neurotizismus, Introversion, Depressivität und psychische Labilität auf. Eventuell sind auch heriditäre Merkmale zu berücksichtigen.

Der *soziale Nahraum des Drogenkonsumenten* beeinflußt Entstehung und Begünstigung/Bedingung von Drogenmißbrauch durch charakteristische Merkmale der Familienstruktur, elterliches erzieherisches Fehlverhalten, das Familienklima, die soziale Schichtzugehörigkeit der Familie, die Gleichaltrigengruppe und ungünstige Verhältnisse in Schule und Ausbildung.

Im Bereich der *Gesellschaft* werden die allgemeine Drogenorientierung der modernen Industriegesellschaft, ihr Konkurrenz- und Leistungssystem mit seinen einseitigen Wertsetzungen, die Bedeutung der Arzneimittelindustrie, die psychische Labilisierung durch eine technisch-bürokratische Welt sowie die Reaktionen der Gesellschaft auf das Drogenproblem als Mitverursacher und Wegbereiter genannt.

Den einzelnen Faktoren kommt sicherlich unterschiedliches Gewicht zu, das im einzelnen nicht genau bestimmt werden kann. Daher muß man annehmen, daß die Anzahl der im Einzelfall vorliegenden Faktoren und ihr jeweiliger Ausprägungsgrad sowie Wechselwirkungen von weitgehend unbekannter Art die Entstehung von Konsum, Mißbrauch, Gewöhnung und Abhängigkeit begünstigen. Dabei darf die starke Beteiligung von einzelnen Lernvorgängen nicht unberücksichtigt bleiben.

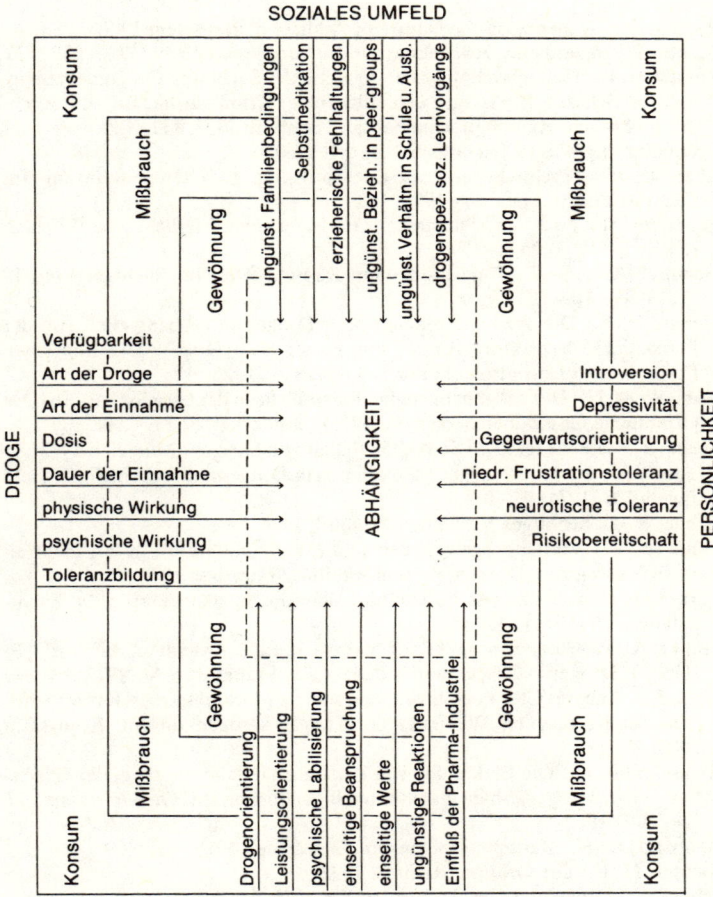

Abb. 3: Ursachen der Drogenabhängigkeit

Man muß annehmen, daß der Verlauf der Drogenkarriere eines Individuums, d. h. der Übergang von Drogenkonsum zu dessen Mißbrauch, zur Gewöhnung und schließlich Abhängigkeit, davon beeinflußt wird, wie viele der einzelnen Determinanten gleichzeitig vorliegen und wie stark ihr jeweiliger Ausprägungsgrad ist.

Literatur

Bejerot, N.: A theory on the Nature of Addiction. Jerusalem 1970

Bschor, F.: Jugend und Drogenkonsum. In: Soziale Arbeit 19 (1970) 525–539

Bussewitz, F.: Tiefenpsychologische Aspekte der Sucht und Drogenabhängigkeit. In: Schäfer, H. (Hrsg.): Grundlagen der Kriminalistik, Bd. 9, Rauschgiftmißbrauch, Rauschgiftkriminalität. Hamburg 1972, 111–120

Cremerius, J.: Was ist Süchtigkeit? Zürich 1960

Ehebald, U.: Psychische und soziale Motivation zum Drogenkonsum. In: Sucht ist Flucht. Hamburg 1972, 105–126

Feuerlein, W.: Sucht und Süchtigkeit. In: Münchener Medizinische Wochenschrift 50 (1969) 2593–2600

Gaedt, F./Gaedt, C.: Tagespresse und Rauschmittel. In: Suchtgefahren 19 (1973) 41–51

Huber, H. P.: Die Wirkung psychotroper Drogen in Abhängigkeit von der Persönlichkeitsstruktur. In: Kryspin-Exner, K. (Hrsg.): Die modernen Formen des Suchtmittelmißbrauches. Wien 1971, 23–39

Hünnekens, H.: Der drogenabhängige Jugendliche in der Gesellschaft. In: Das Öffentliche Gesundheitswesen 33 (1971), Sonderheft 5, 237–244

Kielholz, P./Ladewig, D.: Die Abhängigkeit von Drogen. München 1973

Kreuzer, A.: Verleiten junger Menschen zum Drogenmißbrauch. In: Unsere Jugend 26 (1974) 97–109

Lange, K.-J.: Süchtiges Verhalten. Freiburg 1974

Lennertz, E.: Verhaltensgewohnheit und Drogenbindung. Ein lerntheoretischer Beitrag zum Drogenproblem. Freiburg/München 1974

Lürßen, E.: Psychoanalytische Theorien über die Suchtstrukturen. In: Suchtgefahren 20 (1974) 145–151

Müller, A.: Psychoanalyse und Drogenkonsum. In: Schwendtke, A./Krapp, F. (Hrsg.): Drogen – Gesellschaft – Pädagogik, Frankfurt a. M. 1972, 13–54

Platt, J. J./Labate, Ch.: Persönliche und soziale Merkmale von Heroinsüchtigen. In: Kutsch, Th./Wiswede, G. (Hrsg.): Drogenkonsum, Königstein 1980, 95–115

Remschmidt, H.: Die Bedeutung von Persönlichkeitsfaktoren bei der Entstehung einer Drogenabhängigkeit unter Jugendlichen. In: Die Heimstatt 1–2 (1971) 7–18

Reuband, K.-H.: Rauschmittelkonsum. Wiesbaden 1976

Richter, H. E.: Die Gruppe. Reinbek 1972

Schenk, J.: Droge und Gesellschaft. Berlin 1975

Schwarz, J.: Feststellungen zum Rauschmittelmißbrauch in Schleswig-Holstein. In: Schäfer, H. (Hrsg.): Grundlagen der Kriminalistik, Bd. 9, Rauschgiftmißbrauch, Rauschgiftkriminalität. Hamburg 1972, 195–208

Sickinger, R.: Drogenhilfe. München 1982

Stahl, C. D.: Motivation und Daseinsthematik bei drogenabhängigen Jugendlichen. In: Praxis der Kinderpsychologie und Kinderpsychiatrie 23 (1974) 299–303

Täschner, K.-L.: Zur Frage gesellschaftlicher Ursachen des Drogenkonsums Jugendlicher. In: Zeitschrift für Sozialpsychologie 6 (1975) 76–79

Wöbcke, M.: Psychologische Faktoren in der Ätiologie des Rauschmittelmißbrauchs. Frankfurt a. M./Bern 1977

Wormser, R.: Drogenkonsum und soziales Verhalten bei Schülern. München 1973

Zimmermann, R.: Zur Situation des ersten Rauschmittelkonsums. In: Reuband, K.-H.: Rauschmittelkonsum. Wiesbaden 1976, 63–75

Psychologie süchtigen Verhaltens

Erich Perlwitz

Die Psychologie süchtigen Verhaltens kann von der Frage ausgehen, ob denn süchtiges Verhalten wie jedes andere Verhalten in der Persönlichkeit gebildet wird oder auf ganz andere Art zustande kommt. Die Antwort lautet: Süchtiges Verhalten wird von dem verhaltensbildenden System in einer Persönlichkeit gebildet, das auch alles andere Verhalten produziert.

1 Kennzeichnende Eigenheiten süchtigen Verhaltens

Die Identifizierung der Charakteristika, die süchtiges Verhalten von anderen Verhaltensmustern unterscheiden, öffnet den Zugang zu den besonderen Bedingungen der Verhaltensbildung von süchtigem Verhalten. Süchtiges Verhalten kann allgemein als ein Verhaltensmuster beschrieben werden, bei dem – periodisch wiederkehrend – ein in seiner Dringlichkeit hohes und sich in der Zeit noch weiterhin steigerndes Bedürfnis, auch zur Vermeidung negativer persönlicher Folgen, vorrangig durch ein ganz spezielles und nicht auswechselbares zielgerichtetes Handeln gestillt werden soll. Kennzeichnende Eigenheiten sind danach:

- das sich wiederholende Auftreten des Verhaltens (Periodizität);
- das mit der Dauer des Bedürfnisdruckes wachsende Erleben negativer Folgen bei Verzögerung oder Ausbleiben der Bedürfnisbefriedigung (progressive Aversion);
- der Ausschließlichkeit beanspruchende und in der Zeit wachsende Bedürfnisdruck (progressive Dominanz);
- die in der Zeit zunehmende Bereitschaft zur Aufgabe früherer Interessen, wenn damit dem Zielerreichen gedient wird (progressive Interessenaufgabe);

51

- die Einengung der Verhaltensmöglichkeiten (zielfixierende Verhaltensenge);
- das Verhaltensmuster wird durch eine spezifische Befriedigung abgebrochen und weicht anderen Verhaltensweisen (spezifische Befriedigung).

Die genannten Kennzeichen bedürfen zur Herstellung ihrer Anwendbarkeit der Operationalisierung. Dabei werden beobachtbare Anzeichen genannt, an denen das Auftreten des jeweiligen Kennzeichens erkannt werden kann. Wenn die aufgeführten Kennzeichnungen auf Beispiele für süchtiges Verhalten angewendet werden, erweisen sie sich als zutreffend.

2 Verhaltensweisen, die süchtigem Verhalten gleichen

Überraschendes ergibt sich nun aber, wenn eine Gegenprobe überprüfen soll, ob das Verhaltensmuster süchtigen Verhaltens auch wirklich nur an Suchtfällen beobachtbar auftritt. Wenn also Verhaltensbeispiele herangezogen werden, die nach übereinstimmendem Sprachgebrauch nicht als Suchtverhalten gelten, müßten an solchen Verhaltensproben eben auch ganz andere Charakteristika als beim Suchtverhalten auftreten. Diese Gegenprobe geht von dem Satz aus, daß unterschiedliches Verhalten auch unterschiedliche Eigenheiten und somit verschiedenartige Verhaltensmuster habe.

Als Verhaltensbeispiel für eine erste Gegenprobe wird das eines durstigen Wanderers genommen, dem an einem heißen Tage auf einer anstrengenden Gebirgswanderung das mitgenommene Getränk ausgelaufen ist. Es erweist sich, daß viele der Kennzeichnungen, mit denen süchtiges Verhalten charakterisiert worden ist, auch auf dieses und in keinem Zusammenhang mit Sucht stehende Verhaltensbeispiel zutreffen.

Wenn das Beispiel nicht überzeugend genug sein sollte, könnten statt dessen auch authentische Berichte von Schiffbrüchigen verwendet werden, die mehrere Tage ohne Trinkwasser auskommen mußten. Aber nicht extremer Durst allein, auch Hunger oder Überlebensprobleme in Kälte, Sturm oder anderen bedrohlichen Naturereignissen sowie extreme Körperzustände lösen Verhalten aus, das dem Verhaltensmuster süchtigen Verhaltens entspricht. Wenn geltend gemacht werden sollte, daß in manchen dieser Beispiele der Bedürfnisdruck nicht durch Einnahme eines speziellen Stoffes zu lindern sei, dann möge man das Verhalten von Menschen analysieren, die von einem extremen Sinken des Blutzuckerspiegels betroffen sind. Die Einnahme von Zucker in irgendeiner Form kann den Bedürfnisdruck schnell senken.

Das Verhalten in Situationen eines steigenden subjektiv unabweisbaren Bedürfnisdruckes gleicht in charakteristischen Eigenheiten dem süchtigen Verhalten. Es weist ein gleiches Verhaltensmuster auf.

Die Gegenprobe läßt sich mit ähnlichen Resultaten auf weiteres Verhalten ausdehnen. Was zuvor für Situationen gesagt wurde, die der Sicherung materieller Lebensbedürfnisse wie Nahrungsaufnahme, Flüssigkeitszufuhr, Wärmeregulierung oder Sauerstoffaufnahme dienen, gilt augenscheinlich für Lebensbedürfnisse im weiteren Sinne. Die Sicherung der Befriedigung von subjektiv unabweisbaren allgemeinen Lebensbedürfnissen kann zu Verhaltensweisen führen, die dem Verhaltensmuster süchtigen Verhaltens entsprechen. Zur Unterscheidung von Suchtverhalten wird hier für solche nicht mit Sucht in Zusammenhang stehende Verhaltensweisen von einem Verhaltensmuster extrem dominierender Zielgerichtetheit (Intentionalität) gesprochen.

3 Süchtiges Verhalten ist der Spezialfall eines allgemeinen Verhaltensmusters für unabweisbare Bedürfnisse

Die individuell erlebten Bedürfnissituationen lassen sich nach geringerem und höherem persönlichen Anteil bei der Bedürfnisentwicklung unterscheiden. Die Unterschiede sind jeweils graduell. Je weiter das betreffende Verhalten vom Reflexverhalten entfernt ist, desto größer ist der psychische Einfluß auf die Verhaltensregulation (Dörner 1985). Für die Verhaltensregulation gilt, daß die Charakteristika eines Verhaltens, die nicht von Reflexen determiniert sind, durch persönliche Erfahrung und Erfahrungsverarbeitung ausgeformt werden: Das Verhalten wird gelernt.

Das bedeutet, daß alle zuvor aufgeführten Kennzeichen der hier miteinander verglichenen zwei Verhaltensmuster durch Lernen ausgeformt und mehrfach verändert werden können. Allgemein kann ein Verhaltensmuster als spezifischer Bedingungsrahmen aufgefaßt werden. Wenn persönliche Ziele ohne Rücksicht auf Aufwand und

Nebenwirkungen schnell erreicht werden sollen, müssen bestimmte funktionale Leistungen (Verhaltensmuster extrem dominierender Intention) erbracht werden. Das ist die interpersonale Vorgabe des psychischen Systems. Mit welchem individuellen Verhaltensprogramm den Vorgaben gefolgt werden soll, hängt von den aktuellen Möglichkeiten der Persönlichkeit ab. Wenn nun das mit extremer Dringlichkeit angestrebte Ziel die sofortige Beschaffung von Suchtstoffen ist (Verhaltensmuster süchtigen Verhaltens), dann wird für diesen Fall das in jedem Individuum allgemein verfügbare Verhaltensmuster extrem dominierender Intentionen für die Beschaffung von Suchtmitteln aktiviert. Deswegen unterscheiden sich der Hungernde und der Süchtige in dem aktuell zu beobachtenden Verhalten nur in ihren Zielsetzungen, die sie um jeden Preis zu erreichen versuchen.

Auf dem bisher verfolgten Argumentationsweg gelangt man zu den nachstehenden Behauptungen:

1. Die von Persönlichkeiten produzierbaren Verhaltensweisen lassen sich nach Verhaltensmustern unterscheiden. Verhaltensmuster sind Strukturen verallgemeinerter Eigenheiten.

2. Ein allgemein verfügbares spezielles Verhaltensmuster, das hier als das extrem dominierender Intentionen bezeichnet wurde, wird in den Situationen angewandt, in denen eine Persönlichkeit versucht, ein für sie hoch dominantes Verhaltensziel zu erreichen. Das Verhaltensmuster ist durch spezifische Kennzeichnungen beschreibbar.

3. Dieses Verhaltensmuster tritt in vorhersagbaren Situationen gehäuft auf:
   - in Fällen der Deprivation von materiellen primären Lebensbedürfnissen (Hunger, Durst, Luftmangel etc.);
   - in Fällen der Deprivation von primären psychosozialen Lebensbedürfnissen.

4. Dieses Verhaltensmuster ist durch individuelle Lernprozesse modifizierbar. Konstituierende Lerninhalte sind
   - das Erlernen der Befriedigung eines dominierenden Bedürfnisses als Ziel und
   - das Erlernen der Deprivation von dieser Befriedigung als untolerierbare Aversion.

5. Als Folge solcher Lernprozesse, deren Kennzeichen immer eine starke einseitige Bedürfnisfixierung ist, entstehen Verhaltensweisen, die in graduell unterschiedlicher Weise das Verhaltensmuster dominierender Intentionen benutzen. Solche Verhaltensweisen sind auch als Alltagssüchte (Arbeitssucht, Spielsucht, Nahrungs-

mittelsucht, Naschsucht etc.) bezeichnet worden. Sie sind gekennzeichnet durch die Abhängigkeit der Lebensführung von dem dominierenden Bedürfnis.

6. Lernprozesse können auch dazu führen, daß
   - die Etablierung eines dominierenden Bedürfnisses und
   - die Etablierung untolerierbarer spezifischer Deprivationen durch die organismische Gewöhnung an ein Suchtmittel erfolgen. Damit entsteht das Verhaltensmuster der Suchtmittelabhängigkeit. Dieses süchtige Verhalten unterscheidet sich von anderen Fällen dominierender Bedürfnisse nur durch die Art des Bedürfnisses. Ein Suchtmittel ist als dringendes Bedürfnis gelernt worden.

4 Das Erlernen dominierender Bedürfnisse

Extrem dominierende Bedürfnisse werden mit dem Verhaltensmuster extrem dominierender Intentionen zu befriedigen versucht. Es ist das Verhaltensmuster, das beim Vorliegen einer subjektiv hoch eingestuften Dringlichkeit der angestrebten Bedürfnisbefriedigung angewendet wird. Seine Struktur sorgt dafür, daß der möglichst umgehenden Bedürfnisstillung keine andere und damit konkurrierende eigene Verhaltensintention im Wege ist. Alles im Individuum wird unterdrückt, was dem Zielerreichen hinderlich sein könnte. Die Bedürfnisbefriedigung ist dann subjektiv so dringend eingestuft, daß der psychophysiologische Zustand der Persönlichkeit die Dominanz dieses einen Verhaltensmusters garantiert. Solche subjektiv erlebte Dringlichkeit ist für einige elementare Lebensbedürfnisse von Geburt an im Organismus etabliert. Auf der Grundlage vorhandener Verhaltensschemata können neue Dringlichkeiten gelernt werden.

Solches Lernen vollzieht sich nach den allgemein geltenden Gesetzmäßigkeiten für die Verhaltensregulation bei jedem Menschen. Für Alltagssüchte wie für Suchtmittelabhängigkeiten gilt dann auch, daß sie unter den allgemein geltenden psychologischen Gesetzmäßigkeiten für die Verhaltensregulation einer Persönlichkeit entwickelt werden. Die Entwicklung ist immer determiniert von den psychosozialen und organismischen Bedingungen, unter denen eine Persönlichkeit in Wechselwirkung mit ihrer Umgebung lebt und unter der sie ihre Verhaltenseigenheiten entwickelt.

5 Das Erlernen von Alltagssüchten

Als Beispiel für die Entwicklungsaspekte bei der Entstehung von süchtigem Verhalten in der Form von Alltagssucht werden im folgenden mögliche Bedingungen für das Entstehen von Naschsucht dargestellt.

Als Naschsucht kann man die in der Lebensführung extrem dominierende Intention zur Aufnahme von Süßigkeiten bezeichnen. Anzunehmen ist, daß kein Kind mit Naschsucht geboren wird. Die Konstitution von Naschsucht ist das Ergebnis der die Verhaltensbildung allgemein bestimmenden Erfahrungsbildung einer Persönlichkeit in der Wechselwirkung mit ihrer Umwelt. Kein Neugeborenes ist naschsüchtig, aber es bringt Voraussetzungen dafür mit, die in der Entwicklung angesprochen werden können oder nicht. Die Gesamtheit aller speziellen Voraussetzungen ist zwar nicht bekannt, wohl aber sind einige mit Sicherheit beteiligt. Genetisch mitgegeben ist beispielsweise, daß alle Neugeborenen einen Saugreflex haben, der auf süß oder sauer unterschiedlich reagiert. Daß viele Säuglinge und Kleinkinder Süßes eher zu sich nehmen als Salziges, ist damit nicht zufällig. Die Entwicklung des Saugreflexes gibt aber auch ein Beispiel dafür, daß der Beginn des Lebens einerseits und die Geburt andererseits keineswegs identisch sind. Ultraschallaufnahmen beweisen, daß auch schon der Fötus im Mutterleib Saugverhalten zeigt. Saugreflex und Nahrungsaufnahme kommen mit dem ersten Tag nach der Geburt in eine psychosoziale Entwicklung, die sowohl von den Aktivitäten des Säuglings als auch vom Pflegeverhalten der Mutter abhängt. Die Unlustäußerungen nach längerer Deprivation von Nahrung werden durch Nahrungsangebot reduziert. Ein Beispiel für die Entwicklung vermehrter Nahrungsaufnahme durch Überangebot von Nahrung bieten Mütter, die Unmutsäußerungen ihrer Kinder häufig als Hunger interpretieren und als mütterliche Antwort möglichst umgehend Nahrung anbieten. Der Erfolg gibt ihnen zumeist recht. In der Regel sind Kinder nach Nahrungsaufnahme ruhiger als zuvor.

Die persönlichen Eigenheiten der Entwicklung zeigen sich in solchen Fällen durch die individuelle Antwort der Kinder. Manche Säuglinge entwickeln durch Überangebot eine vermehrte Nahrungsaufnahme und kommen nachfolgend zu Übergewicht. Andere Säuglinge reagieren dagegen mit dem Verweigern der Nahrungsaufnahme durch Ausspucken oder Übergeben. Durchaus wahrscheinlich ist so, daß bereits bei Säuglingen sehr unterschiedliche Formen der Nahrungsaufnahme entwickelt sind. Zufriedenheit und Nahrungsaufnahme sind deutlich miteinander verbunden. Anzunehmen ist, daß bei einem nicht bekannten Prozentsatz von Säuglingen die Nahrungsaufnahme durchaus als Mittel gegen eigene Unlust etabliert ist. Das Pflegeverhalten der betreuenden Person kann solche Gewohnheitsbildungen nachfolgend sehr erfolgreich ausformen. Indem bestimmte Speisen durch angenehme Süßung einen individuell höheren Genußwert erhalten, differenziert sich weniger gut tröstende und hoch potent tröstende Nahrung voneinander.

Eine Stufe weiter führt dann bei Flaschenkindern die von Eltern angebotene Flasche mit süßem Tee. Manche Eltern bieten die „süße Flasche" bei unterschiedlicher Bewußtseinslage als Tröster an. Wird das gehäuft praktiziert, können sich beim Kind Gewohnheiten ausbilden, die unterschiedlich verallgemeinerungsfähig sind: Bei Kummer tröstet Süßes, tröstet die Flasche, tröstet Nahrung.

Erziehungspraktiken führen dazu, daß die Grundlagen von Naschsucht gebildet werden. Sie veranlassen einerseits die Etablierung eines erhöhten Anspruchsniveaus nach Süßem. Sie können andererseits in Zusammenhang mit anderen Unzulänglichkeiten der Erziehung die Tendenz zur Selbsttröstung mit Süßem verstärken.

Daß dann Kinder unter vergleichbaren Entwicklungsbedingungen keineswegs zwangsläufig zur Naschsucht kommen, sondern eher vielleicht zur Ablehnung von Süßigkeiten, demonstriert die Macht der individuellen Bedingungen der Verhaltensregulation, die in der Regel im nachhinein interpretierbar erscheinen, aber bislang keineswegs mit hinreichender Verläßlichkeit zu Voraussagen nutzbar sind. Erwartet werden könnte, daß Kinder mit großer Beharrlichkeit und Aktivität bei der Durchsetzung ihrer Ansprüche weniger anfällig sind gegen die Fixierung der Grundlagen süchtigen Verhaltens durch Erziehungseinflüsse. Nachgewiesen ist das nicht.

Die prägende Kraft von Erziehungsbedingungen für die Entwicklung der Vorliebe zu Süßigkeiten beweist sich auch in Gesellschaften, in denen der Genuß von Süßigkeiten traditionell gepflegt wird. Liebe zu Süßigkeiten und vermehrter Genuß gelten dort als völlig normal.

Die Förderung der Entwicklung von Naschsucht durch Erziehungsverhalten kann auch in anderen Entwicklungsstufen der Individualentwicklung ansetzen und von Erziehungspersonen angeregt werden.

Anregung kommt dann aber auch durch das in der Gesellschaft produzierte Angebot von Süßigkeiten. Fernsehwerbung, Zeitung und Zeitschriftenwerbung suggerieren, daß der Konsum von Süßigkeiten in dieser oder jener Form anzustreben sei. Die Variationen des industriellen Angebotes vermeiden Sättigungseffekte und führen zur dauerhaften Etablierung durch sich beständig abwechselnde Produktvarianten.

Eine andere Form der Entwicklung von Naschsucht geht dann auf Eigeninitiativen von Kindern zurück. Im Zusammenhang mit reizarm erlebtem Alltag können Süßigkeiten mit ihren Geschmacksvariationen zur angestrebten Abwechslung verhelfen. In manchem Wohnmilieu sind beispielsweise Verkaufsstellen für Süßigkeiten außerhalb der üblichen Ladenöffnungszeiten Anlaufstellen für sich langweilende Kinder.

Durch Eigeninitiative entdeckt werden kann auch die Funktion von Süßigkeiten als Ersatzbefriedigung. Das Verfehlen von angestrebten Verhaltenszielen löst Spannungen in der Persönlichkeit aus. Diese versucht, sie zu mindern. Dazu können sehr unterschiedliche Strategien verhelfen. Ein Ziel kann erneut angegangen werden. Die Spannung kann durch Abwehrmechanismen umgedeutet werden. Eine allgemein einsetzbare Bewältigungsstrategie ist die Ersatzbefriedigung. Statt einer verfehlten Befriedigung wird Ersatz durch eine andere Befriedigung geschaffen. Süßigkeiten eignen sich auch dazu.

Eine nur scheinbar widersinnige Begünstigung der Entwicklung von Naschsucht kann unter entsprechenden Umständen der nachdrücklich als unangenehm empfundene Mangel an Süßigkeiten sein. Manche Kinder werden aus diesen oder jenen Gründen strikt von Süßigkeiten getrennt. Diese Trennung vermag Motivationen aufzubauen, sich bei nächster Gelegenheit exzessiv Süßigkeiten zuzuwenden.

Von allgemeiner Bedeutung für den Aufbau von Naschsucht dürfte sein, daß die Selbstkontrolle des Verhaltens exzessive Verstellungen der Gewohnheiten aus diesen oder jenen Gründen zuläßt. Extrem dominierende Gewohnheitsbildung kann so durch verstärkte Außeneinflüsse (einzelne Personen, Gruppen, Medien, gesellschaftliche Bedingungen) oder durch persönlich initiierte Bedürfnisfixierungen (beispielsweise über Ersatzbefriedigungen oder nach Deprivationserlebnissen) etabliert werden und dann damit zur Bildung von Naschsucht bei Kindern führen. Naschsucht bei Erwachsenen konstituiert sich (vielleicht) unter anderen Umständen aber nach gleichen Prinzipien. Am Beispiel der Naschsucht ist auch offensichtlich, welchen Einfluß die organismischen Variablen bei der Bildung süchtigen Verhaltens haben. Eine gesteigerte Aufnahme von Süßigkeiten führt zu Veränderungen im Stoffwechsel des Organismus. Ebenso ist anzunehmen, daß Stoffwechselveränderungen im Organismus zur vermehrten Aufnahme von Süßigkeiten nötigen können.

Die Entwicklung anderer Alltagssüchte – wie beispielsweise Spielsucht oder Arbeitssucht – verläuft ebenso unter Kontrolle all jener Einflüsse, unter denen sich Persönlichkeiten verändern können. Die Sucht konstituiert sich mit einem neu gelernten dominierenden Bedürfnis.

6 Das Erlernen von Suchtmittelabhängigkeit

Die Entwicklung süchtigen Verhaltens als Suchtstoffabhängigkeit hat bisher mehr Beachtung gefunden als die Aufdeckung der Bedingungen für Alltagssüchte.

In der Entwicklung von Suchtstoffabhängigkeit sind drei gegeneinander abgrenzbare Entwicklungsphasen zu unterscheiden: Die Annäherung an das Suchtverhalten, die Gewöhnung an das Suchtmittel und das süchtige Verhalten unter Suchtstoffabhängigkeit. Die Trennung dieser Phasen geht auf die unterschiedlichen Entwicklungsbedingungen in ihnen zurück. Während der Annäherung an das Suchtmittel entwickelt sich das Verhalten ohne Suchtmittelwirkung. Gewöhnungsphase und Suchtstoffabhängigkeit werden dagegen von der Suchtmittelwirkung mitbestimmt.

6.1 Die Annäherung an Suchtmittel

Als Annäherung an ein Suchtmittel wird die Entwicklung bezeichnet, die jeweils dazu führt, daß jemand durch Kontakt mit dem Suchtmittel in die Gewöhnungsphase übertreten kann. Von der Annäherungsphase ist allgemein zu sagen, daß in ihr nicht die Suchtmittelwirkung zum späteren Einlassen auf eine Gewöhnung führt. Niemand, der sich dem Suchtmittel nähert, tut das unter Drogenwirkung. Die Annäherung erfolgt manchmal zufällig, zumeist aber durch vermittelnde Motivationsprozesse. Vermittelnd werden hier Verhaltensimpulse genannt, die nicht aus der unmittelbaren Eigenerfahrung der Suchtmittelwirkung kommen, aber dennoch zum Suchtmittel hinführen.

Von solchen Impulsen zur Annäherung an das Suchtmittel kann mit praktisch umfassender Gültigkeit gesagt werden, daß sie alle sozial vermittelte Impulse sind. Die individuelle, weil sozial völlig unabhängige Entdeckung eines Suchtstoffes, hat praktisch keine Bedeutung. Die Kenntnis von der Existenz des Suchtmittels und von seinem Gebrauch ist unter den gegenwärtigen Bedingungen nahezu immer sozial vermittelt. Und an die Kenntnis der Existenz eines Suchtmittels ist jede Motivation zur Annäherung gebunden, genaugenommen eben auch an die Kenntnis über allgemeine Möglichkeiten zur Annäherung. Wer späterhin zu einem Suchtmittel greift, hat zuvor irgendwie erfahren, daß es dieses Mittel gibt und wie es zu gebrauchen ist. Wie diese Informationen im einzelnen vermittelt werden, ist allgemein bekannt. Zigaretten und Alkohol als verbreitete Alltagsdrogen in der Bundesrepublik sind im täglichen Leben nicht zu übersehen. Im

Gegenteil, das Übersehen der Existenz von Tabak und Alkohol und deren Gebrauch können nahezu als unwahrscheinliches Ereignis gelten und lassen im Falle ihres Auftretens nachfragen, wie denn solch ein Ereignis überhaupt möglich sein konnte.

In die Entwicklungspsychologie gehört, daß Kinder in Mitteleuropa mit hoher Wahrscheinlichkeit vor Vollendung des dritten Lebensjahres wissen, daß man Zigaretten rauchen und bestimmte alkoholische Getränke trinken kann. Mit dieser Kenntnis ist die e r s t e V o r a u s - s e t z u n g für eine Annäherung an Suchtmittel geschaffen.

Die z w e i t e V o r a u s s e t z u n g für die Annäherung ist, daß die psychische Verarbeitung der Kenntnisse über Existenz und Gebrauch des Suchtmittels in der eigenen Persönlichkeit zur Entwicklung eines Annäherungsmotivs führt. Motive sind nach Heckhausen (1980) Wertungsdispositionen in einer Persönlichkeit, nach denen Handlungen und Handlungsfolgen subjektiv beurteilt werden.

Zahlreiche mögliche Annäherungsmotive sind genannt und im Zusammenhang mit spezifischen Suchtmitteln auch ausführlich diskutiert worden. Ihre Relevanz für die Annäherung an Suchtmittel ergibt sich aus deren Bedeutung für Verhaltensbildung allgemein.

Neugierde auf das Erleben der Begegnung mit dem Suchtmittel in der Eigenerfahrung ist ein nahezu allgemeiner verfügbarer Antrieb zur Annäherung. Das Interesse der Persönlichkeit an einer Erweiterung des eigenen Erfahrungsschatzes kann eben auch sehr leicht Suchtmittel mit einschließen.

Das Modellverhalten der Umwelt (Bandura 1979) ist geeignet – insbesondere bei Kindern – das Interesse am Kennenlernen der Suchtmittelwirkung zu steigern. Wenn zu sehen ist, daß Personen durch Suchtmittel in positiv bewertete Zustände kommen, erhöht sich die Versuchung zur Nachahmung.

Deutlich wird dabei, welche Funktion die subjektive Bewertung des Modellverhaltens hat. Beispielsweise berichtete ein Mädchen, die nach Alkoholgenuß aufkommende Fröhlichkeit ihrer ansonsten eher zurückhaltenden Mutter habe ihren Widerwillen gegen Alkohol verstärkt. Die Tochter eines alkoholsüchtigen Vaters brachte Alkohol noch jahrelang emotional mit körperlichen Mißhandlungen ihrer Mutter in Verbindung. Für andere Menschen ist die Modellwirkung von Alkoholgenuß mit Fröhlichkeit und Geselligkeit verbunden. Die Umwelterfahrungen über Suchtmittel werden offensichtlich immer zum eigenen Selbstbild in Beziehung gesetzt. Die Beziehungstheorie der Persönlichkeit drückt dann deren Verhältnis zu dem Umweltgeschehen aus. Ein wichtiger Indikator für solche Beziehungen sind die Emotionen, die eine Persönlichkeit gegenüber den Suchtstoffen erlebt.

Die Praktiken der kommerziellen Werbung basieren auf den Einsichten, die in der Psychologie gewonnen wurden. So bieten Werbetechniken auch anschauliche Beispiele für Verführungen zur Annäherung an ein Produkt. Daß Menschen sich überhaupt an Verhaltensbeispielen ihrer sozialen Umwelt orientieren, wird dem Einzelnen für seinen eigenen Fall in der Regel wenig bewußt. Menschen als psychosoziale Wesen nutzen aber das gesellschaftlich verfügbare Wissen in erheblichem Umfange. Die Erfahrungen der Mitmenschen werden überall zu nutzen versucht, man hört sich um, wie Fieberkranke zu behandeln sind, wie man Flecken entfernt, was man anziehen kann und was nicht. Der Vergleich des eigenen Verhaltens mit dem der anderen gibt Gelegenheit, die eigene Position zu überprüfen. So entwickeln alle Gruppen, alle Sozialverbände, alle Gesellschaften ein soziales Normenverständnis, an das man sich, innerhalb gewisser Toleranzgrenzen, im eigenen Interesse hält. Für den Umgang mit Suchtmitteln gelten ebenso Gebrauchsanweisungen, die von Gruppe zu Gruppe variieren.

Andere häufig genannte Motive zur Annäherung an Suchtmittel sind: das Bedürfnis von Jugendlichen, die eigene Selbständigkeit zu beweisen, indem früher Verbotenes nun eigenmächtig und demonstrativ getan wird; der Wunsch, Hemmungen zu verlieren, Abwechslungen zu finden, Lebensstandard zu beweisen, spezielle Gruppenzugehörigkeit darzustellen; sich Anregungen zu verschaffen, Leistungsfähigkeit zu erhöhen, sympathisch zu wirken, Vorbildern zu ähneln, ein spezieller Typ zu sein, Verhaltensidentität mit Partnern zu haben und vieles andere mehr.

Alle solche Motive werden von Persönlichkeiten in ihrer lebenslangen Entwicklung erworben und in ihr Selbstsystem eingebaut, wo sie mit anderen persönlichen Werten übereinstimmen müssen. Je zentraler der Wert eingeordnet ist, desto größere Dominanz hat er gegenüber konkurrierenden Wertvorstellungen. Die persönliche Bedeutung eines Wertes hängt mit dem Beitrag zusammen, den er für die Stabilisierung des aktuellen Selbstwertgefühles erbringt. Selbst eine Zigarette kann auf diese Weise – etwa als Statussymbol in der Begegnung zwischen einem zehnjährigen und einem sechzehnjährigen Jungen – erhebliche aktuelle Bedeutung für das Selbstwerterleben haben.

Die Einordnung aller Motive zur Annäherung an ein Suchtmittel in die subjektive Werthierarchie der Persönlichkeit und die dafür erforderliche Widerspruchsfreiheit zwischen Annäherungsmotiv und anderen persönlichen Werten verweist auf die Bedeutung einer dritten Bedingung für die Annäherung an Suchtmittel.

Persönlichkeiten haben in der Regel die übergeordnete Tendenz, sich selbst zu erhalten. Eine dritte Annäherungsbedingung ist damit gegeben, daß die Persönlichkeit glauben kann, die Annäherung an das Suchtmittel sei ungefährlich. Die Bedingung der subjektiven Überzeugung von der faktischen Harmlosigkeit des Suchtmittels ist nur dann überflüssig, wenn mit der Annäherung an das Suchtmittel ein Suizidversuch begangen wird.

Der Einwand, daß die Schädlichkeit aller Suchtmittel – insbesondere der sogenannten harten Drogen – hinreichend bekannt sei, trifft nicht zu. Bekannt ist die Schädlichkeit zweifellos, verhaltensregulatorisch hinreichend ist sie aber erst, wenn die Chancen zur Vermeidung harter unerwünschter Folgen in der Wahrnehmung der Persönlichkeit praktisch null sind. Solange aber Zigarettenraucher und Alkoholgenießer in verhältnismäßig großer Zahl sich gesundheitlich unbeschadet zeigen, ist für den, der sich diesen Suchtmitteln nähert, kein zwingender Grund zu sehen, für den Fall des eigenen Probierverhaltens den plötzlichen Tod zu erwarten. Die aktuelle Überlebenschance bei der Annäherung ist groß. Gefahren, die in der Zukunft liegen, können in der Gegenwart leicht ignoriert werden.

Die vierte unerläßliche Annäherungsbedingung an ein Suchtmittel ist, daß aus der Motivstruktur der Persönlichkeit aktuell eine Motivation zur Realisierung der Annäherung entsteht und dann noch zu einem die Realisierung ermöglichenden Zeitpunkt wirksam wird. Motive, dies oder jenes zu tun, hat mancher dann und wann. Nicht nur Jugendliche finden Freude daran darzustellen, was sie und wie sie es tun würden. Das ist noch nicht identisch mit der Ausführung. Andere Motive sprechen subjektiv gegen die Realisierung. Sie wirken als Hemmungen. Die aktuelle Motivation ist der aus einer speziellen Motivkonstellation kommende Antrieb für die Realisierung. Die Motivation zur Annäherung hat deshalb sehr oft eine starke situative Komponente: Ein Alkoholgegner greift zur Weinflasche, weil er erfährt, daß die geliebte Frau in diesem Augenblick gern ein Glas Rotwein in Gesellschaft trinken würde, und er trinkt mit. Ein überzeugter Nichtraucher, der sich in der Notzeit der ersten Nachkriegsjahre aus Hunger zum Schwarzhandel mit Zigaretten entschließt, greift hungrig in die unter Opfern erstandenen Zigaretten, probiert und wird in der Folge sein erster und bester Schwarzmarktkunde. Ein Schüler, der ein unerwartet schlechtes Zeugnis mit nach Hause bringt, greift zu Vaters Flasche und betrinkt sich. Die plötzliche verlassene Ehefrau nimmt Tabletten, gewöhnt sich an deren beruhigende Wirkung und lebt lieber hinter Bewußtseinsschleiern als in quälender Verlassenheit und Angst.

6.2 Die Gewöhnungsphase des Suchtmittelgebrauches

Mit dem ersten Konsum des Suchtmittels beginnt die Gewöhnungsphase. In die Gewöhnung kann man allerdings auch ohne eigene
Motivation kommen. So wiesen Neugeborene bereits Anzeichen von
Sucht auf und mußten entwöhnt werden. Sie waren im Mutterleib an
das Suchtmittel ihrer Mutter gewöhnt worden. Grenzfälle zwischen
unmotivierter und motivierter Gewöhnung können entstehen, wenn
Genußmittel, Lebensmittel oder Medikamente abhängigmachende
Stoffe enthalten. In einzelnen Staaten wurde beispielsweise bierhal-
tige Limonade verboten, weil sie als Gewöhnungsmittel an Alkohol –
insbesondere für Kinder und Jugendliche – aufgefaßt wurde.

Die Gewöhnungsphase kann begonnen und nach erstem Probierverhalten spontan abgebrochen werden. Die Annäherung wird aufge-
geben oder verschoben. Divergierende Meinungen bestehen darüber,
ob Probierverhalten bereits Teil der Gewöhnungsphase ist oder nicht.
Dafür sprechen Befunde, nach denen Kinder, die in ihrer Jugend
wiederholt Alkohol probieren durften, späterhin zu einem höheren
Prozentsatz an Alkohol gewöhnt waren als Personen ohne häufigeres
Probierverhalten in der Kindheit.

Der erste Kontakt mit einem Suchtmittel führt nicht zwangsläufig
zur Abhängigkeit. Selbst einzelne an ein Suchtmittel innerhalb von
Therapien gewöhnte Personen, waren anschließend nicht süchtig
geworden. Erklärungsprobleme bestehen zum einen für die suchtma-
chende Wirkung der einzelnen Drogen überhaupt und zum anderen
für die individuellen Unterschiede in ihrer Wirkung (Zerbin-Rüdin
1985).

Psychologisch bedeutsam ist, daß bei einigen Suchtmitteln spezielle
Motivationen zum Durchstehen der Gewöhnungsphase individuell
aufgebracht werden müssen. Auch für die Gewöhnungsphase ist noch
einmal hervorzuheben, daß das Einstellen auf das Suchtmittel durch
das eigene Tun erfolgt.

Für Zigarettenrauchen wurde diskutiert, ob Nichtraucher durch die
von Rauchern verursachte Durchsetzung der Atemluft mit Verbren-
nungsprodukten des Tabaks (passives Mitrauchen) an das Rauchen
gewöhnt werden können. Die Meinungen dazu sind widersprüchlich.
Eindeutig sind dagegen die Nachweise von gesundheitlichen Schädigungen durch Mitrauchen (Rahmede 1983).

Die Gewöhnung an alltäglich in der sozialen Umwelt gebrauchte
Alltagsdrogen scheint motivational leichter als der Einstieg in harte
Drogen. Was tausende von Mitmenschen tun, läßt sich persönlich
wahrscheinlich leichter nachahmen als das, was Außenseiter mit

seltener gebrauchten Suchtmitteln praktizieren. Die Nähe einer Persönlichkeit zu den einzelnen in der Suchtmittelproblematik vertretenen Normen ergibt sich aber aus der subjektiven Nähe oder Ferne zu Menschen, die solche Normen vertreten. Bekannt ist, daß die Ablösungsproblematik Jugendlicher von ihren Eltern und die Hinwendung zur selbstbestimmten Lebensführung häufig auch zur zumindest temporären Abwendung von den Normen der Elterngeneration führt. Außenseitergruppen sind dann psychisch näher als die eigene Verwandtschaft. Hinzu kommt die Verlockung, die für manche Jugendliche von extremen Situationen ausgeht. Sie bieten das Besondere, das in der gewohnten familialen Umwelt – allein schon wegen deren Alltäglichkeit – eben selten auftritt.

Insgesamt ist sicher, daß die Motive und Motivationen, die zur Annäherung an das Suchtmittel und weiter durch die Gewöhnungsphase in die Abhängigkeit führen, vielfältig und in ihren individuellen Kombinationen sehr unterschiedlich sind. Festzustellen sind jedoch unter den gesellschaftlichen Lebensbedingungen gruppenspezifisch auftretende Häufungen von Motiven und motivationalen Bedingungen, die anzeigen, wie Menschen in ihren speziellen Lebensumständen mit der Möglichkeit, Suchtmittel nehmen zu können, typischerweise umgehen.

6.3 Der Übergang in die Suchtmittelabhängigkeit

Der Übergang von der Gewöhnungsphase in die Suchtmittelabhängigkeit wird von den spezifischen Wirkungen des Suchtmittels mitbestimmt. Die Gewöhnung an Tabakrauchen oder Alkoholgenuß beispielsweise geht fast regelmäßig für den Betroffenen unmerklich in die Suchtmittelabhängigkeit über. Die für ein Suchtmittel typischen Verlaufsformen in der Entwicklung der Abhängigkeit werden in der Literatur nach Suchtmitteln getrennt dargestellt. Gemeinsam ist allen Formen der hohe Grad der Dominanz, den die Konsumtion des Stoffes für die süchtige Persönlichkeit hat. Er fällt um so weniger auf, wenn die Besorgung des Mittels problemlos ist. Der Erwerb von Zigaretten beispielsweise kann so als Gewohnheit in das Alltagsverhalten eingebaut werden, daß die Selbsttäuschung möglich wird, eigentlich unabhängig von Zigaretten zu sein. Unter anderen Konsumbedingungen – beispielsweise in den Notjahren nach dem 2. Weltkrieg – war gehäuft zu beobachten, wie Raucher trotz extremer Lebensmittelknappheit ihre Lebensmittelrationen gegen Tabak eintauschten. Die auf den Schwarzmärkten etablierte Zigarettenwährung basierte letztlich – wie auch die Preise im Rauschgifthandel – auf dem nicht zu unterdrückendem Bedürfnis der Abhängigen. Die in der Gegenwart als gesellschaftliches Problem erlebte Beschaffungskriminalität von Suchtmittelabhängigen entsteht in gleicher Weise aus der Dominanz des Bedürfnisses nach Suchtmitteln, das schließlich alle Handlungsintentionen auf das Erreichen der Befriedigung konzentriert.

Einige angenommene oder beobachtete Regelhaftigkeiten in den Entwicklungsverläufen von Annäherungsphase, Gewöhnungsphase und Suchtmittelabhängigkeit haben zur Entwicklung von Suchttheorien geführt, mit denen Zusammenhänge in der Entwicklung der Suchtmittelabhängigkeit zu beschreiben versucht werden (s. auch Davison & Neale 1979). Die Vielfalt dieser Theorien hat sich inzwischen in einer sehr umfangreichen Spezialliteratur niedergeschlagen. Sie unterscheiden sich nach ihren unterschiedlichen Ansätzen. Es gibt beispielsweise physiologische Suchttheorien, psychoanalytische, lerntheoretische, persönlichkeits- und gestaltpsychologische. Die Theorieinhalte sind extrem heterogen. Die empirische Basis der bisherigen Theorien ist in der Regel begrenzt. Systematische Überprüfungen von Theorien und Vergleiche konkurrierender Ansätze sind methodisch schwierig und fehlen deshalb weitgehend. Die Vielzahl unterschiedlicher Theorien spiegelt wider, daß bis jetzt kein Erklärungsversuch für die Entstehung süchtigen Verhaltens allgemein akzeptierten Erklärungswert hat. Das gilt auch noch, wenn nur die Theorien zu einem der speziellen Suchtmittel betrachtet werden.

Neben Theorien zur Entwicklung süchtigen Verhaltens sind weltweit ungezählte Einzelstudien publiziert worden. Zusammenfassende Vergleichsanalysen solcher Studien, mit denen Divergenzen oder Übereinstimmungen von Befunden erfaßt und bewertet werden können, sind demgegenüber selten.

Handeln gegen die Entwicklung süchtigen Verhaltens als Alltagssucht oder als Suchtmittelabhängigkeit ist dennoch auch bei dem derzeitigen Wissenstand zu begründen. Erfolgversprechend sind alle Bemühungen, die der Annäherung von Suchtmitteln entgegenwirken. Das gilt schon deshalb weil jeder, der sich bemüht, die Zahl der Ablehnungen von Suchtmitteln insgesamt vergrößert und durch seine Modellwirkungen neue Ablehnungen anstiftet. Das gilt aber auch, weil dann den vielen suchtstützenden Bedingungen sehr viele Gegenbedingungen entgegenstehen.

Literatur

Amelang M./Bartussek, D.: Differentielle Psychologie und Persönlichkeits-forschung. Stuttgart 1984[2]

Bandura, A.: Sozial-kognitive Lerntheorie. Stuttgart 1979

Davison, G. C./Neale, J. M.: Klinische Psychologie. München 1979

Dörner, D.: Verhalten und Handeln. In: Dörner, D. und Selg, H. (Hrsg.) 1985, S. 73–86

Dörner, D./Selg, H. (Hrsg.): Psychologie. Eine Einführung in ihre Grund-lagen und Anwendungsfelder. Stuttgart 1985

Heckhausen, H.: Motivation und Handeln. Berlin 1980

Kanfer, F. H./Phillips, J. S.: Lerntheoretische Grundlagen der Verhaltensthe-rapie. München 1975

Mahoney, M. J.: Kognitive Verhaltenstherapie. Neue Entwicklungen und Integrationsschritte. München 1979[2].

Rahmede, J.: Passivrauchen. Gelsenkirchen 1983

Schönpflug, W./Schönpflug, U.: Psychologie. München 1983

Volpert, W. (Hrsg.): Beiträge zur psychologischen Handlungstheorie. Bern 1980

Zerbin-Rüdin, E.: Allgemeine humangenetische Gesichtspunkte der Sucht – Adoptivstudien, Zwillingsforschung. In: Keup, W. (Hrsg.): Biologie der Sucht. Berlin 1985

II   Schüler und Sucht

Alkohol – die Droge Nr. 1

Hartmut Spittler

1 Soziales und Historisches

Die Alkoholwirkung ist zweifellos der Hauptgrund, weshalb sich dieses Getränk durch die Jahrtausende hindurch die enorme Wertschätzung erhalten hat, die wir auch heute noch täglich beobachten können. Alkohol wirkt bekanntlich in kleinen Dosen anregend, in höheren dagegen beruhigend und betäubend, weshalb man ihn zur Klasse der Betäubungsmittel rechnen muß. Jede Kultur hat entweder ihre Rauschdrogen, oder sie hat andere Techniken zur Erreichung „höherer, andersartiger Bewußtseinszustände" ohne Drogen entwickelt. Offenbar haben alle Menschen ein tiefsitzendes Bedürfnis, bei Gelegenheit aus der als Last empfundenen Alltagsrealität auszusteigen und einen Zustand zu genießen, der als Rausch oder Ekstase bezeichnet wird. Die Wirkung des Alkohols und der Rauschdrogen bietet diese Gelegenheit, und der Alkohol ist in unserer Kultur zweifellos die älteste und am weitesten verbreitete Rauschdroge. Im Mittelalter wurde der Rausch noch unverhohlen als positive, daher erstrebenswerte Erfahrung gewertet und demzufolge auch offiziell ins gesellschaftliche Leben eingebaut. Als Schutz gegen Normüberschreitungen geschah dies jedoch in weitgehend ritualisierter Form. In der Neuzeit entwickelte sich mit zunehmender Privatisierung des Trinkens eine ambivalente Einstellung: Das Trinken wurde zwar toleriert, aber nur solange, wie es nicht zu Überschreitungen gewisser Verhaltensnormen führte, wobei die Kontrolle mehr und mehr dem Einzelnen überlassen wurde. Der Verlust der Kontrolle über das eigene Verhalten wurde als „Sünde" oder „Charakterschwäche" gewertet und mit gesellschaftlichen Sanktionen geahndet.

Insbesondere betrafen diese Sanktionen diejenigen, die sich häufig oder regelmäßig derartige Grenzüberschreitungen „zuschulden" kommen ließen. Alkoholismus wurde jahrhundertelang als „Laster", „Labilität" und „Willensschwäche" moralisch abgewertet. Obwohl es bereits im vorigen Jahrhundert Bestrebungen gab, das Phänomen als

Krankheit einzustufen, beginnt diese sachlichere Einstellung sich erst in den letzten Jahrzehnten allmählich durchzusetzen. Der Widerstand dagegen kommt allerdings nicht nur von seiten der Gesellschaft, sondern auch von seiten der Kranken selbst, die sich unter dem Druck ihrer Schuldgefühle selbst als lasterhaft, willensschwach und moralisch minderwertig erleben.

2 Chemisches

Alkohol, genauer *Äthylalkohol, C_2H_5OH,* entsteht durch Vergärung von Zucker. Bei der Weinherstellung wird z. B. der im Traubensaft, dem Most, enthaltene Traubenzucker mit Hilfe der Fermente der Hefe in Alkohol, Kohlendioxyd und Wasser umgewandelt. Beim Bierbrauen muß die Zuckerlösung aus der in den Gerstenkörnern enthaltenen Stärke durch das sogenannte Mälzen erst hergestellt werden, bevor – ebenfalls mit Hilfe der Hefe – der Gärungsprozeß eingeleitet werden kann. Stärke ist ein Polysaccharid, d. h. ein aus vielem (poly) Zucker (Saccharum) bestehendes Riesenmolekül, das durch die Fermente des Malzes (= getrocknete Gerstenkeimlinge) in Zucker verwandelt wird. Bei der Gärung entsteht stets eine wäßrige Lösung, die je nach dem Grad der Vergärung zwischen 1,5% (Schwachbier) bis 15% (manche Weine) Alkohol enthält. Sie kann aber auch durch Brennen (Destillieren) auf eine höhere Alkoholkonzentration gebracht werden (Branntwein, Schnaps bzw. Spiritus). Diese Möglichkeit wurde erst relativ spät – im 10. Jahrhundert – von den Arabern entdeckt.

3 Pharmakologisches

Bis ins 16. Jahrhundert wurde Branntwein wegen seiner *Wirkung* auf den Blutkreislauf sowie auf Herz-, Nieren- und Magenfunktionen, aber auch wegen seiner in höheren Dosen schmerzstillenden Wirkung z. B. bei Operationen, ausschließlich als Arzneimittel verwendet. Auch heute ist er noch immer in einer Vielzahl von Arznei- und Stärkungsmitteln enthalten. Die WHO hat allerdings schon vor vielen Jahren darauf hingewiesen, daß es in der gesamten Medizin keine Indikation für Alkohol gibt, bei der dieser nicht durch andere, alkoholfreie Medikamente ersetzt werden könnte. Vor dem Einsatz des Alkohols als Medizin muß vor allem deshalb gewarnt werden, weil es wohl kaum eine andere Arznei gibt, bei der nach dem volkstümlichen Motto: „Viel hilft viel" die Gefahr der mißbräuchlichen Verwendung größer ist als beim Alkohol. Dabei schreibt das Wunschdenken die gesundheitsfördernden Eigenschaften dem Alkohol an sich zu, während sie in Wirklichkeit nur mit der kontrollierten, abgemessenen Dosierung verknüpft sind. Außerdem ist die Liste der negativen Wirkungen schon bei mäßiger Dosierung wesentlich länger, und sie verlängert sich noch bei steigender Dosierung und zunehmender Dauer des Mißbrauches. Ihre vollständige Aufzählung würde den Rahmen dieser Übersicht bei weitem sprengen, deshalb müssen wir uns auf die wichtigsten Folgeerscheinungen und Erkrankungen beschränken. Nach Feuerlein ist schon bei mäßigen bis mittleren Alkoholdosen mit der Verschlechterung folgender Funktionen zu rechnen:

Die verbalen und nonverbalen intellektuellen Leistungen werden durch Alkohol erheblich verschlechtert. Die psychische Reaktionsgeschwindigkeit nimmt ab, auch der Sprachfluß verlangsamt sich. Bei Rechenaufgaben verschlechtert sich mehr die Genauigkeit als die Geschwindigkeit der Leistungen. Dagegen erhöhen kleine und mittlere Alkoholdosen die Leistungen bei der Lösung von schwierigen, ungewöhnlichen Problemaufgaben. Das logische Denken verschlechtert sich, und die eigene Leistungsfähigkeit wird überschätzt. Bei einem Blutalkoholspiegel von etwa 0,8‰ lassen sich Ermüdungserscheinungen nachweisen, die etwa denen einer durchwachten Nacht entsprechen. Das Steh- und Gehvermögen werden durch Alkohol verschlechtert. Das Kurzzeitgedächtnis verschlechtert sich. Es treten die sogenannten alkoholischen Palimpseste auf, das sind die bekannten Gedächtnislücken oder „Filmrisse". Alkohol steigert auch die Neigung zu riskanten Entscheidungen. In der Leber werden vermehrt die Vorstufen der Fettsäuresynthese, die sogenannten Triglyceride, gebildet. Bekannt ist auch die negative Wirkung hoher Alkoholdosen auf die männliche Potenz, die durch eine Erniedrigung des Testosteronspiegels zustande kommt.

4 Blutalkoholkonzentration

Aus dem Magen-Darm-Trakt gelangt der Alkohol in ca. ein bis eineinhalb Stunden über das zirkulierende Blut in die Gewebe. Die Resorptionszeit ist bei nüchternem Magen kürzer als bei gefülltem.

Dabei reicht der Genuß von ca. 40 g reinem Alkohol aus, damit die *Blutalkoholkonzentration (BAK)* eines 70 kg schweren Mannes nach ca. ein bis eineinhalb Stunden (Resorptionszeit) den gesetzlichen Grenzwert für die Fahrtüchtigkeit von 0,8‰ erreicht. Die Formel (nach Widmark) lautet:

$$\frac{\text{Alkoholmenge in Gramm}}{0,7 \times \text{Körpergewicht in kg}} = \text{BAK in Promille.}$$

Die Zahl 0,7 ist der sogenannte Reduktionsfaktor, der beim Mann 0,7 und bei der Frau 0,6 beträgt, was mit der unterschiedlichen Menge des Körperwassers zusammenhängt. Die in unserem Beispiel genannten 40 g Alkohol sind enthalten in

1 l Bier (Pilsner, Alkoholgehalt ca. 4 g/%),
125 ml Schnaps (Alkoholgehalt 50 Vol.-% = 32 g/%) oder
500 ml Wein (Alkoholgehalt z. B. 10 Vol.-% = 8 g/%).

Außer beim Bier wird der Alkoholgehalt in Vol.-% angegeben. Da das spezifische Gewicht des Alkohols ca. 0,8 beträgt muß bei der Umrechnung von Vol.-% in Gewichtsprozent mit diesem Faktor multipliziert werden. Bei dem in unseren Beispielen angenommenen Alkoholgehalt der Getränke handelt es sich um Durchschnittswerte. Er kann von Getränk zu Getränk erheblich abweichen. So hat z. B. Starkbier einen Alkoholgehalt von 5–10 g/%, Portwein oder Sherry haben ca. 20 Vol.-%

Bei einer 60 kg schweren Frau genügen schon 29 g reiner Alkohol, um eine BAK von 0,8‰ zu erreichen. Diese sind enthalten in

725 ml Bier,
 90 ml Schnaps oder
362 ml Wein.

Von Vollrausch spricht man bei einer BAK von 3‰. Die durch Atemlähmung tödliche BAK wird bei 4–5‰ angenommen. Ein solcher Wert kann z. B. erreicht werden, wenn bei einer sogenannten Trinkwette eine 0,7 l-Flasche Schnaps von 40 Vol.-% (= 224 g Alkohol) von einem 60 kg schweren Mann „ex" getrunken wird:

$$\frac{224}{0,7 \times 60} = 5,3‰ \, !$$

Bei Jugendlichen genügen jedoch auch schon geringere Mengen, da der jugendliche Organismus empfindlicher auf Alkohol reagiert.

5 Biochemisches

Der Organismus eines gesunden Erwachsenen mit normaler Leber-funktion baut pro Stunde etwa 100 bis 150 mg Alkohol/kg Körperge-wicht ab. Das sind bei einem 70 kg schweren Mann 7 bis 10,5 g/Stunde. Dem entspricht eine stündliche Abnahme der BAK um ca. 0,15‰. Der 70 kg schwere Mann unseres obigen Beispiels braucht also 5–7 Stunden (Resorptions- + Eliminationszeit), gerechnet vom Beginn seines Trinkens, um die genossenen 40 g Alkohol wieder auszuschei-den. Es muß aber betont werden, daß diese theoretischen Werte in der Praxis infolge der verschiedensten Einflüsse erheblichen Schwankun-gen unterliegen können.

Der Alkoholabbau vollzieht sich zu 90% in der Leber, nur relativ geringe Mengen werden unverändert durch Nieren, Lungen oder durch die Haut ausgeschieden. Für die Oxydation des Alkohols stehen der Leber normalerweise zwei Fermente, nämlich die Alkoholdehy-drogenase (ADH) und die Katalase zur Verfügung. Bei hohem Alkoholangebot greift die Leber auf ein weiteres Ferment zurück, das erst in den letzten Jahren entdeckt wurde, das sogenannte „micro-somal-ethanol-oxydising-system = MEOS", dessen Produktion von der Menge des anfallenden Alkohols abhängig ist (Enzyminduktion). Dieses Enzym ist wahrscheinlich für die bekannte Toleranzsteigerung bei Gewohnheitstrinkern verantwortlich. Der Alkoholabbau kann durch Fruchtzucker und andere Kohlenhydrate, sowie durch B- und C-Vitamine gesteigert werden. In der Leber wird Alkohol über die Zwischenprodukte Acetaldehyd und Essigsäure unter Energiegewin-nung (7 kcal = 29,4 kJ/g reiner Alkohol) in CO_2 und H_2O einerseits und in Fettsäuren andererseits überführt. Das ist einer der Gründe, weshalb man bei 90% der Alkoholkranken eine Fettleber findet. Da die Leberzellen durch das in ihnen gespeicherte Fett allmählich zugrunde gehen, entwickelt sich bei fortgesetztem Trinken im Laufe der Zeit eine sogenannte Lebercirrhose, ein Narbenstadium der Leber, bei dem das funktionstüchtige, spezifische Lebergewebe mehr und mehr zugunsten von unspezifischem Narbengewebe abnimmt. Darum ist es eine Bilanzfrage, wann durch diesen Zelluntergang die Funktion des Organs so eingeschränkt ist, daß der Patient daran stirbt. Man rechnet, daß etwa 50–80% aller Fälle von Lebercirrhose auf Alkoholmißbrauch zurückgehen. Die Lebercirrhose entwickelt sich, wie man neuerdings annimmt, bei regelmäßigem, täglichem Alkohol-konsum von 60 g bei Männern und schon bei täglich 20 g bei Frauen. Das weibliche Geschlecht ist gegenüber dem Alkohol offenbar wesentlich empfindlicher. Für andere Alkoholfolgekrankheiten, wie

z. B. Entzündungen der Bauchspeicheldrüse oder Geschwüre im Zwölffingerdarm, liegen bisher noch keine Grenzwerte vor. Dies gilt insbesondere auch für Alkoholabhängigkeit selbst. Es darf also der für die Lebercirrhose angegebene Grenzwert für die Entwicklung einer Alkoholabhängigkeit angesehen werden.

6 Alkoholabhängigkeit

Wie kommt es nun zur Entwicklung einer Alkoholabhängigkeit?

Die auch heute noch gelegentlich anzutreffende Meinung, Alkoholismus (wir verwenden den Ausdruck synonym für Alkoholabhängigkeit) sei eine schlechte Angewohnheit von charakterschwachen, labilen Menschen ohne Willensstärke und folglich ein Zeichen von menschlicher Minderwertigkeit oder Asozialität, und es käme doch nur darauf an, sich zu beherrschen und nicht mehr so viel zu trinken, ist, wie oben bereits angedeutet, falsch. Sie führt nur zur Verschleierung und Verschlimmerung des Problems und zur Verlängerung des Krankheitsverlaufs. Eine moralisierend-überhebliche oder gar aggressiv-strafende Einstellung ist – genau wie bei anderen Erkrankungen – unangebracht, so sehr sie auch als Reaktion auf das oftmals erpresserisch-aggressive Verhalten des Alkoholkranken psychologisch verständlich ist.

Die Gefahr abhängig zu werden, entsteht dann, wenn jemand den Alkohol wegen seiner psychischen Wirkungen regelmäßig trinkt.

Die *psychische Disposition* allein genügt aber nicht, um alkoholkrank zu werden. Wir kennen den sogenannten Problemtrinker, den Alpha-Alkoholiker nach Jellinek, der nicht körperlich abhängig wird, obwohl er, ebenso wie der spätere Alkoholkranke, seine psychischen Probleme mit Alkohol zu lindern versucht. Das gleiche gilt für den Beta-Alkoholiker, den „Milieutrinker", der trotz seines an ein entsprechendes Milieu angepaßten Vieltrinkens ebenfalls nicht abhängig wird. Es muß offenbar zur psychischen eine *somatische Disposition* hinzukommen, damit über die Stationen *Toleranzerwerb, Dosissteigerung, Entzugserscheinungen* und *Kontrollverlust* die „eigentliche Alkoholkrankheit" entsteht, die sich nach Jellinek als Gamma- (Kontrollverlusttrinken), Delta- (Spiegeltrinken) oder Epsilon-Alkoholismus (Quartalstrinken) äußern kann. Bei der somatischen Disposition spielen wahrscheinlich Anlagefaktoren, wie z. B. die individuelle Enzymausstattung eine Rolle.

Sowohl das Vieltrinken des Alkoholkranken wie auch die Tatsache, daß er eines Tages abhängig wird, sind also Ausdruck einer psychosomatischen Faktorenkonstellation, die von seinem Willen und seiner Wahl unabhängig sind. Nur bei sehr oberflächlicher Betrachtung kann man im Alkoholismus ein selbstverschuldetes Leiden sehen.

Wenn man über *Alkoholismus* spricht, tut man gut daran, dieses komplexe Gesamt-Phänomen begrifflich zu unterteilen. Wir sprechen

1. von der Grundstörung, verstanden als psychosomatische Disposition,
2. von der eigentlichen Alkoholkrankheit, von uns *definiert* als erworbene, krankhafte Reaktionsbereitschaft auf Alkohol, die lebenslang erhalten bleibt, und
3. von den Folgeerkrankungen.

7 Psychische Grundstörung

Die psychische Grundstörung, die sich subjektiv z. B. als Langeweile, Lustlosigkeit, Schüchternheit oder Kontaktarmut darstellen kann, liegt in der Regel im kommunikativen Bereich. Alkohol soll die zwischenmenschlichen Beziehungen herstellen, erleichtern und fördern, die aufgrund frühkindlicher traumatisierender Erfahrungen problematisch geworden sind. Diese Erfahrungen haben die Entwicklung eines stabilen und den Wechselfällen des Lebens gegenüber tragfähigen Selbstgefühls gestört. Der Alkoholiker leidet unter Minderwertigkeitskomplexen, die ihn daran hindern, befriedigende und stabile Beziehungen zu anderen Menschen herzustellen, und die ihn deprimieren. Deshalb erlebt er die mit dem Alkoholrausch verbundene Steigerung seines Selbstgefühls wie eine Erlösung von einem unerträglichen Druck. Die kulturell verankerte Gepflogenheit des Gesellschaftstrinkens kommt ihm dabei in hohem Maße entgegen. Infolge seiner Grundproblematik erlebt er jedoch die Alkoholwirkung intensiver als der normale Trinker. Demzufolge ist er auch viel stärker motiviert, dieses intensive Erleben häufig zu wiederholen und die damit verbundenen Risiken gering zu schätzen. Dieses „Erleichterungstrinken" stellt also eine Art Selbstheilungs- oder Selbsthilfeversuch mit der leicht zugänglichen „Volksmedizin Alkohol" dar. Zwangsläufig gerät der Betroffene jedoch auf diese Weise in den Teufelskreis des „sozialen Trainingsverlustes": Seine sozialen Erfolge werden mehr und mehr vom Alkohol abhängig; dieser führt aber infolge der Überschreitung der Trinknormen immer häufiger zu sozialen Mißerfolgen; diese wiederum verstärken sein Fluchtverhalten in den Alkoholrausch. Ein weiterer Teufelskreis entwickelt sich im Zusammenhang mit den Schuldgefühlen, die jeder Trinkexzeß hinterläßt und die durch erneutes Trinken betäubt werden müssen. Signalisieren seine Schuldgefühle den Konflikt mit dem eigenen Gewissen, so zeigt das heimliche Trinken an, daß er auch mit seiner Umwelt zunehmend in Konflikt geraten ist. Heimliches Trinken bedeutet, daß er trotzdem am Alkohol festhalten will. Stand dieser zunächst noch im Dienste der Herstellung oder Erhaltung guter Umweltbeziehungen, so führt das trotzige Festhalten am Trinken jetzt zunehmend zu deren Verschlechterung. Immer häufiger entscheidet er sich gegen seine Mitmenschen und für den Alkohol. Es ist, als ob dieser allmählich zu seinem wichtigsten (Ersatz-)Partner wird. Die Entwicklung einer psychosomatischen Erkrankung ist in vollem Gange. Trotz ehrlich gemeinter Vorsätze bricht der Kranke immer wieder seine Versprechungen, sich zu bessern und neigt zu Trotzreaktionen, wenn man ihn mit seinem Verhalten konfrontiert. Es kommt zu einer Eskalation des Konfliktes, der schließlich zu einer Reihe von Trennungen führt: Verlust des Arbeitsplatzes, Ehescheidung, Abwendung vom bisherigen Freundes- und Bekanntenkreis. Das Endergebnis ist Einsamkeit und Isolation, auf die der Kranke mit immer intensiverem Trinken reagiert.

8 Toleranzerwerb und physische Abhängigkeit

Der Organismus erwirbt bereits in dieser Phase des sogenannten symptomatischen Trinkens die o. g. *Toleranz*. Darunter versteht man die Gewöhnung an eine Droge, die zur Abnahme der Wirkungsintensität führt, so daß die angestrebte Wirkung nur durch ständige Anpassung, d. h. Steigerung der Dosis erreicht werden kann. Der Toleranzerwerb stellt deshalb die Vorstufe der *physischen Abhängigkeit* dar. Eine solche liegt vor, wenn Kontrollverlust und/oder Entzugserscheinungen auftreten. Der Begriff Kontrollverlust wurde von Jellinek geprägt und besagt, daß jemand die Selbstkontrolle über die Alkoholmenge verliert, die er sich zuführt, daß er also mit dem Trinken „nicht aufhören" kann. Auf dieses Phänomen bezieht sich eine *Definition* des Alkoholismus, die von Mark Keller stammt: „Wann auch immer ein Alkoholiker zu trinken beginnt, er kann nie sicher sein, daß er aus eigenem Antrieb damit aufhören kann". Beim *Kontrollverlust* handelt es sich um ein letztlich nicht geklärtes, mit

Sicherheit psychosomatisches Phänomen, bei dem mehr oder weniger deutliche Entzugserscheinungen in Form von allgemeiner Unruhe auftreten, die von Vibrationen der Mundmuskulatur begleitet sind. Diese Symptome müssen immer wieder durch das Trinken des nächsten Glases bekämpft werden. Wenn die *Entzugserscheinungen* sich verstärken, kommt es „am Morgen danach" zu Händezittern, Übelkeit, Erbrechen, psychomotorischer Unruhe.

In den letzten Jahren sind Befunde bekannt geworden, die es erlauben, sich eine genauere Vorstellung vom Zustandekommen des Entzugssyndroms zu machen. Sie betreffen die Wirkung des Alkohols auf die Membranen der Nervenzellen im Gehirn (Neuronen). Diese sind für die Regulierung des Stoffwechsels der Zellen von entscheidender Bedeutung. Sie bestehen aus fettähnlichen Substanzen, den sogenannten Lipoiden. Chin und Goldstein konnten nun zeigen, daß sich die Struktur dieser Membranen unter der Einwirkung von Alkohol auflockert. Diese Auflockerung bildet sich wieder zurück, sobald der Alkohol abgebaut ist. Wird dieser bei Versuchstieren jedoch chronisch verabreicht, so wehren sich die Neuronen dagegen, indem sie ihre Membranen verfestigen. Das bewirkt, daß trotz Anwesenheit von Alkohol die Membran ihre normale Funktion erfüllen kann. Auch das Gehirn hat jetzt also gewissermaßen eine Toleranz gegenüber Alkohol erworben. Fällt jedoch in diesem Zustand der Alkohol weg, so müssen die Zellen mit den zu rigiden Membranen arbeiten. Das Ergebnis ist das Auftreten von Entzugserscheinungen. Das einigermaßen normale Funktionieren der Hirnzellenmembranen ist jetzt also von der Anwesenheit von Alkohol im Gehirn abhängig geworden.

Aufgrund von klinischen Beobachtungen läßt sich die Alkoholkrankheit im engeren Sinn als erworbene krankhafte Reaktionsbereitschaft auf Alkohol beschreiben, die – einmal erworben – lebenslang erhalten bleibt. Als krankhafte Reaktionen sind dabei u. a. der Kontrollverlust und das Entzugssyndrom anzusehen. Beide stellen Reaktionen dar, die erst dann auftreten, wenn sie durch die Aktion des Trinkens ausgelöst wurden. Für die Annahme einer lebenslangen Persistenz dieser Reaktionsbereitschaft spricht, daß Kontrollverlust und Entzugserscheinungen auch nach jahrelanger Abstinenz durch einen Rückfall in relativ (verglichen mit der ursprünglichen Entwicklungszeit dieser Phänomene) kurzer Zeit erneut ausgelöst werden. Die von uns vorgeschlagene Definition als *erworbene, krankhafte Reaktionsbereitschaft auf Alkohol, die lebenslang erhalten bleibt,* hat sich besonders in der Therapie bewährt. Sie erlaubt dem Kranken, sich tatsächlich als krank zu betrachten, anstatt als schuldig und

willensschwach. Sie hindert ihn andererseits daran, das Kausalverhält-
nis im Sinne eines Trink-Alibis umzukehren, etwa nach dem Muster:
„Ich muß immer wieder trinken, weil ich alkoholkrank bin". Man
kann ihm jetzt erläutern, daß er (manifest) krank nur ist (jedenfalls
solange keine Folgeerkrankungen vorliegen), wenn und solange er
trinkt.

9 Folgeerkrankungen

Von den Alkoholfolgeerkrankungen auf dem Gebiet der Inneren
Medizin wurden die wichtigsten bereits erwähnt, nämlich die Alkohol-
fettleber und die Lebercirrhose. Die Möglichkeit von Schädigungen
der Bauchspeicheldrüse und des Magen-Darm-Traktes (akute und
chronische Bauchspeicheldrüsenentzündung, chronische Magen-
schleimhautentzündung, Zwölffingerdarmgeschwüre) wurde bereits
erwähnt, auch Schäden am Herzmuskel und am blutbildenden System
sind bekannt, um nur die wichtigsten zu nennen. Auf dem Gebiet der
Psychiatrie und Neurologie sind insbesondere das Delirium tremens,
die Alkoholhalluzinose, die Suicidhandlungen, die alkoholbedingten
cerebralen Anfallsleiden („Epilepsien"), die alkoholische Wesens-
änderung, die verschieden lokalisierten hirnatrophisierenden Prozesse und die alkoholbedingte Polyneuropathie zu nennen. Wegen der
näheren Einzelheiten muß auf die medizinische Fachliteratur verwiesen werden.

Was die *Häufigkeit* der Alkoholkrankheit anbetrifft, so rechnet
man gegenwärtig in der Bundesrepublik Deutschland mit ca. 1,5 bis
2 Mio. Alkoholkranken. Amerikanische Versicherungsgesellschaften
haben ermittelt, daß von 100 Menschen, die Alkohol trinken, 7 abhängig werden. Ferner fanden sie heraus, daß die Sterberate bei den
männlichen Alkoholkranken doppelt, bei den weiblichen sogar dreimal so hoch liegen, wie bei vergleichbaren nicht-alkoholkranken
Versicherten. Die Verkürzung der Lebenserwartung bei Alkoholkranken beträgt ca. 10–12 Jahre. Die Gesamtzahl derjenigen, die sich
überhaupt durch Alkohol irgendwelche gesundheitlichen und/oder
sozialen Schäden zuziehen, ist mit Sicherheit um ein Vielfaches höher,
da man hier ja auch die alkoholbedingten Schädigungen von Nicht-
alkoholikern (Verkehrs- und Betriebsunfälle) mitrechnen muß. Zu
den mittelbar Geschädigten gehören auch die Familienangehörigen
der Kranken.

Die *Kostenbelastung,* die der Volkswirtschaft jährlich durch Alkoholmißbrauch entsteht, bewegt sich in Milliardenhöhe. Sie setzt sich zusammen aus den Kosten durch Sterblichkeit, Krankheiten, Unfälle, Kriminalität, Verminderung der Erwerbstätigkeit und Alkoholprophylaxe. Für 1975 wurden diese Kosten für die Schweiz (6,3 Mio. Einwohner) auf 1,5 Mrd. sFr., für die Bundesrepublik Deutschland auf 17 Mrd. DM pro Jahr! („Der Spiegel" 38/1983, 253) geschätzt. Was den jährlichen Pro-Kopf-Verbrauch an reinem Alkohol anbetrifft, so stand die Schweiz 1981 mit 11 l unter den Ländern der Welt an 7. Stelle. Zum Vergleich: Bundesrepublik Deutschland 12,4 l (4. Platz), 61,4 Mio. Einwohner. Somit stellt der Alkoholmißbrauch ein sozialökonomisches und sozialpsychologisches Problem ersten Ranges dar.

10 Therapie

Eine möglichst frühzeitige *Motivation* zur Therapie stößt wegen des nahezu perfekten Alibi- und Erklärungssystems, das der Alkoholkranke in sich aufgebaut hat, auf die größten Schwierigkeiten. Es braucht meist eine lange Zeit, bis irgendeine Art von Leidensdruck dieses Bollwerk der Abwehr erschüttert und ihn auf die Idee bringt, daß das Trinken ihm vielleicht gefährlich werden könnte. Ein Alkoholiker „weiß" immer, weshalb er angeblich trinken mußte und welche von ihm nicht zu verantwortenden Umstände ihn dazu zwangen. Mit Recht trägt dieses für den Alkoholiker typische Zweck- und Alibidenken die Bezeichnung „alkoholisches Denken". Die häufigen Rückfälle wider besseres Wissen und Wollen sind u. a. auch Anzeichen für seinen unerschütterlichen, wenn auch unbewußten Glauben, daß ihm letztlich „nichts passieren" könne. Diese narzißtische Selbstüberschätzung gehört zu den Folgen des lebenslangen Kampfes gegen seine Selbstwertzweifel, von denen oben schon die Rede war und stellt vielleicht die am schwersten überwindbare Barriere für die Entstehung von motivierendem Leidensdruck dar.

Alkoholkranke entschließen sich meist erst dann zu einer Therapie, wenn sie ihrer Gesundheit und ihrer sozialen Stellung bereits erheblichen Schaden zugefügt haben. Sicher wirksame Methoden, sie früher zur Einsicht zu bringen, sind nicht bekannt. Die Um- und Mitwelt wird um so eher einen Beitrag zur Therapiemotivation leisten können, je eher sie in der Lage ist, den Alkoholkranken in der Würde eines Leidenden zu akzeptieren. Vor falschem Mitleid sollte sie sich dabei unbedingt hüten. In diesem Rahmen kann sie allerdings nicht viel mehr tun, als Informationen zu vermitteln und Alternativen aufzuzeigen, die ihm die Droge ersetzen. Der Verzicht auf den Alkohol, der ja für den Kranken inzwischen zum zentralen psychischen Steuerungsinstrument geworden ist, kann ohne ein solches Alternativangebot nicht geleistet werden. Der Kranke muß konkret wissen, was er statt des Trinkens jetzt und hier tun kann, um sich von der aufgestauten inneren Spannung zu befreien. Dabei darf es sich selbstverständlich nicht um eine neue, vermeintlich ungefährliche Droge handeln. Nur die konsequente Absage an das Prinzip der chemisch-pharmakologischen Problemlösung kann letztlich zum Erfolg führen.

Da der Alkohol zum Ersatzpartner geworden ist, wird es in der *Therapie* darum gehen müssen, dem Kranken – notfalls in einer erleichternden stationären Umgebung – Möglichkeiten anzubieten, wie er (wieder) echte zwischenmenschliche Beziehungen herstellen und erhalten kann. Im *ambulanten* Bereich bieten sich dazu heute insbesondere die Selbsthilfegruppen an, die in der Therapie von Alkoholkranken unentbehrlich geworden sind. Dort kann der Patient, wie es in der Präambel der Anonymen Alkoholiker heißt, mit einer

„Gemeinschaft von Männern und Frauen ... Erfahrung, Kraft und Hoffnung teilen, um das gemeinsame Problem zu lösen und anderen zur Genesung vom Alkoholismus zu verhelfen. Die einzige Voraussetzung für die Zugehörigkeit ist der Wunsch, mit dem Trinken aufzuhören".

Stationäre Therapie ist indiziert bei schweren Folgeerkrankungen, heftigen Entzugserscheinungen, Suicidtendenzen und/oder schwerer sozialer Depravation. Das oberste Prinzip in der Therapie von Alkoholkranken muß die „Hilfe zur Selbsthilfe" sein. Jede falsch verstandene Hilfe bei vordergründigen Problemen würde ihn nur erneut in Abhängigkeitsbeziehungen bringen, diesmal von seinen „Rettern". Der Gesundungsprozeß des Alkoholkranken ist ein Reifungsprozeß. Der Patient muß lernen, nicht nur selbst die Verantwortung für eine zufriedenstellende Lebensführung zu übernehmen, sondern er muß auch konkret erfahren, daß und wie er dazu tatsächlich in der Lage ist. Nur die lebendige Erfahrung der Möglichkeiten, die in seiner Nüchternheit stecken, kann ihm Mut machen, das Leben ohne den geliebten Stoff zu wagen. Mit schnellen Erfolgen ist jedenfalls bei der Alkoholtherapie nicht zu rechnen. Rückfälle sind möglich. Sie stellen Begleiterscheinungen langwieriger Prozesse dar, von denen ohne nähere Betrachtung nicht zu sagen ist, ob sie einen Beitrag zur Selbstzerstörung oder zur Gesundung bedeuten. Was bei dem einen ein Zeichen des endgültigen körperlichen und/oder sozialen Ruins ist, kann beim anderen Anlaß zur Einsicht und Umkehr werden, also vielleicht gerade das noch fehlende Stückchen Motivation liefern, von dem den Therapieerfolg abhängt.

Therapieziel ist nach wie vor die Totalabstinenz. Versuche, Alkoholiker zum mäßigen Trinken zu konditionieren, haben nicht zu dauerhaften Resultaten geführt. Therapeut und Patient müssen dabei allerdings wissen, daß auch die Totalabstinenz nicht zur „Heilung" führt, weil, wie wir aus klinischen Erfahrungen annehmen müssen, die erworbene krankhafte Reaktionsbereitschaft auf Alkohol lebenslang erhalten bleibt. Die Krankheit kann durch „Stehenlassen des ersten Glases" nur zum Stillstand gebracht werden. Die Selbstbeherrschung funktioniert auch bei einem langjährig „trockenen" Alkoholkranken nur, solange er noch keine auch noch so kleine Menge Alkohol zu sich genommen hat. Daraus ergibt sich die *Stufenfolge des Gesundungsprozesses:* Der erste Schritt muß die Abstinenz sein, weil nur mit klarem Kopf der zweite Schritt gelingen kann: Beginn eines neuen, sinnvollen und zufriedenen Lebens ohne Alkohol. In die Therapie müssen auch die Familienangehörigen einbezogen werden, die ebenfalls Hilfe brauchen. Sie stehen vor der nicht zu unterschätzenden Aufgabe, sich auf einen selbstbewußter, selbständiger und reifer werdenden Partner einzustellen. Auch für Angehörige gibt es Selbsthilfegruppen.

Die Zahlenangaben über *Therapieerfolge* haben eine so große Schwankungsbreite, daß eine allgemeinverbindliche Aussage nicht möglich ist. Eine grobe Schätzung (Glatt; Kryspin-Exner) besagt, daß bei geeigneter Therapie ein Drittel abstinent wird, ein Drittel sich bessert (d. h. weniger häufig Rückfälle hat) und das letzte Drittel ungebessert bleibt oder stirbt. Hilfreich wirken im Einzelfall weniger die Zahlen als die persönliche Zuversicht und der persönliche Glaube an die Möglichkeit, ohne Alkohol ein zufriedenes Leben zu führen.

Literatur

Chin, J. H./Goldstein, D. B.: Drug tolerance in biomembranes: a spin label study of the effects of ethanol. Science 196 (1977) 684. Zit. nach v. Wartburg u. Ris (s. u.)

Feuerlein, W.: Alkoholismus – Mißbrauch und Abhängigkeit. Stuttgart 1979

Jellinek, E. M.: The Disease Concept of Alcoholism. New Haven 1960

Jellinger, K.: Die ambulante Weiterbehandlung Alkoholkranker. In: Kryspin-Exner K. (Hrsg.): Theorie und Praxis der Therapie der Alkoholabhängigkeit. Wien 1969

Keller, M.: The definition of alcoholism and the estimation of its prevalence. In: Society, Culture and Drinking Patterns. Hrsg. von D. J. Pittman, C. R. Snyder, Wiley. New York 1962

v. Wartburg, J. P./Ris, M. M.: Biochemische Aspekte des Alkoholismus. In: Battegay, R./Wieser, M. (Hrsg.): Prophylaxe des Alkoholismus. Bern 1979

Widmark, zit. nach Prokop, O./Göhler, W.: Forensische Medizin. Stuttgart/New York 1976, 346

Tabak als erste Droge

Klaus Brauner

1 Problemlage

Als in den USA 1964 der „Terry-Report" erschien, nahm man dort und in Europa mit Bestürzung zur Kenntnis, wie stark die menschliche Gesundheit durch Rauchen geschädigt werden kann. Seitdem erschienen unzählige Publikationen über schädliche Wirkungen durch Tabakmißbrauch. Dazu gesellten sich eine Fülle empirischer Untersuchungen über Rauchverhalten und -motive. Nahezu alle Veröffentlichungen haben das gemeinsame Ziel, die hohe Rate der Raucher zu senken. Sieht man von den vielfältigen Bemühungen zur Raucherentwöhnung ab, so fällt auf, daß sich die Maßnahmen gegen das Rauchen seit Jahren auf die Altersstufe der Kinder und Jugendlichen konzentrieren. Ausschlaggebend dafür sind folgende Erkenntnisse:

- Das Rauchen von Schülern verlagert sich auf immer jüngere Jahrgänge.
- Erste Rauchversuche werden häufig bereits im Grundschulalter unternommen.
- Maßnahmen gegen den Tabakmißbrauch erscheinen nur im Kindesalter noch einigermaßen erfolgversprechend.

2 Auswirkungen des Rauchens auf die Gesundheit

Die Fülle nachgewiesener Schädigungen des menschlichen Organismus, die auf das Rauchen zurückgeführt werden können, ist erdrückend. Rauchen „ist demnach geradezu selbstschädigend und widerspricht dem Prinzip der Selbsterhaltung" (Lopez/Hoffmeister 1985, 24). Um Kinder und Jugendliche nicht zu überfordern, sollte sich die Behandlung der Schadstoffe in der Zigarette auf Tabakteer (Kondensat), Nikotin und Kohlenmonoxid beschränken.

2.1 Tabakteer

Mit dem eingeatmeten Rauch gelangen Teerstoffe des Tabaks in die Atemwege. Lungenzüge wirken besonders intensiv. Der Weg des Tabakrauchs im Körper wird „Rauchstraße" genannt. Bei starken Rauchern wird die rachenwärts gerichtete Bewegung der Flimmerhärchen in den Atemwegen gelähmt und durch Teerstoffe verklebt. Deshalb können Fremdstoffe nicht mehr automatisch aus den Atemwegen entfernt werden. Dieser Mangel kündigt sich besonders durch Hustenanfälle am Morgen an, mit denen der Körper versucht, Fremdstoffe auszuwerfen („Raucherhusten"). Neben dieser chronischen Bronchitis können die Teerstoffe im Tabakrauch zu Lungenerweiterung (Lungenblähung) und im schlimmsten Falle zu Krebs der Atemwege führen.

2.2 Nikotin

Nikotin ist eine farblose Substanz, die über die Schleimhäute des Mundes und der Atemwege in das Blut gelangt. Über das vegetative Nervensystem wirkt es in kleinen Mengen als anregendes Reizgift, in größeren Dosen als Lähmungsgift. Nachweislich führt schon das Rauchen einer einzigen Zigarette zu einer vorübergehenden Verengung der Kapillaren und Kapillarschlingen und damit zu einer Absenkung der Hauttemperatur um etwa 8 Grad (Lickint 1961, 8). Weil damit eine Steigerung der Herzschlagrate und eine Erhöhung des Blutdrucks einhergehen, gilt Rauchen als „Risikofaktor Nr. 1 bei jüngeren Herzinfarktpatienten" (Schmidt 1974, 375f.). Als Folge erhöhter Nikotineinwirkung können allgemein Durchblutungsstörungen betrachtet werden, die als Gefäßverengungen oder -verschlüsse (z. B. „Raucherbein"), als Gehirnschlag oder Herzinfarkt zu schwersten Gesundheitsschäden oder zum Tode führen können.

2.3 Kohlenmonoxid

Kohlenmonoxid bindet sich viel leichter an die roten Blutkörperchen als Sauerstoff und reduziert bei der Atmung die Sauerstoffversorgung des Körpers. Zum Ausgleich müssen sich Herzschlagrate und Atemfrequenz erhöhen. Dies führt zusätzlich zur Nikotineinwirkung und zu einer stärkeren Belastung des Kreislaufs.

Es gilt als gesichert, daß das Rauchen auch bei der Entstehung von

Magenschleimhautentzündungen sowie Magen- und Zwölffinger-
darmgeschwüren wesentlich beteiligt ist. Auch die Ausheilung einer
solchen Krankheit soll sich wesentlich verzögern, wenn der Patient das
Rauchen nicht einstellt (vgl. Schmidt 1980, 32).

Schon der „Terry-Report" weist auf eine Verkürzung der Schwangerschaft bei Raucherinnen und ein deutliches Untergewicht bei
Kindern rauchender Mütter hin.

„Nikotin und Kohlenmonoxid sind offenbar hauptverantwortlich für viele
Probleme in der Schwangerschaft, bei der Geburt und im Wochenbett und für
die globale Mangelentwicklung des Kindes, die um so ausgeprägter ist, je mehr
Zigaretten die Mutter täglich raucht. Abweichungen vom Normalgewicht
werden bereits ab 5 Zigaretten täglich beobachtet" (Huch 1984, 135).

Ähnliche Folgen können auch eintreten, wenn die Mutter während
der Schwangerschaft häufig einer starken „passiven Berauchung"
ausgesetzt ist.

2.4 Rauchen als Suchtverhalten

Persönlichkeitsuntersuchungen machen deutlich, daß es „das süchtige
Rauchen mit intensivem Zigarettenkonsum, Nicht-aufhören-können
und Abhängigkeit" gibt (Tölle 1974, 110). In Anlehnung an den
Alkoholiker spricht K.-D. Stumpfe beim süchtigen Rauchen vom
Nikotiniker und schreibt dem Suchtstoff Nikotin besonders die folgen-
den Merkmale zu:

– Es führt zu einem Gefühl angenehmer Entspannung.
– Beim Absetzen treten Entzugsbeschwerden auf.
– Diese Beschwerden verschwinden bei erneutem Rauchen.
– Der Raucher will aufhören, aber er kann es nicht.
– Der Nikotinsüchtige muß trotz schwerer körperlicher Schäden
  (z.B. Lungenkrebs, Amputation) weiterrauchen (Stumpfe 1984,
  76ff.).

3 Rauchverhalten und -motive bei Kindern und Jugendlichen

Eine besonders wichtige Grundlage zur Planung präventiver Maßnahmen sind Daten über die Verbreitung des Rauchens und die wichtigsten Rauchermotive. Dies war auch der Grund für eine schriftliche

Befragung, die wir unter 1088 Hauptschülern in der Stadt Landau i. d. Pfalz und dem heutigen Kreis Südliche Weinstraße durchführten (Brauner 1977, 34ff.).

3.1 Probleme bei der Datenerhebung und Klassifizierung

Bei der Befragung von Schülern über ihr Rauchverhalten muß damit gerechnet werden, daß Daten im Sinne sozial erwünschter Verhaltensweisen beschönigt werden. Viel häufiger erfolgt wohl eine Verfälschung in umgekehrter Richtung als „Angeben", „Imponiergehabe", „Erwachsensein-Vortäuschen" (Röper 1978, 113), also aus „Renommierbedürfnis", aber auch wegen tatsächlich vorhandener Erinnerungslücken (Rehm 1983, 8).

Was einen Vergleich verschiedener Untersuchungen vielfach unmöglich macht, ist das Arbeiten mit unterschiedlichen Kategorien. Begriffe wie Nieraucher, Nichtraucher, Probierraucher und Exraucher, Gelegenheits- und Gewohnheitsraucher werden nicht einheitlich verwendet. Dennoch sind Trends zu erkennen.

3.2 Alter bei Rauchbeginn

Nach einer Untersuchung von Infratest (1973) sind von den 12jährigen Schülern bereits 27% Raucher (Röper 1978, 95). Trotz aller Skepsis bei der Befragung von Kindern meint das Institut für Jugendforschung (1971): „Am häufigsten wird im Alter von 10½ bis 13½ die erste Zigarette versucht" (Röper 1978, 96). Dasselbe Institut stellt fest, daß bis zum Alter von 12 Jahren bereits 43% der Jungen, aber erst 23% der Mädchen zum ersten Mal geraucht haben (Röper 1978, 97). Als Durchschnittsalter für die ersten Rauchversuche wird an anderer Stelle 9,7 Jahre für die Jungen und 12,2 Jahre für die Mädchen angegeben (Lopez 1985, 29). Nach unserer Befragung wurden von den ersten Rauchversuchen bei Knaben rund 40% und bei Mädchen etwa 20,5% schon im Grundschulalter unternommen (Brauner 1977, 39). Röper betrachtet die Schulzeit als „die entscheidende Periode für den Rauchbeginn der meisten späteren Raucher" (Röper 1978, 174).

3.3 Rauchmotive

Röper weist darauf hin, daß der junge Raucher von der ersten Zigarette bis zu einer relativ festen Einstellung zum Rauchen „einen

Prozeß (durchläuft), in dem sich Phasen und Gesetzmäßigkeiten nachweisen lassen" (Röper 1978, 102). Als wichtigste Eingangsmotivationen bezeichnet er Neugier und Erlebnislust.

Als Verhaltensweise mit bestimmtem Verlaufsplan, aber auch wechselnden Motivationen wird das Rauchen bei Lopez dargestellt:

1. Stufe (9–12 Jahre): Orientierung an Verhaltensweisen und Einstellungen der Familie.
2. Stufe (ab etwa 12 Jahren): Orientierung an Modellen in der Bezugsgruppe des Kindes.
3. Stufe: Einübung des Rauchens besonders in der Gruppe; dadurch Festigung des Zusammenhalts in der Gruppe und sichtbare Ausgrenzungen der Nichtraucher.
4. Stufe: Ausbildung eines individuellen „Rauchmusters" vorwiegend aus inneren Anreizen und relativ unabhängig von äußeren Gegebenheiten.
5. Stufe: Von diesen „Rauchern" wird ein Teil zu Suchtkranken mit mehr als 20 Zigaretten pro Tag (Lopez 1985, 25 ff.).

4 Situative Einflüsse auf das Rauchverhalten

Zusätzlich zu den indirekten Einflüssen aus Alter und Geschlecht wirken sich Einflüsse, die von der Familie und vom Freundeskreis ausgehen, besonders auf die Anfangsphase des Rauchens aus. Lopez bezeichnet sie als „situative Einflüsse" und nennt als wichtigste Faktoren Eltern, Geschwister und Freunde (Lopez 1985, 30).

4.1 Familie

Wie oben bereits angedeutet, wirkt sich das Rauchverhalten der Familie vor allem dann auf das Verhalten des Kindes aus, wenn es vor dem Problem steht, mit dem Rauchen anzufangen oder es zu unterlassen. Es ist deshalb sehr einleuchtend, was Lopez mit mehreren Untersuchungsergebnissen belegt: „Die geringste Wahrscheinlichkeit (zum Rauchen) besteht in einem Haushalt, wo weder beide Elternteile noch ältere Geschwister rauchen" (Lopez 1985, 30). Nach einer Befragung von Hauptschülern greifen Kinder und Jugendliche, die Raucher als Geschwister haben, doppelt so häufig zur Zigarette wie in Nichtraucherfamilien (Brauner 1977, 44). Während ein von den

Eltern erlassenes Rauchverbot im Anfangsstadium vor allem auf Mädchen gewöhnlich noch einen hemmenden Einfluß ausübt (Lopez 1985, 25), kann das Rauchen von Kindern auch als Trotzreaktion gegenüber autoritären Eltern aufgefaßt werden (Röper 1978, 224). Zusammenfassend ist festzustellen, „daß Kinder rauchender Eltern sehr viel eher Zugang zum Rauchen finden und eher dazu neigen, gewohnheitsmäßige Raucher zu werden" (Röper 1978, 86).

4.2 Freundeskreis

Mit dem Rauchen der ersten Zigaretten gewinnt im allgemeinen der Freundeskreis der Kinder und Jugendlichen an Einfluß, vor allem auch im Hinblick auf das Rauchverhalten. Ganz selten werden die ersten Rauchversuche allein unternommen. Nur etwa jeder zwanzigste probiert das Rauchen, wenn in der Freundesgruppe niemand raucht (Brauner 1977, 43). Diese Befunde werden auch in anderen Untersuchungen erwähnt (Stäcker/Bartmann 1974, 47; Tölle 1974, 23f.) und sind unumstritten.

4.3 Lehrer

Beim Unterricht zur Thematik Rauchen sind Schwierigkeiten für den Fall zu befürchten, daß der Lehrer selbst nicht nur gelegentlich raucht. Die Frage „Rauchen Sie?" gehört nach unserer Erfahrung zu den ersten, die von Schülern an den Lehrer gerichtet werden. Muß er sie bejahen, erscheint die von ihm erwartete Vorbildwirkung zunächst erschüttert. Als gangbarer Weg bietet sich hier an, daß der Lehrer seine Überzeugung von den Vorteilen des Nichtrauchens zum Ausdruck bringt, zugleich aber offen eingesteht, daß er selbst es nicht schaffe, das Rauchen ganz aufzugeben.

4.4 Zigarettenwerbung

Von der Zigarettenwerbung fühlen sich die meisten Jugendlichen nicht beeinflußt, denn die Werbestrategie wirkt unterschwellig.

„Man verkauft nicht Tabak, sondern ein Image. Dieses Image beruht auf allgemein anerkannten und erstrebten Werten: Jugend, Gesundheit, sportliche, erotische, finanzielle Erfolge, persönliche Anerkennung usw. Nur ein Bruchteil der Zigarettenreklame zeigt arbeitende Menschen, selten Personen über 40 Jahre. Das von Krebs, Herzinfarkt und Raucherbein bedrohte Lebensalter bleibt ausgespart" (Mensen/Faust 1983, 2).

In Zeitschriftenanzeigen und auf Plakaten wird der Konsum bestimmter Fabrikate vielfach mit Abenteuerlust, Extravaganz, Freizeit, Urlaubs- und Spielsituationen assoziiert. Hinweise auf besonders leichte Tabakmischungen sollen Warnungen vor Gesundheitsgefahren ebenso verdrängen wie Bildkompositionen im Zusammenhang mit frischer, unberührter Natur. Mit den dargestellten Wunschbildern reduziert oder beseitigt die Werbung Spannungen, indem sie „Minderwertigkeits- und Angstgefühle, Spannungen und Unzufriedenheit auffängt" (Mensen 1972, 66). Gegenüber dem enormen Aufwand der Zigarettenwerbung müssen alle Ansätze präventiver Art verblassen.

Es ist wenig einleuchtend, wenn Lopez zu dem Ergebnis kommt, daß zwischen den Aktivitäten der Massenmedien und dem Rauchen keine positive Beziehung gefunden werden konnte (Lopez 1985, 30 f.). Aber auch Röper stellt fest, „daß der vermeintliche Einfluß der Werbung auf das Rauchverhalten nicht bestätigt werden konnte" (Röper 1978, 160). Möglicherweise fehlen noch geeignete Untersuchungsmethoden.

5 Grundzüge einer Prävention des Rauchens

5.1 Elemente schulischer Prävention

Der traditionellen Prävention des Rauchens wird vielfach zum Vorwurf gemacht, sie verlagere sich zu einseitig auf Informationsvermittlung, sei eher eine Krankheits- als eine Gesundheitslehre und arbeite gern mit Furchtappellen. Eine solche Form des Unterrichts mag vor einem Jahrzehnt noch die Regel gewesen sein. Sein Denkansatz, „Kinder und Jugendliche fangen an zu rauchen, weil sie nicht wissen, daß es ihnen schadet" (Lopez 1985, 34), ist zu stark vereinfacht dargestellt. Gewiß verfehlt Gesundheitserziehung ihr Ziel, wenn sie nur auf eine Krankheitslehre hinausläuft. Auf Furchtappelle (z.B. in Filmen mit Lungenoperationen und Beinamputationen) bauten vor allem die Mediziner. Inzwischen ist ihre Unwirksamkeit längst bewiesen, denn häufiger als ein gesundheitsbewußtes Verhalten lösen sie Verharmlosung, Resignation oder Zurückweisung der Information aus (Brauner 1977, 56). Weil aber Kinder und Jugendliche (besonders im Schulalter) noch nicht genau genug wissen, wie sehr ihnen Rauchen schadet, hat die Informationsvermittlung als ein Element unter anderen auch in der modernen Prävention ihre Berechtigung.

Mehr als bisher muß jedoch ein positives Gesundheitsverhalten in den Vordergrund gerückt werden. Hier sollte der Gesundheitserzieher von der Zigarettenwerbung lernen und auch ein Image „verkaufen", das Image des Nichtrauchers. Strategien mit Breitenwirkung als „großangelegte attraktiv gestaltete Nichtraucherkampagnen mit Fernseh- und Rundfunkspots, Plakataktionen und anderen Werbeträgern ..." (Lopez 1985, 38) sind im Schulbereich unter günstigen Voraussetzungen vielleicht einmal im Rahmen einer Projektwoche zu erreichen. Die Schule sollte aber jede Gelegenheit nutzen, sich an eine Nichtraucherkampagne in den Massenmedien anzuschließen.

Jede Aktivität im präventiven Bereich sollte sich nach der „Verbreitung des Rauchens in der sozialen Einheit" (Lopez 1985, 38), d. h. nach dem besonderen Rauchverhalten auf einer Klassenstufe oder in einem Klassenverband richten. Wie aus einer amerikanischen Studie hervorgeht, soll durch Programme zur Verhinderung des Rauchens die Zahl der jugendlichen Raucher nachweislich um Ein- bis Zweidrittel gesenkt worden sein. Da junge Menschen gegenwartsorientiert seien, müsse die Betonung auf kurzfristigen Auswirkungen des Rauchens liegen wie schlechter Atem, verfärbte Zähne und eine Steigerung des Kohlenmonoxids im Blut (Veröffentlichung des Deutschen Bundestages vom 15. 1. 1985, 21).

Zusammenfassend sollte eine gegen den Tabakkonsum gerichtete Prävention im Grund- und Hauptschulalter folgende Elemente aufweisen:

- Ausrichtung auf das Rauchverhalten einer bestimmten Altersstufe oder Klasse,
- altersgemäße Information in Anlehnung an humanbiologische Sachverhalte,
- erweiterte Darstellung der kurzfristigen schädlichen Wirkungen,
- Rollenspiele zur Schulung im Argumentieren,
- Vorstellung des Nichtrauchens als attraktive Norm (positive Motivation).

5.2 Der richtige Zeitpunkt

Untersuchungen des Instituts für Jugendforschung (1971) und von Infratest (1973) (Röper 1978, 95 f.) und eine Befragung von Hauptschülern (Brauner 1977, 38 f.) verweisen darauf, daß die erste Zigarette vielfach schon im Grundschulalter geraucht wird. Deshalb sollte

die Thematik Rauchen schon gegen Ende der Grundschulzeit Unterrichtsgegenstand sein. Noch immer siedeln die meisten Lehrpläne der Bundesländer das Nikotinproblem erst ab dem 7. Schuljahr an. Dies ist für eine Erstbehandlung zu spät, denn „der Schwerpunkt des Kampfes muß auf diejenigen verlagert werden, die noch nicht rauchen, d. h. auf Kinder und Jugendliche, um einen möglichst großen Teil von ihnen dazu zu bewegen, von Anfang an fest zu bleiben" (Harreis u. a. 1980, 771). Als das „optimale Alter, in dem pädagogische Maßnahmen zur Bewältigung des Nikotinproblems durchgeführt werden können", bezeichnet Langen den Zeitraum „zwischen dem 10. und 12. Lebensjahr" (Langen 1972, 107). Ein ähnlicher Zeitraum wird auch in der DDR vorgeschlagen: „Die günstigste Zeit ist nach meiner Erfahrung das vierte und fünfte Schuljahr mit den 10- bis 11jährigen ..." (Paun 1972, 83). Ein altersspezifischer Themenplan sieht 1970 für die Gesundheitserziehung in der Schweiz folgende Schwerpunkte vor:
– 5. Schuljahr: „Tabak und Neugierkonsum"
– 6. Schuljahr: „Genußmittelverzicht (Tabak, Alkohol)"
– ab 7. Schuljahr: „Tabakmißbrauch".

5.3 Ein 4-Stufen-Plan

Erste Hinweise auf die Vorzüge des Nichtrauchens sollten bereits im 4. Schuljahr gegeben werden, also im „Initialstadium" des Rauchens, einer Altersstufe, in der nach unserer Untersucnung ein nicht unerheblicher Teil der Schüler erste Rauchversuche hinter sich hat.

Der Unterricht im 5./6. Schuljahr soll die Schüler teilweise noch im Probierstadium ansprechen und vor allem die sportliche Leistungsfähigkeit der Nichtraucher hervorheben.

Auf der dritten Stufe werden die Schüler im 7./8. Schuljahr über die durch Rauchen möglichen Gesundheitsschäden umfassend informiert. In der „Latenzphase" haben die Schüler erste Rauchversuche hinter sich, an die sich aber noch keine Frühgewöhnungsperiode anschließt.

Mit dem 9. Schuljahr bietet sich im Rahmen des Themenkreises Schwangerschaft und Geburt ein vierter Ansatzpunkt. Hier werden in erster Linie die Mädchen angesprochen. Als „Sekundärphase" des Rauchens ist diese Altersstufe die Zeit der eigentlichen Einstellungsund Gewohnheitsbildung.

Diese Stoffanordnung erweist sich nach unserer Erfahrung als recht günstig. Sie kommt der Interessenlage der jeweiligen Altersstufe entgegen und stellt erreichbare Ziele vor. Positive Motivationen und der Verstehensebene angepaßte Informationen bilden wichtige Voraussetzungen für einen erfolgreichen Unterricht.

6 Vorschläge zur Realisierung

6.1 Unterrichtsanregung für das 4. Schuljahr: Auf das Rauchen kannst Du verzichten

a) Vorbemerkungen
Im Stadium der ersten Rauchversuche, die größtenteils aus Neugier stattfinden, soll dem Rauchen der Reiz des Neuen und Geheimnisvollen genommen werden. Der üble Geruch des kalten Tabakteers soll abstoßend wirken. Auf dieser Altersstufe wird ein absoluter Rauchverzicht angestrebt.

b) Lernziele
Die Schüler sollen
– Farbe und Geruch des Tabakteers selbst feststellen können,
– Tabakteer und Nikotin als die wichtigsten Schadstoffe der Zigarette angeben können,
– die Vorzüge des Nichtrauchens aufzählen können,
– die Ziele der Zigarettenwerbung erläutern können,
– auf das Rauchen ganz verzichten können.

c) Möglicher Unterrichtsverlauf
Einstieg: Werbeanzeigen für verschiedene Werbeanzeigen für verschiedene Zigarettenfabrikate.
Erarbeitung: Die Werbung verspricht Genuß, Freude, Entspannung, weil sie viele Zigaretten verkaufen will.
Problem: Stimmt das?
Versuch: Nachweis des Tabakteers durch Braunfärbung eines Wattepfropfens in einer selbstgebauten „Rauchmaschine".
Ergebnis: Braunfärbung des Wattebauschs, abstoßender Geruch.
Hinweis auf den üblen Geruch in Raucherzimmern (Postermöbel, Kleider) und die gelbliche Färbung in Gardinen und an der Zimmerdecke; Vergleich mit Teerstoffen, die beim Straßenbau Verwendung finden.
Hinweis auf Nikotin: unsichtbar, gelangt über die Atemwege in das Blut, verengt die Blutgefäße.
Ergebnis: Es lohnt sich nicht zu rauchen.

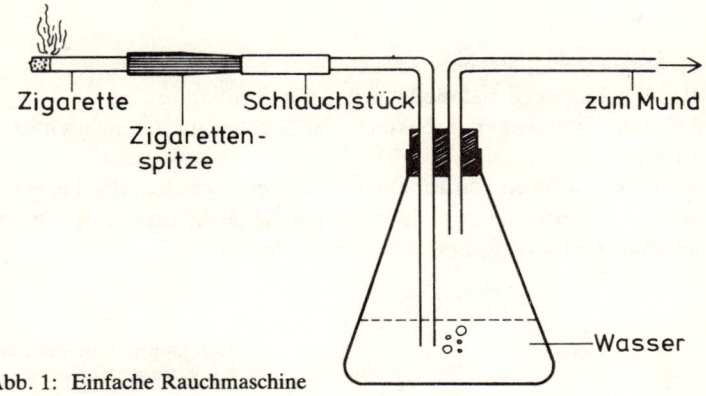

Zigarette | Schlauchstück | zum Mund
Zigaretten-
spitze

Wasser

Abb. 1: Einfache Rauchmaschine

Vorteile des Nichtrauchers: Geldersparnis, Gesundheit, bessere Leistung im Sport, frischer Atem.
Was wir Nichtrauchern empfehlen können: Wenn Du nicht rauchst, sparst Du Geld für wichtigere Dinge. Wenn Du nicht rauchst...

d) Lernzielkontrollen
Arbeitsblatt mit Tabakteer und Nikotin als wichtigste Schadstoffe der Zigarette; Aufzählen von Motiven zum Nichtrauchen; Bildung von Satzreihen über die Vorzüge des Nichtrauchens.

6.2 Unterrichtsanregung für das 5./6. Schuljahr: Nichtrauchen erhält Dich leistungsfähig

a) Vorbemerkungen
Der Unterricht schließt sich an die Behandlung der biologischen Themen Herz, Blutkreislauf und Atmung des Menschen an. Wichtigstes Ziel in der ausklingenden Probierphase des Rauchens ist eine Verhaltensbestärkung bei den nichtrauchenden Schülern.

b) Lernziel
– die wichtigsten schädlichen Wirkungen von Tabakteer und Nikotin aufzählen können;
– die wichtigsten Krankheiten, die Rauchern drohen, beschreiben können;
– die erhöhte körperliche Leistungsfähigkeit der Nichtraucher begründen können;

93

– ihre Absicht, nicht zu rauchen, im Gespräch ausdrücken und begründen können.

c) Möglicher Unterrichtsverlauf
Bau der Luftwege und die Funktion der Atmungsorgane.
Problem: Wie wirken Tabakteer und Nikotin auf den menschlichen Körper?
Versuch: Nachweis von Tabakteer bei einer Zigarette ohne Filter und einer Filterzigarette mit Hilfe einer Kochsalz-Zigarettenspitze und anschließender Auflösung des Salzes in Wasser.

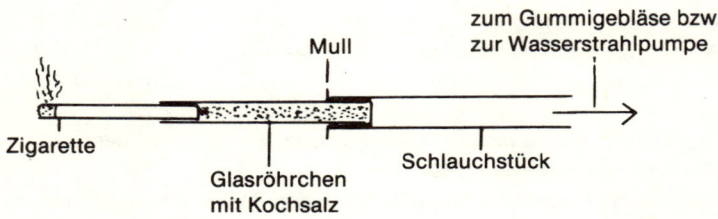

Abb. 2: Kochsalz-Zigarettenspitze

Ergebnis: Im Zigarettenfilter wird nur ein Teil des Tabakteers zurückgehalten.
Übertragung der Erkenntnisse auf die Atemwege; Erarbeitung der Entstehung von chronischer Bronchitis („Raucherhusten"), Krebs der Atemwege und der Lunge.
Versuch: Steigerung der Pulsfrequenz beim Rauchen einer Zigarette (vgl. Brauner 1981, 61 u. 64).
Erarbeitung mit Hilfe von Nachschlagewerken, was unter den Nikotinfolgekrankheiten Herzinfarkt, Gehirnschlag, „Raucherbein" und Bluthochdruck zu verstehen ist.
Rollenspiel: Ablehnung des Angebots einer Zigarette in verschiedenen Situationen.
Weiterführung in der bildnerischen Erziehung: Herstellung von Anti-Raucher-Plakaten.
Weiterführung in der Mathematik: Was ein Raucher in der Woche, in einem Monat, in einem Jahr usw. für Zigaretten ausgibt.

d) Lernzielkontrollen
Ausfüllen von Arbeitsblättern,
Rollenspiel.

6.3 Unterrichtsanregung für das 7./8. Schuljahr: Nichtraucher haben mehr vom Leben

a) Vorbemerkungen

Im 7./8. Schuljahr werden Atmung, Herz und Kreislauf sowie ihr Zusammenwirken vertiefend behandelt. Daran knüpft die Prävention des Rauchens nochmals an. Zielgruppe sind neben den Nichtrauchern auch Gelegenheitsraucher.

b) Lernziele
Die Schüler sollen
– die Vorzüge des Nichtrauchens aufzählen und begründen können,
– die schädlichen Wirkungen des Kohlenmonoxids erklären können,
– erläutern können, wie eine Gefäßverengung und ein Gefäßverschluß entstehen,
– die Wirkungen des Nikotins auf die Haut beschreiben können,
– begründen können, warum auch „Passivrauchen" gesundheitsschädlich ist,
– die Strategie der Zigarettenwerbung erklären können.

c) Möglicher Unterrichtsverlauf
Einführung: Film oder Tonbild mit motivierendem Charakter, z. B. „Warum rauchen?" oder „Es liegt in Deiner Hand".
Auswertung: Argumente für und gegen das Rauchen.
Zusammenstellung der Schadstoffe Tabakteer, Nikotin, Kohlenmonoxid; Wirkung des „Passivrauchens" auf Nichtraucher.
Versuch: Darstellung der gefäßverengenden Wirkung des Nikotins mit Hilfe des „Fingerthermometers" (Raucherthermometer nach Dr. Falkenhan, vgl. Etschenberg/Klein o. J., 50).
Hinweis auf die Folgen der Verengung von Blutgefäßen in Herz, Gehirn und Beinen und die daraus entstehenden Krankheiten.
Erläuterung der Wirkung des Nikotins auf die Haut: fahle, blasse, später lederartige, faltige Gesichtshaut bei Frauen.
Hervorhebung der Schönheit eines frischen Teints.
Wiederholung: Bedeutung der roten Blutkörperchen für den Sauerstofftransport im Körper; Erläuterung seiner Behinderung durch Kohlenmonoxid.
Folgen: Erhöhung der Pulsfrequenz und damit zusätzliche Belastung des Kreislaufs; Absinken des Konzentrations- und Leistungsvermögen (Rauchen im Auto!).
Schülerberichte über die negative Beeinflussung des Wohlbefindens beim Aufenthalt in einem Raum, in dem stark geraucht wird.

Begründung, warum das Rauchen leichter Zigaretten kein Ausweg ist (vgl. Schmidt 1984, 1695).

Analysen von Werbeanzeigen der Zigarettenindustrie: Motiv, Werbeslogan, Hintergrund (evtl. Weiterführung im Deutschunterricht).

d) Lernzielkontrolle
Silbenrätsel.

6.4 Unterrichtsanregung für das 9. Schuljahr: In der Schwangerschaft muß Nichtrauchen selbstverständlich sein

a) Vorbemerkungen

Auf dieser Altersstufe rauchen erfahrungsgemäß mehr Mädchen als Jungen. Ein weiterer Anlaß dazu, die Thematik Rauchen nochmals aufzugreifen, sind die Themenbereiche Schwangerschaft, Geburt und Vererbung in den Lehrplänen für das 9. Schuljahr. Damit bietet sich besonders für die Mädchen nochmals ein fruchtbarer Ansatz zur Änderung des Rauchverhaltens.

b) Lernziele
Die Schüler sollen
- erläutern können, warum beim Rauchen in der Schwangerschaft das ungeborene Kind mitrauchen muß,
- begründen können, warum Kinder von starken Raucherinnen im Durchschnitt ein geringeres Geburtsgewicht haben.

c) Möglicher Unterrichtsverlauf

Anknüpfung: Versorgung des Fötus im Mutterleib durch Plazenta und Nabelschnur.

Wiederholung der allgemeinen Wirkung von Nikotin und Kohlenmonoxid, die beide die Schranke der Plazenta passieren.

Erarbeitung der Auswirkungen: Verringerung der Sauerstoffversorgung des Kindes.

Folgen für das ungeborene Kind: geringeres Geburtsgewicht, höhere Anfälligkeit für Krankheiten.

Erarbeitung der Konsequenzen: Zumindest während der Schwangerschaft absoluter Rauchverzicht der Mutter; zumindest Einschränkung des Rauchens in der Umgebung der werdenden Mutter wegen der Gefahren des Passivrauchens.

Motto: Eine werdende Mutter kann auf alles verzichten, nur nicht auf ein gesundes Kind.

d) Lernzielkontrolle
Schriftliche Ausarbeitung zum obengenannten Motto.

7 Schlußgedanken

Trotz aller wohlbegründeter und gezielter schulischer Präventivmaßnahmen dürfen besonders auch auf dem Sektor Rauchen keine
durchschlagenden Erfolge erwartet werden. Der Erzieher und Unter-
richtende darf sich trotzdem nicht entmutigen lassen und resignieren.
Jeder Unterricht ist wie in allen anderen Bereichen nur ein Angebot,
das entweder genutzt oder ausgeschlagen werden kann. Was Luban-
Plozza (1972, 106) über das Endziel der Gesundheitserziehung
schreibt, gilt in besonderem Maße für die Erziehung zum nikotinfreien
Leben:

„Weder verbieten noch erlauben, sondern den betreffenden Adoleszenten die
Möglichkeit geben, eine persönliche Entscheidung zu treffen. Denn nichts ist
von Bestand ohne die freiwillig vollzogene Wahl."

Literatur

Brauner, K.: Rauchen, ein Problem der Gesundheitserziehung. Köln 1977
Brauner, K.: Rauchen im Unterricht der Sekundarstufe I – Lernangebote für
  das 8./9. Schuljahr. In: Prävention 2 (1981) 58–64
Bundeszentrale für gesundheitliche Aufklärung (Hrsg.): Unterrichtseinheiten
  zum Drogenproblem für das 5.–8. Schuljahr. Köln 1973
Deutscher Bundestag – 7. Wahlperiode: Drucksache 7/2070
Deutscher Bundestag: Veröffentlichung vom 15. 1. 1985 Reg.-Nr.: WF VI b –
  85/84 Dr. Dr. Franzen (Rohübersetzung)
Etschenberg, K./Klein, K.: Tabak, ein gefährliches Genußmittel – Unter-
  richtseinheit für die Sekundarstufe I. Mainz (o. J.)
Feser, H. u. a.: Zigaretten Rauchen – Dokumentation. Ulm 1985
Harreis, G. u. a.: Das Rauchen von Kindern verlagert sich auf immer jüngere
  Jahrgänge. In: Das öffentliche Gesundheitswesen 42 (1980) 771–778
Huch, R.: Rauchen und Schwangerschaft. In: Zeitschrift für Allgemeinmedi-
  zin 4 (1984) 135–141
Langen, D.: Erziehung zum nikotinfreien Leben bei Kindern und Jugendli-
  chen. In: Rehabilitation 3/4 (1972) 106–107
Lickint, F.: Nikotin und Kreislauf. Hamm 1961
Lopez, H.: Rauchen bei Kindern und Jugendlichen. Eine empirische Untersu-
  chung. Weinheim 1983
Lopez, H./Hoffmeister, H.: Schüler und die Droge Nikotin. In: Kollehn, K./
  Weber, N. H. (Hrsg.): Der drogengefährdete Schüler, Düsseldorf 1985,
  24–40

Luban-Plozza, B./Knaak-Sommer, L.: Psychologie des Hasch- und Tabakrauchens – Vom ersten Mißbrauch bis zur selbstzerstörenden Sucht. München 1972

Mensen, H.: „Gemeine Verführer" – Zur Demaskierung der Zigarettenwerbung. In: Rehabilitation 3/4 (1972) 62–66

Mensen, H./Faust V.: Träume – eine Zigarette lang. Zur Psychologie der Zigaretten-Werbung. Münster 1983

Rehm, W. u. a.: Raucher-Report. München 1983

Röper, B.: Rauchmotivationen Jugendlicher. Göttingen 1978

Schmidt, F.: Die wichtigsten Gesundheitsschäden des Rauchens. In: Bundesvereinigung für Gesundheitserziehung e. V.: Rauchen oder Gesundheit – Deine Wahl. Bonn 1980, 27–34

Stäcker, K./Bartmann U.: Psychologie des Rauchens. Heidelberg 1974

Stumpfe, K.-D.: Rauchen – Sucht oder dumme Angewohnheit. In: Deutsches Ärzteblatt 32 (1982) 41–43

Stumpfe, K.-D.: Die Nikotinsucht. In: Suchtgefahren 30 (1984) 76–81

Tölle, R.: Zigarettenrauchen – Zur Psychologie und Psychopathologie des Rauchens. Berlin 1974

Medikamente als heimliche Alltagsdrogen

Reinhard Voß

1 Die geheimgehaltene Abhängigkeit

Mit heller Empörung reagierten Bürger und Politiker unserer Republik auf die Meldung, daß in einer grenznahen niederländischen Kleinstadt Haschisch frei an Jugendliche verkauft wurde (FR 21. 10. 1982). Demgegenüber bleiben die folgenden Informationen ohne entsprechende Reaktion:

- Es gibt über 800000 Medikamentenabhängige samt einer erheblichen Dunkelziffer (DHS 1985).
- Jährlich sterben ca. 10000 Patienten an den Folgen einer Arzneimittelwirkung oder -nebenwirkung (Remmer 1977).
- Zum Medikamentenkonsum in unserer Bevölkerung ist festzustellen, daß „die bis 1979 explosive Erhöhung weiterhin einem gedämpften Anstieg gewichen ist" (Keup 1982, 29)[1].

Dabei verstärkt sich der Eindruck, daß diese Art der Abhängigkeit von Politikern bewußt im Schatten der allgemeinen Drogendiskussion gehalten wird, um die notwendige Diskussion macht- und gesellschaftspolitischer Tatbestände zu vermeiden. Die „geheimgehaltene Abhängigkeit" oder die „heimliche Sucht" wie Schmidtobreick es nennt, scheint hier die adäquate Bezeichnung. Gefördert wird diese Geheimhaltung dadurch, daß „Medikamentenabhängige im Gegensatz zu anderen Drogenabhängigen jahrelang ohne Auffälligkeiten im körperlichen, seelischen und sozialen Bereich" leben (Schmidtobreick 1982, 5). Zu der Entwicklung der steigenden Zahlen von Medikamentenabhängigen kommt ein zunehmender Medikamentenmißbrauch bei Kindern und Jugendlichen hinzu. Neben einer wachsenden Selbst-

---

1 Der Pro-Kopf-Verbrauch an Arzneimitteln in der Bevölkerung ist seitdem weiter gestiegen (1984 um 6,3%). Dieser muß jedoch aufgrund verschiedener Faktoren (Herstellungskosten, Großpackungen) relativiert werden (vgl. Keup 1985, 30f.).

medikation wird dieser steigende Medikamentenkonsum von vielen Ärzten verordnet, aber auch von allzu vielen Eltern, Lehrern, Erziehern und manchen Psychologen durch ihr Verhalten oder Handeln unterstützt. 75% aller Jungen und Mädchen im Alter von 14–19 Jahren bekommen die Medikamente nicht vom Arzt, sondern von den Eltern verabreicht (Schmidtbauer/Scheidt 1981), und eine amerikanische Untersuchung (Conrad 1976) belegt, daß vorrangig Lehrer auffällige Verhaltensweisen ihrer Schüler an den Arzt delegieren oder den Eltern einen entsprechenden Arztbesuch anraten.

2 Das Modell der Erwachsenen in unserer Gesellschaft

Das „Vor-bild" der Erwachsenen, das „Modell" von Vätern, Müttern, Lehrern etc. spielt für die Entwicklung des kindlichen Welt- und Menschenbildes, für den Aufbau von Handlungsorientierungen und Verhaltensweisen eine zentrale Rolle. Ergebnisse der Lernforschung über Modell- oder Imitationslernen zeigen deutlich, daß besonders von Kindern (bei Jugendlichen sind ferner Idole und Vorbilder der „peer group" von Bedeutung) Verhaltensweisen der Erwachsenen imitiert und internalisiert werden (Bandura 1976, vgl. auch Feser 1978, Heckmann 1980).

Fragt man nach den für den fortschreitenden Medikamentenmißbrauch relevanten modellhaften Verhaltensweisen der Erwachsenen, so wird sehr schnell deutlich, daß diese aufgrund gesellschaftlicher Bedingungen, der psychischen Unfähigkeit, sich den Anforderungen des Lebens aktiv zu stellen, aber auch aufgrund eigener bewußter Entscheidungen und persönlicher Verantwortung den fortschreitenden Medikamentenmißbrauch im besonderen Maße unterstützen. Der Versuch, das „vor-gelebte" Modell der Erwachsenen hinsichtlich ihres Medikamentenkonsums zu skizzieren, spricht für sich: Für viele Kinder ist es selbstverständlich geworden, daß ihre Mütter (vgl. Vogt 1985) bis zu drei verschiedene Tablettensorten mit sich tragen; daß ihre Väter nach dem Alkoholgenuß wiederum eine Tablette benötigen; daß immer mehr Erwachsene in den verschiedensten Situationen, bei kleineren oder größeren Problemen (bis hin zur Abhilfe gegen „schlechte Laune" oder „enge Wohnverhältnisse" – so die Pharmawerbung) Hilfe von der Tablette erwarten oder gar mit der Tablette ihre Arbeitskraft zu sichern suchen. Dabei ist ja auch alles ganz einfach – wie es uns die Werbung suggerieren will. Von den ersten

Lebensjahren an werden Kindern bei den kleinsten seelischen Unpäß-lichkeiten Medikamente offeriert (Sichrovsky 1984). Betreuer von Ferienfreizeiten berichten, ähnlich wie Lehrer von Klassenfahrten, daß ein großer Teil von Kindern ohne Aufforderung ein großes Sortiment Tabletten von ihren Eltern mit auf den Weg bekommt. So ist letztlich die Medikation von Schulschwierigkeiten durch die Eltern eine logische Entsprechung ihrer generellen Einstellung gegenüber dem Medikamentenkonsum. In einer den Eltern entsprechenden Weise werden Kinder und Jugendliche auf die steigenden Leistungs-anforderungen in unserer Gesellschaft vorbereitet. Dies geschieht über viele Jahre in einer Schule, die sich immer stärker als Leistungs-schule versteht und darstellt. Darüber hinaus lassen sich weitere Modellerfahrungen der Kinder und Jugendlichen mit Medikamenten-konsum aufzählen, die sicherlich ebenso prägend sind: Eltern, die, wenn nicht von der Sprechstundenhilfe, so doch spätestens vom Arzt das gewünschte Medikament erhalten; Ärzte, die Medikamente an Kinder und Jugendliche verabreichen, ohne daß sie diese auch nur einmal gesehen haben; Kinder und Jugendliche, denen von Lehrern und Erziehern im Bereich von Heim und Sonderschule täglich Medi-kamente zur Anpassung verabreicht werden. Nach Martin (1978, 148) ist „mancherorts Verhaltensgestörten-Pädagogik" abgelöst worden von „pharmakologischer Pädagogik".

Diese Mosaiksteine lassen sich zusammenfügen und ergeben fol-gendes Bild: Es läßt sich eine Entwicklung skizzieren, in der immer größere Teile der Bevölkerung in steigendem Maße mit der Tablette leben, sie als adäquates Mittel zur Konfliktbewältigung und zur Sicherung der Konkurrenzfähigkeit nutzen, diese Verhaltensweisen Kindern und Jugendlichen als Modell vorleben oder, wie in weiten Teilen realisiert, sie zur Übernahme dieser Haltung zwingen.

3 Pillen für den Störenfried

Angeregt durch meine Erfahrungen am Sorgentelefon für Kinder und Jugendliche (Voß 1983a), war das Buch „Pillen für den Störenfried? Absage an eine medikamentöse Behandlung auffälliger Verhaltens-weisen bei Kindern und Jugendlichen" (Voß 1983b) ein Versuch, die Bevölkerung auf die steigende Bereitschaft von Eltern, Lehrern, Erziehern, Psychologen und Ärzten aufmerksam zu machen, Schul-schwierigkeiten, Erziehungsprobleme und andere unerwünschte Ver-haltensweisen von Kindern und Jugendlichen mit Medikamenten, insbesondere mit Psychopharmaka, zu therapieren. Immer mehr unruhige, erregbare, störende, zappelige, konzentrationsgeschwächte, träumende oder schnell weinende Kinder werden mit Etiketten wie „verhaltensgestört", „hyperaktiv", „Minimale Cerebrale Dysfunktion" (MCD) oder „Hyperkinetisches Syndrom" (HKS) versehen und mit Medikamenten diszipliniert.

Viele Lehrer, Eltern, Erzieher und Ärzte glauben, den anstehenden Problemen am besten mit Medikamenten begegnen zu können, sei es mit Psychopharmaka, wie in der Breite der Praxis üblich, oder auch nur mit Hilfe von Vitaminpräparaten. Vor allem bei Symptomen wie Schlafstörungen, Bettnässen oder starken Angstzuständen wird kaum noch nach den gesellschaftlichen, den umfeldbedingten Ursachen in der Familie oder der Schule geforscht, sondern es werden allzuschnell Psychopharmaka verabreicht. In Hamburg haben von 790 Schulanfängern im Alter von 5–7 Jahren 17,3% ein- oder mehrmals Psychopharmaka erhalten (Dittmann u. a. 1981). Eine andere Hamburger Untersuchung belegt, daß in der Praxis des Allgemeinmediziners 35%, in der kinderärztlichen Praxis 38% und beim Nervenarzt 30% der Kinder mit Psychopharmaka behandelt werden (Asam/Karrasz 1979). Beim Allgemeinmediziner wurden dabei Psychopharmaka an erster Stelle (!) bei Schul- und Konzentrationsstörungen verabreicht. Die Publikation „Krankheit auf Rezept – die Praktiken der Praxisärzte" (Sichrovsky 1984), die über den Zeitraum von 1980–1982 konkretes, bisher von der Pharmaindustrie geheimgehaltenes Datenmaterial über das Verschreibungsverhalten der Ärzte offenlegt, belegt, daß 1,4 Mio.mal pro Jahr Kindern zwischen 0 und 12 Jahren Psychopharmaka verabreicht wurden. Das sind 15,4% aller Verschreibungen. Nach einer Untersuchung der Bundeszentrale für gesundheitliche Aufklärung (1982) sind 36% der Eltern in der BRD bereit, Schulprobleme mit Medikamenten zu bekämpfen. 1978 waren es noch 18%.

Deutlich ist auch das offensive Eintreten der Befürworter der Psychopharmakotherapie bei Schul- und Erziehungsproblemen (vgl. Eichlseder 1976, Padan 1981), obwohl inzwischen auch die von diesen beiden Ärzten propagierten amerikanischen Untersuchungen in den USA widerlegt wurden (S. und B. Shaywitz 1983). So wird die Behandlung von hyperkinetischen Kindern mit Psychoanaleptika wie folgt propagiert:

„Das Kind wird ausgeglichener, umgänglicher, hilfsbereiter, weniger mürrisch. Es packt freiwillig Dinge an, die getan werden müssen, seien es Hausaufgaben, seien es außerschulische Tätigkeiten. Es räumt plötzlich ohne Verlangen sein Zimmer auf... Kurz: Das Medikament ermöglicht es dem

Kind, seine Impulse besser zu steuern, es kann besser und länger aufpassen, es verhält sich im sozialen Bereich angemessener, und auch die Überaktivität wird etwas reduziert" (Eichsleder 1976).

Eindeutiger Ablehnung bedarf jene Entwicklung, die an dieser Stelle nur noch einmal als Ergebnis festgehalten werden kann (vgl. ausf. Voß 1986): Auf der Basis einer völlig verwirrenden wissenschaftlichen Diskussion (mittels umstrittener theoretischer Konstrukte, fragwürdiger Begriffe und ineffizienter diagnostischer Verfahren) und einer auf gesellschaftliche Funktionalität ausgerichteten Praxis wird die konsequente Ausdehnung des Definitionsbereiches für die medikamentöse Behandlung auffälliger Verhaltensweisen von Kindern und Jugendlichen vorangetrieben. Die für die Betroffenen folgenschweren Konsequenzen der einseitigen Defekt- und Körperorientierung (Keupp 1974) und der damit verbundenen hirnorganischen Erklärungsmuster, der weiterhin praktizierten Summationsdiagnose (Will 1982) oder der Anwendung von Diagnoseverfahren, die vom Kind als gewalttätig erfahren werden, müssen immer wieder herausgestellt werden (Buttler 1982, 447).

Dabei soll in keiner Weise bestritten werden, daß es in der Auseinandersetzung mit auffälligen Verhaltensweisen person- und situationsbedingte Fälle gibt, in denen als ultima ratio und für einen begrenzten Zeitraum Medikamente verabreicht werden sollten. Natürlich ist jener Mediziner zu verstehen, der einem Kind, das aufgrund seines Verhaltens mit dazu beiträgt, von seinem Vater mißhandelt zu werden, Medikamente verabreicht. Doch was tun wir zur allgemeinen Veränderung der psychodynamischen Struktur, der ökonomischen Bedingungen, der allgemeinen Lebensverhältnisse dieser Familie (vgl. Guggenheimer/Ottomeyer 1980)?

Bei der allergrößten Zahl von Abweichungen im Lern-, Verhaltens- und Entwicklungsbereich ist eine Medikation prinzipiell unverantwortlich und in keiner Weise zu rechtfertigen. Zur Orientierung: In der Arbeit von Stapper in unserem Buch „Helfen – aber nicht auf Rezept" (Voß 1984), die sich auf eine langjährige pädiatrische Praxis bezieht, liegt die Höhe der Medikation bei ca. 1%. Diese Angabe unterstützt eine amerikanische Untersuchung (Lambert u. a. 1978), in der zum ersten Mal Eltern, Lehrer und Ärzte über das auffällige Verhalten von Schülern befragt wurden. Danach wurden ca. 13% der Schüler entweder von Eltern, Lehrern oder Ärzten als „verhaltensgestört" bezeichnet, jedoch nur 1,3% (!) gleichzeitig von Eltern, Lehrern und Ärzten. Die Explosion der Angaben über die Höhe der auffälligen Kinder (30% und mehr) und die der medikamentös behandelten Kinder (bis zu 20%) bringt andere Interessen zum

Ausdruck. Sind es doch vorrangig gesellschaftlich unangepaßte und unerwünschte Verhaltensweisen von Kindern und Jugendlichen und verstärkt von solchen, die in armen Familien, in Randgruppen der Gesellschaft leben, die mit Medikamenten zur Anpassung gebracht werden sollen (vgl. u. a. Preuss-Lausitz 1981).

4 Die selbstverordnete Anpassung

Ohne Scheu erzählen Schüler über ihren Umgang mit Medikamenten. Bei Problemen mit Klassenarbeiten oder Versetzungen, beim „Zoff" mit den Eltern, den Freunden oder Partnern oder in anderen schwierigen Situationen, scheint für sie mehr und mehr der Griff nach der Tablette der einzige Lösungsweg zu sein. Den Konflikt einfach weglutschen, charakterisiert eine Entwicklung, die sich in allen Schulstufen nachweisen läßt. Tutoren, die in Schulen Hausarbeiten betreuen, berichten verstärkt, daß immer mehr Schüler Medikamente konsumieren, um ihre Leistungen in der Schule zu bringen.

„Eine Befragung von 10- bis 15jährigen Schülern aus insgesamt 76 Hauptschul-, Realschul- und Gymnasialklassen ergab, daß 12% der Schüler aus Nervosität vor Klassenarbeiten Medikamente einnehmen" (zit. n. Kury, Lerchenmüller 1983, 334 f.).

Im Schatten einer auf harten Drogen, Alkohol und Nikotin fixierten Öffentlichkeit wächst eine junge Generation heran, die in einem noch weit stärkerem Maße als ihre Eltern von der Tablette die Lösung all ihrer Probleme erwartet. Dabei spielt die Selbstmedikation eine besondere Rolle. Angepaßt an das Verhalten der Erwachsenen – 1979 betrug die Selbstmedikation bereits 27% der gesamten Arzneimittelversorgung (Keup 1980) – sind

„nach einer Studie von Infratest (1982) in Nordrhein-Westfalen 9% der Jugendlichen suchtgefährdet, da sie grundsätzlich Medikamente ohne ärztliche Verordnung einnehmen. Bei den Beruhigungsmitteln ist der vom Arzt nicht kontrollierte Gebrauch durch Jugendliche dreimal so hoch (36%) wie bei Erwachsenen (12%)" (zit. n. Kury, Lerchenmüller 1983, 334 f.).

Die Beschaffung der erwünschten Mittel ist dabei auf ähnliche Weise unproblematisch wie die Beschaffung von Alkohol. Die Hausapotheke – oft reicht schon der Griff in Mutters Handtasche – der „hilfreiche" Arzt, die „besorgte" Mutter, der „geschäftstüchtige" Klassenkamerad und viele andere Helfershelfer ermöglichen die Flucht in eine „andere" Welt, die die Betroffen späterhin nur allzuoft als Medikamentenabhängige verlassen werden.

5 Eine „Beschuldigung der Opfer" vermeiden

Das Problem des fortschreitenden Medikamentenmißbrauchs durch Schüler kann nur auf dem Hintergrund einer gesellschaftlichen Situation diskutiert werden, in der Werte wie Konkurrenz, Profit, Leistung und die Interessen der Pharmaindustrie höher eingeschätzt werden als die grundlegenden Bedürfnisse von Kindern und Jugendlichen. Dies kann nicht deutlich genug betont werden angesichts einer gesellschaftlichen Situation, die immer noch der klassischen „Beschuldigung der Opfer" (Ryan 1971) nacheifert. Doch trotz der individuellen Verantwortung eines jeden, die immer wieder herausgestellt werden muß, sind es nicht allein die „egoistischen" Eltern, die „ungeduldigen" Lehrer und Erzieher, nicht die „geldhungrigen" Ärzte und Psychologen, die Kinder und Jugendliche zum Medikamentenmißbrauch anleiten oder gar in die Abhängigkeit treiben. Gesamtgesellschaftliche Bedingungen und gewalttätige Lebensstrukturen (Voß 1983a), die für die Menschen immer weniger Zeit, Zuwendung, Liebe und Geborgenheit ermöglichen und die Flucht in ein Ersatzverhalten fördern, dürfen nicht zu einer individualisierenden Schuldzuweisung führen. Betrachtet man die Zahlen über steigende Arbeitslosigkeit in den westlichen Industrieländern (inzwischen sind 1,3 Mio. Jugendliche von Arbeitslosigkeit betroffen), die beängstigenden Zahlen von Jugendarbeitslosigkeit – gerade auch bei uns – und die wachsende Angst der Menschen um den Weltfrieden, so läßt sich auch ohne allzugroße antizipatorische Fähigkeiten eine Entwicklung ausmachen, die Lems (1982) „Zeitalter der Psychemie" in greifbare Nähe rücken läßt.

In einer politischen Zukunftsvision „Alle redeten vom Frieden" rekonstruieren „Außerirdische", wie es zur Weltkatastrophe kam:

„Die Menschen waren nervös, weil sie ahnten, wie schlimm es um ihre Zukunft stand. Also versuchten sie, solange es ging, ihre Gehirne mit chemischen Mitteln daran zu hindern, auf das fatale Wissen mit der Produktion von Angst zu reagieren. Nach unseren Berechnungen dürfen wir annehmen, daß am Ende nur noch eine Minderheit ohne sogenannte Psychopharmaka, ohne überhöhte Mengen von Alkohol oder harten Drogen auszukommen vermochte" (Richter 1981, 27).

6 Medikamentenmißbrauch: Signal für eine gestörte Lebenswelt des Schülers

Die vielen und vielfältigen Formen auffälliger Verhaltensweisen von Kindern und Jugendlichen (Aggressivität, überstarker Bewegungsdrang, Introvertiertheit, psychosomatische Reaktionen, Schulversagen und Schulflucht, bis hin zum Medikamentenmißbrauch) signalisieren die Realität einer gestörten Sozial- und Beziehungsstruktur des Kindes. Dies hat Violet Oaklander (1981) in ihrem Buch „Windows to our children", mit dem verfälschenden deutschen Titel „Gestalttherapie für Kinder und Jugendliche", eindrucksvoll beschrieben. Daß Kinder, bei deren Entwicklung kaum Rücksicht auf ihre grundlegenden seelischen Bedürfnisse genommen wird, auffällig reagieren, ist für ihr „Überleben" im besonderen Maße notwendig. Auch der Medikamentenmißbrauch muß als Problemlösungsversuch verstanden werden, der es Kindern und Jugendlichen ermöglicht, vorhandene Konfliktsituationen zu bekunden. Kindliche Verhaltensauffälligkeiten sind Notsignale, sind Botschaften (vgl. Wolff 1978, Fässler 1983), die es zu decodieren gilt. Anstatt nun diesen Notsignalen nachzugehen und nach den Ursachen in der Lebenswelt des Kindes zu forschen, wird gerade das Medikament, vor dessen Mißbrauch wir doch Kinder und Jugendliche schützen wollen, dazu benutzt, um ein allgemein vorhandenes Problem in der Lebenswelt des Kindes zu verdecken, zu verschleiern. Grundlegende gesellschaftliche Probleme werden somit im Kind individualisiert und über den Medikamentenmißbrauch ausgeblendet. Das bedeutet, daß sowohl der Medikamentenmißbrauch durch Schüler, als auch der durch Eltern und Ärzte in gleicher Weise gestörte Sozialstruktur signalisieren.

Der Schüler als eine faszinierende Einheit ineinander verwobener Teilsysteme (Umwelt, Körper, Kognition, Perzeption, Affekt ...) reagiert auf Störungen in Form von auffälligen Verhaltensweisen im Lern-, Verhaltens- oder Bewegungsbereich, in Form von körperlichen, seelischen oder psychosomatischen Erkrankungen. Die Auffälligkeit als Signal für eine Störung kann dabei in ganz anderen Bereichen verursacht sein als gerade da, wo sie auftritt. Auffälliges Verhalten in der Schule kann z.B. in der Lebensgeschichte des Kindes, in der Familienstruktur, in einer aktuellen Lebenssituation, in der „peer group" oder auch in der Schule selbst begründet liegen. Auffälliges Verhalten – in welcher Situation oder in welcher Form auch immer – weist auf eine Störung in der Lebenswelt des Kindes hin.

Das folgende Beispiel zeigt ein Problem innerhalb des sozio-ökologischen Feldes des Kindes auf, welches das Kind belastet.

Klaus, 8 Jahre alt, ist im Unterricht ständig unruhig und unkonzentriert. Nach den Worten seines Lehrers ist er ständig „abwesend", verläßt regelmäßig nach der zweiten Stunde die Klasse und geht nach Hause. Mit der Zeit wird der Lehrer hilflos, die Eltern sind verärgert. Als „Schulverweigerer" etikettiert, wird Klaus dem Schulpsychologen zugeführt. Nachdem auch dieser scheitert, verschreibt der zu Rate gezogene Kinderarzt Psychopharmaka zur Behandlung der Unruhe und ein Mittel zur Steigerung der Konzentrationsfähigkeit. Am Ende seiner „Karriere" hat Klaus das Glück, daß er in der Kinder- und Jugendpsychiatrie auf eine engagierte Ärztin trifft, der es gelingt, eine engere Beziehung zu Klaus aufzubauen. In dieser Situation hat Klaus zum ersten Mal die Möglichkeit, sich zu öffnen. Er beginnt zu erzählen, daß er eines Abends durch die leicht geöffnete Tür den Streit der Eltern mit angehört habe, indem seine Mutter u. a. drohte, die Familie zu verlassen. So hielt es Klaus verständlicherweise nicht lange im Unterricht aus. Erst nachdem er sich persönlich vergewissert hatte, daß „die Mutter noch da war", kam er für den Rest des Tages zur Ruhe.

Es bedarf einer genauen Analyse des gesamten Lebensfeldes eines Kindes, wenn man die Leidensgeschichte, wie im Falle von Klaus, verhindern will. Dies setzt voraus, daß man losgelöst von linearen Erklärungsmustern die Ursache für sein Verhalten in einer gestörten Lebenswelt des Kindes zu finden befähigt ist. Für diesen Prozeß ist ein Verständnis der „inneren Welt" des Kindes von besonderer Bedeutung. Dies zu erreichen, setzt menschliche und professionelle Kompetenzen voraus (vgl. Voß 1986).

Die folgende Abbildung weist eine Störung innerhalb des sozio-ökologischen Feldes des Kindes auf, die in traditioneller Weise über eine Vergegenständlichung im Schüler (S1) offenkundig wird. Der „störende" Schüler wird auch als „Störenfried" in der Familie (K1) ausgemacht und im Sinne der traditionellen „Karriere" dem Arzt vorgestellt (P1). Die Frage, ob und inwieweit Probleme aus der Gruppe der Gleichaltrigen (G1) bedeutsam sind, wird von den erwachsenen Bezugspersonen kaum in Erwägung gezogen. Die angedeuteten „Bindungen" bei allen angegebenen Personen sollen die strukturelle und lebensgeschichtliche Gebundenheit jeder einzelnen Person verdeutlichen (Familie, Beruf, Freundeskreis des Vaters, Familiendynamik, Familienmythen).

Eine nicht individualisierende, lebensweltbezogene Analyse nimmt somit die Vergegenständlichung einer Systemstörung zum Anlaß, mit Hilfe einer Koalition von Schülern, Eltern, Lehrern, Arzt und/oder Psychologen – als verkleinertes Abbild des sozio-ökologischen Feldes (schraffierter Bereich der Skizze) – die Wirkmomente der gestörten Situation auszumachen. Die „Störung" des Schülers kann möglicherweise mit dem langweilig durchgeführten Unterricht zusammenhängen, sie kann durch Kommunikationsstörungen in der Klasse bedingt sein, sie kann aber auch völlig losgelöst von der Schule in der Familie (Ehekrise, Finanzprobleme, Tod des Großvaters, Nachwuchs) oder der „peer group" (Verlust der Freundin, Konkurrenzprobleme) begründet liegen. Diese komplexen Zusammenhänge können nur in einer Konferenz der Betroffenen erkundet und aufgearbeitet werden.

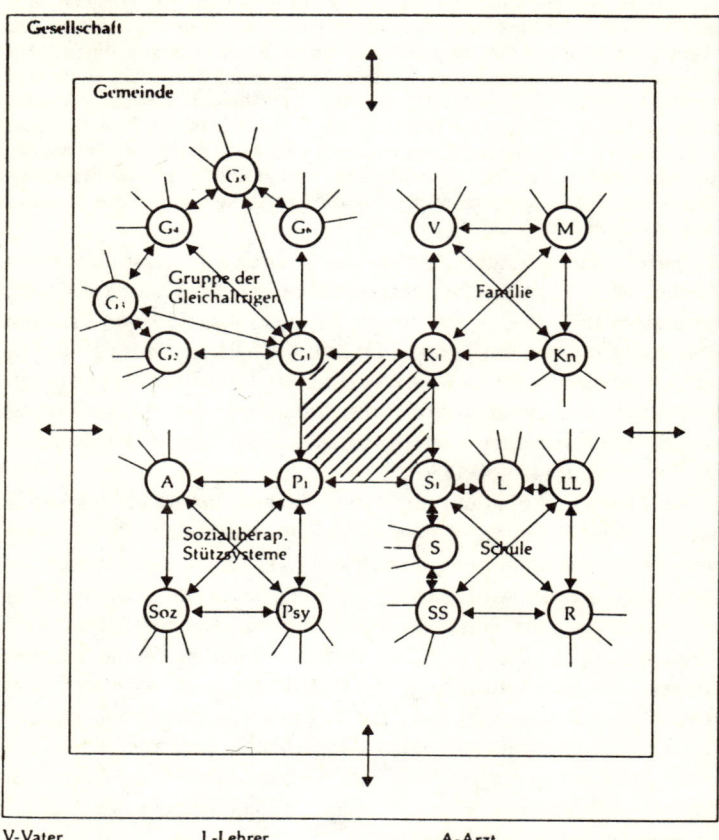

V-Vater
M-Mutter
Kn-Geschwister

L-Lehrer
LL-Kollegium
R-Rektor (Institution)
S-Mitschüler
SS-Klasse

A-Arzt
Psy-Psychologe, Beratungsstelle
Soz-Sozialarbeiter
G-Mitglieder der peer groups

⧄ Konferenz der Betroffenen

Abb. 3: Das sozio-ökologische Feld des Kindes
(Familie, Gruppe der Gleichaltrigen, Schule, Gemeinde, Gesellschaft)

Dies ist eine Aufgabe, die nur kollegial und interdisziplinär mit den Betroffenen realisiert werden kann und damit traditionellen, linearen Orientierungen entgegensteht. Sowohl die Konzeption des „Drogenberatungslehrers" (vgl. z. B. Hallmann 1983) oder auch die einer „schülerorientierten Suchtprävention" (vgl. z. B. Kollehn/Weber 1985) fördern eine reduktionistische Perspektive, die der Ganzheitlichkeit des Phänomens nicht gerecht wird. Abhängigkeitsprophylaxe in der Schule ist in diesem Sinne nicht so sehr eine Frage von Kenntnissen und Wirkungsweisen oder Rehabilitationsmöglichkeiten: Die entscheidende Frage ist die, ob und inwieweit stabile menschliche Beziehungen in den verschiedenen Bereichen unserer Gesellschaft dem Mißbrauch von abhängigkeitsfördernden Mitteln und Verhaltensweisen vorbeugen können. Die Schaffung stabiler menschlicher Beziehungen kann nie durch einen einzelnen Lehrer geleistet oder auf eine bestimmte Gruppe bezogen sein. In diesem Sinne sind Erfolge bezüglich der Abhängigkeitsprophylaxe nur von gruppen- und kontextübergreifenden Orientierungen (vgl. Feser u. a. 1980, Murza 1984) zu erwarten (vgl. ausführlich Voß 1986b).

Erste Schritte auf diesem Weg lassen sich durchaus aufweisen. Dies gilt auch für den Bereich prophylaktischer Maßnahmen gegen den Medikamentenmißbrauch. Sowohl Erfahrungen in den von mir initiierten Elternselbsthilfegruppen[2] als auch Ergebnisse in Fortbildungsmaßnahmen, die ich in Zusammenarbeit mit der Aktion Jugendschutz (NRW) durchgeführt habe (vgl. AJS, Pressemitteilungen 3/1986), belegen nachdrücklich, wie fruchtbar das gemeinsame Gespräch von Eltern, Lehrern und Ärzten sein kann und weisen eine Richtung, wie ein „Leben ohne Pillen" – so eine betroffene Mutter – aussehen kann.

---

2 Kontaktadresse: Roswitha Wirtz, Flemingstr. 13, 5166 Kreuzau.

Literatur

Asam, U./Karrasz, W.: „Kinderpsychiatrie" und „Psychopharmakotherapie in der Allgemein- und nervenärztlichen Praxis. In: Z. Kinder-Jugendpsychiatrie 7 (1979) 221–231

Bandura, A.: Lernen am Modell. Stuttgart 1976

Butler, A. B.: There's Something Wrong with Michael: A Pediatricion Mother's Perspektive. In: Pediatris 71 (1983) 3, 446

Conrad, P.: Identifiying Hyperactive Children. The Medicalization of Deviant Behavior. Massachussetts/Toronto/London 1976

Dittmann, R. A.: Zur Psychopharmaka-Anwendung im Säuglings-, Kleinkind- und Vorschulalter. In: Monatsschr. Kinderheilkunde 129 (1981) 349

Eichlseder, W.: Hyperkinetisches Syndrom, Merkblatt zur Behandlung mit Psychoanaleptika. Unveröffentlichtes Manuskript, 1976

Fässler, F.: Verhaltensstörung als Botschaften sind Notrufe. In: Päd. Welt 2 (1976) 76–79

Feser, H.: Grundlagen der Drogenerziehung. In: Feser, H. (Hrsg.) Drogenerziehung, Handbuch für pädagogische und soziale Berufe, Eltern, Studenten. Ulm 1978

Feser, H. u. a.: Klassenfamilien – Eltern, Schüler, Lehrer als Partner. Ulm/Vaas 1980

Guggenheimer, M./Ottomeyer, K. (Hrsg.): Zerstörung einer Familie, eine Fallstudie. Reinbek 1980

Hallmann, H. J.: Drogenprävention in der Schule, Vorbeugung als pädagogisches Handlungsprinzip. München 1983

Heckmann, W.: Drogenkonsum und Drogenabhängigkeit in unserer Gesellschaft. In: BfGA (Hrsg.), Unterrichtswerk zu Drogenproblemen. Stuttgart 1980, 17–22

Keup, W.: Zahlen zur Gefährdung durch Drogen und Medikamente. In: Drogenreport 1 (1980)

Keup, W.: Zahlen zur Gefährdung durch Drogen und Medikamente. In: DHS Informationsdienst 35 (1982) 1, 13

Keup, W.: Zahlen zur Gefährdung durch Drogen und Medikamente. In: DHS Informationsdienst 38 (1985)

Keupp, H.: Modellvorstellungen von Verhaltensstörungen: „Medizinisches Modell" und mögliche Alternativen. In: Kraiker, C. H. (Hrsg.): HB der Verhaltenstherapie. München 1974[2]

Kollehn, K./Weber, N. H.: Drogen und Süchte – eine Herausforderung für die Schule. In: dies. (Hrsg.) Der drogengefährdete Schüler. Düsseldorf 1985

Kury, H./Lerchenmüller, H.: Drogenprobleme im Schulbereich. In: dies. (Hrsg.) Schule, psychische Probleme und sozialabweichendes Verhalten. Köln/Berlin/Bonn/München 1983

Lambert, N., u. a.: Prevalence of hyperactivity in elementary school children as a function of social system definers. In: Amer. J. of Orthopsychiatry 48 (1978) 446

Lem, S.: Der futurologische Kongreß. Frankfurt/M. 1982

Martin, K.-R.: Der Auftrag an den Pädagogen. In: Kupffer, H. (Hrsg.) Erziehung verhaltensgestörter Kinder. Heidelberg 1978

Murza, G.: Gemeindeorientierte Prävention. In: Prävention 7 (1984) 1, 3

Oaklander, V.: Gestalttherapie mit Kindern und Jugendlichen. Stuttgart 1981

Padan, P.: Beeinflussung der schulischen Leistungen bei hyperkinetischen Kindern durch Methylphenidat und Amphetamin. In: der kinderarzt 12 (1981) 1314

Remmer, H.: Arzneimittel: Heil oder Verderb? zit. n. Sichrovsky 1984

Richter, H. E.: Alle redeten vom Frieden. Reinbek 1981

Ryan, W.: Blaming the Victim. New York 1971

Schmidbauer, W./Scheidt, J. V.: Handbuch der Rauschdrogen. München 1981

Schmidtobreick, B.: Die heimliche Sucht. Mißbrauch und Abhängigkeit von Medikamenten – ein Überblick. Hamm 1982

Shaywitz, S. E./Shawitz, B. A.: Attention Deficit Disorder. In: Pediatrics 76 (1985) 4, 623–625

Sichrovsky, P.: Krankheit auf Rezept – die Praktiken der Praxisärzte. Köln 1984

Vogt, I.: Für alle Leiden gibt es eine Pille. Köln 1985

Voß, R.: „und dann reden sie nicht mehr mit uns" – Gewalttätige Lebensstrukturen und das Sorgentelefon des DKSB. In: Deutscher Kinderschutzbund mit Höltershinken, D. u. Voß, R. (Hrsg.): Schützt Kinder vor Gewalt! Weinheim 1983 a

Voß, R. (Hrsg.): Pillen für den Störenfried? Absage an eine medikamentöse Behandlung abweichender Verhaltensweisen bei Kindern und Jugendlichen. München/Basel/Hamm 1983 b

Voß, R. (Hrsg.): Helfen ... aber nicht auf Rezept. Alternativen und vorbeugende Maßnahmen aus gemeinsamer Verantwortung für das auffällige Kind. München/Basel/Hamm 1984

Voß, R.: Die fortschreitende Medizinisierung auffälliger Verhaltensweisen von Kindern und Jugendlichen als pädagogische und gesellschaftliche Herausforderung. Stuttgart 1987 a

Voß, R.: Schule und ganzheitliche Abhängigkeitsprophylaxe – Eine topologische Perspektive. (Publikation in Vorbereitung)

Will, H.: Zur Bedeutung der Diagnose leichter frühkindlicher Hirnschädigungen für die pädagogische und sonderpädagogische Praxis.

Wolff, G.: Kindliche Verhaltensstörungen als sinnvolles Signalverhalten. In: Zf. Heilpädagogik 29 (1978) 3, 145

Schnüffelstoffe als Schülerdrogen

Holger Altenkirch

1 Einleitung

Eine Reihe von synonymen Begriffen beschreibt ein Phänomen, das seit mehr als drei Jahrzehnten in den meisten Industrienationen beobachtet wird: Lösemittelmißbrauch und -abhängigkeit (solvent abuse), Schnüffeln (sniffing), Klebstoffschnüffeln (glue sniffing, huffing inhalant abuse). Lediglich der Ausdruck „volatile substance abuse" umschreibt das gesamte Spektrum der Erscheinungen zutreffend: Es geht um den Mißbrauch von organischen Lösemitteldämpfen oder anderer inhalierbarer flüssiger Anteile eines chemischen Produktes.

Im folgenden werden die Begriffe Schnüffeln und Schnüffelstoffe auf den Mißbrauch bestimmter chemischer Produkte aus dem Haushalts-, Bastel- und Industriebereich bezogen. Bekanntlich können viele Drogen, wie z. B. Heroin oder Kokain, inhaliert werden. Auch auf diese Substanzen würde dann der Ausdruck „Schnüffelstoffe" zutreffen. Es erscheint jedoch sinnvoll, den Begriff auf Produkte einzuengen, die neben ihren gewünschten technischen Eigenschaften auch vom Hersteller unbeabsichtigte Rauschmittelwirkungen haben und deswegen mißbraucht werden. Mit anderen Worten: Es geht nicht um die illegalen Drogen oder um bereits als Luxuskonsumgifte bekannte Substanzen, sondern um eine Vielzahl von Produkten, die im Alltagsleben überall präsent sind und von der Industriegesellschaft selbst bereitgestellt werden. Die Konsumenten sind Kinder, Jugendliche und jüngere Erwachsene. Die Unterschiede gegenüber anderen Rauschmittelformen sind deutlich: Die genannten Produkte sind, auch für Kinder, leicht zugänglich, wenn nicht sogar im Haushalt vorhanden, frei verkäuflich und in der Regel billig. Ein Zwischenhandel, eine Subkultur für den Drogentrafik entfällt. Die Praktiken der Inhalation sind relativ unauffällig. Schließlich unterscheidet sich der Kreis der Gefährdeten hinsichtlich der Abhängigkeitsentwicklung, Sozialstruktur, Persönlichkeitsmerkmale und durch ein spezielles Krankheitsrisiko von der übrigen Drogenszene.

Wenn man die Ausbreitung unter Kindern, Jugendlichen und jüngeren Erwachsenen ins Auge faßt, so ist diese Form des Rauschmittelmißbrauchs neu. Sie besteht etwa erst seit drei Jahrzehnten und wurde 1969 mit dem unzutreffenden Ausdruck „glue sniffing" erstmals in den Index medicus aufgenommen. Wohl ist die Inhalation von chemischen Dämpfen zur Rauscherzeugung schon aus dem Altertum bekannt, Narkosemittel wie z. B. Chloroform wurden in den zwanziger Jahren als Rauschmittel mißbraucht – hier allerdings häufiger durch Studenten oder medizinisches Personal –, und schließlich gibt es seit längerem Bobachtungen über Mißbrauch von Lösungsmitteln am industriellen Arbeitsplatz. Das Neuartige ist jedoch, daß in großem Umfang Kinder und Jugendliche sich diesen Chemikalien zuwenden, und derartige Beobachtungen hat es früher nicht gegeben. Die ersten Beobachtungen kamen in den fünfziger Jahren aus Kalifornien. 1960 bis 1965 ist die Ausbreitung dann quer durch die USA bis zur Ostküste zu verfolgen, etwa 5 Jahre später das erste Auftreten in Europa. Ab 1968 wurde der Mißbrauch eines Klebstoffverdünners in Berlin registriert, ab ca. 1978 kam es dann zu einer zunächst geringen, aber hartnäckigen Ausbreitung des Lösemittelmißbrauchs in weiten Teilen der Bundesrepublik. 1985 lagen uns Mitteilungen aus mehr als 50 Städten vor, die Gesundheitsstörungen, Vergiftungsfolgen oder Sozialprobleme jugendlicher Schnüffler betrafen.

2 Häufigkeit und Verbreitung

Gegenüber den anderen Drogen und Alkohol treten die Schnüffelstoffe in ihrer Verbreitung weit in den Hintergrund. Wichtig erscheint nur, daß diese Mißbrauchsform in Schwerpunkten in einzelnen Gebieten, häufig nur in bestimmten Stadtteilen oder auch nur in bestimmten Schulen oder Heimen auftritt.

In einer Untersuchung 1978 bis 1982 an 11 711 jungen Leuten im Alter zwischen 12 und 24 Jahren gaben drogenerfahrene Personen in einer Größenordnung zwischen 8 und 25% Umgang mit Schnüffelsubstanzen an. Nach einer in Berlin kürzlich abgeschlossenen Studie haben 2,6% der 17jährigen mindestens einmal in ihrem Leben geschnüffelt (Silbereisen 1984).

Schließlich ist zu bemerken, daß es über die tatsächliche epidemiologische Verbreitung in der Bundesrepublik keine verläßlichen Daten oder Forschungsansätze gibt. Vergiftungen und Todesfälle werden nicht zentral erfaßt und sind häufig nur zufällig bekannt.

3 Welche Produkte werden mißbraucht?

In Tabelle 1 findet sich eine Aufstellung von besonders häufig verwandten Schnüffelstoffen. Prinzipiell ist diese Liste noch erheblich zu erweitern.

Tabelle 1:

Schnüffelstoffe
Klebstoffverdünner
Farb- und Lackverdünner
Nitroverdünner
Haushaltskleber
Modellbaukleber
Plastikkleber
Fahrradschlauchkleber
Trichloraethylen
Perchloraethylen
Nagellack und -entferner
Fleckentferner
Schnellreinigungslösemittel
Lösemittel für Kopiergeräte
Tipp-Ex
Kaltentfetter
Wachslöser
Kühlerdichtungsmittel
Filzschreiber
Feuerzeuggas
Propangas für Campingkocher
Sprays und Aerosole: Haarspray, Möbelpoliturspray, Lackspray, Reinigungsspray, Deodorantien u. a.
Chloraethyl-Wundspray
„Popper" und „Snapper"
Kraftfahrzeugbenzin

Die meisten dieser Mittel sind in Kaufhäusern und Selbstbedienungsläden frei zugänglich. Jüngere Kinder können häufig ältere zum Einkauf schicken. Oft genug besteht eine Komplizenschaft der Händler mit den jungen Käufern, d. h., die Händler wissen sehr genau, zu welchem Zweck das Produkt erworben wird und setzen trotzdem den Verkauf fort. Diebstahl in Selbstbedienungsläden spielt ferner eine Rolle. Schließlich ist zu bedenken, daß lösemittelhaltige Produkte in größerem Umfang in Werkstätten, insbesondere auch in Heimen, Schulen und Gefängnissen zur Verfügung stehen. In der Schule sind es insbesondere die Materialien für den Werkunterricht, die unter diesem Aspekt betrachtet werden sollten. Wie rasch und unerwartet sich der Mißbrauch eines Stoffes einstellen kann, zeigt folgendes Beispiel aus Berliner Schulen. Im Erste-Hilfe-Set für den Sportunterricht war dort ein Lokalanästhetikum, Chloraethyl, in Sprayform enthalten, das in den letzten Jahren in zunehmendem Maße von Jugendlichen inhaliert wurde. Das Mittel ist nicht einmal verschreibungspflichtig, obwohl es wegen geringer therapeutischer Breite und Nebenwirkungen wie Atemstillstand, Kehlkopfkrampf und Herzstillstand für Vollnarkosen nicht mehr verwendet werden darf. Es führte bei den Jugendlichen prompt in mehreren Fällen zu Bewußtseinsstörungen, die Ambulanzbehandlungen notwendig machten.

An der Verbreitung dieser Mittel haben häufig sensationelle Darstellungen in der Presse einen aktiven Anteil. Beispielsweise führte die ausführliche Darstellung von Todesfällen unter Schnüfflern nach Mißbrauch eines Fahrradschlauchklebers in Hamburg zu weiteren tödlichen Unfällen in weit entfernt liegenden Gebieten. Nach einem Artikel über die Schnüffelsucht im „Stern" (Herbst 1985), vor dem von dem Autor dringend gewarnt worden war, kam es innerhalb von wenigen Wochen zu drei Todesfällen, deren zeitlicher Zusammenhang sich geradezu aufdrängte. Der Stil dieser Pressedarstellungen enthält in der Regel folgende Merkmale: Die Hälfte oder Zweidrittel der Darstellung wird in der Regel von großflächigen Fotos eingenommen, auf denen die Schnüffelpraktiken sichtbar sind, häufig aber noch zusätzlich unkritisch oder unsachgemäß wiedergegeben werden. Beispielsweise werden dabei Kinder dargestellt, die einen Plastikbeutel über den Kopf gezogen haben und bei diesem Verfahren bekanntlich ersticken können. Ferner sind häufig Produktnamen der verwendeten Substanzen sichtbar oder längere Listen verwendbarer Schnüffelstoffe beigefügt. Mit anderen Worten, der angeblich aufklärende oder vorbeugende Gehalt dieser Artikel schlägt in der Regel eher zu einer auffordernden und Nachahmung herbeiführenden Tendenz um.

4 Wie wird geschnüffelt?

Gewöhnlich wird aus einem Plastikbeutel, in den das Lösungsmittel gegossen wurde, wie aus einer Narkosemaske tief über Mund und Nase eingeatmet. Dämpfe werden manchmal auch direkt aus Dosen oder Lappen inhaliert. Klebstofftuben werden in der Regel in Dosen ausgedrückt. Die mit Abstand gefährlichste Technik besteht darin, einen großen Plastikbeutel zusätzlich über den Kopf zu ziehen, um die Lösemitteldämpfe noch weiter auszunutzen. Ebenso gefährlich ist es,

Sprays oder Aerosole direkt in Nase oder Mund zu sprühen, wie es weit verbreitet ist.

Für Einzelschnüffler besteht ein größeres Risiko als beim Schnüffeln in der Gruppe, in der Mitglieder bei Zwischenfällen, wie eventuell einer Ohnmacht oder eines Erstickungsanfalles, immerhin in irgendeiner Form reagieren könnten. Entsprechend sind auch Mitteilungen über Zwischenfälle bei Einzelschnüfflern häufiger als bei Gruppenaktivitäten. Es sollte eindringlich auf die gefährlichen oder tödlichen Techniken hingewiesen werden: dies sind insbesondere die Verwendung von völlig unbekannten Substanzen, das Schnüffeln aus dem über den Kopf gezogenen Plastikbeutel, das Einsprühen von Sprays direkt auf Schleimhäute und insgesamt das Schnüffeln allein – ohne Gegenwart anderer und ohne mögliche Hilfestellung.

5 Wie wirken organische Lösemittel?

In Tabelle 2 sind Einzelbestandteile mißbrauchter Lösemittel aufgeführt. Sie verflüchtigen sich bekanntlich leicht, viele verdunsten schon bei gewöhnlicher Zimmertemperatur. Der Weg des Lösemittels aus der Einatmungsluft kann folgendermaßen verfolgt werden: Das Lösemittel wird im Blut aufgelöst und zu verschiedenen Organen transpor-

Tabelle 2:

Einzelbestandteile mißbrauchter Lösemittel
Aliphatische Kohlenwasserstoffe
z.B. n-Hexan
Cycloaliphatische Kohlenwasserstoffe
z.B. Cyclohexan
Aromatische Kohlenwasserstoffe
z.B. Benzol, Toluol, Xylol, Cumol
Chlorkohlenwasserstoffe
z.B. Methylenchlorid, Chloroform, Tetrachlorkohlenstoff, Trichloräthylen, Perchloräthylen
Alkohole
z.B. Methanol, Äthanol, Cyclohexanol
Ketone
z.B. Aceton, Methyläthylketon, Cyclohexanol
Ester
z.B. Methylacetat, Äthylacetat
Äther und Glykoläther
z.B. Tetrahydrofuran, Methylglykol

tiert. Hier haben insbesondere das Fettgewebe sowie das Gewebe des Nervensystems eine besondere Affinität und Lagerungsfähigkeit für diese Stoffe. Sowohl vorübergehende wie auch chronische Effekte im zentralen Nervensystem können auftreten. Viele Lösemittel wurden früher als Narkosemittel eingesetzt, so daß verständlich wird, daß sie einen schnell einsetzenden, berauschenden und einschläfernden Effekt haben. Schwindelgefühle, Kopfschmerzen, Übelkeit, Müdigkeit, Irritation und Konzentrationsschwierigkeiten können auftreten. Wegen der möglichen Nebenwirkungen dieser Stoffe ist für ihre Verwendung am Arbeitsplatz in der Regel ein maximaler Konzentrationswert festgeschrieben (MAK-Wert). Beim Schnüffeln entsteht jedoch durch die bewußt tiefe Inhalation und die Vermeidung von Sauerstoff beim Atmen aus dem Beutel eine extrem hohe Konzentration in der Lunge, die den MAK-Wert bis auf das 50fache übertreffen kann.

Beim Schnüffeln spielen sich die Etappen einer Inhalationsnarkose ab. Bei den ersten Atemzügen können Reizerscheinungen, Atemnot und Herzklopfen auftreten. Beim weiteren Einatmen kann es zu Erregungszuständen, Stimmungsveränderungen bis zur Euphorie kommen. Kinder können in solchen Stadien wie alkoholisiert wirken, ohne nach Alkohol zu riechen. Bei etwas tieferen Stadien können Verkennungen der Umwelt und von Gegenständen auftreten. Die Farbwahrnehmung und die akustischen Sinneseindrücke können verändert sein. Schließlich können halluzinatorische Erlebnisse auftreten. Sie betreffen häufig kleine, bewegte Objekte, wie Spinnen, Käfer, Ameisen, Blätter. Für die Intoxikationsperiode kann ein teilweiser oder totaler Erinnerungsverlust bestehen. Für den Außenstehenden zeigt sich das Bild einer ausgeprägten Lösemittelvergiftung in Form von Gang-, Stand- und Bewegungsstörungen. Die Jugendlichen torkeln und lallen, bewegen sich ungeschickt oder sogar selbstgefährdend, sie wirken psychisch verändert, umdämmert, verwirrt, häufig auch distanzlos, gereizt und enthemmt oder in späteren Stadien apathisch und schläfrig. Bei Fortsetzung der Inhalation kommt es zum Tiefschlaf, schließlich bis zum Koma.

Folgende äußere Hinweise ergeben den Verdacht auf einen Lösungsmittelmißbrauch: Der Geruch der Substanzen ist aus der Atemluft, häufig auch aus den Kleidern der Betroffenen deutlich wahrzunehmen. Oft genug ist er jedoch so fremdartig, daß er fälschlicherweise für ein Deodorant gehalten wird. Bei manchen Gasen fehlt die Geruchswirkung teilweise. Hautirritation um Mund und Nase sowie manchmal sogar Klebstoffspuren in diesem Bereich können ein weiterer Hinweis sein. Auch Reizerscheinungen im Rachenraum weisen auf den Mißbrauch hin. Die Inhalationspraktiken finden häufig in Parks, Waldstücken, an Flußufern oder in ähnlichen Gebieten, auf den Dachböden von Heimen, in den Kellerräumen sowie schließlich in leerstehenden Häusern statt. Bei fortgesetztem Mißbrauch werden häufig Dosen, Flaschen oder Tuben Hinweise auf die Art des Mißbrauchs geben.

6 Welche Gesundheitsrisiken und Gefahren verbinden sich mit dem Schnüffeln?

Der akute Lösemittelrausch stellt bereits eine erhebliche potentielle Gefährdung dar. Unter sogenannten Grandiositätsgefühlen bringen die Jugendlichen sich häufig in Selbstüberschätzung in größte Gefahr; es kommt unter dem Gefühl, fliegen zu können, zu Stürzen aus größerer Höhe, zu Unfällen nach wagemutigem Überqueren von Hauptverkehrsstraßen, zu Selbstverstümmelungen und Verletzungen. Die Dämpfe aus den Lösemittelgemischen sind hochexplosiv, so daß ein Funke aus elektrischen Geräten oder von einer Zigarette zur Auslösung einer Explosion ausreichen kann. Entsprechend sind Verbrennungen auch mit tödlichem Ausgang beobachtet worden (Altenkirch 1983).

Atemstörungen, die in Erstickung einmünden können, sind durch die verschiedensten Mechanismen denkbar: durch direkte Einwirkung von Lösemitteldämpfen, insbesondere auch von Sprays, kann ein Kehlkopfkrampf oder ein toxisches Lungenödem entstehen; durch einen über den Kopf gezogenen großen Plastikbeutel kann es zur Erstickung kommen; durch die ständige Rückatmung aus dem Plastikbeutel kann die Sauerstoffkonzentration der Atemluft kritisch gesenkt werden. Schließlich kann es auch zum Ersticken durch Erbrechen oder Zungenverlagerung kommen.

Bewußtseinsstörungen können ebenfalls in vielfältiger Form auftreten. Zum einen kann es sich um reine Ohnmachten handeln. Zum anderen können kardiale Komplikationen bis zum Herzstillstand auftreten. Insbesondere halogenierte Kohlenwasserstoffe können zu derartigen Herzrhythmusstörungen führen. Bewußtseinsstörungen können ferner auch durch epileptische Krampfanfälle auftreten, die ihrerseits entweder durch die Lösemittelwirkung direkt oder auch als Folgeerscheinung eines Sauerstoffmangels des Gehirns entstehen (Altenkirch 1985). Schließlich drohen bei langfristigem Mißbrauch chronische Erkrankungen des Nervensystems.

7 Welche Kinder sind gefährdet?

Beim Lösemittelmißbrauch läßt sich ein sporadischer, experimenteller, periodisch sich wiederholender und schließlich chronischer Umgang mit den Schnüffelsubstanzen unterscheiden. Parallel dazu lassen sich verschiedene Konsumentengruppen, nämlich

a) die Probierer,
b) die Schnüfflergruppe und
c) die chronischen Einzelschnüffler

unterteilen.

Die Probierer sind in der Regel 10- bis 14jährige oder noch jüngere Kinder, die experimentierend in den ersten Kontakten mit Drogen nach Nikotin und Alkohol auch an Schnüffelsubstanzen geraten. Hierzu gibt es gewöhnlich einen „älteren Verführer", der seine Erfahrungen weiterreicht.

Die Schnüfflergruppe betreibt demgegenüber bereits einen regelmäßigen Mißbrauch und übt dabei auch einen Gruppenzwang (peer pressure) auf ihre Mitglieder aus, d. h., das zusammenhaltende Merkmal ist häufig der Lösemittelmißbrauch.

Schließlich sondern sich die chronischen Einzelschnüffler ab, die jahrelang bis ins mittlere Erwachsenenalter hinein den Lösemittelmißbrauch fortsetzen und dabei Schnüffelsubstanzen häufig als einziges Rauschmittel einsetzen.

In früheren Beobachtungen handelte es sich bei diesen Kindern ausschließlich um solche ärmster sozialer Schichten. Eine Untersuchung an 47 chronischen Schnüfflern in Berlin z. B. zeigte, daß kein einziger eine Schulbildung hatte, die über das Hauptschulniveau hinausging (Altenkirch 1982).

Andererseits ist diese Beobachtung in letzter Zeit in Deutschland nicht mehr zutreffend. Unter den Probierern sind immer häufiger auch Kinder der Mittelschicht aus sogenannten völlig intakten Familienverhältnissen.

Über die eigentlichen Gründe des Schnüffelns gibt es nur Spekulationen. Auch in Befragungen haben die Jugendlichen selbst wenig zum Verständnis dieses Phänomens beitragen können.

Es ist deutlich, daß die Schnüffelsubstanzen wegen ihrer berauschenden bzw. ihrer dämpfenden Wirkungen geschätzt werden, daß sie offensichtlich gegenüber Alkohol und anderen Drogen gewisse Vorzüge der Dosierbarkeit zeigen und daß die Betroffenen häufig mehr oder minder zufällig an den Mißbrauch durch andere geraten sind. Ein vordergründiges Motiv der Bewußtseinserweiterung oder

Veränderung der Erlebnisfähigkeit scheint bei diesem Typ von Rauschmittelmißbrauch keine wesentliche Rolle zu spielen.

Die Frage, ob bestimmte soziale Gruppen besonders zum Lösemittelmißbrauch neigen oder durch die Schnüffelsucht besonders gefährdet sind, wird in der Literatur kontrovers behandelt. Häufungen treten in bestimmten, in bezug auf die Sozialproblematik als schwierig bekannten Stadtteilen von Berlin (Kreuzberg, Wedding, Neukölln) aber auch in anderen Städten der Bundesrepublik auf.

8 Wohin führt die Schnüffelsucht?

Die Frage, ob Lösemittelmißbrauch den Einstieg in weiteren Drogenkonsum, vor allem in die Opiatabhängigkeit, bedeuten kann, ist immer wieder gestellt und teilweise kontrovers beantwortet worden. Übergang zu Alkohol und zu anderen Drogen, auch vom Opiattyp, sind möglich. In einer Nachuntersuchung an chronischen Schnüfflern nach etwa vier bis fünf Jahren schnüffelte ein Drittel weiterhin exzessiv, ein weiteres Drittel kombinierte Alkohol und Lösemittelmißbrauch, während das letzte zu ausschließlichem chronischem Alkoholmißbrauch übergegangen war. In einer Studie an 600 Opiatabhängigen ergab sich die überraschend hohe Zahl von 74 Jugendlichen, die langfristige Schnüffelerfahrungen hatten (Kindermann/Altenkirch 1982). Opiatabhängige mit Schnüffelerfahrungen lassen sich als eine Randgruppe mit besonders ungünstigen Entwicklungsbedingungen und spezifischem Suchtverlauf abgrenzen. Kennzeichnend ist eine besonders brutale Risikogleichgültigkeit gegenüber den drohenden Gesundheitsschäden sowie eine früh ausgeprägte Experimentierbereitschaft, die sich auch in der negativen Einstellung zur Therapie bzw. zum Abstinenzverhalten widerspiegelt.

9 Strategien und Therapieansätze

Es gibt keinen Schnüffelexperten, der gewissermaßen „wie ein Feuerwehrmann den Brand löschen könnte", geschweige denn Kliniken, die die Schnüffelei wie eine Krankheit wegtherapieren könnten. Auch die Forderung nach einer möglichst abschreckenden Darstellung über die Komplikationen und Risiken zielt in dieser Paniksituation an dem eigentlichen Problem vorbei. In der Regel stellen die Medien Tageszeitungen und Gazetten den jeweiligen Fall in dramatischer und sensationslüsterner Weise dar und schüren damit weiteres Interesse. Der Umgang mit Informationsmaterial über den Lösungsmittelmißbrauch muß deshalb äußerst diskret gehandhabt werden. Die Sachinformationen sollen zunächst ausschließlich an die sekundär Betroffenen, d. h. an Erzieher, Pädagogen, Sozialarbeiter, Familientherapeuten und sonstige professionell mit der Problematik Konfrontierte weitergegeben werden. Die Kinder und Jugendlichen selbst sollen eben gerade nicht mit einem Katalog verfügbarer Narkotika im Haushalt versorgt werden – will man nicht ihr Interesse wecken.

Es gibt ferner die stereotyp geäußerte Forderung, die entsprechenden Produkte zu verbieten. Auch dies ist wegen der Vielzahl der verschiedenen Produkte und Ausweichmöglichkeiten nicht durchführbar. Ein wesentlich anderer Aspekt ist jedoch der der Verfügbarkeit dieser Substanzen. Eine Reihe von Verbesserungen wäre hier zu erzielen, wobei der Schule eine wichtige Funktion zufallen würde. Aus den oben geschilderten Beispielen wurde bereits deutlich, daß Lokalanästhetika und Wundsprays nichts in den Erste-Hilfe-Sets für den Sportunterricht zu suchen haben. Organische Lösemittelgemische sollten so weit wie möglich aus den Materialien des Werkunterrichts verbannt werden. Es ist durchaus möglich, mit wasserlöslichen und Dispersions-Farben zu arbeiten und dabei längere Trocknungszeiten in Kauf zu nehmen. Das Gleiche gilt für Klebstoffpräparate und Reinigungsmittel. Insbesondere sollten toluolhaltige und ethylacetathaltige Kombinationspräparate unter den Werkstattmaterialien möglichst selten angewendet werden.

In der Zwischenzeit ist der Gesprächskontakt mit den industriellen Herstellern gesucht worden, die sich teilweise der Problematik durchaus bewußt sind. Insbesondere der Fachverband der deutschen Klebstoffindustrie hat sehr wohl dem Problem des Mißbrauchs seine Aufmerksamkeit geschenkt und mit fachinterner Informationsarbeit gegenüber den Händlerketten begonnen.

In der Schule wird die Entdeckung, daß Kinder oder Jugendliche schnüffeln, den sicheren Hinweis darauf bedeuten, daß sich bei den Betroffenen eine schwere soziale Entwicklungsstörung anbahnt und wahrscheinlich gleichzeitig eine empfindliche Störung der gesamten Familie besteht. Diese Aussage gilt in ihrer Pauschalität für Kinder aller Bevölkerungskreise und betrifft nicht nur die sozial schwächsten Schichten. Probleme in Mittelschichtsfamilien sind häufig besonders gut zugedeckt. Nach meinen Erfahrungen entsteht die oben beschriebene Paniksituation bei der Aufdeckung des Schnüffelproblems häufig genug dadurch, daß die Betroffenen bei sich bewußt oder unbewußt eine Unfähigkeit des Dialogs mit dem schnüffelnden Kind bemerken und daß diese Erkenntnis schlagartig kommt. Das Gleiche trifft für die Eltern zu.

Es wird an dieser Stelle sicher deutlich, daß der Einzelne bei Strategien und Therapien gegenüber der Schnüffelei kaum Chancen hat. Es wird in solchen Situationen eine Art Krisenstab gebildet werden müssen, der aus Eltern, Pädagogen, Erziehern, Familienhelfern, Drogentherapeuten und Behördenvertretern im Idealfall zusammengesetzt wäre und sich darum bemühen sollte, ein regionales Schnüffelproblem in den Griff zu bekommen.

Wann immer der Lösemittelmißbrauch in bestimmten Bezirken, Stadtteilen oder Schulen beginnt, sollte tatsächlich in dieser Form und mit sehr ernsthaften Bemühungen vorgegangen werden, denn das einmal entstandene Problem kann äußerst hartnäckig, schwierig und gefährlich werden.

Auf der anderen Seite sollte man nach meinen Vorstellungen nicht unnütz von dieser Rauschmittelproblematik reden, das Problem gewissermaßen herbeireden, wie es häufig genug erfolgt. Dies ist kein Tagesthema. Die oben skizzierten praktischen Vorbeugungsmaßnahmen würden ausreichen. Vorbeugung, Prävention der Schnüffelsucht in der Schule bedeutet keine speziellen Maßnahmen, sondern solche, die generell hinsichtlich der Drogenprävention in früherem Alter einzusetzen hätten.

Zusammenfassend ist zu sagen, daß praktisch seit zwei Jahrzehnten das Phänomen des Lösemittelmißbrauchs unterschätzt und verharmlost worden ist und sicher noch in den folgenden Jahren zunehmen wird. Es besteht kein Anlaß, das Ausmaß des Problems zu dramatisieren. Es lassen sich überhaupt keine quantitativen Vergleiche zum Alkoholmißbrauch und zur Opiatsucht herstellen. Auf der anderen Seite handelt es sich nicht um eine harmlose, kindliche Spielerei, nicht um Bagatellen und nicht um anekdotische Fälle, sondern um eine sehr hartnäckige, mit hohen Gesundheitsrisiken verbundene Störung, die, wenn sie einmal aufgetreten ist, sich nur schwer beseitigen läßt.

Literatur

Albaugh, B./Albaugh, P.: Alcoholism and substance sniffing among the Sheyenne and Arapaho Indians of Oklahoma. In: Int. J. Addict. 14 (1979) 1001–1007

Altenkirch, H.: Schnüffelsucht und Schnüfflerneuropathie. Sozialdaten, Praktiken, klinische und neurologische Komplikationen sowie experimentelle Befunde des Lösungsmittelmißbrauchs. Berlin/Heidelberg/New York 1982

Altenkirch, H.: Schnüffelsucht. Psychologie heute (Dez. 1983) 68–72

Altenkirch, H.: Neurotoxische Wirkungen von organischen Lösemittelgemischen. In: Wissenschaft und Umwelt 4 (1984) 231–237

Altenkirch, H.: Schüffelstoffe – Lösemittelhaltige Produkte als Rauch- und Suchtmittel. In: Dt. Ärzteblatt (1985) 93–99

Altenkirch, H.: Wie gefährlich ist Isobutyl-Nitrit? In: Med. Tribune Nr. 5 (1986) 8

Antwort der Bundesregierung auf die kleine Anfrage der Fraktion der „Grünen": Lösemittelsucht unter Jugendlichen. Drucksache 10/848 29 XII (1983)

Arroyo, A. C.: Is the inhalent user incurable? In: Voluntary inhalation of industrial solvents. Sharp, C. W./Carroll, L. W. (eds.). National Institute on Drug abuse (Nov. 1978)

Carroll, E.: Notes on the epidemiology of Inhalants. In: NIDA Research Monograph Series No: 15 (1977) 14–27

D'Amanda, C./Plumb, M. M./Taintor, Z.: Heroin addicts with a history of glue sniffing. A deviant group within a deviant group. In: Internal Journal of Addict 12 (1977) 255–270

Fluke, B. J./Donato, L. R.: Some glues are dangerous. In: Empire Magazine, Supplement to Denver Post (1959) August 2nd

Keane, J. R.: Toluene optic. neuropathy. In: Ann. Neurol. 4 (1978) 390

Kindermann, W./Altenkirch, H.: Lösungsmittelmißbrauch und Heroinabhängigkeit. In: DHS Informationsdienst Nr. 3/4 (Dez. 1982) 22–38

Kleinknecht, D. u. a.: Antiglomerular basement membrane nephritis after solvent exposure. In: Arch. Intern. Med. 140 (1980) 230–232

Leal, H. u. a.: Naturalistic study on inhalant use in a group of children in Mexico City. In: Voluntary Inhalation of industrial solvents. Sharp, C. W./Carroll, L. T. (eds.). National Institute on Drug abuse (1978)

Masterton, G.: The Management of solvent abuse. In: Journal of Adolescence 2 (1979) 65–75

Natera, G.: Study on the incidents of use of volatile solvents in 27 centres in Mexico. In: Voluntary Inhalation of industrial solvents. Sharp, C. W./Carroll, L. T. (eds.). National Institute on Drug abuse (1978)

Perez, R. u. a.: Currulates and changes over time and drug and alcohol use within a barrio population. In: American Journal of Community Psychology. Vol. 8 (1980) 621–636

Silbereisen, R. K.: Die TU-drop-Studie. Berlin 1984

Sharp, C. W./Brehm, M. L. (Hrsg.): Review of Inhalants. Euphoria to disfunction. In: NIDA Research Monograph 15 (1977)

Volans, G./Murray, V./Watson, J.: Solvent abuse – current findings and research needs. In: Human Toxicology 3 (1982) 201–205

Woodcock, J.: Solvent abuse from a health education perspective. In: Human Toxicol. 1 (1982) 331–336

Glücksspiel als Sucht

Gerhard Meyer

1 Einleitung

Das Übel ist so alt wie das Glücksspiel selbst. Aber erst in jüngster Zeit gelang es, das Problem des exzessiven Spielens – als eine nicht-stoffgebundene Form der Abhängigkeit – aus ihrer verharmlosenden Anonymität herauszulösen und in der Öffentlichkeit zu einem vieldiskutierten Thema zu machen. Diese Entwicklung kommt nicht von ungefähr: In der Bundesrepublik haben Glücksspiele Konjunktur. Allein in den zurückliegenden zehn Jahren wurden 15 Spielbanken neu konzessioniert; in vielen Großstädten richten die Casinos zudem Automaten-Dependancen ein; Spielhallen schossen und schießen wie Pilze aus dem Booden. Als Folge dieser Expansion kommen immer ausgedehntere Bevölkerungskreise mit dem Glücksspiel in Berührung. Der weitaus größte Teil davon hat als Gelegenheitsspieler dieses zweifelhafte „Freizeitvergnügen" im Griff. Andere aber verlieren die Kontrolle über ihr Spielverhalten. In zunehmendem Maße trifft dies auch auf jugendliche Spieler zu.

Die besondere Problematik, die das Glücksspiel in sich birgt, ist allgemein bekannt – und das nicht erst seit Dostojewski 1867 seinen Roman „Der Spieler" veröffentlichte, um darin das ganze Elend eines besessenen Glücksritters zu offenbaren. Die erste zaghafte wissenschaftliche Auseinandersetzung mit der Spielsucht fand im Jahre 1905 statt. Damals schon trat der Psychiater Fischer dafür ein, die Spielsucht als eine „ebenso gefährliche Psychose als die Trunk- und Morphinsucht" anzusehen. Er blieb ungehört.

Immerhin aber gab es von Staats wegen durchaus Versuche, den ruinösen und zerstörerischen „Spieltrieb" zu unterbinden. Die Gegenmaßnahmen reichten vom Totalverbot bis zur großzügigen Tolerierung des Glücksspiels – dann allerdings behördlich kontrolliert und selbstverständlich mit dem Anspruch versehen, an der lukrativen Einnahmequelle „Glücksspiel" kräftig teilhaben zu dürfen.

2 Strukturelle Merkmale des Glücksspiels

Der kritischen Diskussion in der Öffentlichkeit begegnen Glücksspiel-
betreiber mit breit angelegten Werbekampagnen und Slogans wie
„Spielen ist menschlich" und „Ihr könnt den Menschen doch das
Spielen nicht verbieten". Damit wird geschickt die mangelhafte
Differenzierung bei der Beschreibung des Problemverhaltens mit den
Begriffen „Spielsucht" oder „Spielleidenschaft" ausgenutzt.

Das Gefahrenpotential bezieht sich nicht auf das Spiel generell,
sondern nur auf solche, bei denen um Geld gespielt wird: Glücksspiele
wie Roulette und Spielautomaten mit Gewinnmöglichkeit, Wetten
wie beim Pferderennen sowie Kartenspiele wie Poker, Black Jack und
Baccara. Wesentliche Bestimmungselemente dieser Spiele sind:

1. Es besteht ein Verlustrisiko.
2. Es besteht eine Gewinnerwartung.
3. Der Ausgang des Spiels wird durch den Zufall bestimmt.

In der Kategorie der Glücksspiele sind sicherlich auch die folgenden,
in der Bundesrepublik angebotenen Spiele einzuordnen: Lotto 6 aus
49 und 7 aus 38, Toto 11er-Wette und 6 aus 45, Rennquintett, Spiel 77,
Glücksspirale, Fernsehlotterie, Klassenlotterien und PS-Sparen/Ge-
winnsparen.

Es lassen sich jedoch strukturelle Kriterien von Glücksspielen
anführen, die die Gefahr exzessiven Spielverhaltens bei den oben
genannten Formen als sehr viel ausgeprägter erscheinen lassen
(Cornish 1978):

1. Ein kurzes Auszahlungsintervall (die Zeit zwischen Einsatz und
   Ergebnis bzw. Gewinnauszahlung) ermöglicht eine umgehende Re-
   integration des Geldes in den Glücksspielkreislauf.
2. Eine hohe Ereignisfrequenz fördert ebenfalls persistentes Spielverhalten. Schon das nächste Spiel kann die Situation des Spielers total
   verändern. Es kann den großen Gewinn bringen und ist mit einem
   erneuten Erregungsschub verbunden. Je schneller das nächste Spiel
   möglich ist, desto nachhaltiger ist die Wirkung.
3. Ein breites Spektrum an Gewinnchancen und Einsätzen gewährleistet, daß durch hohe Einsätze erlittene Verluste in einem Spiel
   wieder ausgeglichen oder Gewinne vervielfacht werden können.
4. Ein Verhältnis zwischen Gewinnwahrscheinlichkeit und Auszah-
   lungsrate (Gewinnhöhe), bei dem die Gewinnhöhe groß genug ist,
   um als Glücksfall erlebt zu werden und gleichzeitig die Gewinnwahrscheinlichkeit sichtbar noch angemessen ist, scheint die Spie-

ler dahingehend zu beeinflussen, daß sie mehr einsetzen als vorher beabsichtigt.

5. Der Grad der persönlichen Beteiligung und der damit verbundene Einfluß der Geschicklichkeit oder die Suggestion, der Spieler könne das Ergebnis beeinflussen, führen dazu, daß er Verluste auf eigenes Versagen zurückführt und versucht, seine Fähigkeiten zu verbessern.

6. Das Wechseln des Geldes in kleine Einheiten (für Spielautomaten) oder die ersatzweise Verwendung von Jetons (beim Roulette) verschleiern das finanzielle Wertesystem. Die Verluste werden geringer eingeschätzt, und es wird risikoreicher gespielt.

7. Eine enge Verknüpfung des Glücksspiels mit anderen Interessen (Sportereignissen) erhöht die Attraktivität des Spiels.

Nach Custer (1985) sollten außerdem das Ausmaß der Erregung, die durch das Glücksspiel hervorgerufen wird, sowie die Verfügbarkeit (Angebot) als Determinanten des Gefahrenpotentials einzelner Formen herangezogen werden.

In der Bundesrepublik sind vor allem als pathogen einzustufen: die Glücksspiele in den Spielbanken, Pferdewetten und Spielautomaten sowie die Spiele in privaten Clubs, die Geschicklichkeitselemente enthalten (sollen), so daß sie rechtlich nicht als Glücksspiele behandelt werden. Pathologisches Spielverhalten in Distanzspielen (Lotto etc.) ist äußerst selten.

Auf die Börsenspekulationen als eine weitere Form finanziellen Risikoverhaltens, die die wesentlichen Bestimmungselemente des Glücksspiels in sich vereinigt, jedoch bisher kaum diesem Bereich zugeordnet wird, sei ebenfalls hingewiesen. Letztendlich entscheiden auch bei den Transaktionen unvorhersehbare Ereignisse über Gewinn und Verlust. Schon mancher „Börsianer" hat die Selbstkontrolle verloren und seine Existenz „verspekuliert".

3 Glücksspielautomaten

Ein Glücksspiel, das besonders Jugendliche anspricht, ist das Automatenspiel. Der zunächst gering erscheinende Einsatz von 0,30 DM (für ein Spiel) zieht vor allem ein Publikum an, das nur über ein geringes Einkommen verfügt. Für diesen Personenkreis ist ein Gewinn von 150 DM und mehr, der heute an einem Geldspielautomaten erzielt werden kann, ein ebenso lohnender Anreiz wie höhere Gewinne bei klassischen Glücksspielformen für betuchte Mitbürger.

Erreichbar ist ein Geldspielautomat für junge Leute immer und beinahe überall. Selbst wenn sie einmal – aufgrund der Altersgrenze von 18 Jahren – aus einer Spielhalle verwiesen werden, in der nächsten Kneipe oder im Imbiß werden sie schon ein Gerät finden. Den Einstieg in das Spiel um Geld verschaffen in der Regel Video- und Flipper-Automaten. Spieler berichten außerdem, daß Geldspielautomaten eine Art Vorstufe und Wegbereiter für die Teilnahme an klassischen Glücksspielen waren. Generalisationsprozesse, die von einer Sättigung hinsichtlich der Frequenz und Intensität möglicher Gewinne beim Automatenspiel begleitet sind, sowie das Bedürfnis, immer mehr Geld einzusetzen und zu gewinnen, sind dafür verantwortlich.

Der Gesetzgeber war sich des sozialen Gefahrenpotentials der Glücksspielautomaten (amtlich „Unterhaltungsautomaten mit Gewinnmöglichkeit" – da Glücksspiele nicht gewerbefrei sind) durchaus bewußt. Er hat eine Reihe von Vorschriften erlassen, um „eine übermäßige Ausnutzung des Spieltriebs zu verhindern" (§ 33i der Gewerbeordnung). So wurde u. a. der Höchstgewinn auf 3,– DM und der Einsatz auf 0,30 DM begrenzt. Über die Verknüpfung von Spielabläufen ist es der Automatenindustrie jedoch gelungen, neue Spielsysteme (Sonder- und Risikospiele) zu entwickeln, die hohe Gewinne, Einsätze und Verluste ermöglichen. Damit ist das einst belächelte „Groschengrab" zu einem Glücksspiel avanciert (Meyer 1984, 8ff.).

4 Verbreitung und Ausprägung des Glücksspiels

Nach einer Untersuchung der „Stiftung Warentest" (Lisch 1983, 26) nehmen „drei von vier Bundesbürgern zumindest ab und zu an Glücksspielen teil. Völlig abstinent verhält sich nur einer von sechs Deutschen".

Das Ergebnis der repräsentativen Befragung von 1057 Bundesbürgern aus dem Jahr 1983 über die Teilnahme an verschiedenen Glücksspielformen ist in der folgenden Tabelle dargestellt.

Die meisten Glücksspieler sind Gelegenheitsspieler. Die Anzahl der Spieler, die häufig (z. B. an einem Automaten) spielen, erreicht jedoch ein beachtliches Ausmaß. In einer repräsentativen Umfrage haben Bühringer, Kunkel und Reye (1985) festgestellt, daß – bezogen auf die Grundgesamtheit der erwachsenen Bevölkerung – 0,8% (363 000 Personen) täglich und 1,8% (831 000 Personen) häufiger als

Tabelle 1: Wo suchen die Deutschen ihr Glück?

	nie	selten	ab und zu	häufig
Lotto 6 aus 49	39,5	12,5	16,2	31,9
Lotto 7 aus 38	66,8	9,7	11,2	12,3
Spiel 77	56,4	10,6	13,3	19,7
Fußballtoto	87,8	6,1	4,3	1,9
RennQuintett	94,4	2,5	0,9	0,3
Klassenlotterie	91,3	5,1	1,8	1,8
PS-Sparen	75,4	4,2	5,4	15,0
Pferdewetten	97,7	1,3	0,8	0,2
Roulette	95,3	3,4	1,0	0,3
Spielautomaten	75,3	14,7	7,5	2,6
Der große Preis	56,0	16,6	16,2	11,3
Platz an der Sonne	60,1	16,6	16,7	6,6
Glücksspirale	64,2	16,0	15,2	4,5
Preisausschreiben	41,9	20,3	27,7	10,0

Prozentuale Häufigkeit der Teilnahme am Spiel (aus: Lisch 1983, 27)

dreimal pro Woche an einem Geldspielautomaten spielen. Die Gruppe der Automatenspieler setzt sich überwiegend aus Arbeitslosen, Wehrdienstleistenden und Auszubildenden (männlichen Geschlechts und ledig) zusammen. Bestätigt wurde außerdem, daß jüngere Menschen häufiger an Geldspielautomaten spielen als ältere (vgl. Lisch 1983, 28).

Da in der BRD erst in jüngster Zeit wissenschaftliche Untersuchungen über exzessives Automatenspiel begonnen wurden und diese Form des Glücksspiels in den USA, aus denen die meisten Studien zum pathologischen Glücksspiel stammen, verboten ist (lediglich in Nevada und in Atlantic City sind „Slot machines" in den Kasinos zugelassen), sind nähere Erkenntnisse über abhängige jugendliche Spieler erst in einiger Zeit zu erwarten. Bisher durchgeführte Untersuchungen zeigen, daß aus dem Bereich des Automatenspiels ein Großteil der Spieler stammt, deren Spielintensität für sie selbst und/oder ihre soziales Umfeld zu einem Problem geworden ist und die deshalb Hilfe in psychosozialen Beratungsstellen (Reye, Kunkel und Simon 1986), in Therapieeinrichtungen (Hand/Kaunisto 1984) oder in Selbsthilfegruppen der „Anonymen Spieler" (Kury/Meyer 1985) suchen.

5 Abhängigkeit vom Glücksspiel

Wer suchtkrank ist, der muß nach herkömmlicher Auffassung (auch) körperlich leiden. Kein Wunder also, wenn die „Spielsucht" lange nicht als Krankheit bewertet wurde, hat sie doch unmittelbar keine Folgen für die physische Gesundheit des Betroffenen. Die soziale Auffälligkeit beschränkt sich zudem im allgemeinen auf Straftaten, die der Geldbeschaffung dienen.

Daß exzessives Glücksspiel im Extremfall ein psychopathologisches Verhalten mit Krankheitswert darstellt, ist aber inzwischen unbestritten. Die „American Psychiatric Association" hat das pathologische Glücksspiel („pathological gambling") bereits 1980 als eigene diagnostische Einheit in ihr Handbuch für psychische Störungen (DSM III) aufgenommen (American Psychiatric Association 1984). Wesentliche Merkmale sind nach dem DSM III:

1. Der Betroffene ist chronisch und fortschreitend immer weniger fähig, dem Impuls zum Glücksspiel zu widerstehen.
2. Das Glücksspiel beeinträchtigt, schädigt oder zerstört die Erfüllung familiärer, persönlicher und beruflicher Aufgaben und Pflichten.
3. Das Spielen ist nicht auf eine antisoziale Persönlichkeitsstörung zurückzuführen.

Das DSM III zeichnet sich durch einen weitgehenden Verzicht auf theoretische bzw. ätiologische Modelle aus, die nicht als wissenschaftlich abgesichert gelten und durch eine stärkere Betonung und Gewichtung offen erfaßbarer Verhaltensweisen. Die Diagnose „pathologisches Glücksspiel" orientiert sich nach dem vorliegenden Ansatz allerdings zu sehr an den Folgen des exzessiven Spielverhalten. Eine entsprechende Überarbeitung wird nach Custer (1985) für die 4. Revision vorgenommen. Nach dem geplanten Kriterienkatalog soll die Diagnose gestellt werden, wenn mindestens sechs der folgenden Merkmale erkennbar sind:

1. Der Spieler ist häufig mit dem Glücksspiel beschäftigt oder damit, das Geld dafür zu besorgen.
2. Er verspielt oft höhere Beträge oder spielt länger als beabsichtigt.
3. Er hat das Bedürfnis, die Höhe der Einsätze oder die Häufigkeit des Glücksspiels zu steigern, um die angestrebte lustbetonte Erregung zu erreichen.
4. Er zeigt innere Unruhe oder Reizbarkeit, wenn er nicht spielen kann.

5. Er verliert wiederholt beim Glücksspiel und spielt am nächsten Tag weiter, um die Verluste auszugleichen („chasing").
6. Er versucht wiederholt, das Glücksspiel einzuschränken oder aufzugeben.
7. Er spielt häufig, wenn er eigentlich sozialen oder beruflichen Verpflichtungen nachkommen müßte.
8. Er spielt weiter, obwohl er nicht in der Lage ist, die wachsenden Schulden zu bezahlen.

Das Erscheinungsbild offenbart zahlreiche Parallelen zur Drogenabhängigkeit wie Abstinenzunfähigkeit, Kontrollverlust, Dosissteigerung und Entzugserscheinungen (Meyer 1986a). Zwar fehlt bei der „Spielsucht" die physische Abhängigkeit. Die psychische Anhängigkeit hat sich jedoch auch bei stoffgebundenen Formen als das Wesentliche an der Sucht (Kellermann 1985) herauskristallisiert und ist daher zentraler Gegenstand aller therapeutischen Bemühungen bei Suchtkranken (Täschner 1983, 21). Spieler werden ebenso wie Drogenabhängige sozial auffällig, und es besteht eine Therapiebedürftigkeit. Für den Suchtcharakter des exzessiven Glücksspiels spricht außerdem die bei Spielern zu beobachtende Mehrfachabhängigkeit (Rasch 1962) oder Suchtverlagerung (Kellermann 1985).

6 Spielverhalten und -erleben aus Spielersicht

Diese von Experten erarbeitete Beschreibung abhängigen Spielverhaltens soll durch die Schilderung eines Betroffenen ergänzt werden. Der folgende Abschnitt ist ein Auszug aus einem Manuskript, das von einem 22jährigen Automatenspieler – Mitglied der „Anonymen Spieler" – verfaßt wurde. Er berichtet über sein Spielverhalten und -erleben:

„Meine ersten Erfahrungen an Automaten machte ich im Alter von 15 Jahren. Ich spielte damals an Flippern. Ihre Technik, ihre Elektronik faszinierten mich. Anfangs empfand ich es als spannend und unterhaltsam, an den Automaten mein Glück auszuprobieren. Am Flipper kam es auf Geschicklichkeit und Reaktionsschnelligkeit an. Aber während ich am Flipperautomaten höchstens Freispiele gewinnen konnte, bot mir der Geldspielautomat die Möglichkeit, Geld zu gewinnen. Ich meinte zunächst, daß es auch bei den Geldspielautomaten auf das Geschick des Spielers ankommt. ‚Gekonntes' Betätigen der Drucktasten, so meinte ich, konnte den Spielverlauf und die

Gewinnquote beeinflussen. Heute weiß ich, daß eher das Gegenteil der Fall ist.

Ich stufte also Geldspielgeräte und Flipperautomaten als ähnliche Spielmöglichkeiten ein. Aber die Möglichkeit, Geld zu gewinnen, machte die Geldspielautomaten immer reizvoller im Vergleich zu den Flippern. Anfangs erzielte ich auch tatsächlich Gewinne. Die Zuversicht, immer wieder zu gewinnen, wich bald der Befürchtung, Geld verlieren zu können. Das Gewinnen wurde zu einem Erfolgserlebnis, das ich so oft wie möglich wiederholen wollte. Der Einsatz von Geld, das man natürlich auch verlieren konnte, erschien mir als eine Art Mutprobe, der ich mich aber gewachsen fühlte.

Schon bald, etwa beim zehnten Mal am Geldspielautomaten, entwickelte ich Verhaltensweisen, die vielen Automatenspielern gemein sind. Ich verdeckte die rotierenden Scheiben mit den Händen. Damit dehnte ich die Spannung, ob ich nun verloren oder gewonnen hatte, aus. Es fiel mir immer schwer, mit dem Spielen aufzuhören. Sogar in der Anfangszeit spielte ich häufig so lange, bis ich keinen Pfennig mehr besaß. Ich wechselte von Gaststätten in Spielhallen, hatte bald meinen ‚Lieblingsautomaten‘, beim Spielen stieg mein Konsum an Kaffee und Zigaretten schnell an.

Spielen bedeutete für mich einen hohen Grad innerer Spannung. Nach jedem Spiel verringerte sich diese Spannung, lebte aber sofort für das neue Spiel wieder auf. Wenn ich gewonnen hatte, bestätigte ich mir selbst: Mein Optimismus ist richtig gewesen; ich habe es geschafft. Hatte ich verloren, dachte ich: Wenn ich besser gedrückt hätte, dann hätte ich bestimmt gewonnen; na ja, eigentlich hat es Spaß gemacht, aber schade um das Geld.

Ich spielte nun immer häufiger. Allmählich wurde das sehr teuer, denn die Verluste konnten durch Gewinne nicht mehr ausgeglichen werden. Andere Arten der Freizeitbeschäftigung erschienen mir zwar auch sehr interessant, aber mit wesentlich weniger Erfolgserlebnissen verbunden zu sein. Ich stellte mir vor, daß die Geldgewinne mir noch interessantere und exklusivere Arten der Freizeitgestaltung möglich machen würden. So entwickelte ich eine Reihe von ‚Gründen‘ für mich, warum ich einfach spielen ‚mußte‘. Heute weiß ich, daß ich in Wirklichkeit Angst vor Kontakten mit anderen Menschen hatte, vor allem vor Kontakten mit Frauen, von denen ich befürchtete, daß sie mich nicht akzeptierten.“

7 Erklärungsansatz

Wer verstehen will, wie sich eine Abhängigkeit (Sucht) entwickelt, der muß zuallererst von der Vorstellung Abschied nehmen, daß in bestimmten Menschen eine Art „Suchtstruktur" von vornherein angelegt sei. Grundsätzlich kann jeder Mensch süchtig werden. Der eine ist allerdings mehr gefährdet, der andere weniger. Es kommt auf die Bedingungen an, unter denen er lebt.

Von entscheidender Bedeutung ist die Wechselbeziehung zwischen dem Glücksspiel, der Person und ihrem sozialen Umfeld. Es ist ein Modell, das allgemein zur Erklärung der Drogenabhängigkeit herangezogen wird. Die unmittelbare Erzeugung von Lustgefühlen oder die Vermeidung von Mißbehagen, die durch die Einnahme von Drogen angestrebt wird, kann eben auch durch das Glücksspiel erreicht werden. Nach Kellermann (1985, 16) ist das eigentliche Ziel des Süchtigen der Zustand der Betäubung, in den er sich durch sein jeweiliges Suchtmittel bzw. süchtiges Verhalten versetzen kann.

Suchtverhalten bedeutet meistens Ersatzhandlung und Fluchtverhalten. Das Glücksspiel ermöglicht ebenso wie Drogen eine Flucht aus der Realität. Am Geldspielautomaten erlebt der weniger betuchte Spieler jenen lustbetonten Nervenkitzel, der seinen besser verdienenden Leidensgenossen immer wieder an den Roulettetisch zieht. In der Konzentration auf den Automaten werden Alltagsprobleme verdrängt, der Spieler kann sich schwelenden Konflikten entziehen. Süchtiges Verhalten ist in der Regel ein Symptom für tiefer liegende psychische Störungen. Das Glücksspiel kann unmittelbar die emotionale Befindlichkeit des Spielers verändern und fungiert damit als inadäquater Problemlöser.

Das Geld, das jeder Spieler im Laufe seiner Spielerkarriere unweigerlich einmal gewinnt, belohnt vordergründig das Spielverhalten und verstärkt die positive Einstellung zum Automaten. Der Spieler sieht sich durch den Erfolg bestätigt. Moderne Geräte suggerieren darüber hinaus heute schon geschickt, der Spieler könne den Ausgang des Spiels steuern oder zumindest beeinflussen. Häufig geschieht das mittels einer Risikotaste, die ihrem Benutzer signalisierte: „Wenn du nur clever genug bist, kannst du bei richtiger Bedienung hohe Gewinne erzielen." So vernebelt die Industrie durch vorgeblich „aktive Teilnahme" am Spiel, daß das Ergebnis in Wirklichkeit schon vorher feststeht.

Wenn neben den Wirkungsmechanismen des Glücksspiels die spezifischen Eigenschaften des Spielers und Besonderheiten seines sozialen Umfeldes dann noch im negativen Sinne „stimmen", wird er über kurz oder lang die Fähigkeit der Selbstkontrolle beim Glücksspiel verloren haben.

Die Folgen können Schulden, Ehe- und Familienprobleme, Verlust des Arbeits- oder Ausbildungsplatzes, Schuldgefühle und erhöhte Selbstmordgefahr sein. Sind die Geldmittel erschöpft, werden Freunde und Verwandte beliehen, Kredite bis zum Geht-nicht-mehr aufgenommen, alles Hab und Gut versetzt oder verkauft. Sind diese Quellen versiegt, werden Beschaffungsdelikte begangen, die ähnlich kreativ ausgeführt werden wie die Drogenabhängiger (Meyer 1986b).

Natürlich wird nicht jeder, der sich den Verlockungen des Glücksspiels aussetzt, zum abhängigen Spieler. Psychosozial relativ stabile Menschen sind weniger gefährdet als Menschen, die einen Mangel an Zuneigung und Aufmerksamkeit erfahren. Die Fähigkeit zur Konflikt- und Problembewältigung sowie zum Ertragen von Störungen des psychischen, sozialen und körperlichen Wohlbefindens wird jedoch bei einer zunehmend größeren Zahl von Menschen – auch von Jugendlichen – aufgrund ihrer als unbefriedigend, belastend, konfliktreich und häufig als sinnentleert empfundenen Lebenssituation immer geringer (Staeck 1985, 63).

Nach persönlichkeitspsychologischen Untersuchungen scheint charakteristisch für abhängige Spieler: das Fehlen tiefer emotionaler Reaktionen; die Unfähigkeit, aus Fehlern zu lernen; der Mangel an Selbstverantwortung und sozialer Anpassung; eine hohe Toleranz gegenüber Bestrafungen; die Unfähigkeit, tiefere zwischenmenschliche Beziehungen einzugehen sowie ein starkes Bedürfnis nach äußerer Reizung und physiologischer Erregung. Außerdem werden Persönlichkeitsmerkmale wie Risikoverhalten, Impulsivität, Extraversion, Sensationslust und externale Kontrollüberzeugungen (die Ursache von Erfolg bzw. Verantwortlichkeit für Handlungen wird externen, nicht im Subjekt liegenden Bedingungen zugeschrieben) mit exzessivem Glücksspiel in Verbindung gebracht. Die Untersuchungsergebnisse sind allerdings inkonsistent. Offen bleibt außerdem die Frage, ob ein kausaler Zusammenhang besteht (Meyer 1986a).

Ein weiterer, nicht zu unterschätzender Faktor, der die Entwicklung einer Abhängigkeit vom Glücksspiel begünstigt, ist das soziale Umfeld, in dem sie entsteht.

Das soziale Umfeld bestimmt die Verfügbarkeit des Glücksspiels – die Griffnähe. Spielbanken sind inzwischen flächendeckend errichtet worden. Geldspielautomaten hängen praktisch überall. Das Glücksspiel ist außerdem ein gesellschaftlich völlig akzeptiertes Freizeitverhalten, für das in aller Öffentlichkeit geworben wird. Der Umgang mit den Automaten verspricht nicht nur Spaß, Abwechslung und Entspannung, sondern blendet darüber hinaus noch mit der Verlockung, finanzielle Vorteile zu erlangen. Geld spielt in unserer Gesellschaft eine bestimmende Rolle – wer besitzt, stellt etwas dar. Materielle Wünsche und Ansprüche, die Jagd nach Anerkennung und Erfolg steuern viele unserer Verhaltensweisen. Der Geldspielautomat ist da für viele die heimliche Hoffnung auf eine Verbesserung ihrer materiellen Lage. Eine bequeme und vergnügsame dazu. Arbeitslose können die unerträgliche Leere überbrücken und dabei noch Geld „verdienen". Während das Glücksspiel in unteren sozialen Schichten als Ventil für Spannung und Unzufriedenheit aufgrund materieller und psychischer Deprivation dient, ist die Motivation der Spieler aus höheren sozioökonomischen Schichten durch den Wunsch nach auffallendem Konsum, nach Prestige und Anerkennung gekennzeichnet. Der Automat funktioniert auf Knopfdruck, er befriedigt Bedürfnisse ohne großen Aufwand. Auch dazu wird in unserer Gesellschaft in ihrem stärkeren Umfang erzogen. Am Spielautomaten durchschauen die Spieler diese Mechanismen nicht mehr.

Damit sind nur einige – wenige – Mosaiksteine des multiplen Bedingungsgefüges der Abhängigkeit genannt worden.

Literatur

American Psychiatric Association: Diagnostisches und Statistisches Manual psychischer Störungen (DSM III). Deutsche Bearbeitung. Weinheim 1984

Bühringer, G./Kunkel, K./Reye, I.: Erste Ergebnisse zur Frequentierung von Unterhaltungsautomaten mit Gewinnmöglichkeit. In: Suchtgefahren 3 (1985) 221–235

Cornish, D. B.: Gambling: a review of the literature and its implications for policy and research. London 1978

Custer, R. L.: Pathological gambling in the USA. Vortrag auf der 15. Jahrestagung der Europäischen Gesellschaft für Verhaltentherapie. München 1985

Dostojewski, F. M.: Der Spieler. Frankfurt a. M. 1973

Fischer, P.: Spieler-Moral. In: Der Alkoholismus 3 (1907) 160

Hand, I./Kaunisto, E.: Multimodale Verhaltenstherapie bei problematischem Verhalten in Glücksspielsituationen („Spielsucht"). In: Suchtgefahren 1 (1984), 1–11

Kellermann, B.: Zum Begriff „Sucht". In: Jahresheft 1985 der Hamburger Landesstelle gegen die Suchtgefahren. Hamburg 1985, 15–19

Kury, H./Meyer, G.: Pathologisches Glücksspiel – Situation und Hilfe für die Betroffenen. In: Drogalkohol 9 (1985) 272–286

Lisch, R.: Spielend gewinnen? Chancen im Vergleich (Stiftung Warentest). Berlin 1983

Meyer, G.: Geldspielautomaten mit Gewinnmöglichkeit – Objekte pathologischen Glücksspiels. Bochum 1984

Meyer, G.: Abhängigkeit vom Glücksspiel. In: Zeitschrift für klinische Psychologie, Psychopathologie und Psychotherapie 2 (1982). Im Druck

Meyer, G.: Eins zum anderen – Abhängigkeit vom Glücksspiel und delinquentes Verhalten. In: Kriminalistik 4 (1986) 212–216

Rasch, W.: Über Spieler. In: Randzonen menschlichen Verhaltens, Festschrift für H. Bürger-Prinz. Stuttgart 1962, 173–184

Reye, I./Kunkel, K./Simon, A.: Angebot und Nachfrage von Hilfsmaßnahmen für Personen mit problematischem Spielverhalten. In: Suchtgefahren 5 (1986). (Im Druck)

Staeck, L.: Arzneimittelmißbrauch bei Schülern und Jugendlichen. In: Kollehn, K./Weber, N. H.: Der drogengefährdete Schüler. Düsseldorf 1985, 55–64

Täschner, K.-L.: Therapie der Drogenabhängigkeit. Stuttgart 1983

Essen als Suchtproblem

Martina Rohrbach

1 Einleitung

Essen, das ist eigentlich das Normalste von der Welt. Es dient nicht nur der unmittelbar notwendigen Lebenserhaltung, sondern es bereitet auch Lust und Freude, erregt und befriedigt die Sinne. Man sieht, riecht, berührt und schmeckt die Lebensmittel, verleibt sie sich ein und scheidet sie schließlich in verwandelter Form wieder aus. Ein lebendiger Beweis des eigenen physischen Daseins. Wie kann es nun dazu kommen, daß dieser Kanon rundum lustvoller Erlebnisse zu einem Problem, zu einer Sucht, zu einem Akt der Selbstzerstörung werden kann?

Im Rahmen von Schule müssen wir zuerst fragen, wen „Essen als Suchtproblem" betreffen könnte.

Es geht zum einen um die Schüler, d. h. Mädchen und Jungen, junge Frauen und junge Männer, also insgesamt die Altersgruppe der ca. 6- bis 20jährigen. Zum anderen geht es um die Lehrer, Frauen und Männer zwischen Mitte Zwanzig und dem Pensionsalter. Sie verkörpern die Generation der Erwachsenen, über deren weiblichen Anteil die Statistik sagt, daß 55% Übergewicht hätten. Gleichzeitig verkündet die Bekleidungsbranche, daß die jungen Frauen immer dünner und knabenhafter würden. Das legt die Vermutung nahe, daß die Sorgen und Nöte, die mit dem Essen auftreten können, in jeder Altersgruppe, durch Erfahrungen mit Krieg und Hungersnöten oder Wohlstand und Konsumgesellschaft, verschiedene sind. Das Problem muß also altersspezifisch betrachtet werden.

Wir müssen auch zwischen „Eßsucht" und „Eßproblemen" mit relativer Dickleibigkeit als Folge unterscheiden; denn nicht alles kann Sucht genannt werden, was aus der Norm fällt. Ein übergewichtiges (adipöses) Mädchen im Grundschulalter z. B., das von seiner Mutter schon immer leicht überfüttert wurde, kann nicht unbedingt als eßsüchtig bezeichnet werden. Auch der oft synonym für eßsüchtig gebrauchte Begriff „fettsüchtig" ist nicht angemessen, denn er legt die

Assoziation nahe, daß es sich um ein medizinisch erklärbares Krankheitsbild handelt. Doch die naturwissenschaftliche Forschung mit ihrer eher mechanistischen Einstellung zum menschlichen Körper konnte auf diesem Gebiet bisher keine überzeugenden Erklärungen liefern.

„Eßsucht" als ein Hauptproblem von Frauen wurde erstmals von feministischer Seite an die Öffentlichkeit gebracht. Im Jahre 1979 erschien bei uns das erste „Anti-Diät-Buch, über die Psychologie der Dickleibigkeit, die Ursachen von Eßsucht" von Susie Orbach. Nach amerikanischem Vorbild entwickelte sich auch hier in Windeseile eine breite Bewegung, die es Frauen ermöglichte, endlich das Tabu zu brechen und über ihr alltägliches Leiden in Selbsthilfegruppen zu sprechen.

Wenn also im Folgenden hauptsächlich von Mädchen und Frauen die Rede ist, so bedeutet dies nicht, daß Männer keine Probleme mit dem Essen haben oder haben können. Es gibt aber eindeutige Hinweise, daß „Eßsucht" in all ihren Varianten in erster Linie ein frauenspezifisches Problem ist, ein sehr naheliegender Lösungsversuch bei schwerwiegenden Problemen mit der weiblichen Rolle.

Es gibt auch viele dickleibige Männer, die sich aber selbst nie als eßsüchtig bezeichnen würden. Sie essen und trinken gerne und viel und nehmen auch zu. Nur zweifeln sie wegen ihrer Körperfülle – im Unterschied zu Frauen – nicht unbedingt an sich selbst, weil sie sich weniger über ihre äußere Erscheinung als mehr über ihre Tätigkeit, ihre beruflichen Leistungen, definieren. Im Gegenteil, als „stattliche" Erscheinung verschafft mancher „Bierbauch" sogar Autorität. Lediglich der gesundheitliche Aspekt könnte Männer dazu bewegen, ihre Gewohnheiten zu ändern, nicht aber individuelles psychisches Leid. Sie zweifeln deshalb nicht an ihrem Selbstwert, weil sich ihr Wert an anderen Maßstäben als denen der Figur bemißt. Sie stehen nicht so sehr in der Gefahr, vom Essen als einem Suchtmittel abhängig zu werden, weil sie es sich nicht verbieten müssen. Außerdem ist ihre Rolle als „Ernährer" traditionell auf die Beschaffung des Geldes beschränkt und nicht unmittelbar mit den Nahrungsmitteln in aller Häuslichkeit verknüpft.

Frauen haben in ihrer Rolle als unmittelbare Versorgerin ein besonderes Verhältnis zur Nahrung: Sie haben die Verantwortung für Ernährung, insbesondere der Kinder, inne. Das Wohlergehen der anderen Familienmitglieder obliegt ihrer Fürsorge. Wenn Kinder gefüttert werden, brauchen sie den emotionalen Kontakt, die Zuwendung der Mutter. Dieser Kontakt ist weder durch Qualität noch durch Quantität der Nahrungsmittel zu ersetzen. Die Nahrungsmittelindustrie, die ihre Angebote immer weiter differenziert und die ursprünglichen Naturprodukte bis zur Unkenntlichkeit verarbeitet, legt allerdings der Hausfrau (und das sind im Grunde alle Frauen) nahe, Liebe und Zuwendung – „Liebe geht durch den Magen" – mit Ernährung gleichzusetzen bzw. zu vertauschen. Den Frauen selbst werden viele Diätvorschläge gemacht, damit sie attraktiv genug bleiben, um als Frau begehrenswert, d. h. konkurrenzfähig zu sein. Diese verschiedenen Facetten der Frauenrolle werden von Mädchen von kleinauf imitiert und geübt.

2 Übergewicht und Normen

Schlanksein bedeutet alles, so möchte man meinen, wenn man den Werbekampagnen besonders der Mode- und Pharmaindustrie Glauben schenken darf. Transportiert werden diese neuzeitlichen Vorstellungen über das Ideal vom weiblichen Körper: schlank, jung, straff, knabenhaft weiblich, rein, verführerisch und ... verfügbar.

Wie viele Frauen quälen sich nicht mit allerlei Kuren zur Gewichtsreduzierung, die doch nur in 4% der Fälle von nachhaltiger Wirkung sein sollen. Früher galt als gesund, wer was „drauf" hatte, heute muß man „schön schlank" sein.

Diese Vorstellungen machen vor niemandes Kopf Halt; denn die Trends prasseln aus allen Kanälen auf uns nieder, egal welcher Berufsgruppe wir angehören und welchen Alters und Geschlechts wir sind.

Auch Kinder sind nicht ausgenommen. Sie wissen, daß man nicht dick sein darf und hänseln diejenigen, die es trotzdem sind. Die negativen Einstellungen gegenüber Dicken werden bereits in der Kindheit gelernt und bilden die Grundlage für Selbsthaß, sollten diejenigen selbst dick sein oder später einmal werden (vgl. Bick 1980, 129).

Negative Prädikate wie „dick, faul und gefräßig", erweitert durch „häßlich, dumm, schlampig, langsam und willensschwach" überwiegen bei weitem die wenigen positiven Bewertungen wie „gemütlich, gesellig, ruhig". Diese Assoziationen haben wir, ob wir das nun zugeben oder nicht, bevor wir vielleicht fragen, warum dieser Mensch dick ist und wovor das Fett eventuell Schutz bieten soll.

Weiter ist zu fragen, ab wann man jemanden als dick empfindet, wie weit die eigene ästhetische Toleranz reicht. Es geht hier um das Thema „Vorurteile". Kinder bringen diese Vorurteile mit in die Schule; sie ärgern die „Dicken", nehmen sie nicht ganz ernst. Man versetze sich einmal in die Lage eines dicken Kindes beim Turnunterricht, dessen Mißerfolg allwöchentlich vorprogrammiert ist, egal wie sehr es sich anstrengt. Welcher erwachsene Mensch täte sich eine vergleichbare Situation freiwillig an?

Einen guten Überblick über Hintergründe von Dickleibigkeit im Kindesalter liefert die Broschüre *„Eß-Geschichten,* Geschichten von Familien mit Eßproblemen", die die Bundeszentrale für gesundheitliche Aufklärung bereits im Juni 1980 herausgegeben hat. Hier einige Stichworte: Füttern in den ersten Wochen und Monaten eines Säuglings, Nahrung als Beruhigungsmittel und Liebesersatz im Kleinkindalter, Vernachlässigung der Ernährung des Schulkindes wegen Berufstätigkeit, Angst vor dem anderen Geschlecht. Wichtig ist, daß die Ursachen in der Familieninteraktion gesehen werden, was die Broschüre für Eltern geeignet erscheinen läßt. – Viele Kinder bekommen zuviel vom Falschen und zuwenig vom Richtigen, weil sie in ein Konzept passen sollen: Essen als Belohnung und Essen als Strafe.

Die Folgen sieht niemand gern. Zu fragen bleibt, ab wann man selbst an die eigenen Grenzen stößt und nicht mehr gerne hinsieht, nicht bestätigt, ignoriert, Kontakt vermeidet. Die Betroffenen erleben wiederholt, was ihnen früher schon einmal widerfahren ist.

3 Essen als Sucht

Was versteht man unter Eßsucht?

„Eßsüchtig sein heißt, ohne Berücksichtigung körperlicher Signale für Hunger oder Sättigung zu essen. Es bedeutet, dem eigenen Körper so entfremdet zu sein, daß solche Steuerungsmechanismen nicht wahrgenommen werden" (Orbach, 1979, 28).

Eßsüchtige verfügen nicht über die Fähigkeit, „... zwischen physischem Hunger und emotionalem Hunger zu unterscheiden und auf jedes dieser beiden Bedürfnisse adäquat zu reagieren" (ebd., 8).

Zur Veranschaulichung vergleicht Susie Orbach die Situation von Eßsüchtigen mit der von Drogenabhängigen: „Für Eßsüchtige gibt es hauptsächlich zwei Realitäten: zwanghaftes Essen (ohne jede Kontrolle) oder Zwangsdiäten (völlige Einschränkung). Wie Drogenabhängige sind die Eßsüchtigen auf das Essen fixiert. Eßsüchtige brauchen ihr Essen genauso dringend wie ein Drogensüchtiger sein Heroin oder ein Trinker seinen Alkohol. Sie versuchen dauernd „trocken zu werden" – durch Fasten oder Diätkuren – oder sie greifen zu ihrem

Methadon-Ersatz – Quark. Trinker und Drogenabhängige kämpfen jedoch nicht dauernd gegen das Heroin oder den Alkohol an. Eßsüchtige dagegen haben ein sehr feindliches Verhältnis zum Essen, nach dem sie sich so sehr sehnen. Drogensüchtige verbringen Stunden ausschließlich damit, Geld aufzutreiben und an den nächsten Schuß heranzukommen. Dieselbe psychische Kraft benötigen Eßsüchtige für das Nachdenken darüber, was sie essen können und was nicht. So wie das Heroin den Drogenabhängigen in einen anderen Bewußtseinszustand versetzt und der Trinker von Alkohol betäubt wird, wirkt ein Eßrausch auf Eßsüchtige wie eine Narkose" (ebd., 89).

Die Dramatik, die mit dem Essen als manifester Sucht einhergeht, bleibt der Außenwelt meist verborgen. Es wird heimlich und allein gegessen. Die Freunde und Angehörigen können nicht ermessen, mit wieviel Schuldgefühlen, Selbstverachtung und Selbsthaß der Akt der hemmungslosen Hingabe an das Essen beladen ist.

Doch das Fett ist mehr als ein unvermeidbares Übel für die Betroffenen: Es bietet Schutz. Eine Pufferzone zwischen sich und der Außenwelt, zwischen den eigenen Bedürfnissen und den Ansprüchen anderer auf der Beziehungsebene, insbesondere sexueller Ansprüche. Häufig werden junge Mädchen dicker (oder dünner), wenn es mit dem „Geschlechterspiel" losgeht. Es ist eine Art Rückzug in sich selbst, aus Angst, sich nicht aus innerer Kraft abgrenzen zu können. Es kann auch ein Ausdruck von Protest gegen die Schlankheitsnorm, gegen das Frausein, wie sie es von ihren Vorbildern kennen und fürchten, sein. Ein weiterer Aspekt könnte sein, daß manche Mädchen die Last der Verantwortung, die sie bereits in ihrer Familie tragen müssen, nicht aushalten, ohne sich „stark" zu machen, ohne schnell erwachsen zu werden. Das kann heißen, Mitarbeit im Haushalt, Krankheit und sogar Pflege der Mutter oder des Vaters oder von Großeltern, Beaufsichtigungen kleinerer Geschwister, aber auch hoher schulischer Leistungsdruck. Es kann einfach „Platzmangel" sein. Es gibt viele, sehr viele Gründe, im eigenen Körper Schutz vor bedrohlichen Auseinandersetzungen zu suchen. In diesem Fall ist es egal, ob jemand „Gewohnheitsesser", „Spiegelesser" (immer was nachschieben) oder „Rauschesser" mit Kontrollverlust ist. Jeder Mensch kompensiert seinen emotionalen Hunger nach seinen Möglichkeiten.

Susie Orbach sieht als Ziel ihrer Arbeit mit eßsüchtigen Frauen nicht das Abnehmen, sondern die Lösung aus dem Abhängigkeitsverhältnis zum Essen. Die Gewichtsreduzierung erfolgt ohne Mühe, wenn die Betroffene die Schutzfunktionen, die bisher das Fett übernehmen mußte, aus eigener psychischer Kraft erfüllen kann. Wird das

Eßproblem nicht auf diese Weise ganzheitlich in Angriff genommen, ist jede Abmagerungskur zum Scheitern verurteilt.

Das schließt aber nicht aus, daß in der konkreten Arbeit mit Eßsüchtigen und Übergewichtigen an den alltäglichen Eßgewohnheiten angesetzt werden kann und muß, obwohl psychische Faktoren und konkrete Lebensumstände als Hauptursache bekannt sind. Es ist wichtig zu sehen, was gegessen wird, wann gegessen wird, wie gegessen wird, warum gegessen wird und welche symbolhafte Bedeutung bestimmte Lebensmittel für die Betroffenen haben.

4 Nicht-Essen als Sucht

Von der Magersucht (Anorexia nervosa) sind überwiegend junge Mädchen zwischen 12 und 15 Jahren – überwiegend aus der Mittelschicht – betroffen. 90% der klinischen Fälle werden bei Mädchen und Frauen diagnostiziert. Seit 1965 ist ein rapides Anwachsen dieser Fälle zu verzeichnen. Die Sterblichkeitsquote soll bei 10% liegen (vgl. Bruch 1980).

Versuchen die Eßsüchtigen ihre Bedürfnisse wegen der geringen Aussicht auf Erfolg „zuzufressen", so wollen die Magersüchtigen ihre unkontrollierbaren Triebe am liebsten „weghungern". In beiden Fällen kreisen die Gedanken der Betroffenen nur um ein Thema: Essen – und wie man es vermeiden kann. Magersüchtige sind deshalb genauso abhängig vom Essen wie die erklärten Eßsüchtigen. Den einen gelingt die Selbstkontrolle nicht – sie müssen sich den unvermeidbaren Eßräuschen hingeben –, den anderen ist es in einer außergewöhnlichen Anstrengung von Selbst-Überwindung möglich, ihre körperlichen Bedürfnisse zu unterjochen. Aus Angst, ein einziges Gramm zuzunehmen, wird vorsichtshalber gleich das nächste Kilo Gewichtsreduzierung angestrebt. Befriedigung wird in ausgiebigen Gesprächen über das Essen gesucht, im reichlichen und guten Bekochen anderer, um sich selbst unauffällig aus der Affäre zu ziehen.

Hyperaktivität, ein immenser Leistungszwang zu sportlicher und geistiger Betätigung trotz körperlicher Schwäche, künstliches Wachhalten, Tablettenkonsum etc. sind Mittel, die dazu dienen, „überschüssige" Kalorien zu verbrauchen, Pfunde zu verlieren. Dabei hilft die euphorische Stimmung, die durch die chronische Unterhungerung entsteht.

Allen Magersüchtigen gemeinsam ist die völlig verzerrte Wahrnehmung des eigenen Körpers und seiner Bedürfnisse. Sie finden sich tatsächlich zu dick, egal wie dürr sie wirklich sind. Natürlich reagieren Eltern, Lehrer und andere Außenstehende mit völligem Unverständnis und Hilflosigkeit.

Mögliche Auslöser für eine Magersucht gibt es viele: Erste Anzeichen der Entwicklung weiblicher Rundungen, entsprechende Bemerkungen darüber von Angehörigen, Sprüche von Mitschülern, negative Reaktionen auf Pummeligkeit oder positive Reaktionen auf Schlankwerden (z.B. durch Krankheit), ein bewußter Blick in die vielen Illustrierten mit ihren magersüchtigen Modellen und ein kritischer Vergleich mit der eigenen Figur, einfaches Abgucken einer Magersucht bei anderen „schön schlanken" Mädchen. Meist kommen verschiedene Momente zusammen.

Was steckt hinter dem Symptom Magersucht?

Diese Form der Selbstkasteiung scheint die einzige Möglichkeit für junge Mädchen und Frauen zu sein, unabhängig von der Mutter Kontrolle über sich selbst, über den eigenen Körper ausüben zu können. Meistens sind die Familienbedingungen, insbesondere die Mutter-Tochter-Beziehung, in denen eine Betroffene lebt, sehr eng, was allerdings nichts über deren Qualität aussagt. Magersucht ist das Ergebnis des verzweifelten Versuches, keine Frau werden zu müssen, des Strebens nach Autarkie, um sich sexuellen Ansprüchen entziehen zu können, „Abhängigkeit" zu vermeiden.

Dazu paßt, daß mit zunehmender Schwächung des Körpers die Menstruation, als regelmäßig erfahrbares Indiz der eigenen Weiblichkeit, ausbleibt.

Magersucht ist eine Form des non-verbalen Widerstandes gegen Fremdbestimmung, besonders durch die Mutter. Die erfahrene und erlittene Enge ist zumeist durch Leistungs- und Verhaltensansprüche der Eltern, Behütetsein und „gute Erziehung" gekennzeichnet, die nicht unbedingt mit der Liebe gleichzusetzen sind, die sich das Mädchen gewünscht hat und die es auch gebraucht hätte.

Doch die Geschehnisse innerhalb der Familie reichen zur Erklärung der Sucht, sich „dünne machen" zu wollen, nicht aus. Ohne das Schlankheits- und Modediktat könnte der Lösungsversuch „Magersucht" nicht greifen. Schlanksein bedeutet auch, leistungsfähig sein, den gesellschaftlichen Erfordernissen genügen können. Es handelt sich auch um eine Art von Überanpassung an die bestehenden Normen.

Fast alle Frauen durchleben irgendwann Zeiten, in denen sie hier oder da abnehmen wollen, Diätkuren machen, weil sie sich nicht akzeptieren, wie sie gerade aussehen. Oft zieht gerade so eine Diät Phasen nach sich, die dem Vorfeld einer Magersucht oder einer

Eßsucht (wie man will) nahe kommen. Wohl die meisten Frauen kontrollieren in irgendeiner Form ihr Essen, weil sie nicht zunehmen wollen und verbringen ihre kostbare Zeit mit vielen Gedanken daran. Wo ist die Grenze zu ziehen zwischen Normalität und Krankheit?

5 Essen als Sucht und trotzdem schlank bleiben

Was in der letzten Zeit in den Medien als „Bulimie", „Bulimarexie" oder „Bulimia nervosa" kursiert, beschreibt den Zustand, in dem sich Frauen befinden, die ihren anfallartigen Eßdrang nicht kontrollieren können, aber um keinen Preis dicker werden wollen.

Zur Vermeidung des Zunehmens gibt es die Möglichkeit, Unmengen von Abführmitteln zu nehmen oder nach einem Eßanfall alles wieder herauszubringen.

Wer sich in diesen Teufelskreis zwischen Eß- und Magersucht begeben hat, hat es besonders schwer, sich von seiner Sucht zu befreien; denn nach außen ist der Schein perfekt gewahrt, und auf die Eßräusche muß nicht verzichtet werden. Es gibt viele Frauen, die über sehr viele Jahre zwischen Küche und Klo pendeln, ohne daß man ihnen an ihrer Figur etwas ansieht. Es heißt, daß es in der Bundesrepublik an die 400 000 Frauen gibt, die in dieser Abhängigkeit leben. Allerdings sind Zahlenangaben in diesem Themenbereich wegen ihrer schlechten Überprüfbarkeit als reine Schätzwerte zu begreifen.

Zwischen allen bisher skizzierten Varianten von Eßstörungen gibt es ursächliche Zusammenhänge. Allen gemeinsam ist die Abhängigkeit vom Essen, eine enge Mutter-Tochter-Beziehung, Probleme mit Sexualität und eine Fixierung auf das Schlankheitsideal. Alle Betroffenen akzeptieren sich nicht so, wie sie sind. Sie zweifeln an ihrem Selbstwert, haben Mangel an Selbstvertrauen. In vielen Fällen bedarf es fremder Hilfe, damit die Betroffenen ein positives Verhältnis zu sich aufbauen können.

6 Was sind Lebensmittel?

Die *Nahrung* selbst, die wir täglich zu uns nehmen, ist nur zum Teil Lebensmittel. Es ist oft tote Nahrung ohne jeden Nährwert, die aus Gewohnheit, mangelnder Information, Zeitgründen oder Achtlosigkeit meist unkonzentriert heruntergeschluckt wird. Zur toten Nahrung gehört auch die in vielen Familien gestörte Kommunikation beim Ritual „Essen".

Kein Wunder, daß viele Kinder und Jugendliche Pommes, Whopper oder Currywürste vorziehen, als Zeichen ihrer Unabhängigkeit vom elterlichen Mittagstisch und als gemeinsames Ritual unter Gleichaltrigen, dem alle Beteiligten zustimmen.

Zuwendung ist das andere Standbein, das ein Mensch, unabdingbar in der Kindheit, zu seiner Entwicklung benötigt. Kinder, die zuwenig Nähe und Wärme bekommen haben, werden versuchen, sich einen Ausgleich auf anderem Wege zu verschaffen. Die Folge sind Ersatzhandlungen. Das naheliegenste Mittel für diejenigen, die am wenigsten auffallen wollen, ist das Essen. Doch gerade damit fallen sie auf. Eßstörung ist Beziehungsstörung. Wer als Kind nicht genug Wärme bekommen hat, tut sich als Erwachsener schwer, sich die nötige emotionale Nähe von einem anderen zu holen oder gar anzunehmen, wenn sie angeboten wird. Der Griff nach dem bekannten Ersatzmittel, Wärme in Form von Kalorien, ist einfacher und schneller getan.

Es will gelernt sein, mit dem *Handwerkszeug* „Nahrung" und „Beziehung" so umzugehen, daß man zufrieden leben kann. Die Gefahr, eine Sucht als Folge von Mangelerscheinungen zu entwickeln, ist statistisch nicht gering. Doch jeder Abhängigkeit von einer Droge, wie Alkohol, Tabletten, Heroin, Zigaretten, kann mit Abstinenz begegnet werden, ohne die Sucht als solche zu bearbeiten. Im Falle des süchtigen Essens ist Abstinenz keine Lösungsmöglichkeit. Es gibt also keinen Weg, der um die eigentlichen Probleme hinter dem Symptom herumführt, wenn nicht die Sucht durch härteste Kontrollmechanismen ersetzt werden soll.

Mit seiner Eßstörung fertig werden heißt, sich dem Mangel zuzuwenden und die Vorteile, die in der Sucht liegen, zu erkennen. Das ist in der Regel ein langjähriger Prozeß, der alleine nicht zu bewältigen ist. Selbsthilfegruppen, die meistens reine Frauengruppen sind, können eine sehr große Hilfe sein. Bei Kindern und Jugendlichen, die ihre äußere Situation nicht tiefgreifend verändern können, muß die Familie in einen Beratungsprozeß einbezogen werden.

Inzwischen gibt es glücklicherweise mehrere Stellen, bei denen man sich als Betroffene, Angehörige und als Pädagoge informieren und um Rat fragen kann.

Literatur

Aliabadi, Ch./Lehnig, W.: Wenn Essen zur Sucht wird: Ursachen, Erscheinungsformen und Therapie von Eßstörungen. München 1982

Bick, M. (Hrsg.): Warum sollen wir Dicken uns dünne machen? Schlankheitsterror – Frauen schreiben auf. Reinbek 1980

Bruch, H.: Der goldene Käfig. Das Rätsel der Magersucht. Frankfurt a. M. 1980

Lawrence, M.: „Ich stimme nicht". Identitätskrise und Magersucht. Reinbek 1986

MacLeod, S.: Hungern, meine einzige Waffe. München 1983

Merfert-Diete, Ch./Soltau, R. (Hrsg.): Frauen und Sucht. Die alltägliche Verstrickung in Abhängigkeit. Reinbek 1984

Orbach, S.: Anti-Diät-Buch. Über die Psychologie der Dickleibigkeit und die Ursachen von Eßsucht. München 1979

Orbach, S.: Anti-Diät-Buch II. Eine praktische Anleitung zur Überwindung der Eßsucht. München 1984

Die illegalen Drogen

Wolfgang Heckmann

1 Die Einstellung der Gesellschaft gegenüber illegalen Drogen

In ihrer Quantität spielt die Epidemie der illegalen Drogen eigentlich die geringste Rolle im Reigen der Süchte und Abhängigkeiten. Dennoch steht sie in allen öffentlichen Debatten, in den Massenmedien, in der Angstskala der Büger stets im Vordergrund. Das spektakuläre Auftreten der bis heute zahlenmäßig kleinsten Gruppe von Drogenkonsumenten führte dazu, daß der Mißbrauch von Stoffen in den letzten Jahren zunehmend mehr zu einem öffentlich diskutierten Problem, in einigen westlichen Ländern sogar zum Wahlslogan geworden ist: Die Konsumenten illegaler Drogen halten der Gesellschaft einen (Zerr)Spiegel über ihren Zustand der Vergiftung vor. Die Zahl der Drogentoten einer Stadt, eines Landes ist zum Index für die Bewertung von Sozial-, Gesundheits- und Sicherheitspolitik geworden. Bei einer Umfrage vor der letzten Parlamentswahl in Berlin rangierte im Wählerinteresse das Drogenproblem auf einem der ersten Plätze – noch vor der ungelösten Frage der Wiedervereinigung.

Das Begriffsinventar zum Thema Stoffmißbrauch ist durch die unterschiedliche Verwendung von Kategorien verwirrend. So wird mal von „Vergiftung", „Gewöhnung" oder „Rausch" gesprochen oder der klägliche Versuch unternommen, zwischen „Gebrauch", „exzessivem Konsum" und „Mißbrauch" abzustufen, die doch bei genauerem Zusehen nur eines verraten: den Grad der Verleugnung des eigenen Suchtverhaltens.

2 Zum Problem der Systematisierung von Drogen

Es hat zahlreiche Versuche gegeben, die verschiedenen Drogen zu systematisieren, die jedoch alle mangelhaft oder historisch überholt sind:

147

Über die Einteilung in „Genußgifte" und „Rauschgifte" hat es immer wieder den ideologischen Streit zwischen Hedonisten und Moralisten gegeben; zudem ist inzwischen naturwissenschaftlich belegt, daß nahezu jedes Gift bei entsprechend hoher oder kombinierter Dosierung oder bei besonderer Applikationsform zum Rausch führen kann.

Über die Einteilung in „landwirtschaftliche und chemische" Drogen, die besonders unter polit-ökonomischen Gesichtspunkten eine historisch bedeutende Rolle spielte, ist die Geschichte hinweggegangen, seit ein großer Teil der landwirtschaftlichen Drogen entweder synthetisiert werden konnte (LSD als chemisch hergestellter Wirkstoff) oder durch chemische Prozesse in ihrer Wirkung verstärkt (Haschischöl als Cannabisprodukt) oder für den Transport aufbereitet (Heroin als Endprodukt des Opiums) werden. Auf diese Weise ist die Chemie-Lobby der hochindustriellen Länder längst an dem Geschäft mit den landwirtschaftlichen Drogen der Dritten Welt beteiligt.

Über die Einteilung in „weiche" und „harte" Drogen ist in den vergangenen beiden Jahrzehnten weltweit ein erbitterter Streit entbrannt, in dem es immer wieder scheinbar letzte wissenschaftliche Argumente dafür gibt, eine Droge als „weich", d. h. ohne großes, insbesondere ohne körperliches Abhängigkeitspotential zu charakterisieren, im Gegensatz zu den stärkeren, in bezug auf die körperliche Selbstzerstörung „harten" Drogen. Dieser Streit könnte geschlichtet werden durch die alltägliche Erfahrung in der Drogenberatung und -therapie, daß es nicht „weiche" und „harte" Drogen, sondern bei jeder Droge weiche und harte Konsummuster, d. h. Konsumenten mit (vielleicht) noch geringer und Konsumenten mit hoher persönlicher Gefährdung gibt.

Über die Einteilung in „illegale" und „legale" oder über die Einteilung in „gesellschaftlich tolerierte" und „gesellschaftlich nicht tolerierte" Drogen (was nur selten voll identisch ist mit juristischen Normen) kann man praktisch nicht streiten, da es kein Land der Welt gibt, in dem diese Einteilung wissenschaftslogischen Regeln folgt (im allgemeinen sind es eher historisch-ökonomische Wurzeln, die zur Deutung der nationalen Bestimmungen beitragen).

Darüber hinaus bestehen trotz internationaler Abkommen starke nationale Unterschiede. Oftmals ist es auch so, daß neue Drogen, die auf dem Markt erscheinen, nicht legal zugelassen werden, während alte, seit Jahrhunderten eingeführte, nach den gleichen Kriterien eigentlich ebenfalls verboten werden müßten, aber dem sozialen Konsens geopfert werden. In der Bundesrepublik Deutschland gibt es zur Kontrolle des Umgangs mit mißbrauchsfähigen Stoffen unterschiedliche Instrumente und Gesetze. Dazu gehören vor allem der gesetzliche Jugendschutz (Gesetz zum Schutz der Jugend in der Öffentlichkeit und das Betäubungsmittelgesetz (BtMG). Danach ergeben sich zwischen Legalität und Illegalität folgende Abstufungen für die einzelnen Drogensorten:

– Freie Verkäuflichkeit von Stoffen, die eigentlich einer anderen Zweckbestimmung dienen, aber mißbraucht werden können, z. B. leicht flüchtige Lösungsmittel für Klebstoffe oder Farben, Benzin oder Kosmetika.
– Freie Verkäuflichkeit von Nikotin und Alkohol an Erwachsene, aber eingeschränkte Verkäuflichkeit bei Jugendlichen nach bestimmten Altersgrenzen, Verbot des Verkaufs an Kinder.
– Apothekenpflichtigkeit von Medikamenten, z. B. auch von leichten Schmerzmitteln und Appetitzüglern, die in anderen Staaten trotz des Mißbrauchpotentials im Selbstbedienungsladen verkauft werden.
– Rezeptpflichtigkeit bei der großen Mehrzahl der Medikamente (nicht nur wegen ihres Mißbrauchpotentials), allerdings ohne Kennzeichnung der mißbrauchsfähigen Stoffe.
– Sonderrezeptpflichtigkeit bei bestimmten Wirkstoffen (über „Opiatrezept"), zu denen neben den Opiaten auch andere starke Schmerzmittel und befindlichkeitsbeeinflussende Medikamente gehören, die in der Fixer-scene besondere Bedeutung erlangt haben.
– Verkehrsverbot für bestimmte Stoffe, die ein sehr hohes Abhängigkeitspotential, aber keinerlei medizinischen Nutzen haben.

Nur bei der letztgenannten Gruppe handelt es sich also um „illegale Drogen". Es ist jedoch wichtig zu wissen, daß es auch gegenüber den anderen Vorschriften illegale Verhaltensweisen gibt, z. B. wenn ein Gastwirt Alkohol an Kinder ausschenkt oder wenn in einer Apotheke rezeptpflichtige Medikamente ohne ärztliche Verordnung abgegeben werden.

3 Mißbrauchsmuster und Wirkungsprofile der illegalen Drogen

3.1 Cannabis

Marihuana oder Haschisch werden pur oder unter Beimengung von Tabak geraucht, gelegentlich auch als Tee aufgebrüht oder Backwaren zugesetzt. Reines Haschisch ist erheblich wirkstoffhaltiger (Hauptwirkstoff = THC (Tetrahydrocannabiol)) als Marihuana; das noch um ein Vielfaches stärkere Haschischöl ist in größerer Entfernung von den Anbauländern – offensichtlich wegen der größeren Transportprobleme – selten. Die Wirkung besteht in einer gewissen Lockerung, Enthemmung und erhöhten Sinnesreizung. Gleichzeitig erfolgt eine Konzentration auf einzelne Wahrnehmungsorgane; dadurch wird ein Verlust der Totalität der Reizwahrnehmung bewirkt. Am ehesten ist der Zustand des Cannabis-Rausches mit den Phänomenen des Halbschlafes zu vergleichen. Über körperliche Folgen gibt es widersprüchliche wissenschaftliche Aussagen, wahrscheinlich sind die körperlichen Schäden jedoch vergleichbar denen des Nikotinkonsums. Seelische Folgen dauerhaften Konsums sind Gewöhnung, Interesselosigkeit, Gleichgültigkeit, Konzentrationsmangel. Soziale Folgen bestehen in der Vernachlässigung von Pflichten, geringer Erfüllung von Leistungsanforderung und in der Anfälligkeit für andere, gefährlichere exotische Drogen. Die anfängliche positive soziale Folge des Gruppenkontaktes und der Identität mit einer attraktiven Subkultur weicht auf Dauer in der Regel der sozialen Isolation mit sehr egozentrischen und eigenbrötlerischem Verhalten.

3.2 Halluzinogene

Als Halluzinogene bezeichnet man Stoffe, die Sinneseindrücke verändern und Sinnestäuschungen hervorrufen. Sie werden üblicherweise geschluckt. Trips (LSD, zeitweilig auch DOM, STP) erscheinen auf dem illegalen Markt als Minitabletten, getränkte Löschpapiere oder Zuckerstückchen. Ebenfalls in diese Kategorie gehören die in Europa selteneren mittelamerikanischen Stoffe Meskalin (Wirkstoff des Peyote-Kaktus) und Psylocibin. Ihre Wirkung besteht in erster Linie in Halluzinationen, einer gewissen körperlichen Leichtigkeit und verstärkten Sinneswahrnehmungen. Während bei Cannabis der Rausch überwiegend als mit eigenen bewußten und vorbewußten Erfahrungen verbunden erscheint, also auch viel „Eigenes" enthält, gewinnt der „Trip" eine besondere Qualität und Eigendynamik, die womöglich noch tiefere Schichten des Bewußtseins aktualisiert, als dies im Traum möglich ist. Deshalb treten bei Halluzinogenen erheblich häufiger als bei Cannabis negative Akutwirkungen ein: der Horrortrip, der im wesentlichen durch Angst und angstbesetzte Bilder bestimmt ist. Ebenfalls häufiger als bei Cannabis können Echo-Effekte noch nach Tagen (flash-backs) oder psychotische Zustandsbilder als Langzeitfolge eintreten. Mit einiger Wahrscheinlichkeit kann nach dem Konsum von Halluzinogenen mit Chromosomenschäden gerechnet werden. Die psychischen und sozialen Folgen entsprechen denen des Cannabis-Konsums. Physische Folgen sind überdies nicht bekannt.

3.3 Kokain

Diese Droge wird fast ausschließlich geschnupft, nur selten gespritzt (dann gelegentlich auch als „Stereo-Schuß" gemeinsam mit Heroin). Sie führt ein starkes Glücksgefühl bei gleichzeitigem der Amphetamin-(„speed"-)Wirkung ähnlichen Aktivitätsdrang herbei. Die körperlichen Folgen sind in erster Linie Gewichtsverlust und Kreislaufstörungen sowie eine auf die Technik des Schnupfens zurückzuführende Zerstörung der Nasenscheidewand. Psychische Folgen bestehen in starker Erregbarkeit und Reizbarkeit und einem Verfall der Urteils- und Leistungsfähigkeit. Wegen des rasch erreichten hohen Abhängigkeitsgrades kommt es sehr schnell zu verheerenden psychischen Folgen, die bis zum Erscheinungsbild einer (chemisch hergestellten) manischen Depression führen kann. Soziale Folge ist relativ schnell die Isolation – vor allem wegen der Unbeherrschtheit und Ungeduld auch in persönlichen Beziehungen – sowie die ausschließliche Orientierung auf die Beschaffung des Mittels und die damit verbundene Kriminalität bei hohem Abhängigkeitsgrad.

3.4 Opiate

Rohopium wird geraucht oder gegessen. Heroin wird in der Regel wegen der höheren Wirksamkeit – zumindest bei längerem Konsum – injiziert, bisweilen jedoch auch geschnupft. Ihre Wirkung besteht in einer anfänglich sehr starken, schockartigen Euphorisierung und Steigerung des Körpergefühls („flash"), die schon nach kurzer Zeit in ein Gefühl der Entspannung, der Mattigkeit („feeling") übergeht. Psychische Folgen bestehen in einer erheblichen Verringerung der Leistungsfähigkeit und des Antriebs. Aktivitäten richten sich nach kürzester Zeit nur noch auf die Erreichung des Suchtstoffes. Somatische Folgen sind neben der schon nach sehr kurzer Gewöhnung bestehenden körperlichen Abhängigkeit Magen-, Kreislauf-, sowie Leberbeschwerden. Der ebenfalls eintretende Zahnverfall ist keine unmittelbare Folge des Opiatkonsums, sondern der damit einhergehenden Ernährungs- und Pflegemängel. Die beim Abhängigen täglich eintretenden Entzugsschmerzen und ihre Bekämpfung durch neue Drogenzufuhr führen zur Unfähigkeit, das ursprünglich gesuchte „feeling" zu empfinden. Soziale Folgen sind identisch mit denen des „drop-out", der schlagartig aus Lebenszusammenhängen wie Familie, Ausbildung, Beruf usw. herausfällt. Alle Lebensfunktionen sind auf die Befriedigung der Sucht ausgerichtet, für die soziale Umgebung wird der Opiatabhängige ein Fremder. Der Typus des Opium-Rauchers oder -Essers war hierzulande stets selten; der Typus des Morphinisten hat sich auf bestimmte soziale Gruppen (Kriegsmorphinisten, Ärzte, Apotheker) und auf die erste Zeit der jugendtypischen Marktoffensive beschränkt; Haupttypus des Opiatabhängigen ist seit Mitte der siebziger Jahre der Heroinist.

3.5 Opiatantagonisten, Ersatzdrogen

Opiatantagonisten sind solche Stoffe, die eigentlich gegen Opiatmißbrauch eingesetzt werden sollten (und z. T. eigens dazu entwickelt wurden), diese Funktion aber nur bedingt erfüllt haben. So mußte die Weltgesundheitsorganisation schon 1963 eine spezielle Abhängigkeit vom Opiatantagonist-Typ konstatieren. Dennoch sind seit Ende der sechziger Jahre Eratzdrogenprogramme für Opiatabhängige zunächst in den USA und dann in einer Reihe anderer Staaten propagiert und eingeführt worden. Berühmteste Ersatzdroge ist das synthetische Opiat „Methadon" (in der Bundesrepublik Deutschland unter dem Handelsnamen „Polamidon" erhältlich). Außerdem gibt es zahlreiche andere Medikamente, mit denen die Opiatabhängigen „Flauten" oder Geldmangel überbrücken. Es gibt wohl kaum eine offizielle Ersatzdroge, die nicht längst auf der „scene" bekannt und ausprobiert wäre. In der Bundesrepublik Deutschland ist Polamidon nur auf ein Sonderrezept (Opiatrezept) erhältlich, und das Verschreiben dieses starken suchtbildenden Medikamentes an Süchtige gilt als ärztlicher Kunstfehler. Ein Arzt, der gegen diese Regel verstößt, muß mit strafrechtlichen Folgen rechnen. Wegen der ständig neuen Angebote an Medikamenten auf dem legalen Markt und wegen der Experimentierfreude mit Medikamenten auf dem illegalen Markt ist eine ständige Ergänzung der Liste von indizierten Medikamenten erforderlich. Allein zum 31. 12. 1983 sind elf verschiedene Medikamente zu Betäubungsmitteln im Sinne des BtMG geworden, darunter „Medinox", „Vesparax" und „Stadadorm", sowie vier Mittel aus der Veterinärmedizin u. a. „Nembutal". Die Pharmaindustrie reagiert auf solche juristischen Änderungen in der Regel mit geringfügigen Änderungen der Wirkstoffzusammensetzungen und ändert oftmals nur die Namen der indizierten Mittel. Die „scene" reagiert mit weiterem Experimentieren und immer neuen Entdeckungen. Die physischen Folgen sind je nach Art der Ersatzdrogen äußerst unterschiedlich. Wegen der meist weit oberhalb der verordneten Dosierung liegenden Anwendung ergibt sich eine erhebliche Belastung der Leber und anderer Organe. Die psychischen Auswirkungen sind nicht stabil, da die Ersatzdrogen oft nur übergangsweise konsumiert werden. Die Tendenz zur Politoxikomanie, die mit der regelmäßigen Anwendung von Ersatzdrogen verbunden ist, verschärft und vertieft die psychische Grundhaltung, daß das Leben nur mit der Zufuhr von Chemie zu ertragen ist, welcher Art der Stoff auch immer sei. Soziale Folge des zeitweiligen Umsteigens auf Ersatzdrogen ist erstaunlicherweise eine höhere Akzeptanz des Süchtigen in der Familie und im sozialen Nahraum. Wer Medikamente nimmt, gilt weithin fast vorbehaltlos als jemand, der „etwas für seine Gesundheit tut" – schließlich hat es der Arzt ja auch verschrieben.

3.6 Exotika unter den illegalen Drogen

Ein wichtiger Werbeeffekt für die illegalen Drogen liegt in ihrer exotischen Herkunft. Sie versprechen die Ferne und das Besondere überzeugender als jede Zigarettenmarke, die sich dieses Image erst erarbeiten muß. Hinweise auf die Bedeutung gerade des Exotischen für viele Konsumenten finden sich in der Verwendung typischer Accessoires, bestimmter Musik und in der Bedeutung der Rituale bei illegalem Konsum. Hinweise findet man aber auch in den Moden innerhalb der einzelnen Drogen-Subkulturen (so war es in einem Teil der Berliner Kiffer-scene in den letzten Jahren besonders „chic", wenn man statt des ordinären libanesischen oder türkischen Haschisch mit jamaikanischem „Ganja" aufwarten konnte).
    Einige illegale Drogen gibt es aber aus Gründen der Schwarzmarktorganisation hierzulande selten (z.B. Meskalin und Psylocibin). Andere schließlich tauchen auf dem hiesigen Markt überhaupt nicht auf. Beispielhaft sei nur auf „Khat" und „Kawa-Kawa" hingewiesen: Bei „Khat" handelt es sich um einen weckaminähnlichen Stoff, der in Ostafrika und einigen arabischen Staaten an Büschen wächst und der in seiner Wirkung und Verwendung viel Ähnlichkeit mit dem Coca-Strauch Mittel- und Südamerikas hat. Vermutlich taucht er nur deshalb nicht in den westlichen Metropolen auf, weil er beim Trans-

port an Wirkung verliert und eine Weiterverarbeitung wie bei „Coca"
nicht erprobt ist.

„Kawa-Kawa" ist in Polynesien verbreitet und stammt aus den
Wurzeln des Rausch-Pfeffers. Es führt zur Euphorie und gilt als
äußerst mildes Rauschmittel, das oft gänzlich wirkungslos bleibt.
Wahrscheinlich ist dies der Grund für die geringen Exportchancen des
Produktes. Nicht wenige Konsumenten illegaler Drogen haben es
aber gerade auf diese seltenen Stoffe abgesehen. Deshalb kursieren
auch in der deutschen „scene" immer wieder Gerüchte über Besonderheiten auf dem Markt, über fremdartige Hexensalben oder India-
nermedizinen, über fantasievoll benannte Stoffe wie „morning glory"
oder „butterfly". Häufig handelt es sich dabei um harmlose Stoffe, mit
denen geschäftstüchtige Dealer den Markt bedienen. Der Drang zum
Exotischen, Unbekannten führt aber auch zum Ausprobieren heimi-
scher Gifte wie Fliegenpilz, Alraune, Stechapfel oder Muskatnuß.

4 Ausblicke

Zu den beliebten Spielen der Anhänger und Konsumenten der einen
oder anderen Drogensorte gehört es, die eigene Droge als „gesün-
der", das eigene Konsummuster als „weich" zu bezeichnen und sich
dadurch von anderen Konsumentengruppen abzusetzen. Der Ansatzpunkt ist doppelt falsch: Bei den hier aufgeführten Drogen (und auch
bei den legalen) kann es bestenfalls darum gehen, welche weniger
schädlich sind (was eine ganz andere Denkrichtung bezeichnet).
Gerade die Selbsteinschätzung des Konsums ist eine der schwierigsten
Fragen einer Eigendiagnose. Die Sucht reproduziert sich aus der
Tatsache, daß sie ihre eigene Verkennung stets mitenthält. Darüber
hinaus ist es zur allgemeinen oder individuellen Schädlichkeit einer
Droge unbedingt erforderlich, *alle* Aspekte der Wirkungen einer
Droge zu berücksichtigen – die psychischen, die physischen und die
sozialen. Allzuleicht wird von der Lobby der einen oder anderen
Prägung dieser Grundsatz vergessen und etwa die psychische Wirkung
der einen mit der physischen Wirkung der anderen Droge in Relation
gesetzt. Während es keine Droge gibt, die *nicht* zu einer psychischen
Abhängigkeit mit milderem oder strengerem Verlauf führt (während
die Grundstruktur der psychischen Abhängigkeit meist bereits vor
dem ersten Konsum angelegt ist), sind die entscheidenden Unterschiede zwischen den einzelnen Drogenwirkungen auf der physischen
und sozialen Ebene zu finden. Wird hier sorgfältig argumentiert, kann

es gar nicht zu den – im Verlauf der immer wieder geführten Debatten um eine Legalisierung einzelner derzeit illegaler Drogen – zu beobachtenden Positionen kommen, daß die eine Droge „gut" sei und die andere hingegen „schlecht". Diese Frage beschäftigt vor allem den Teil der jugendlichen Subkultur, der im Rahmen von Protestbewegungen oder im Rahmen von Absatzbewegungen gegenüber bürgerlichen Konsumenten nach Alternativen sucht, allerdings die Alternativen eben lediglich in anderen Formen von Konsum statt in kultureller oder politischer Aktion findet. Nach kurzen Phasen, in denen darin tatsächlich gesellschaftliches Widerspruchspotential liegen mag (in den USA und der Bundesrepublik Deutschland Ende der sechziger Jahre in Zusammenhang mit der Hippie-Bewegung), passen sich die „alternativen" Konsumenten an die bürgerlich-etablierten Suchtmuster an. Zurück bleibt (bei den überwiegend exotischen illegalen Drogen) die ideologische, kulturelle und materielle „Auspowerung" von Ländern der Dritten Welt (den Anbauländern) durch die ekstatischen Bedürfnisse der Jugend in den Metropolen und die Dienstbarmachung der konsumierenden Jugendlichen selbst für eine rasch entstehende Freizeitindustrie, die sich dem neuen Trend anpaßt.

Den ideologischen Hintergrund dieses großen Geschäfts bietet eine Zivilisationskritik, die mit der Möglichkeit spekuliert, daß eine Wiederbelebung alter Rauschkulte und Mysterien zu einem Kampf gegen die Übernahme des Rationalismus und der Zerstörung der Lebensbedingungen durch den Intellekt beitragen könnte. Bücher wie Ernst Jüngers „Annäherungen – Drogen und Rausch", Albert Hofmanns „LSD – Mein Sorgenkind" und Timothy Leary's „Politics of Ecstasy" gehören deshalb für Suchtgefährdete zur weniger empfehlenswerten Literatur. Noch mehr als für diese Klassiker gilt für ihre zahlreichen Nachahmer und Aufwärmer – vom „Haschisch-Kochbuch" bis zu den Werken der jüngsten Legalisierungsbewegung (von Autoren wie Stefan Quensel und Hans-Georg Behr) – was schon 1979 in einer Besprechung zu Albert Hofmanns Buch zu lesen war: Der Mystizismus dieser Art scheint eher einem Atavismus als einer progressiven Bewegung zu entsprechen.

Literatur

Amendt, G.: Sucht – Profit – Sucht. Frankfurt a. M. 1984
Eddy, N. B. u. a.: Drug Dependence: Its Significance and Characteristics. In: Bulletin WHO 32 (1965)

Ehebald, U.: Psychische und soziale Motivation zum Drogenproblem. In: Konkret e.V. (Hrsg.): Sucht ist Flucht. Hamburg 1972

Gerdes, K./v. Wolffersdorf-Ehlert: Drogenszene: Suche nach Gegenwart. Stuttgart 1974

de Jong, R.: Wird die Abhängigkeit von Suchtmitteln gelernt? Pädagogische Perspektiven. In: Jugendwohl 7/8 (1980)

Jünger, E.: Annäherungen. Drogen und Rausch. Frankfurt a.M. 1980

Haas, E.: Selbstheilung durch Drogen? Zur Psychoanalyse der Drogenabhängigkeit von Jugendlichen. Frankfurt a.M. 1974

Heckmann, W.: Drogenkonsum und Drogenabhängigkeit in unserer Gesellschaft. In: psychosozial 2 (1980)

Hofmann, A.: LSD – Mein Sorgenkind. Stuttgart 1979

Kielholz, P/Ladewig, D.: Die Drogenabhängigkeit des modernen Menschen. München 1972

Korczak, D. (Hrsg.): Die betäubte Gesellschaft. Frankfurt a.M. 1986

Lange, K. J.: Süchtiges Verhalten. Analyse der Entstehung. Therapie aus lerntheoretischer Sicht. Freiburg 1974

Leary, T.: The Politics of Ecstasy. London 1970

Lürßen, E.: Psychoanalytische Strukturen über die Suchtstrukturen. In: Suchtgefahren 1 (1974)

Parow, E. u.a.: Über die Schwierigkeit, erwachsen zu werden. Rauschmittel und Adoleszenzkrise. Frankfurt a.M. 1976

Quensel, S.: Drogenelend. Cannabis, Heroin, Methadon: Für eine neue Drogenpolitik. Frankfurt a.M./New York 1982

Schmidbauer, W./v. Scheidt, J.: Handbuch der Rauschdrogen. Frankfurt a.M. 1976

Schwendtke, A./Krapp F. (Hrsg.): Drogen – Gesellschaft – Pädagogik. Frankfurt a.M. 1972

III Suchtprävention in der Schule

Thesen zu einer schülerorientierten Suchtprävention

Elfriede Koller

Suchtprävention befindet sich in einem Dilemma zwischen ihrem sehr breiten pädagogischen Anspruch und den Schwierigkeiten, die dieser Anspruch in der Schulpraxis hervorruft. Folgende Thesen sollen die Probleme von Suchtprävention in der Schule beleuchten:

1. Viele Pädagogen haben die Orientierung, was Suchtprävention im Schulalltag ausmacht, verloren. Dennoch hat die Erfahrung von Vergeblichkeit des „Drogenkundeunterrichts" bestimmte Regeln und Prinzipien hervorgebracht, die sowohl inhaltlich als auch methodisch Hilfen bieten:

Abschreckung ist keine wirksame Methode in der Suchtprävention. Die Bereitschaft Jugendlicher, sich selbst mit negativen Folgen des Drogenkonsums (z.B. Raucherbeine, Bilder von Herointoten etc.) zu konfrontieren, ist äußerst gering. Gesundheit ist für Jugendliche ein Wert, den sie aktuell besitzen – mögliche Spätfolgen eines gesundheitsschädigenden Verhaltens haben heute für sie keine Relevanz.

Sachinformation und Wissensvermittlung über Drogen haben in der Suchtprävention mit Jugendlichen nur begrenzten Wert, da die meisten Jugendlichen bereits recht genaue Kenntnisse über die Wirkungsweisen von Drogen haben. Dieses Wissen trägt jedoch kaum zu einer distanzierten Haltung gegenüber Drogenkonsum bei. Überdies gelten oft ganz andere „Wissensvermittler" als Lehrer, nämlich die Informanden aus peer-group und Drogenszene, als glaubwürdiger und kompetenter. Deshalb dürfen Informationen und Aufklärung über einzelne Drogen und die Entstehung von Abhängigkeit nicht zur einzigen Strategie von Suchtprävention werden. Stoffspezifische Prävention für Jugendliche ist nicht sinnvoll.

Suchtprävention muß an den Ursachen orientiert sein. In einem *kausal orientierten Ansatz* werden die Abhängigkeit begünstigenden Faktoren in der Wechselwirkung von Mensch, Mittel, Milieu und Markt gesehen.

2. Das Wissen vieler Pädagogen, daß kausale Prävention die einzig wirklich weitreichende und nützliche Strategie zur Vorbeugung ist, hat gleichzeitig zu einer Verunsicherung im pädagogischen Handeln beigetragen. Die Gründe hierfür liegen auf der Hand:

– Die Zahl der Abhängigkeit auslösenden Faktoren im Beziehungsgeflecht Person – Umwelt – Droge ist kaum zu überblicken. Viele Faktoren entziehen sich zudem jeder direkten Einflußnahme von Pädagogen. Vorbeugung erscheint als nahezu unlösbare Aufgabe.
– Die in der Öffentlichkeit geführte Diskussion um einen sehr weiten Suchtbegriff hat zu der Einsicht geführt, daß Abhängigkeit nicht nur das Problem einer Randgruppe ist, sondern in vielen Lebensbereichen von ganz „normalen" Menschen eine große Rolle spielt.

Die pädagogische Debatte hat sich aber gerade dort verzettelt, wo diese Einsicht dazu benutzt wurde, alles und jedes zur Sucht zu erklären. Wo immer die Abhängigkeit von Personen, Gruppen, Verhaltensweisen, Situationen oder Objekten in den Vordergrund rückt, werden Präventionsmaßnahmen absurd, denn die Feststellung „wir sind ja alle süchtig" ist oftmals der letzte Kommentar einsichtiger, engagierter und doch zugleich auch ratloser Pädagogen zum Vorhaben Suchtprävention.

3. Der Lehrer tritt den Schülern auch in seiner Rolle als Konsument gegenüber. Seine Lebenseinstellung, seine Haltung gegenüber Drogen und sein persönlicher Umgang damit bleiben keinem Schüler verborgen. Ein Stück Selbsterfahrung des Pädagogen ist sinnvoll und nötig, da hier mögliche blinde Flecken in seiner „Drogenidentität" zum Vorschein kommen könnten. Diese möglicherweise neuen Erkenntnisse sollten jedoch nicht zum Selbstzweck werden, sie sind Voraussetzung für eine klare Haltung im Unterricht!

Die Frage, wie offen ein Lehrer seinen Schülern begegnen kann und welche Chancen er ausfindig macht, seine neu gewonnenen Erfahrungen in das Kollegium oder den Unterricht einzubringen, muß integraler Bestandteil von Selbsterfahrung sein. Dieser Aspekt hat bisher in Aus- und Fortbildung, wo der eigene Umgang mit Drogen ein wichtiges Thema ist, zu wenig Berücksichtigung für die Schulwirklichkeit gefunden.

4. Kausale Prävention muß schulorientiert sein. Der Schüleralltag muß Lehrern bekannt sein, anstelle der reinen Wissensvermittlung hat die Vorbereitung auf die Rolle als verantwortlicher Erwachsener mit allen künftig zu bestehenden Anforderungen entscheidendes

Gewicht. Schule muß den Jugendlichen folgende Erkenntnisse ermöglichen:

a) Probleme und Konflikte sind Bestandteil ihres Lebens, müssen also akzeptiert und bearbeitet werden.

b) Bedürfnisaufschub leisten zu können und Erlebnisfähigkeit zu entwickeln, sind entscheidende Voraussetzungen für ein unabhängiges Leben.

c) Selbstbewußt und problembewußt handeln zu können, wird zur entscheidenden Qualität in allen Konflikten.

Der Grad von Drogengefährdung wird maßgeblich dadurch bestimmt, ob Schüler die Möglichkeit erhalten, diese Kompetenzen zu erwerben. An jeder Schule, unter allen einschränkenden Bedingungen, wie Schulgesetz, Erlasse, Verordnungen, Curricula, liegt gerade im Eingebundensein von Lehrern und Schülern in ihre jeweilige soziale Situation die eigentliche Chance für ein Voneinander-Lernen. Jeder Lehrer, der sich bemüht, sich auf die Lebenswelt seiner Schüler einzulassen, sich ihren Schwierigkeiten zu widmen, schafft gleichzeitig für sich selbst die Voraussetzungen, mit seinen Berufsanforderungen besser umgehen zu können. Das Schulklima in dieser Richtung zu verändern, muß Aufgabe aller Lehrer und nicht die eines einzelnen Drogenkontaktlehrers sein. Sicher hat die Institution Schule nur begrenzten Einfluß auf gesellschaftliche Rahmenbedingungen, in denen es mehr Möglichkeiten zum Ausweichen und Flüchten als konstruktive Hilfe zur Lösung von Entwicklungsaufgaben gibt. Schule ist ein Teil der gesellschaftlichen Strukturen und für viele Schüler mit Erlebnissen von Unsicherheit, Angst, Ohnmacht und Versagen verbunden. Die Verwirklichung einer humanen Schule, in der ein gutes Lernklima herrscht, in der lebensnahes, entdeckendes Lernen ermöglicht wird, ist eine Form ursachenorientierter Prävention. In einer Schule, wo Schülern lediglich mangelnde Motivation oder Leistungsabfall bescheinigt wird, gerät die Person des Schülers gar nicht erst ins Blickfeld. Eine verstehende, helfende Haltung des Lehrers zeichnet sich nicht durch didaktisch-methodische Strategien zur Aufarbeitung dieses „Problems" aus, sondern durch das Interesse, mit dem Schüler die Gründe für sein Verhalten aufzuspüren. Jeder Lehrer „wirkt" mit seinem Verhalten beim täglichen Umgang mit seinen Schülern. Und jeder verantwortungsvolle Pädagoge muß sich ständig die Frage stellen, was die Schüler von seinem Vorbild lernen können – das gilt auch für den Umgang mit legalen Drogen in der Schule oder auf Klassenfahrten. Der „Stil" des Lehrers, den Unterricht zu gestalten, sein Verhalten in Konflikten, seine Toleranzfähigkeit, sind wesentliche Orientierungen für Schüler in bezug auf ihr eigenes Verhalten.

5. In konsequenter Fortführung dieser Überlegungen zur Suchtprävention an Schulen verbietet sich die Abschiebung des Themas Sucht und Drogen auf ein bestimmtes Unterrichtsfach. Der Unterricht über Suchtfragen ist nicht allein Sache des Biologielehrers; Lehrer unterschiedlicher Fachdisziplinen (Kunst, Deutsch, Politik etc.) sollten in Absprache miteinander Teilaspekte behandeln. Das Prinzip ursachenorientierter Suchtprävention auch im Fachunterricht zu verwirklichen, bedeutet, neben der Sachinformation auch Probleme von Abhängigkeit, Freizeitgestaltung, Konsum, Erwachsenwerden, Klassenklima etc. in den Unterricht mit einzubeziehen.

Die Einladung eines schulexternen Experten wirkt sich nicht immer positiv für den suchtpräventiven Unterricht aus. Ausführliche Vorbereitung und eine Auswertung der Unterrichtsstunden müssen auf jeden Fall eingeplant werden. Der Ex-user darf sich keinesfalls als „Modell" darstellen, an dem risikoreiche, exotische Lebensphasen nachvollzogen werden könnten. Der externe Kollege muß gut auf die Struktur und die Probleme der Klasse vorbereitet sein und diese Informationen in seine Planung einbeziehen können. Schließlich muß es um die Schüler, ihre Probleme, ihre Drogenanfälligkeit und die Vermittlung drogenfreier Strategien zur Lebensbewältigung gehen. Ein Ex-user sollte diese Aufgabe in den Vordergrund stellen.

Ähnlich problematisch ist der Einsatz eines Filmes oder anderer Medien im suchtpräventiven Unterricht. Oftmals stehen Sachinformationen über Drogen oder Personen, deren „Drogenkarriere" geschildert wird, im Vordergrund. Dadurch werden Fragen des eigenen Umgangs mit vermeidbaren und unvermeidbaren Abhängigkeiten der Schüler und auch des Lehrers schnell in den Hintergrund gedrängt. Der Einsatz von Medien ist aber nur dann sinnvoll, wenn sie es ermöglichen, eine Beziehung zu problematischen Verhaltensweisen der Schüler herzustellen. Das stellt hohe zeitliche und inhaltliche Anforderungen an den Lehrer, der ein Medium geschickt auswählen und auch entsprechend aufbereiten muß. Auch für den suchtpräventiven Unterricht gilt, daß je weniger sich der Lehrer auf seine Funktion als Wissensvermittler zurückzieht und je stärker er seine Rolle als Erzieher annimmt, um so günstiger die Voraussetzungen für eine größere Nähe zwischen Lehrern und Schülern werden. Und dies ist allemal die beste Vorbedingung für eine kausale Suchtprävention an Schulen.

Perspektiven

Eine humane Schule ist sicherlich der Traum aller Schüler und Lehrer zugleich. Schule ist bisher wenig offen, die Bedingungen zu schaffen, die ursachenorientierte Suchtprävention möglich machen. Aber die Veränderung von Schulstrukturen wird nicht über politische Entscheidungen von oben erfolgen. Die Veränderung muß erkämpft werden – von jedem Einzelnen, der die Notwendigkeit erkennt, Schule zu öffnen, um leben zu lernen und nicht nur Wissen anzuhäufen.

Eine „reale Utopie" sei in diesem Zusamenhang zitiert: In New York gibt es ein Modell, das sich mit dem Motto „Stadt als Schule" umschreiben läßt. Gelernt wird am realen Beispiel: in Betrieben, Institutionen, bei Bürgerinitiativen, Verbänden, Projekten. Ausgewertet und systematisiert werden die Erfahrungen und Erlebnisse gemeinsam mit den Pädagogen. Diese Art von Lernen ist unter Pädagogen, die sich mit Suchprävention befassen, ein faszinierendes Gesprächsthema; und sie ist unter den hier entwickelten pädagogischen Gesichtspunkten vorbildlich. Solange die Verwirklichung solcher Art Pädagogik in unseren Schulen noch Utopie ist, muß jede Chance, Schule zu öffnen, genutzt werden.

Das setzt voraus, künftige Lehrer in ihrer Ausbildung besser auf ihre erzieherischen Aufgaben vorzubereiten und Lehrer zu bestärken, die schon existierenden Nischen und Freiräume zu nutzen, um ihre Schüler beim Erwachsenwerden zu unterstützen.

Suchtprävention in der Grundschule

Norbert Bartsch

1 Suchtprävention als Aufgabe der Gesundheitserziehung

Mit dem Thema „Suchtprävention" behandeln wir das wohl heikelste Problem der Gesundheitserziehung in der Grundschule, weil es spontan Widerstand hervorruft: bei Eltern, die einen Eingriff in den Intimbereich der Familie befürchten (Alkohol trinken), bei Lehrern, die die Gefahr sehen, daß Kinder durch Aufklärung verführt werden (Zigaretten rauchen), und in der Öffentlichkeit, die unnötige Konflikte zwischen Elternhaus und Schule erwartet. Gerade das Thema Suchtprävention verweist auf allgemeine pädagogische Prinzipien, die täglich in allen Fächern als Erziehungsauftrag Beachtung finden sollten: die Berücksichtigung der seelischen Grundbedürfnisse des Kindes, die Stärkung seines Selbstwertgefühls und die Entwicklung einer stabilen Kinderpersönlichkeit.

Suchtprävention ist als Bestandteil allgemeiner Gesundheitserziehung ein fachübergreifendes Unterrichts- und Erziehungsprinzip mit dem Ziel einer vorbeugenden, früh einsetzenden, langfristig angelegten Erziehung zu selbstverantwortlicher und gesundheitsorientierter Lebensführung. Eine einmalige Unterrichtseinheit wird dann zum Alibi, wenn sie nicht eingebettet ist in eine Alltagspraxis gesundheitsorientierter pädagogischer Prinzipien, die das Kind in seiner körperlichen, seelischen und sozialen Ganzheitlichkeit begreift.

Suchtprävention ist ein lebenslanges Lernprinzip, sich von Abhängigkeiten, die unvermeidbar erscheinen, nicht unterjochen zu lassen und zwanghaftem gesundheitsgefährdendem Suchtverhalten so früh wie möglich vorzubeugen. Ziel schulischer Suchtprävention ist es, den Schüler zu befähigen, langfristig und selbstverantwortlich mit allen unvermeidlichen Abhängigkeiten gesundheitsgerecht umgehen zu können und gesundheitsfeindliches Suchtverhalten völlig zu vermeiden, insbesondere bei den Alltagsdrogen Nikotin, Alkohol und suchtbildende Medikamente (Präventive Drogenerziehung). Es wird nicht ein Leben in Langeweile und in Konformität propagiert, sondern der Verzicht auf Alltagsdrogen im Grundschulalter und langfristig der kontrollierte Umgang mit Genußmitteln, eine lebensbejahende Entfaltung der Persönlichkeit, für die eine körperliche, seelische und soziale Gesundheit notwendig ist.

Jedes menschliche Verhalten, das Lustgewinn bringt, kann süchtig machen – Lehrer (z. B. Alkohol trinken) und Kinder (z. B. Süßigkeiten essen). Suchtgefährdet sind wir alle. Es gibt viele heimliche Süchte: Sport-, Spiel-, Kauf-, Genuß-, Fernseh-, Nikotin-, Eßsucht, aber auch Arbeits-, Geltungs-, Herrsch- oder Selbstsucht. Wer kann sich hier pharisäerhaft ausnehmen, als sei er nicht betroffen?

Folgende Merkmale kennzeichnen süchtiges Verhalten:

– Es wird zwanghaft wiederholt und gewinnt für den Süchtigen immer mehr an Bedeutung.
– Es führt zu einer zunehmenden Einengung der sozialen Bezüge und zum Verlust an Interessen oder an Selbstkontrolle.
– Es treten bei ausbleibender Befriedigung psychische, manchmal auch physische Entzugserscheinungen auf.
– Der Süchtige versucht, sein Verhalten zu rechtfertigen, auch wenn gesundheitliche Folgen zu befürchten sind.

2 Schädliche Folgen des Drogenkonsums bei Grundschulkindern

Das Grundschulalter ist nach wie vor das Probieralter von Alltagsdrogen; illegale Drogen spielen bis auf wenige Ausnahmen eine untergeordnete Rolle. Abgesehen von seltenen Vergiftungsunglücksfällen infolge mißbräuchlicher Verwendung von Tabakwaren (Herunterschlucken vollständiger Zigaretten), Alkoholika (Austrinken von Restmengen) oder Medikamenten (Verwechseln mit Süßigkeiten) stellt das einmalige Probieren winziger Mengen (ein Zigarettenzug, ein Schluck Bier) augenblicklich keine aktuelle Lebensbedrohung dar.

2.1 Alkohol

Ein Kind verträgt Alkohol viel schlechter als ein Erwachsener; denn Alkohol wirkt beim Kind intensiver auf Gehirn und Nervensystem als beim Erwachsenen. Für die größere Empfindlichkeit des Kindes ist außerdem die noch nicht vollständig entwickelte Leber verantwortlich. Das geringe Körpervolumen begünstigt diese Unverträglichkeit, weil sich der Alkohol auf einen kleineren Raum konzentriert. Zwei Promille sind beim Kind tödlich. Bei Kindern können bereits nach zwei Jahren regelmäßigen Mißbrauchs alkoholischer Getränke alkoholbedingte Gesundheitsschäden auftreten (Gefahr des Kinderalkoholismus).

2.2 Nikotin

Früh und regelmäßig rauchende Kinder werden in ihrer körperlichen Entwicklung gehemmt. Das Wachstum der Körperlänge und des Brustumfangs ist erheblich eingeschränkt. Infolge einer behinderten Lungenatmung und einer raschen Ermüdbarkeit der Muskeln bleiben die sportlichen Leistungen stark hinter denen der Nichtraucher zurück. Frühes Rauchen fördert die Aknebildung (Hautausschlag).

2.3 Medikament

Kinder sind infolge ihres geringen Körpervolumens und der noch nicht voll entwickelten Funktionstüchtigkeit ihrer Organe überempfindlich gegen Medikamente. Deshalb sind für sie besondere Dosierungen erforderlich, um unerwünschten Nebenwirkungen vorzubeugen. Eine aktuelle Gefahr durch mißbräuchlich verwendete Medikamente im Kindesalter besteht in ungewollten Vergiftungsunfällen. Diese treten überwiegend bei Kleinkindern auf. Darüber hinaus besteht infolge der Vorverlagerung des Einnahmealters von Psychopharmaka die Gefahr des Süchtigwerdens.

3 Drogenspezifische oder drogenunspezifische Suchtprävention?

Heute besteht allgemein Übereinstimmung darüber, daß eine vorbeugende Intervention mit drogenunspezifischen Maßnahmen die einzig pädagogisch verantwortbare Strategie angewandter Primärprävention darstellt (vgl. DHS 1980, 1983, 1984). Solange allerdings dafür empirische Belege fehlen, wird drogenunspezifische Primärprävention um ihre Legitimation kämpfen müssen, um endlich als lebenslange Aufgabe für jedermann und als Gemeinschaftsaufgabe für alle anerkannt zu werden.

Schulische Suchtprävention war bis ca. 1980 ausschließlich drogenspezifisch orientiert. Diese für uns heute unverständliche Isolierung des komplexen Drogenproblems auf den Stoff selbst erklärt sich wohl aus der Hilflosigkeit der Schule, wieder einmal als „Reparaturwerkstatt gesellschaftlicher Mißstände" – mit dem Zwang zu kurzfristigen (scheinbaren) Erfolgen – tätig werden zu müssen. Dennoch war diese Etappe der Drogenerziehung wichtig:

1. Mit der Herausgabe der „grünen Mappen" (umfangreiche Unterrichtshilfen für die Hand des Lehrers, vgl. Kap. 8) durch die Bundeszentrale für gesundheitliche Aufklärung wurden das Thema curricular legitimiert und das Bewußtsein der Schule geschärft.
2. Die Fehler der Konzeption (u. a. zu umfangreiche Materialien, laienhafte Implementation, kritikwürdige Strategien der Aufklärung und Abschreckung) und die unterrichtspraktischen Erfahrungen (mangelnde Motivierung der Lehrer, Tendenz zur Delegierung der Problematik an Spezialisten) haben eine Diskussion in Gang gesetzt, die auf der theoretischen Ebene zu einer neuen „Standortbestimmung der Drogenprävention" (DHS 1983) und auf der unterrichtspraktischen Ebene zu vielfältigen Aktivitäten geführt hat.

Eine ausschließlich drogenferne, stoffungebundene Prävention, die das Thema Droge, auch Alltagsdroge, bewußt und konsequent ausklammert, muß sich allerdings Fragen gefallen lassen:

- Wie legitimiert sie sich in Abgrenzung zur Sozialkunde?
- Wie kann sie erreichen, daß sich der Lehrer betroffen zeigt (Sozialerziehung? Machen wir immer schon!)?
- Wie begegnet sie der Gefahr, ihre Zielsetzungen zu abstrakten Allerweltsempfehlungen größter Banalität verarmen zu lassen (z.B. Erziehung zu harmonischer Persönlichkeit, zum mündigen Bürger)?

Eine überzeugende Konzeption drogenunspezifischer Suchtprävention ist weniger gefahren- und informationsorientiert, sondern setzt an den Ursachen für Suchtgefährdung an (Clemens/Lachmund 1984). Die einengende Sichtweise des Fachunterrichts (z.B. Biologie) wird verlassen und in ein allgemeines, interdisziplinäres Erziehungsprogramm eingebunden. Eine solche „Lebenskunde" (Vontobel 1980) vermittelt und übt im Sinne einer konkreten, gegenwarts- und zukunftsbezogenen Lebenshilfe Fähigkeiten und Fertigkeiten ein, die das Kind so stabilisieren, daß ein Bedürfnis nach Drogen weder aktuell noch zukünftig besteht. Drogenunspezifische Suchtprävention deckt dabei das gesamte Erscheinungsbild süchtigen Verhaltens ab und ist damit konstitutiver Bestandteil einer ganzheitlichen Gesundheitserziehung auf dem Hintergrund einer allgemeinen Sozialerziehung.

Als notwendige Erkenntnis ist der Deutschen Hauptstelle gegen die Suchtgefahren (DHS 1983, 21) zuzustimmen: „Prävention ist spezifisch und unspezifisch auszurichten." Eine solche Prävention beachtet Zusammenhänge
– „von Ursache und präventiver Strategie,
– von Person und Umwelt,
– von Situation und Lebensgeschichte,
– von den verschiedenen Lebenszyklen,
– von kommunikativen und strukturellen präventiven Maßnahmen"
(DHS 1983, 20).

4 Erwerb sozialer Kompetenz – Schutz vor Süchtigkeit

Eine Suchtprävention, die sich mit der vorbeugenden Wirkung von sozialer Kompetenz als einem Schutzmittel gegen unerwünschtes, gesundheitsgefährdendes abweichendes Suchtverhalten legitimiert, muß konkrete Antworten darauf geben, welche Teilqualifikationen von sozialer Kompetenz als aussichtsreich eingeschätzt werden können.

„Soziale Kompetenz ist die Verfügbarkeit und die angemessene Anwendung von motorischen, kognitiven und emotionalen Verhaltensweisen zur effektiven sozialen Interaktion in einem spezifischen sozialen Kontext, so daß dieses Verhalten kurz- und langfristig ein Maximum an positiven und ein Minimum an negativen Konsequenzen für ein Individuum hat und von der sozialen Umwelt als positiv, zumindest aber als akzeptabel bewertet wird" (Döpfner u. a. 1981).

Konkreter wird diese Definition durch das Operationalisieren von Teilqualifikationen, die soziale Kompetenz repräsentieren. Döpfner u. a. konzentrieren sich auf die Schlüsselfunktionen
– Selbstsicherheit,
– positives Selbstwertgefühl,
– erfolgreiche und häufige Interaktion.

Insgesamt kann angenommen werden, daß Kinder,
- die eigene Ansprüche haben, diese äußern und durchsetzen und die sich aufgrund von Selbständigkeit und Selbstvertrauen behaupten können (Selbstsicherheit),
- die infolge großer Ich-Stärke von Erwachsenen und Gleichaltrigen sozial akzeptiert werden und die ihre geistigen, körperlichen und sozialen Unzulänglichkeiten akzeptieren (positives Selbstwertgefühl),
- die durch Konfliktfähigkeit und Frustrationstoleranz soziale Probleme lösen können, die aufgrund guter verbaler und nonverbaler Fertigkeiten zu erfolgreicher Kommunikation fähig sind und die vielfältige Initiativen entwickeln (erfolgreiche und häufige Interaktion),

eine derartig stabile Persönlichkeit erworben haben, daß ihre Suchtgefährdung als gering eingeschätzt werden kann.

Dagegen müssen Kinder mit instabiler Persönlichkeit,
- die sich nicht durchsetzen können und soziale Ängste selbst unsicher durchleben,
- die von sich ein negatives Selbstkonzept haben und ihre Lebenschancen insgesamt pessimistisch einschätzen,
- die ineffektive und seltene Interaktionen erleben und häufig isoliert sind und abgelehnt werden,

als suchtgefärdet bezeichnet werden.

5 Selbstwertgefühl und Suchtverhalten

Im Grundschulalter beobachten wir bei manchen Kindern Verhaltensweisen, denen Eltern und Lehrer oft hilflos gegenüberstehen: Kinder sehen stundenlang fern, sie haben ein unstillbares Verlangen auf Süßes, sie sind dem Urteil von Gleichaltrigen unkritisch ausgeliefert. Diese Verhaltensweisen sind nicht auf seltene Ausnahmefälle beschränkt. Sie wirken sich täglich auf den Unterricht aus. Viele Lehrer beklagen, daß manche Kinder vom Unterricht einen ähnlich hohen Unterhaltungswert erwarten wie vom Fernsehen. Viele Kinder können nicht auf Belohnung warten, verbales Lob bedeutet wenig, materielle Belohnung dagegen viel (z. B. mit Bonbons, Aufklebern u. ä.). Wir beobachten (Vor-)Formen von Suchtverhalten.

Von klein auf entwickelt der Mensch durch ständige Interaktion mit der Umwelt seine „eigene Theorie" von der Wirklichkeit. Dies erfolgt in dem Bemühen, seine Grundbedürfnisse zu befriedigen, also mit dem Ziel, eine optimale Lust-Unlust-Balance aufrechtzuerhalten. Mit den Reaktionen auf seine existentiellen Fragen: „Wer bin ich?" (Selbsttheorie) – „Wer sind die anderen?" (Umwelttheorie) – „Wie gehen die anderen mit mir um?" (Wechselwirkung zwischen beiden Subtheorien) steuert das Individuum sein Verhalten. Wichtigstes Ziel für das Kind ist dabei, sein Selbstwertgefühl zu entwickeln und zu stabilisieren, denn der Aufbau eines stabilen, positiven Selbstwertgefühls ist nicht nur für die Persönlichkeitsentwicklung des Kindes wichtig, sondern gleichzeitig von fundamentaler Bedeutung für seine Persönlichkeit als Erwachsener.

Das Selbstwertgefühl – sei es positiv oder negativ – ist sehr änderungsresistent. Es kann nur durch intensive Lernvorgänge peripher geändert werden. Wird ein positives Selbstwertgefühl nicht erworben, führt das zum „psychischen Tod" des Kindes: „Keiner mag mich. Es hat doch alles keinen Sinn. Ich tauge nichts." Langfristig führt das zu „sozialer Verdummung": zu fehlender Frustrationstoleranz, zu pessimistischer Lebenseinstellung, zu Überempfindlichkeit bei Mißerfolg und Zurückweisung. Erfolge werden als glücklicher Zufall wahrgenommen.

Werden seelische Bedürfnisse nicht befriedigt (z. B. nach Liebe, Anerkennung, Selbstachtung, Zuwendung und nach Erlebnissen mit Erinnerungswert), werden diese nicht „vergessen", sondern aufgeschoben (Verdrängung) oder es wird auf materielle Bedürfnisbefriedigung „umgestiegen" (Verschiebung). Und das ereignet sich im Säuglings- und Kleinkindalter nur zu oft! Zu Hause wird bisweilen das seelische Bedürfnis des Kindes nach Zuwendung materiell befriedigt: Es bekommt etwas (meist Süßes) zu essen oder Süßigkeiten statt lieber Worte oder Zärtlichkeiten. Allmählich lernt das Kind, diese Verschiebung von Bedürfnisbefriedigung als völlig normal zu begreifen: Konsum statt Zuwendung. Da eine echte Bedürfnisbefriedigung ausbleibt, muß der Konsum gesteigert werden. So wird Suchtverhalten anerzogen. Je älter das Kind, um so leichter fällt es ihm, sich selbst Suchtmittel zu beschaffen: Fernsehen, Süßigkeiten und später die Alltagsdrogen Alkohol und Nikotin.

Über die individuellen Verursachungsfaktoren für süchtiges Verhalten hinaus gibt es eine Vielzahl möglicher Verursacher, die für das Entwicklungsverhalten verantwortlich zu machen sind: Entfremdungsprozesse, allgemeine Konsumhaltung, schlechte Wohnverhältnisse, mangelhafte Schulstrukturen, Schulschwierigkeiten, fehlende Zukunftsperspektiven, schlechte Vorbilder, Erziehungsstil der Eltern, Persönlichkeitsdefizite, Zugehörigkeit zu einer Randgruppe, leichte Beschaffbarkeit von Suchtmitteln.

Eine Beseitigung gesellschaftlicher Mißstände ist notwendig; insbesondere müssen wir uns für eine Verbesserung struktureller Maßnahmen in der Schule als notwendige Voraussetzung für eine effektive Suchtprävention einsetzen (u. a. Senkung der Klassenfrequenzen, Verkürzung der Pflichtstundenzahl, gleitende Unterrichtszeiten statt starrer Stundenordnung, Beseitigung von Schulstreß). Gleichzeitig sind alle Möglichkeiten personaler Kommunikation auszuschöpfen. Dabei sollten wir uns auf die wichtigsten Ursachen konzentrieren, um uns nicht zu verzetteln oder im Wirrwarr komplexer Bedingungsgefüge zu resignieren.

6 Ziele der Suchtprävention in der Grundschule

Ein geringes Selbstwertgefühl und die ungenügende Befriedigung seelischer Grundbedürfnisse (u. a. nach Liebe, Sicherheit, Anerkennung und Selbstachtung) führen zu einer labilen Schülerpersönlichkeit und damit zu einer Suchtgefährdung. Ein erster Schritt angewandter Suchtprävention in der Grundschule ist der Versuch, das Selbstwertgefühl des Kindes zu stärken, wo immer sich die Möglichkeit dazu bietet, und alles zu unterlassen, was das Kind kränkt, entmutigt, enttäuscht oder zurückweist. Darüber hinaus sollte das Kind durch wirklichkeitsnahe Beispiele zu einer positiven Lebenseinstellung kommen und seine Zukunft als insgesamt hoffnungsvoll und erstrebenswert empfinden. Ein zweiter Schritt ist das unablässige Bemühen, für die seelischen Bedürfnisse der Kinder sensibel zu werden:

- Kinder immer ernst zu nehmen,
- Fremdbestimmung zu vermeiden, wo Selbstbestimmung des Kindes möglich ist,
- Kindern zu bleibenden Erlebnissen zu verhelfen (Schullandheimaufenthalte, eine Klassenchronik erstellen, Ausstellungen vorbereiten, zu Hobbys anregen),
- jede Chance zum spielerischen Lernen zu nutzen,
- die Lernatmosphäre zu entspannen.

Unser Augenmerk sollte sich daher nicht ausschließlich auf die Beseitigung von süchtigem Verhalten richten, sondern vor allem auf die Förderung von Merkmalen einer stabilen Persönlichkeit.

Wollen wir Suchtverhalten abbauen, dann sind Strafandrohung und Aufklärung wenig hilfreich. Häufige, ins Leere stoßende Ermahnungen gegenüber bestimmten Kindern erzeugen beim Lehrer Frustrationen und latente aggressive Ablehnung des Kindes und bei diesem Angst und Aggression, und das sind zwei wesentliche Auslöser für Suchtentwicklung. Mit dem Entschluß, nicht mehr ausschließlich nach Defiziten zu suchen, verlassen wir die Einbahnstraße, sich täglich an weiteren Frustrationen aufzureiben. Der Blick und die Emotionen werden frei, auch die positiven Merkmale der Kinder bewußt zu registrieren. Vorher war eine Einschätzung der Gesamtpersönlichkeit infolge eingeschränkter – oft negativ besetzter – Wahrnehmung nicht möglich.

Gleichzeitig richtet sich unser Augenmerk mehr auf Kinder, die kein abweichendes Verhalten zeigen, also über Persönlichkeitsmerkmale verfügen, die eine Suchtentwicklung unwahrscheinlich machen, und das sind *psychohygienische Qualifikationen* wie z. B.

– starkes Selbstwertgefühl,
– vielseitige Interessen,
– große Selbständigkeit,
– soziale Kommunikationsfähigkeit.

Diese Merkmale einer stabilen Schülerpersönlichkeit werden zu Orientierungspunkten einer Suchtprävention. In dem Ausmaß, wie es gelingt, diese psychohygienischen Qualifikationen zu fördern, befähigen wir die Kinder, langfristig und selbstverantwortlich mit allen unvermeidlichen Abhängigkeiten gesundheitsgerecht umgehen zu können und gesundheitsfeindliches Suchtverhalten völlig zu vermeiden, insbesondere den Frühbeginn von Alkohol- und Nikotinkonsum, aber auch übermäßiges Fernsehen, unkontrolliertes Essen sowie unkritisches Ausgeliefertsein gegenüber dem Urteil von Bezugspersonen.

7 Die Bedeutung von Lehrern und Eltern in der Suchtprävention

Identifikationsobjekte werden von Kindern nachgeahmt. Lehrer und Eltern haben Vorbildfunktionen. Den Kindern bleibt nicht verborgen, wie Lehrer und Eltern mit Alltagsdrogen umgehen oder sich von anderen Formen lästiger oder gesundheitsschädigender Abhängigkeiten unterjochen lassen. In diesem Zusammenhang müssen Praktiken reflektiert werden wie der Alkoholkonsum und das Rauchen im Lehrerzimmer oder der tägliche Konsum von Alltagsdrogen zu Hause. Der Lehrer sollte sich seiner Vorbildfunktion bewußt sein und

vorleben, wie man Suchtgefahren konstruktiv bewältigt. Voraussetzung ist eine Reflektion seiner Lehrerrolle und seines eigenen Dro-
genkonsumverhaltens.

Der Einfluß der Schule ist bestenfalls ergänzend oder leicht korrigierend. Die Notwendigkeit einer Kooperation von Elternhaus und
Schule wird deshalb immer wieder gefordert. In der Praxis, speziell in
der Suchtprävention sind die Widerstände unübersehbar: Manche
Eltern fürchten einen Eingriff in die Privatsphäre und glauben, dem
Konflikt nicht gewachsen zu sein, eigenes Suchtverhalten (speziell mit
Alkohol) zu praktizieren und sich mit dem Kinde darüber auseinandersetzen zu müssen. Lehrer müssen befürchten, daß sie sich ungewollt an einer Verunsicherung der Eltern beteiligen und daß sie
manche Kinder in unkalkulierbare Konflikte (z. B. mit alkoholabhän-
gigen Eltern) stürzen.

Über eine persönliche Erziehungsberatung durch den Lehrer werden die Eltern in ihrer Rolle als Erzieher bestärkt, und damit wird
möglichen Erziehungsfehlern entgegengewirkt.

Elternversammlungen werden gut besucht, wenn die Eltern nicht
fürchten müssen, ihren Umgang mit Alltagsdrogen offenlegen zu
müssen. Einem Unterrichtsprojekt über Suchtprävention sollten
Elterngespräche vorausgehen. Wünschenswert sind Familienseminare-
nare. Hier reflektieren Lehrer, Eltern und Kinder in angstfreier
Atmosphäre eigenes Suchtverhalten und erarbeiten Lösungsstrategien (Feser 1981).

8 Unterrichtsmaterialien zur Suchtprävention

Die Bundeszentrale für gesundheitliche Aufklärung begann bereits
1973 mit der Herausgabe von umfangreichen Unterrichtseinheiten zur
Gesundheitserziehung in der Schule:

- 1973 „Unterrichtseinheiten zum Drogenproblem, Teilcurriculum
  für die Klassenstufen 5 bis 8",
- 1975 „Curriculum Alkohol, Rauchen, Selbstmedikation, Werbung
  und Gesundheit" für das 1.–4. Schuljahr der Grundschule,
- 1977 „Alkohol und Gesundheit, Unterrichtseinheit für das 5. und
  6. Schuljahr" und
- 1980 „Unterrichtswerk zu Drogenproblemen, illegale Drogen,
  Arzneimittelmißbrauch, Alkohol, Rauchen" für die Sekundarstufe I (5. bis 10. Schuljahr).

Neben positiven Kommentaren zu diesen praxiserprobten, wissenschaftlich abgesicherten und didaktisch reflektierten Handreichungen für den Lehrer erfolgte auch Kritik, die mit Recht vor allem an deren Umfang und inhaltlicher Vielfalt ansetzte. Einige Kritiker bemängeln, daß diese Unterrichtsmaterialien zu sehr auf stoffgebundene Drogenerziehung (Suchtprävention am Beispiel legaler und illegaler Drogen) ausgerichtet sind und der stoffungebundene Präventionsansatz dadurch in den Hintergrund tritt. Im übrigen habe die Ausstattung von Schulen mit diesen Curricula zu einer fatalen Delegierung von erzieherischer Verantwortung an den „Drogenfachmann" (Drogenkontaktlehrer) geführt.

8.1 „Curriculum Alkohol, Rauchen, Selbstmedikation, Werbung und Gesundheit" (Unterrichtshilfe)

Diese von der Bundeszentrale für gesundheitliche Aufklärung (BzgA) 1975 herausgegebene umfangreiche Handreichung für den Lehrer ist ein Medienverbundsystem zur drogenspezifischen Suchtprävention in der Primarstufe (Klasse 1–4).

Das Curriculum besteht aus vier unabhängigen Teilcurricula mit insgesamt sechs Unterrichtseinheiten:

Teil-curriculum	Unterrichtseinheiten 1./2. Schuljahr	Unterrichtseinheiten 3./4. Schuljahr
Alkohol	—	Alkohol und Gesundheit (6 Stunden)
Rauchen	—	Rauchen und Gesundheit (4 Doppelstunden)
Selbst-medikation	Gefahren der Selbstmedikation (4 Stunden)	Medizin kann schaden, Medizin kann heilen (4 Stunden)
Werbung	Funktion der Werbung (4 Stunden)	Projekt Werbung für Gesundheit (3 Doppelstunden)

Bewertung:
   Dieses nunmehr zehn Jahre alte Curriculum bedarf dringend der Überarbeitung. Der lehrgangsartige didaktische Ansatz, die isolierte drogenspezifische Betrachtungsweise und der gewaltige Umfang der

Materialien sind die wichtigsten Punkte, an denen eine Kritik anzusetzen hat: Das Unterrichtswerk, das Anfang der siebziger Jahre den
Erkenntnissen der *wissenschaftsorientierten* Curriculumtheorie ver-
pflichtet war, entspricht heute nicht mehr den Anforderungen eines
schülerorientierten, offenen und fachübergreifenden Unterrichts, dessen Ziele, Inhalte und Verfahren „durch die Bedürfnisse, Erfahrungen und Erlebnisse der Kinder in ihrer Umwelt, die Erfordernisse
individuellen und gesellschaftlichen Lebens und die Erkenntnisse der
Wissenschaften" bestimmt sind und dem Kind „bei seiner Erschließung seiner Lebenswirklichkeit" Hilfen geben sollen (KMK 1980).
Trotz einiger inhaltlicher Ansätze wird die gesamte Thematik zu sehr
auf die Bedrohung durch die Alltagsdrogen isoliert. Andere, für das
Grundschulkind möglicherweise relevantere Formen von Abhängigkeiten, wie z. B. stundenlanges Fernsehen, Mißbrauch von Süßwaren,
unkritisches Ausgeliefertsein gegenüber dem Urteil von Gleichaltrigen, bleiben unerwähnt. Nicht zuletzt der gewaltige Umfang an
Lesestoff und Materialien nimmt zu wenig Rücksicht auf den Lehrer,
der in seiner Unterrichtspraxis täglich unter Zeit- und Handlungs-
druck steht. Nur kleine, flexible, kindgemäße, fach- und altersunab-
hängige Planungseinheiten, die zwar Bausteine einer Gesamtkonzeption sind, sich aber einzeln herauslösen lassen, können für Lernanlässe
des Unterrichtsalltags verwendbar sein.

8.2 „Warten bis Lilli kommt" (Film)

Seit 1983 kann über die Landesbildstellen ein Film zur drogenunspezifischen Suchtprävention bei 8- bis 12jährigen Kindern ausgeliehen
werden. Zusammen mit seinem umfangreichen Begleitheft, das bei
der BzgA kostenlos angefordert werden kann, stellt dieser Film eine
mutige, originelle Bereicherung der audiovisuellen Medien zur Drogenerziehung dar.

Im Wechsel von Phantasie und Realität arbeitet die Geschichte des
Films das Alltagsleben von drei Kinderhelden heraus, die süchtig sind:
Anton hat nur das Fernsehprogramm im Kopf, bei Martha dreht sich
alles ums Essen, Zwille lebt nur in der Welt der Comic-Helden. Diese
drei Kinder sind so sehr mit dem Ausleben ihrer Süchte beschäftigt,
daß kaum Kommunikation untereinander aufkommt, geschweige
denn gemeinsame Freizeitinitiativen, phantasievolle Aktivitäten oder
solidarisches Handeln. Erst als das Mädchen Lilli in ihr Hochhaus
einzieht, kommt Unruhe unter die drei Kinder. Lilli in ihrer geheimnisvollen Fremdheit, Kontaktfreude und Kreativität löst bei ihnen

Abb. 4: Szene aus: „Warten bis Lilli kommt"

Unsicherheit, Aggression, aber auch Bewunderung aus. Viele phantasievolle Episoden (auf dem Rummel, im Fahrstuhl, in der Kanalisa-
tion), die oft zwischen Realität und Phantasiewelt nahtlos wechseln,
daß bisweilen die Erlebnisebene unklar bleibt, arbeiten heraus, daß
auch Kinder schon von Abhängigkeiten gefangen sein können, aus
denen sie sich ohne fremde Hilfe nicht befreien können. Erschwert
werden diese Süchte von den suchtfördernden Randbedingungen:
Diese Kinder leben in einer sterilen, kinderfeindlichen, entseelten
Trabantenstadt; der übersteigerte und einseitige Konsum von Essen,
Fernsehen und Comics wird auch von den Eltern praktiziert und nicht
reflektiert.

Der Film endet aber nicht resignativ, sondern zeigt, daß durch
Toleranz und Freundschaft, durch gemeinsame Freizeitaktivitäten
und solidarisches Handeln, durch konstruktive Konfliktbewältigung,
durch Erziehung zu kritischem Konsum und durch Stärkung der
Eigenverantwortung Mißbrauchsverhalten zu verhüten ist.

Das Begleitheft bringt eine Vielzahl von Vorschlägen, wie der Film
vertieft werden kann. Neben Gesprächen über zentrale Figuren und
Probleme des Films werden vor allem Rollenspiele zum Nach- und

Weiterspielen empfohlen. Darüber hinaus soll der Film Ausgangspunkt für weitere Aktivitäten sein, z. B. eine Ausstellung zum Thema „Wie wir wohnen" vorbereiten, Werbung und Comics analysieren, das Kaufverhalten von Kindern im Supermarkt beobachten, das eigene Fernsehverhalten untersuchen, das Zaubern erlernen und ein Daumenkino basteln.

Bewertung:

Lehrer haben Schwierigkeiten, den Film spontan zu akzeptieren – zu sehr überzeichnet erscheinen die Charakteristika der Kinder. Sie wirken aggressiv, destruktiv und verwahrlost. Die Handlungsfolge ist sprunghaft, z. T. unlogisch. Der Wechsel von Realität und Phantasie erfolgt scheinbar ohne didaktisches Konzept. Das Elternhaus wird chaotisch verzerrt: Die Mutter kümmert sich nicht um das schreiende Baby, weil sie fernsehen möchte; Vater und Mutter reden überhaupt nicht miteinander, weil sie nur ein einziges Interesse haben – zu lesen.

Um so überraschter ist man von der Reaktion der Schulkinder auf den Film. Sie entlarven die Überzeichnungen. Sie erkennen sich in den Filmhelden teilweise wieder – leider auch Teilaspekte ihres Elternhauses. Mühelos vollziehen sie den Wechsel von Realität und Traumwelt nach.

Allerdings zeigt die Unterrichtspraxis, daß 8- bis 10jährige Kinder doch überfordert sind. Bei ihnen verarmt der Film zu reiner Unterhaltung; zu distanzierter Reflexion sind sie nur in Ansätzen fähig. Die Überlänge des Films von 51 Minuten ist auch für ältere Kinder eine Belastung. Das Begleitheft, so differenziert und ideenreich es auch entwickelt ist, neigt zu Tendenzen der Verselbständigung. So viele didaktische Funktionen (systematisches Nacharbeiten des Inhalts, Anlaß für Streitgespräche, Initialzündung für verschiedene Unterrichtsprojekte) kann kein Medium zugleich und dauerhaft erfüllen. Da ist auch Lilli überfordert. Insgesamt ist der Film eine wohltuende Alternative zu dem üblichen Angebot an Filmen zur schulischen Drogenerziehung. Allerdings bedarf er dringend der pädagogischen Nacharbeit durch den Lehrer, da er sonst, wenn er unreflektiert bleibt, in den Köpfen der Kinder in die Reihe anderer, „gut gemachter" Action- und Gag-Kinderfilme eingereiht wird. Seine didaktische, hier seine suchtpräventive Funktion erfüllt der Film dann, wenn er gründlich in der Schule besprochen wird und zum Anlaß für ein drogenunspezifisches Unterrichtsprojekt wird; das Begleitheft gibt dazu viele Anregungen.

8.3 „Rauch-Monster" (Spiel)

In Anlehnung und offensichtlich auch als Alternative zum Raucher-spiel in dem Teilcurriculum „Rauchen und Gesundheit" hat die BzgA ein Nichtraucher-Würfelspiel für Kinder des 3. bis 6. Schuljahres

entwickelt. Es soll die Schüler, die dem Rauchen in diesem Alter eher negativ gegenüber stehen, in ihrer Rolle als Nichtraucher bestätigen und ihnen Argumente liefern, den Verzicht auf Rauchen rechtfertigen zu können.

Das Spiel kann von drei bis sechs Kindern gespielt werden. In Anlehnung an moderne Interaktionsspiele ist es nicht als Konkurrenzspiel konzipiert. Vielmehr soll die Freude an Spannung und Spielerlebnis die Kinder zu solidarischem Beistand anregen. Alle Spieler wollen mit ihren Spielfiguren (Hütchen) ein Rauch-Monster besiegen, indem sie es in einen vergitterten Zigarettenautomaten einzusperren versuchen. Allerlei Hindernisse, hervorgerufen durch Gemeinschafts- und Ereigniskarten klären in unterhaltsamer Weise über die Gesundheitsschäden des Rauchens auf, bis endlich das Spielglück dem Nichtraucher oder dem Rauch-Monster winkt.

Bewertung:

Das Spiel verzichtet auf eine Pädagogik des erhobenen Zeigefingers. Der Alltagsdschungel „Rauchen" wird nicht nur kognitiv, sondern auch emotional „aufgehellt"; viele kleine kindgemäße Aktivitäten, die von den Karten spielerisch „erzwungen" werden, gestalten das Spielgeschehen abwechslungsreich.

Die Spielidee, wonach die Kinder nur gemeinsam gewinnen oder gemeinsam verlieren können, wirkt pädagogisch aufgesetzt und wird von den Kindern auch als störend empfunden. Stellvertretend für diesen didaktischen Schönheitsfehler steht die Äußerung eines Kindes: „Wir haben gemeinsam verloren – aber Du hast Schuld!"

9 Empfehlungen zur Suchtprävention in der Grundschule

„Die Herausforderung anzunehmen bedeutet aber nicht zugleich, die ganze Verantwortung für die Suchtprophylaxe an die Schule zu ziehen. Denn allzu leicht werden in unserer Gesellschaft Probleme delegiert: Für Suchtprophylaxe ist die Schule zuständig, dort wirken schließlich die Pädagogen, und sie erreichen alle Kinder! Einen Teil der Verantwortung muß die Schule schon an andere gesellschaftliche Kräfte zurückgeben" (Heckmann/Juhr 1984, 319).

Mit dieser Aussage wird sehr treffend das Dilemma schulischer Suchtprävention charakterisiert: Strukturelle Mißstände des sozialen Nahraums oder der kulturellen Rahmenbedingungen (z.B. leichter Zugriff zu Alltagsdrogen, gesellschaftliche Toleranz gegenüber Mißbrauch, Werbung für Alltagsdrogen) sollen durch kommunikative

Maßnahmen innerhalb der Schule (z. B. durch Aufklärung, Rollenspiel) entschärft werden. Diese Sichtweise von der „Schule als Reparaturwerkstatt" sollte in Frage gestellt werden. Allerdings ist Schule nicht pädagogische Provinz, sondern als Teil gesellschaftlicher Realität auch Teilbedingung für suchtgefährdende Ursachen (z. B. Schul-, Prüfungsangst).

Nachfolgend sollen in Beispielen Überlegungen zur Suchtprävention in der Grundschule angestellt werden, die einerseits eine Verbesserung schulischer Rahmenbedingungen durch geeignete strukturelle Maßnahmen fordern – als notwendige Voraussetzung für effiziente Drogenerziehung –, zum andern Hinweise auf kommunikative Maßnahmen des Lehrers in seiner Alltagsarbeit geben. Es wird dabei ausdrücklich nicht auf wichtige allgemeine gesellschaftliche Rahmenbedingungen (z. B. Arbeitslosigkeit) und auf Strategien der Massenkommunikation (z. B. Fernsehspots) eingegangen.

Vielmehr werden die Empfehlungen auf Alltagsfragen der Grundschule reduziert. Jede einzelne müßte durch viele Einzelbeispiele konkretisiert werden. Aber diese sind in der Regel situativ determiniert, so daß eine Aufzählung leicht zu ungewollten Mißverständnissen führt.

Strukturelle Maßnahmen schulischer Suchtprävention:
- Senkung der Klassenfrequenzen, um Lehrern und Schülern mehr Freiraum für eine Sozialerziehung zu eröffnen.
- Verkürzung der Pflichtstundenzahl, um den Lehrer angesichts gesteigerter Belastungen in der Schule psychohygienisch zu stabilisieren.
- Schaffung eines flexiblen Systems gut ausgebildeter Beratungslehrer für Gesundheitserziehung.
- Aufnahme von Primärprävention als Unterrichtsprinzip in die Zielsetzungen von Rahmenrichtlinien.
- Aufnahme von Themen zur Suchtprävention in die Lehrpläne; Ausstattung mit Drogencurricula einschließlich der notwendigen Medien.
- Entschärfung belastender Ereignisse (z. B. Einschulung, Übergang von der Grundschule in die Sekundarstufe I, lange Fehlzeiten von Schülern infolge von Krankheiten, Wiederholung einer Klassenstufe, Praxis der Zensurengebung).
- Erhöhung der Lernmotivation durch eine verbesserte Unterrichtshygiene und offene Unterrichtsformen.
- Bewegung, Spiel, Sport und Musik als Präventivmaßnahmen.
- Gleitende Unterrichtszeiten statt starrer Stundenordnung.
- Ausweitung des Klassenlehrerprinzips.

Kommunikative Maßnahmen schulischer Suchtprävention:

- Zusammenarbeit mit Eltern als unverzichtbarer Bestandteil von primärpräventiver Drogenerziehung.
- Vermittlung psychohygienischer Qualifikationen (vielfältige Interessen, Kreativität, Eigenverantwortung, Gemeinschaftsfähigkeit, Selbstsicherheit, Selbstwertgefühl, Kommunikationsfähigkeit).
- Schaffung eines psychohygienischen Lernmilieus (sozialintegrativer Unterrichtsstil, kooperative Arbeitsformen, Mitbestimmung im Unterricht, Berücksichtigung der individuellen Lernmöglichkeiten und -bedürfnisse, Entkrampfung der Leistungsbeurteilung, repressionsfreie Erziehung, Integration verhaltensauffälliger Kinder).
- Positives Vorbild des Lehrers aus Einsicht in die Funktion seiner Erzieherrolle und deren Wertschätzung als Lernmodell.
- Einbettung der Suchtprävention in ein Konzept einer allgemeinen Gesundheitserziehung als Unterrichtsprinzip.
- Gezielte Maßnahmen zur Stabilisierung der Schüler- und der Lehrerpersönlichkeit.

Suchtprävention verlangt bildungspolitische Konsequenzen, die den Lehrer zum Engagement ermutigen, anstatt ihn angesichts übermächtiger gesellschaftlicher Rahmenbedingungen resignieren zu lassen. Dazu gehören auch öffentliche Erklärungen und Maßnahmen, daß auch drogenunspezifische Prävention ausdrücklich gewünscht und unterstützt wird. Wer allgemeine Suchtprävention in der Grundschule auf einen rein informativen Aufklärungsunterricht über die Schädlichkeit von Alltagsdrogen reduziert, verharmlost das gesellschaftliche Problem der Suchtgefährdung aller. Er setzt sich darüber hinaus dem Vorwurf aus, nur an Symptomen herumzukurieren und die Ursachen zu ignorieren. Um glaubwürdig und effizient zu sein, muß Suchtprävention in ein Konzept einer allgemeinen Sozialerziehung eingebunden sein.

Literatur

Bartsch, N. u. a.: Curriculum Alkohol, Rauchen, Selbstmedikation, Werbung und Gesundheit. Hrsg. von Bundeszentrale für gesundheitliche Aufklärung. Stuttgart 1975

Baur, H.: Suchtprävention in der Schule. In: Prävention 7 (1984) 4, 116–119

Bockhofer, R.: Drogenerziehung ohne moralische Appelle. In: Prävention 5 (1982) 3, 90–96

Carlhoff, H.-W.: Drogenkompendium für Lehrer und Eltern, Information – Prophylaxe – Arbeitsmaterialien. Heidelberg 1980

Clemens, W./Lachmund, M.: Kommunikative Ansätze in der schulischen Drogenprävention. In: Prävention 7 (1984) 4, 120–124

Deutsche Hauptstelle gegen die Suchtgefahren (Hrsg.): Drogenprävention – eine Standortbestimmung. Hamm 1983

Deutsche Hauptstelle gegen die Suchtgefahren (Hrsg.): Prävention, Möglichkeiten und Grenzen bei Suchterkrankungen. Hamm 1980

Deutsche Hauptstelle gegen die Suchtgefahren (Hrsg.): Sucht und Gesellschaft. Hamm 1984

Döpfner, M. u. a.: Evaluation eines sozialen Kompetenztrainings für selbstsichere Kinder im Alter von neun bis zwölf Jahren – ein Therapievergleich. In: Ztschr. Kinder-Jugendpsychiatrie 9 (1981) 3

Feser, H. (Hrsg.): Drogenerziehung, Handbuch für pädagogische und soziale Berufe, Eltern, Studenten. Langenau-Albeck 1981

Greinke, K.: Gesundheitserziehung in der Schule für Lernbehinderte (Sonderschule). Oberbiel 1979

Hallmann, H. J.: Drogenprävention in der Schule. München 1983

Hallmann, H. J./Leonhardt, U.: Schule und Suchtprävention. In: Deutsche Hauptstelle gegen die Suchtgefahren (Hrsg.): Sucht und Gesellschaft. Hamm 1984

Heckmann, W.: Suchtprävention als Gemeinschaftsaufgabe. In: Suchtgefahren 27 (1981) 3, 151–164

Heckmann, W./Juhr, G.: Was kann der Biologieunterricht zur Drogenerziehung beitragen? In: Hedewig, R./Staeck, L. (Hrsg.): Biologieunterricht in der Diskussion. Köln 1984

Knigge-Illner, H. u. a.: Suchtprävention in der Schule. Weinheim 1983

Konferenz der Kultusminister (KMK) (Hrsg.): Tendenzen und Auffassungen zum Sachunterricht in der Grundschule (Entwurf). Berlin 1980

Noack, K. A. u. a.: Unterrichtswerk zu Drogenproblemen. Hrsg. von Bundeszentrale für gesundheitliche Aufklärung. Stuttgart 1980

Renn, H.: Organisatorische Chancen und Notwendigkeiten derzeitiger Suchtprävention. In: Fengler, J. u. a.: Suchtprävention – eine Zwischenbilanz. Hamm 1985

Tlustek, G.: Primärprävention gegen Suchtverhalten von Grundschülern – Nichtraucher bleiben. In: Prävention 8 (1985) 3, 93–96

Twelker, D.: Suchtgefährdung bei Schülern, insbesondere Sonderschülern – Möglichkeiten und Grenzen einer erzieherischen Beeinflussung. Oberbiel 1978

Vontobel, J.: Zum Ausflippen, das Drogenproblem – eine Herausforderung für unsere Schule. In: Schweizerische Lehrerzeitung 125 (1980) 6/7

Winter, K./Schill, W.: Alkohol und Gesundheit. Hrsg. Bundeszentrale für gesundheitliche Aufklärung. Stuttgart 1977

Suchtprävention im Biologieunterricht

Lothar Staeck

1 Das didaktische Verständnis von Suchtprävention im Rahmen des Biologieunterrichts

Im Fächerkanon der allgemeinbildenden Schulen gilt der Biologieunterricht traditionell als das „Kernfach" bzw. Schwerpunktfach für
Drogenprävention, d. h., die Drogenthematik wird explizit und als
zentraler Aspekt thematisiert. Diese Feststellung ist mittlerweile – vor
allem für den Bereich der Sekundarstufe I – unstrittig (vgl. z. B. die
Untersuchung des Instituts für die Pädagogik der Naturwissenschaf-
ten; Bundeszentrale 1976b).

Bislang konnte jedoch die im Rahmen des Biologieunterrichts
vorgenommene Schwerpunktsetzung in keiner Weise befriedigen – ja
es muß sogar vielmehr konstatiert werden: Die unterrichteten Inhalte
waren – und sind größtenteils noch immer – in ihrer fachlichen
Akzentuierung in höchstem Maße einseitig kognitiv ausgerichtet,
wobei sie fast ausschließlich auf Drogenaufklärung abzielen (vgl.
Moisl 1980, 16). Durch die Aufnahme auch der illegalen Drogen und
des Arzneimittelmißbrauches in bundesdeutsche Biologielehrpläne
vor etwa 15 Jahren kam eine neuartige Aufgabe auf die Biologielehrer
zu, auf die sie nicht vorbereitet waren. Die Erwartungshaltung der
Eltern, der Kultusbehörden sowie auch mancher Schüler an die
schulische Suchtprävention war groß – ungerechtfertigt groß. Woher
sollten die Lehrer didaktische und methodische Kenntnisse über
diesen schwierigen, in erster Linie psychosozialen und gesellschaftlichen Problembereich erwerben? Wie konnte ein Transfer von anderen – ähnlichen – Bereichen (z. B. aus der Umwelterziehung. Sexualerziehung, Gesundheitserziehung) geleistet werden? Eine typische,
nicht nachahmenswerte Stundenkonfiguration sieht im derzeitigen
Biologieunterricht beispielsweise folgendermaßen aus:

1. Stunde: Verlauf der Alkoholabhängigkeit.
2. Stunde: Die kritische und chronische Phase der Alkoholabhängigkeit; die Trinkertypen.

3. Stunde: Abbau des Alkohols im Körper, die körperlichen und geistigen Folgen.
4. Stunde: Schadstoffe des Tabaks, Wirkung und körperliche Folgen des Rauchens.
5. Stunde: Produkte der Cannabispflanze, Wirkungen und Folgen.
6. Stunde: LSD, Opium, Heroin: Wirkstoffe, Wirkungen, Gefahren.
7. Stunde: Der goldene Schuß; Beziehung zwischen Dealern und Fixern; der Weg der Abhängigkeit.
8. Stunde: Resozialisation; Heilung, Behandlung, Besuch einer Drogenberatungsstelle.

Die vom Verfasser im Rahmen von Stundenhospitationen erlebte Unterrichtspraxis, die gegenwärtig zugelassenen Biologie-Schulbücher und nicht zuletzt die derzeit gültigen Lehrpläne für den Biologieunterricht in der Bundesrepublik zeigen dieses überholte didaktische Verständnis in der überwiegenden Zahl der Bundesländer deutlich auf. In einem umfassenden vom IPN/Kiel im Auftrage der Bundeszentrale für gesundheitliche Aufklärung 1985 durchgeführten Projekt zur Analyse der Gesundheitserziehung in den Lehrplänen der bundesdeutschen Länder wird diese Schwerpunktsetzung explizit bestätigt. In den Biologie-Lehrplänen werden fast durchweg die folgenden Drogenaspekte thematisiert (vgl. Bundeszentrale 1986a und b):

– Wirkung, Folgen, Risiken des Rauchens;
– Alkoholwirkung, Alkoholismus, Alkoholformen; Wirkung, Folgen, Risiken des Alkoholkonsums;
– Verwendungsformen der Rauschmittel; Wirkung, Folgen, Risiken des Konsums der „harten Drogen";
– Arzneimittelmißbrauch.

Die auch für die übrigen Inhaltsbereiche des Biologieunterrichtes der achtziger Jahre noch längst nicht zufriedenstellend gelöste Problematik, daß

– zum einen die Förderung der affektiven und handlungsbezogenen Kompetenz bei den Schülern der rein kognitiven Wissensvermittlung
– und zum anderen die Berücksichtigung gesellschaftlicher Probleme und sozialer Kompetenzen

stark zu kurz kommen, zeigt sich beim Unterricht über drogenpräventive Aspekte besonders deutlich. So fehlen in den Lehrplänen und Schulbüchern folgende Schwerpunktsetzungen nahezu völlig:

- Beeinflussung/auslösende Faktoren des Drogenkonsums unter besonderer Berücksichtigung sozialer Entstehungsbedingungen, der Einflüsse von Bezugsgruppen, psychosozialer Belastungen;
- soziokultureller Hintergrund des Drogenkonsums;
- Einfluß von Werbung/Medien auf Drogenkonsum.

So verwundert es nicht, daß die Frustrationen über die Ineffektivität derartiger Unterrichtsbemühungen insbesondere bei den außerschulischen Sachverständigen wie Drogenberatungsdiensten, betroffenen Eltern, Didaktikern der Lehrerausbildung groß waren (und sind).

2 Die Bedeutung vorliegender Modelle der schulischen Suchtprävention für den Biologieunterricht

Aus der Analyse der umfangreichen Literatur zum Komplex der Suchtprävention lassen sich die folgenden drei Unterrichtskonzepte herausfiltern:

2.1 Das Abschreckungskonzept

In den Mittelpunkt der Erörterung werden Inhalte und Konsequenzen gestellt, die Furcht erzeugen und auf den Schüler abschreckend und schockierend wirken sollen. Als Beispiele werden häufig der jugendliche Drogentote neben dem Klosett in einem WC sowie auch das nekrotisch-schwarze Raucherbein gewählt: „Wer genügend Angst vor den möglichen verheerenden Folgen schon eines einzigen Versuchs mit Drogen hat, wird auch von diesem ersten Versuch zurückschrekken" (Böhlmann/Schock 1972, 34).

Diese Strategie kann nicht erfolgreich sein, da sie bei den Adressaten allenfalls kurzfristige Verhaltensänderungen bewirkt. Die abschreckenden Inhalte haben zudem für die Schüler kaum Bedeutung, da sie aufgrund ihrer Ich-Ferne nicht auf sich selbst bezogen werden. Auch empirische Untersuchungen bestätigen tendenziell diese These (vgl. Söllner 1982).

2.2 Das Aufklärungskonzept

Auf der Basis möglichst objektiver und emotionsfrei vorgetragener Fakten über die pharmakologische, körperliche und psychische Wirkung von Dosen sollen die Schüler kognitiv überzeugt werden. Eine unlängst in Berlin durchgeführte Befragung der Drogenkontaktlehrer, die überwiegend von Biologielehrern gestellt werden, hat ergeben, daß 95% die Hauptfunktion des drogenpräventiven Unterrichts in der Aufklärung über die Drogen sieht (= Drogenkunde), wenig mehr als die Hälfte sind indes der Meinung, daß der Unterricht auch Prophylaxe leisten müsse (vgl. Clemens 1982, 11). Das Aufklärungskonzept knüpft (zwar) an traditionellen Methoden schulischer Bildung an, dennoch sind die Schwachstellen dieses Modelles offenbar: Die Aufnahme und Anhäufung von Wissen bietet von vornherein und für sich allein noch keine Gewähr für ein entsprechend gesundheitsgerechtes Verhalten, denn das menschliche Verhalten ist nicht in dem Maße rational gesteuert, wie es wünschenswert wäre. Einen Beleg für diese inzwischen als verifiziert geltende These konnte man in der geringen Anlegequote des Sicherheitsgurtes trotz hinreichend abgesicherter Kenntnisse über die Gefahren des Autofahrens sehen. Auch das empfängnisverhütende Verhalten vieler Jugendlicher wird letztendlich – ähnlich wie der erste Drogenkonsum – eher (sozial-) affektiv beeinflußt als rational: Die Jugendlichen sind heute zwar ausreichend über Mittel und Methoden informiert, doch in den Situationen, in denen es darauf ankommt – wie in der Verführungssituation des drogenkonsumierenden Freundes – werden die gewählten Verhaltensweisen nicht durch rationale Entscheidungen gesteuert, sondern durch momentane Gefühle und den Einfluß der unmittelbaren Umgebung. Es sind demnach zusätzliche, vor allem emotionale und soziale Komponenten notwendig, damit Kenntnisse stabil verhaltenswirksam werden.

2.3 Das Ganzheitskonzept

Für die Suchtprävention heißt dies, daß zwar eine sachliche und grundlegende Information über Drogen und die Folgen des Mißbrauches erforderlich ist, jedoch dieser Aspekt nur ein Element innerhalb eines ganzheitlichen suchtpräventiven Gesamtkonzeptes sein kann. Dieses didaktische Verständnis beginnt sich allmählich in der Literatur zur Drogenprävention durchzusetzen. Die Erlangung sozialer Kompetenz repräsentiert in einer an Suchtprävention orientierten

Erziehung eine besondere Qualitätsstufe. Für schulische Erziehungsprozesse gilt es in diesem Zusammenhang zu beachten, daß die
Familie die wichtigste Instanz für die Förderung dieser sozialen
Lernprozesse darstellt, da Kinder durch Identifikation, Imitation und
Internalisierung zunächst die Verhaltensweisen ihrer Eltern übernehmen. In der Schule muß jedoch zusätzlich den Jugendlichen die
Möglichkeit geboten werden, durch Reflexion und Problematisierung
angenommener sozialer Normen und problematischer Verhaltensweisen zur durchdachten Veränderung des eigenen Sozialverhaltens zu
kommen. Dies kann jedoch nur in einem langfristigen Prozeß geschehen. Auf den Biologieunterricht bezogen bedeutet die Anwendung
dieses Konzeptes:

1. Als unterrichtlicher Einstieg sollte von der Lebenssituation der
   Kinder und Jugendlichen ausgegangen und in diesem sozialen
   Kontext gemeinsam mit den Schülern nach Bedingungen und
   Ursachen gesucht werden, die dazu beitragen, daß es zum Drogenmißbrauch kommen kann.
2. Der Biologielehrer sollte bewußt die *„stille Strategie"* zum Einsatz
   bringen. Indem die Integration drogenspezifischer Teilaspekte in
   andere (Fach-)Zusammenhänge vorgenommen wird (z. B. im Rahmen der Erörterung der Themen Funktionsweise des Nervensystems, Leber als Organ unseres Körpers, Herz-Kreislauf-Erkran-
   kungen, körperliche Leistungsfähigkeit, Gesundheit und Medika-
   menteneinnahme), können phasenweise bzw. punktuell die Wirkung, Folgen und Risiken des Konsums ausgewählter Drogenarten
   besprochen werden.

3 Übertragung zeitgemäßer didaktischer Ansätze auf den Biologieunterricht

Für die Beschäftigung mit der Suchtprävention im Biologieunterricht
erscheint die konsequente Anwendung des im vorausgegangenen
Abschnitts beschriebenen *allgemeindidaktischen Ganzheitskonzeptes*
in Verbindung mit dem in der biologiedidaktischen Strukturierungs-
debatte etablierten *anwendungsbezogenen Ansatz* am sinnvollsten
(vgl. Staeck 1982, 95 ff.). Beide sich als schülerorientiert verstehende
Modelle gehen von dem Verständnis aus, daß die Heranwachsenden
mit Kenntnissen, Fähigkeiten, Fertigkeiten und Handlungskompetenzen auszustatten sind, die sie zur erfolgreichen Auseinandersetzung

mit den vielfältigen Lebenssituationen befähigen. Die methodisch richtige und den heutigen Erfordernissen entsprechende unterrichtliche Vorgehensweise kann deshalb nur darin bestehen, die traditionelle „Drogenkunde" auf ein Mindestmaß zu reduzieren und auch im Rahmen des Biologieunterrichtes durch Festigung der Ichstärke, des verbalen Ausdrucksvermögens, durch Lernspiele, durch das Vorleben des Biologielehrers, also durch Förderung und Training die soziale Kompetenz der Schüler konsequent voranzutreiben. Auf der Basis der beiden angeführten Konzepte lassen sich ausschnittweise die folgenden Zielsetzungen für die Suchtprävention im Rahmen des Biologieunterrichts formulieren:

– Ursachen des Drogenkonsums analysieren können;
– die Labilität der Jugendlichen in der Pubertät (abweisend und doch hilfebedürftig, zugänglich und unzugänglich zugleich, scheinbar selbstsicher und doch abhängig und beeinflußbar, stark – dabei leicht verletzbar) als möglichen Faktor für den Einstieg in den Drogenkonsum erkennen können;
– die eigenen sozialen Handlungsrepertoires in Konflikt- und Problemsituationen erweitern lernen;
– das selbstkontrollierte und dosierte Umgehen mit Drogen lernen;
– zur Stabilisierung von Strategien nicht-drogenorientierter Lebensbewältigung gelangen.

Diesen Zielsetzungen folgend sind die Schwerpunkte der Drogenprävention anders zu setzen als im herkömmlichen Biologieunterricht, gilt doch nunmehr als unmittelbares Kriterium für die Auswahl von Unterrichtsinhalten das, was für das Leben des Menschen in seiner Umwelt allgemein bedeutsam (anwendbar) ist.

Als Einstieg in eine nach den oben beschriebenen Konzepten entwickelte Unterrichtssequenz bieten sich auffallende Phänomene, fragwürdige Situationen, Problemstellungen, Falldarstellungen, aber auch konkrete Erfahrungen und Konflikte der Schüler an. Bezogen auf das Thema Drogenprävention kann das z.B. eine in ihrem Ablauf oder in ihrem biologischen Aussagewert interessante Falldarstellung sein. Anschließend werden dann (Arbeits-)Hypothesen zur Klärung der Ursachen des Ausgangsproblems aufgestellt:

– Auf der *gesellschaftlichen Ebene* z.B. wie die beschriebene Person zum Drogenkonsum bzw. zur Drogenabhängigkeit kam (familiäre Streitereien, mangelnde Zuwendung, fehlende/unglückliche Partnerschaft, berufliche/existenzielle Sorgen);
– auf der *biologischen Ebene* z.B. wie es zu den beschriebenen Ausfallerscheinungen kommen kann (Fehlschaltungen in den Ner-

venbahnen, Blockade von Schaltstellen, Überreizung von Sinnes-
rezeptoren).

Mit Hilfe entsprechender fachwissenschaftlicher Fakten werden
schließlich in einem dritten Schritt die aufgestellten Hypothesen
überprüft, bestätigt oder verworfen. Die Diskussion/Erörterung
denkbarer Maßnahmen bzw. Problemlösungs-, Problemvorbeugungs-
strategien einschließlich der sich ergebenden Grenzen schließt eine
solche Unterrichtssequenz zur Drogenprävention ab (z. B. in szenischen Spielen und Rollenspielen). Die Biologie-Lehrpläne bieten in
allen Bundesländern genügend Freiräume, um die Drogenthematik
im Zusammenhang mit unterschiedlichen Themenstellungen (z. B.
Sinnesorgane, Nervensystem, Gehirn, Leber, Atmung, Herz-Kreis-
lauf-System) immer wieder gemäß „stiller Strategie" in der Sekundarstufe I oder II aufzugreifen.

Die vorangegangene Skizzierung einer möglichen und unterrichtlich erfolgreich umgesetzten Unterrichtssequenz macht deutlich, daß
sich auch für die Behandlung der Drogenprävention im Rahmen des
Biologieunterrichtes der anwendungsbezogene Ansatz mit seinen
methodisch-pragmatischen und gesellschaftlichen Prioritäten in Verbindung mit dem Ganzheitskonzept als ein richtiger Weg erweist. Zur
Verdeutlichung der vorangegangenen Ausführungen wird nachfolgend eine konkrete Umrißplanung einer Unterrichtssequenz zur
Suchtprävention vorgelegt.

3.1 Lerninhalt: Fallbeispiel zur Drogenabhängigkeit

Die Literatur bietet insgesamt nur wenige Falldarstellungen an; von
diesen sind zudem nur einige unterrichtlich als Gesprächs- bzw.
Reflexionsanstoß geeignet, da sie entweder sehr langatmig oder zu
medizinisch die „Drogenkarriere" beschreiben. Die detaillierteste
Darstellung einer Entwicklung zur Drogenabhängigkeit liefert zweifellos das Buch „Kinder vom Bahnhof Zoo". Da die Textausschnitte
dieses Bandes zum Bestandteil einer Reihe von publizierten Unterrichtseinheiten geworden sind (vgl. z. B. Leuchtenstein 1980) und
diese Tatsachenschilderung zudem auch umstritten ist (Sensationslust, Vorbildwirkung sowie der sicher nicht zu verallgemeinernde
Therapieerfolg bei Christiane F.), soll hier ein anderes griffiges
Fallbeispiel Verwendung finden.

Dieser authentische Fall schildert den Weg einer jungen Frau in die
Alkoholabhängigkeit. Das Beispiel kann zusammen mit konkreten

Fragestellungen an die Schüler zur Erarbeitung von auslösenden und begünstigenden Faktoren für die Drogenabhängigkeit verwendet werden. Weiterhin lassen sich bestimmte Persönlichkeitsmerkmale und Umweltfaktoren analysieren. Zwei weitere brauchbare Falldarstellungen finden sich bei Harten 1981, 198 f. (Der Weg der 14jährigen Michaela über den ersten Haschischkonsum in die Drogenabhängigkeit) und bei Täschner/Richtberg 1982, 186 ff. (Auswirkungen der Cannabis- und Kokaineinnahme bei einem jungen Studenten).

Fallbeispiel zur Alkoholabhängigkeit

Ingrid M. erzählt: „Ich bin jetzt 30 und recht glücklich verheiratet. Wir haben einen achtjährigen Sohn, haben eine hübsche kleine Neubauwohnung, komplett eingerichtet, alles was man zum Leben braucht. Nach der Realschule hatte ich Bankkaufmann gelernt und auch gleich eine gute Stellung bekommen. Der Beruf machte mir Spaß. Dann lernte ich meinen Mann kennen, und unser Sohn kündigte sich an. Da habe ich dann aufgehört zu arbeiten. Zuerst fand ich das sehr gut. Ich hatte wieder etwas Neues, auch alle meine Freundinnen hatten schon Kinder. Aber ich konnte keine richtige Beziehung zu dem Kleinen entwickeln. Er war für mich eher wie ein Spielzeug oder eine Puppe zum Schmusen. Als er drei Jahre alt war, gaben wir ihn in den Kindergarten, und ich wollte wieder arbeiten. Aber plötzlich war mein Mann dagegen. Er meinte: ‚Das haben wir doch nicht mehr nötig. Wir haben doch alles. Sei doch froh, daß Du nicht unbedingt arbeiten mußt . . .‘ und ähnliche Sprüche. Das fand ich erstmal auch ganz gut, aber irgendwie war ich doch unbefriedigt. Was sollte ich denn den ganzen Tag über zu Hause anstellen? Da habe ich dann aus lauter Langeweile manchmal einen Schnaps getrunken, und das tat mir ganz gut. Ich muß betonen, daß mir bis dahin Alkohol überhaupt nichts bedeutet hat. Aber nun schmeckte er plötzlich und gab mir das Gefühl von Leichtigkeit und Zufriedenheit. Bald aber merkte ich, daß ich schon am frühen Morgen das regelrechte Bedürfnis nach Alkohol hatte. Ich konnte es kaum erwarten, allein zu sein, um das erste Glas einzugießen. Bald war ich bei einer halben Flasche Kognak angelangt, und nun ging es ganz rapide. Schon beim Aufwachen war mir schwindlig und übel, und erst, wenn ich einen ‚gekippt‘ hatte, ging es mir besser. Mein Zustand verschlimmerte sich von Tag zu Tag. Ich hatte fürchterliche Träume, wurde nachts wach von dem unwiderstehlichen Bedürfnis nach Alkohol. Eines Tages kam der Zusammenbruch, und nun erst merkte mein Mann, was mit mir los war. Er brachte sofort sämtlichem Alkohol aus dem Haus. Aber ich dachte mir die tollsten Tricks und Verstecke aus, um trotzdem zu meinem Stoff zu kommen. Alles drehte sich für mich nur noch um den Alkohol. Den Zustand der Nüchternheit konnte ich nicht mehr ertragen. Qualvolle Träume, Angstschweiß, Zittern und fürchterliche Gliederschmerzen.

Unsere Ehe ging fast in die Brüche, und ich war heilfroh, wenn mein Mann nicht da war, weil er mir immer meinen Schnaps mit Gewalt wegnehmen wollte. Eines Tages bin ich ‚im Suff‘ die Treppe runtergestürzt. In der Klinik wurde dann erst einmal eine Erziehungskur mit mir gemacht. Das war grauenhaft. Anschließend haben sie mich zu den ‚Anonymen Alkoholikern‘ geschickt, und da habe ich Leute kennengelernt, die mir großartig geholfen haben. Aber ich hätte es nicht geschafft, wenn mein Mann nicht zu mir gehalten hätte. Vor allem von diesem ewigen Selbstmitleid mußte ich weg. So habe ich angefangen, intensiv an mir selbst zu arbeiten und mir meine Situation ganz schonungslos klarzumachen. Dabei hat mir die Gruppe sehr geholfen.

Jetzt lebe ich schon drei Jahre ohne Alkohol. Aber ich weiß ganz genau, daß mich ein einziger Tropfen wieder dahin bringen kann, wo ich schon einmal war."

Aufgaben und Fragen

1. Welche Faktoren haben bei Ingrid M. die Sucht verursacht bzw. begünstigt?
   Überprüfen Sie Faktoren,
   – die in der Persönlichkeit dieser Frau liegen,
   – die in der sie umgebenden Umwelt liegen
     (Personen, deren Ansichten, Verhaltensweisen; Wohnverhältnisse ...).
2. Von welchem Zeitpunkt an würden Sie diese Frau als süchtig bezeichnen (mit Begründung)?
3. Welche Umstände und Überlegungen gaben den Ausschlag zur Abkehr vom Alkohol?
4. Ingrid M. versucht seit drei Jahren, ohne Alkohol zu leben, weil die geringste Menge Alkohol sie wieder zur Sucht führen kann.
   Welche Möglichkeiten sehen Sie, eine erneute Abhängigkeit zu vermeiden?

Die Frage 2 regt dazu an, sich mit dem Phänomen Sucht zu beschäftigen. Die Frage 3 soll den Schülern bewußt machen, in welche psychisch-somatisch bedrohliche Situation Drogenabhängige oftmals erst gelangen müssen, bevor sie sich entschließen, sich von der Drogenabhängigkeit zu lösen. Frage 4 will anregen, über sinnvolle Alternativen zum Drogenkonsum nachzudenken.

3.2 Lerneinheit: Das Umgehen mit den eigenen Süchten

Das Ziel dieser Lerneinheit besteht darin, daß die Schüler erkennen, daß jeder Mensch in seiner Persönlichkeit Suchtanteile aufweisen kann. Solche Süchte können gemeinsam herausgestellt werden, z.B. Freßsucht, Rauchsucht, Eifersucht, Arbeitssucht (Arbeitswut), Spielsucht, Fernsehsucht; das Umgehen mit den eigenen Süchten kann anschließend thematisiert werden mit Zielrichtung auf die Kernfragen:

- Warum gibt es Menschen, deren Lebensgewohnheiten nicht zu derartigen Süchten führen?
- Warum gibt es Menschen, die mit Drogen kontrolliert umgehen können und andere nicht?
- Welche Fähigkeiten und Fertigkeiten brauchen Jugendliche, um ein weitgehend drogenfreies Leben zu führen (bzw. zumindest ein kontrolliertes Umgehen mit Drogen)?

3.3 Lerneinheit: Die biochemischen Hintergründe der Abhängigkeit – warum wir süchtig werden

In dieser Lerneinheit wird zum einen herausgearbeitet, wie

- die sich normalerweise in einem regulierten Gleichgewicht (Homöostase) befindlichen Körperfunktionen durch den Drogenkonsum gestört werden.
- es biologisch zu bestimmten typischen Ausfallerscheinungen kommt;
- sich bei kontinuierlicher Drogeneinnahme die körperliche Abhängigkeit entwickelt.

Methodisch bietet sich an, die Schüler mit ausgewählten Textpassagen arbeiten zu lassen. Gutes Material findet sich beispielsweise in den Aufsätzen von Herz (1980), Leuchtenstein (1980) und Milkmann/ Sunderwirth (1984).

3.4 Lerneinheit: Gesellschaftliche und biologiche Ursachen süchtigen Verhaltens

Unter Einbeziehung der konkreten Umwelterfahrungen der Schüler und der erarbeiteten Fakten können als ein erstes Zwischenergebnis die aufgestellten Hypothesen überprüft, bestätigt oder verworfen werden.

3.5 Lerneinheit: Einüben von gesundheitsorientierter Handlungskompetenz

Diese Lerneinheit kann über verschiedene Einstiege angegangen werden, z. B.:

– Über die Erörterung von Gesichtspunkten und die praktische
Erprobung einer bedarfsgerechten Ernährung (vgl. Staeck u. a.
1976). Hierbei kann am Beispiel der Ernährung eine gesundheits-
bewußte Einstellung bei den Schülern verstärkt werden, die dazu
beitragen kann, auch gegenüber der möglichen Verführung durch
Drogen unempfindlich zu werden.

– Mit Hilfe von szenischen Spielen als Simulations- oder Rollenspielen können konkrete Entscheidungs- und Konfliktsituationen aus
dem Pubertätsaiter thematisiert werden (z. B. Probleme mit dem
Freund, der Freundin, den Eltern; Verführungssituationen auf
Parties). Bei dieser Unterrichtsmethode werden nicht nur Normen
und Regeln des alltäglichen Handelns sichtbar und hinterfragt,
sondern auch die Wahrnehmungs- und Ausdrucksfähigkeit sowie
die Kommunikations- und Konfliktfähigkeit der Schüler gefördert,
wodurch das Selbstwertgefühl und die Ichstärke gefestigt werden
können.

4 Nachwort: Unterrichtsmedien als methodische Hilfen für einen suchtpräventiven Biologieunterricht?

Die Palette der für die Drogenthematik zur Verfügung stehenden
Unterichtsmedien ist außerordentlich groß und für den praktizierenden Lehrer mit Sicherheit nicht mehr zu überblicken. Im Angebot sind
vor allem gedruckte Materialien (Curricula, Broschüren), Filme,
(Ton-)Diareihen und in letzter Zeit auch zunehmend Videofilme aus
Fernsehproduktionen. Angesichts dieser Sachlage wäre eine Medien-
synopse zum Thema Drogen – möglicherweise nach den Kategorisie-
rungskriterien Abschreckungskonzept/Aufklärungskonzept/Ganz-
heitskonzept – zum gegenwärtigen Zeitpunkt sehr hilfreich. Diese
Aufgabe kann im Rahmen dieser Arbeit nicht geleistet werden. Erste
Ansätze in diese Richtung liegen indes bereits vor (vgl. z. B. Klees u. a.
1984, Mierke 1983).

An dieser Stelle soll deshalb lediglich eine allgemeine Einschätzung
der Unterrichtsmedien zur Drogenthematik vorgenommen werden.
Generell läßt sich sagen, daß

– ein großer Teil des Angebots der öffentlichen Leihstellen veraltet,
d. h. von der aktuellen sozialpolitischen Bedeutung des Themas her
überholt ist;

- ein weiterer beträchtlicher Anteil an Medien das Abschreckungs-
  konzept vertritt, das bei den Heranwachsenden – abgesehen von
  punktueller Sensationslust – eher Desinteresse und Ablehnung
  hervorruft, so daß sie von daher für den Unterricht ungeeignet
  erscheinen (vgl. Klees u. a. 1984, 30 ff.);
- eine Reihe von Unterrichtsmedien derart klischeehaft und unrea-
  listisch erscheinen, daß sie von den Schülern – vor allem in
  Großstädten – als lächerlich empfunden werden.

In noch stärkerem Umfang als sonst ist deshalb der Lehrer gefordert,
die angebotenen Unterrichtsmedien genau zu prüfen, bevor er sie
einsetzt. Dies gilt auch für die seit Mitte der siebziger Jahre von der
Bundeszentrale für gesundheitliche Aufklärung entwickelten Unterrichtsmaterialien zur Drogenprävention, die bis in die achtziger Jahre
hinein als sogenannte „geschlossene Curricula" konzipiert wurden,
d. h. dem Lehrer bis in die Unterrichtsfeinplanung hinein methodische
und inhaltliche Angebote zur Verfügung stellten. An diesen Unterrichtsmaterialien scheiterten gelegentlich vor allem Lehranfänger,
wenn sie versuchten, die angebotenen Konzepte rezeptartig umzusetzen, anstatt das vorliegende Angebot variabel und je nach Unter-
richtssituation im Sinne eines Baukastenprinzips zu handhaben.

Konzeptionell sind diese Materialien der Bundeszentrale indes
positiv zu würdigen, da sie teilweise über das Aufklärungskonzept
hinausgehen und auch ganzheitliche Lerneinheiten – inzwischen auch
als offene unterrichtliche Bausteine – anbieten (vgl. z. B. Noack u. a.
1980/1985).

Literatur

Bartsch, N. u. a.: Curriculum Alkohol, Rauchen, Selbstmedikation, Werbung
und Gesundheit. Stuttgart 1975
Böhlmann, D./Schock, E.: Kampf den Rauschgiften. Zur Behandlung der
Didaktik des Drogenproblems. In: Der Biologieunterricht 8 (1972) 2, 31–57
Bundeszentrale für gesundheitliche Aufklärung (Hrsg.): Teilprojekt Lehr-
plananalyse Gesundheitserziehung. Band 1, Vorabbericht. Köln 1986a
Bundeszentrale für gesundheitliche Aufklärung (Hrsg.): Lehrplananalyse
Gesundheitserziehung. 14 Teilbände, Vorabbericht. Köln 1986b
Clemens, W.: Zur Lage des Drogenkontaktlehrers an der Berliner Schule.
Hrsg. von PZ Berlin. Berlin 1982
Harten, R.: Normal und Süchtig. Hrsg. von Aktion Jugendschutz. Heft 6, Kiel
1981
Herz, A.: Biochemische und pharmakologische Aspekte der Drogensucht. In:
Spektrum der Wissenschaft (1980) 4, 79–89

Klees, R. u. a.: Medien in der Suchtprophylaxe. Weinheim und Basel 1984

Leuchtenstein, H.: Drogen – Entwicklung in die Sucht. In: Unterricht Biologie 4 (1980) 47, 37–41

Mierke, B.: Untersuchung ausgewählter Medien zur Drogenprophylaxe in der Sekundarstufe I. Wissenschaftliche Hausarbeit im Rahmen der ersten Staatsprüfung für das Amt des Lehrers. Berlin 1983

Milkmann, H./Sunderwirth, S.: Warum werden wir süchtig? In: Psychologie heute (1984) 2, 34–40

Moisl, F.: Sucht – Drogen. In: Unterricht Biologie 4 (1980) 47, 7–17

Noack, K.-H. u. a.: Unterrichtswerk zu Drogenproblemen. Illegale Drogen, Arzneimittelmißbrauch, Alkohol, Rauchen. Materialien für die Klassen 5–10. Stuttgart 1980

Noack, K.-H. u. a.: Unterrichtsmaterialien zum Thema Abhängigkeit – Sucht – Drogen für berufliche Schulen. Stuttgart 1985

Söllner, H.: Strategien der Drogenprävention. In: Tendel, J. (Hrsg.): Drogen und Drogenprävention. Schriftenreihe Biologie des VDB Landesverband Bayern. Band 5. Erlangen 1982, 19–34

Staeck, L.: Zeitgemäßer Biologieunterricht. Eine Didaktik. Stuttgart 1982

Staeck, L. u. a.: Curriculum Ernährung und Gesundheit. Stuttgart 1976

Täschner, K.-L./Richtberg, W.: Kokain-Report. Wiesbaden 1982

Suchtprävention im Musikunterricht – der Umgang mit Popkultur als Bestandteil suchtpräventiver Arbeit

Andreas Engel/Günther Orlopp

1 Die Bedeutung der Popkultur in der Arbeit mit Jugendlichen

Popkultur und -musik spielen bei einem Großteil der Jugendlichen eine zentrale Rolle. Die Popkultur ist Ausdruck des Lebensgefühls vieler Jugendlicher, prägt ihre Persönlichkeitsentwicklung und ihr Rollenverhalten, schafft Identifikation und Abgrenzung in Gruppenverhalten und findet in Musik und Mode, in Sprache, Bewegung und Tanz ihren ästhetischen Ausdruck.

Dem Jugendlichen wird jedoch in dieser Popkultur häufig eine bestimmte Rolle zugewiesen: die des Konsumenten. Die Freizeitindustrie bietet mit Video, Musik und Mode eine ganze Palette käuflicher Bedürfnisbefriedigung an. Auch Gesellschaftskritik, sofern sie bei einer Vielzahl von Jugendlichen noch aktuell ist, wird mittels Musik- und Modekonsum in gesellschaftlich geordnete Bahnen gelenkt.

Starkes Konsumverhalten führt nicht gezwungenermaßen zu Alkohol- und Drogenkonsum; aber es besteht die Gefahr, daß bei Jugendlichen Entwicklungsmöglichkeiten verschüttet werden, wenn diese gelernt haben, ihre Bedürfnisse hauptsächlich durch Kaufen, Zuhören und Zuschauen befriedigen zu können. Im „Abtauchen" und Entfliehen durch synthetische Mittel oder rein materiell ausgerichtetes Verhalten liegt auch der Bezug zum Alkohol- und Drogenkonsum. Das „Abtauchen" geht noch schneller, und große Anstrengungen müssen nicht unternommen werden.

Das Interesse vieler Jugendlicher an Rock- und Popmusik steht nach anfänglichen Widerständen von Pädagogen heute oft im Mittelpunkt der außerschulischen Jugendarbeit. Aber auch in der Schule findet dieser Bereich speziell in den musischen Fächern zunehmend Berücksichtigung.

Musik machen kann Jugendlichen – auch Anfänger/innen – ein Gefühl der Freude über eigene schöpferische Fähigkeiten vermitteln und zur intensiveren Beschäftigung mit Klängen, Rhythmen und

Melodien animieren. In der Arbeit mit Popmusik an der Schule steht nicht in erster Linie die Vermittlung musikalischer Fertigkeiten – dazu ist kontinuierlicher Instrumentalunterricht nötig – im Mittelpunkt, sondern der Versuch, mittels musikalischer Ausdrucksformen neben der Beziehung zur Musik auch Gruppenprozesse zu initiieren und zu begleiten. Wichtig ist in solchen Gruppenprozessen eine konstante Bezugsperson, die neben musikalischen Fähigkeiten auch pädagogisches Einfühlungsvermögen besitzt, um die teilweise schnell enttäuschten Jugendlichen über einen längeren Zeitraum motivieren zu können. Dazu gehört auch, die Eigenständigkeit musikalischer Interessen der Jugendlichen zu akzeptieren und nicht Geschmack oder Stil „zensieren" zu wollen.

Ziele in der Auseinandersetzung mit Popmusik sind – neben dem Entdecken eigener kreativer Möglichkeiten und dem Umsetzen in einen hörbaren Sound – Bestrebungen der Jugendlichen zu unterstützen, auch über den außerunterrichtlichen Bereich hinaus privat weiterzumachen und selbst genug Energie aufzubringen, sich mit den vielen Hindernissen auseinanderzusetzen, seien es musikalische, technische, finanzielle oder persönliche.

2 Popmusik und Drogen

Populäre Musik und Drogen sind scheinbar untrennbar miteinander verknüpft. Ob beim Jazz in den zwanziger oder Rock'n Roll in den fünfziger Jahren; ob beim Beat und besonders der Psychodelic Music in den sechziger Jahren bis zum Rock in den siebziger Jahren: Musiker experimentierten mit Drogen, um noch kreativer zu sein oder benutzten Drogen, um den Streß von Bühnenpräsentation, Studio und permanenter Öffentlichkeit gewachsen zu sein. In den „Swinging Sixties" waren Drogen aller Art und Alkohol auf allen Festivals, Konzerten oder Meetings anzutreffen. Viele Drogentote boten jedoch einer anfänglichen Begeisterung Einhalt; die Opfer und Betroffenen fand man nicht nur unter Musikern, sondern zunehmend auch unter Freunden und Bekannten. Auch unter Musikern setzte sich die Überzeugung durch, daß mit Drogen die Musik nicht weitergebracht wurde, sondern daß sie letztlich in einer Sackgasse enden würde.

Jugendlichen, die Popmusik und Drogen ebenso miteinander in Verbindung bringen, gilt es zu vermitteln, daß im Musikmachen selbst eine Qualität zu sehen ist, die ein Äquivalent darstellt zum Konsum von Drogen. Das Gefühl von individueller Kreativität und gemeinschaftlichem Schaffen läßt sich nicht synthetisch herstellen; es ist vielmehr in der Aktivität und im „Sich veräußern" begründet.

Das Thema selbst bietet andererseits die Möglichkeit, intensivere Gespräche über den vermuteten Zusammenhang von Popmusik und Drogen zu führen. Dabei sollte nicht nur auf die bekannten Negativbeispiele eingegangen werden: Ob auf „Rock against Junk"-Konzerten oder in Filmen wie z. B. „Die beste Droge ist ein klarer Kopf" (45minütiger Film des SFB von 1981 mit Interviews und Berichten über Drogenerfahrungen bekannter Rockmusiker) – Musiker nehmen häufig bei Interviews und in Konzerten gegen Drogen Stellung. Nur leider werden solche Ereignisse und Einsichten von der veröffentlichten Meinung kaum zur Kenntnis genommen – da ist eine Negativmeldung schon spektakulärer.

3 Der Beitrag des Faches Musik zu einer suchtpräventiven Erziehung

3.1 Suchtprophylaxe in der Schule

Das Thema Sucht und Drogen im Rahmen schulischen Lebens rückt oft nur dann in den Mittelpunkt des Interesses von Lehrern, Eltern und Schülern, wenn ein konkreter Drogenfall an der Schule auftritt. Suchtprävention im Sinne einer langfristigen Strategie, die den Ursachen süchtigen Verhaltens entgegenwirkt und sie aufzuarbeiten trachtet, ist im Bewußtsein von vielen Kollegen und auch Eltern noch nicht sehr stark verankert. Vielfach beschränkt sich die Behandlung des Themas Drogen in der Schule auf die Durchführung einer Unterrichtseinheit, in der entweder vor dem Konsum mittels Abschreckung gewarnt oder in der über Drogen informiert wird. Es hat sich dabei immer wieder gezeigt, daß die Effektivität solcher prophylaktischer Maßnahmen nur sehr gering ist.

Notwendiger erscheint es dagegen, die Frage der Suchtprävention zu einem Unterrichtsprinzip zu machen, d. h. sich immer wieder die Frage zu stellen, ob im schulischen Leben genug Platz ist für die Bedürfnisse der Schüler, ob Möglichkeiten geschaffen werden, daß Schüler selbst aktiv werden, ob Schüler mit ihren sozialen Erfahrungen ernstgenommen werden und diese in das schulische Leben mit einbringen können. Das Lehrerverhalten bedarf ebenso einer ständigen Überprüfung im Hinblick auf die Frage, ob der Umgang mit

Schülern in alltäglicher Routine erstarrt ist oder ob man den Schülern noch gerecht wird, für ihre Fragen und Bedürfnisse offen ist.

Suchtprävention so verstanden bedeutet, aus einem ganzheitlichen Konzept heraus süchtiges Verhalten, d. h. die Suche nach Ersatzstoffen, durch das Anbieten von Äquivalenten weitgehend zu verhindern. Die Zusammenarbeit mit Eltern und anderen Erziehenden ist dabei unbedingt vonnöten.

Der hier nur sehr skizzenhaft dargestellte Ansatz soll zumindest die Richtung angeben, in der suchtprophylaktische Arbeit an der Schule erfolgen sollte.

3.2 Rahmenbedingungen in der Schule

Die Schüler der Sekundarstufe I (7.–10. Klasse) sind in ihrer Entwicklungsphase vor die Aufgabe gestellt, „aus dem Material der sozial ‚geerbten‘, d. h. in der Familiengruppe angeeigneten Persönlichkeitsstruktur und der gleichfalls ‚geerbten‘ sozialen Bezüge eine eigenständige Biographie als Subjekt aufzubauen" (Projektgruppe Jugendbüro 1977, 122). Der Schule kommt in dieser Phase die Aufgabe zu, zum einen die nötigen Kenntnisse und Qualifikationen zu vermitteln, zum anderen aber auch im erzieherischen Sinne die Jugendlichen zu unterstützen in ihrem Selbstfindungsprozeß. Schule ist, nicht von ihrem formulierten Anspruch her, wohl aber in der alltäglichen Praxis in erster Linie Wissenvermittler. Gestiegene Anforderungen an Berufsanfänger und die immer noch unzureichende Anzahl an Ausbildungsstellen wirken hier massiv auf die Prioritätensetzung in der Schule ein. Frustrationen und entmutigende Erlebnisse bestimmen häufig das Bild – speziell des Hauptschülers. Mißerfolge in der Schule, häufig gekoppelt mit sozialen Problemen bergen die Gefahr, daß der Jugendliche sich den Forderungen der Schule entzieht und Zuflucht sucht im überreichlichen Angebot kulturindustrieller Konsumprodukte. Daß die Popkultur in diesem Zusammenhang eine für Jugendliche entscheidende Rolle spielt, ist wohl unbestritten. Dies jedoch kann und sollte als Chance begriffen werden: Popkultur und hier speziell Popmusik muß nicht nur Konsumprodukt bleiben, sie bietet auch die Möglichkeit für eigene Aktivitäten von Schülern. Das *aktive* Umgehen mit Popmusik im Musikunterricht und im außerunterrichtlichen Angebot einer Schule kann ein Element in einem ganzheitlich verstandenen suchtprophylaktischen Netz sein.

3.3 Popmusik in der musikdidaktischen Diskussion

Popmusik im Rahmen des Faches Musik zu behandeln, ist nicht so unumstritten, wie es dem unbeteiligten Beobachter erscheinen mag. In der Ausbildung der Musikpädagogen wird nur an wenigen Schulen Bezug auf diesen Bereich genommen. Auch die didaktische Diskussion spiegelt diesen Zustand wider: Wurde die populäre Musik noch in den fünfziger Jahren schlicht ignoriert, so war sie in den sechziger Jahren in erster Linie ein Untersuchungsobjekt, welches unter Einbeziehung soziologischer, psychologischer und ökonomischer Erklärungsmodelle durchleuchtet wurde.

Ergebnis: „Fast sämtliche im gesellschaftskritischen Schrifttum verzeichneten psychologischen Defizite der Menschen in unserer spätkapitalistischen Gesellschaft" gingen „mit einem Mal zu Lasten des Schlagers bzw. kulturindustrieller Produktionen" (Schütz 1982, 156). Die Aufgabe des Musikunterrichts sollte daher sein, dieser Summe psychologischer Defizite entgegenzutreten – welch vermessener Anspruch!

Erst sehr langsam setzt sich die Erkenntnis in neueren Ansätzen zur Didaktik populärer Musik durch, daß „die musikbezogene Sozialisation und Kommunikation der Jugendlichen nicht nur vom Musikmarkt als außensteuernder und alles durchdringender Instanz beeinflußt worden ist und daß zweitens Jugendliche sich immer wieder gegen die ausschließlich industriegesteuerte Produktion belangloser musikalischer Massenkonfektion gewehrt haben" (Schütz 1982, 159). Jugendliche sind keineswegs nur Opfer und willenslose Abnehmer kulturindustrieller Produkte, vielmehr suchen sie sich die ihrer Lebenssituation und ihrer Wertorientierung entsprechende Ausdrucksform der Popkultur aus und drücken durch sie ihre Erfahrungen und Gefühle aus. Popkultur als Ausdrucksform der Bedürfnisse und Erfahrungen Jugendlicher ernstzunehmen, ist die eine, Popmusik als geschichtliches, inhaltliches und formales Phänomen zu untersuchen und mit ihrem Material zu arbeiten, ist die andere Aufgabe von Musikunterricht.

3.4 Umgang mit Popmusik –
Möglichkeiten, sich selbst zu erfahren

„Über Musik zu reden hat die Qualität eines erzählten Mittagessens" (ein Musikpädagoge auf einer Tagung in Hannover 1983).

Natürlich geht es im Unterricht nicht ohne Reden über Musik; aber dieses bewußt überspitzte Bonmot des Kollegen soll doch deutlich machen, daß gerade im Fach Musik der handelnde Umgang mit Musik von ungeheurer Wichtigkeit ist. Gerade in diesem schulischen Lernfeld ist es möglich, ganz unterschiedliche Lerndimensionen ganzheitlich zusammenzubringen: Kognitive und emotionale Bereiche finden ebenso Berücksichtigung, wie es möglich ist, auch körperliche Erfahrungen zu machen. Popmusik zu machen eröffnet Möglichkeiten, Schüler durch eine ihnen bekannte und ihnen nahestehende Musikrichtung affektiv zu beteiligen, gibt ihnen die Chance, Musik sinnlich zu erfahren und eigene Stimmungen und Gefühle auszudrücken, d. h. kreativ tätig zu werden. (Dies gilt in begrenztem Maß auch für andere Musikrichtungen – nur ist die zu überwindende Distanz zum Gegenstand bei Schülern erheblich viel größer.)

Im Hinblick auf die geschilderten Rahmenbedingungen an der Schule bietet der handlungsorientierte Musikunterricht die Möglichkeit zur Abfuhr psychischer Spannungen, eröffnet Bereiche „sinnlicher, emotionaler, körperlicher und geistiger Erfahrungen" (Schütz 1982, 173), die im Schulalltag ansonsten weitgehend unberücksichtigt bleiben. In dieser Hinsicht stellt ein so konzipierter Musikunterricht eine wichtige Ergänzung für die Schüler in der Schule dar.

Wie sieht nun konkret ein handlungsorientierter Unterricht mit Popmusik aus? Nun ist zunächst zu bedenken, daß in jeder Schule unterschiedliche Bedingungen anzutreffen sind. Aber auch schon mit wenigen Mitteln läßt sich handlungsorientierter Unterricht in Ansätzen umsetzen. Im reproduzierenden Bereich ist auf eine ganze Anzahl von vorgefertigter Playbacks zu verweisen, zu denen gesungen oder in Teilen musiziert werden kann. Mitspielsätze, die auch mit wenigen musikalischen Fähigkeiten schnell zu Erfolgserlebnissen bei Schülern führen, sind ebenso im Angebot der musikpädagogischen Verlage wie zum Beispiel Musikkonserven mit harmonischen Gerüsten, zu denen neue Lieder unterschiedlichster Stilrichtungen (Country, Disco, Reggae, Hardrock) erfunden werden können.

Gerade der unterschiedliche Stand an Fähigkeiten in musikalischer Hinsicht bietet beim instrumentalen Gruppenspiel allen Schülern die Möglichkeit, auch wichtige soziale Erfahrungen zu machen. Je nach individuellen Fähigkeiten erhält jeder Schüler eine Aufgabe, die es ihm ermöglicht, am gemeinsamen „Klangprodukt" beteiligt zu sein. Dabei ist der nonverbale Zugang zu einem Unterrichtsgegenstand ein nicht zu unterschätzender Gesichtspunkt. Die Aufgabe, mit Instrumenten einen Streit, einen Flirt oder Traurigkeit darzustellen, wird häufig spannender und intensiver von Schülern erlebt als ein Aufsatz zu einem solchen Thema. Dabei bieten gerade diese „freien" Themen und Spielaufgaben einen hervorragenden Gesprächsanlaß, um einen Bereich vertiefend zu behandeln.

Auch das Umsetzen von Musik in Bewegung spielt in einem handlungsorientierten Musikunterricht eine bedeutende Rolle. Zum einen ist Tanzen die den Schülern am ehesten vertraute Art, mit Popmusik umzugehen, zum anderen ist es in der „Kopf"-Schule eine Möglichkeit, Körperlichkeit zu erfahren (vgl. Kleinen/Klüppelholz/ Lugert 1985, 95 ff.). Im Hinblick auf eine suchtpräventive Arbeit in der Schule gilt es beim Umgang mit Popmusik, Schüler mit ihren kulturellen Identifikationen ernstzunehmen, sie als Ausdruck ihrer Gefühle zu akzeptieren, gleichzeitig aber auch ein Handlungsrepertoire zu schaffen, welches ihnen die aktive Auseinandersetzung mit Musik ermöglicht.

3.5 Der Aufbau einer Schülerrockband

Aus den positiven Erfahrungen, die die Schüler beim Umgang mit Popmusik im Unterricht hatten, erwuchs sehr schnell bei einigen Schülern der Wunsch nach einer Fortsetzung dieser Arbeit. „Können wir nicht eine Rockband gründen?" Mit dieser Frage traten dann immer wieder Schüler an mich heran. Zunächst fühlte ich mich ein bißchen überfordert, war dann aber doch bereit, mich auf dieses Experiment einzulassen.

Zunächst mußten wir uns einen Teil der Ausrüstung von verschiedenen Seiten ausleihen. Dann galt es, solche Stücke auszuwählen, die leicht zu spielen sind, damit *grundsätzlich jeder* die Möglichkeit hatte, in der Band mitzuspielen. Einige Instrumente (Baß, Gitarre) konnten an Schüler ausgeliehen werden, damit diese zu Hause ihre Parts üben konnten. Mitglieder in der Band wurden Schüler der Haupt- und Realschule, Jungen wie Mädchen, überwiegend aber Anfänger. Der unterschiedliche Stand an Kenntnissen und Fertigkeiten auf den Instrumenten förderte das gegenseitige Helfen beim Bewältigen von Schwierigkeiten.

Die wöchentliche Probe wurde für die Schüler und für mich ein Ereignis, auf das wir uns freuten. Schüler, die von den Kollegen als „Flippies" bezeichnet wurden, erschienen pünktlich zum angesetzten Termin und arbeiteten regelmäßig intensiv mit. Eine Schülerin: „Von mir aus können wir jeden Tag proben – zu Hause langweile ich mich zu Tode!" Es entstanden soziale Bindungen innerhalb der – auch altersmäßig – heterogenen Gruppe, einige trafen sich auch in der Freizeit, um an den gemeinsam erarbeiteten Stücken zu arbeiten oder um zu experimentieren. Als Ergebnis dieser außerschulischen Arbeit entstand dann sehr schnell die Idee zum ersten eigenen Stück, das dann gemeinsam arrangiert und gespielt wurde. Es zeigte sich im Laufe der Zeit, daß für die Schüler die Band eine wichtige Funktion im Hinblick auf ihr Selbstbewußtsein und ihre Ich-Stärke einnahm. Schüler, die in ihrem sozialen Verhalten als schwierig eingeschätzt wurden, erwiesen sich als kooperativ und gruppenfähig.

3.6 Ausblick

Schule übernimmt als sozialer Erfahrungsraum im Leben der Schüler eine wichtige Funktion. Gerade in sozial instabilen Familien verstärkt sich diese Aufgabe. Durch die Ausweitung des außerunterrichtlichen Angebotes, im Bereich Musik könnten das Schülerband, Tanz-AG, Percussion-AG etc. sein, verbunden mit einer Gesamtstrategie zur Suchtprophylaxe, sollte Schule versuchen, für Schüler Erlebnisqualitäten zu schaffen, die eine Flucht in Konsum oder Drogen unnötig machen.

Literatur

Projektgruppe Jugendbüro: Subkultur und Familie als Orientierungsmuster. Zur Lebenswelt von Hauptschülern. München 1977
Schütz, V.: Rockmusik – eine Herausforderung für Schüler und Lehrer. Oldenburg 1982

Material zum Thema

Unterrichtsmaterial:
Kleinen/Klüppelholz/Lugert (Hrsg.): Musikunterricht Sekundarstufen. Rockmusik. Düsseldorf 1985
Lugert/Schütz (Hrsg.): Pop & Rock – singen und spielen. Oldershausen 1985
Institut für Didaktik populärer Musik (Hrsg.): Populäre Musik im Unterricht (Heft 1–14) Oldershausen o. J.

Bandbetreuung: Brock/Moser: Pop-Musik mit Schülern. Mainz 1981

Fortbildung: Kurse zur Weiterbildung in schulischer und außerschulischer Jugendarbeit bieten an:
Akademie Remscheid für musische Bildung und Medienerziehung. Küppelstein 34, 5630 Remscheid 1
Institut für Didaktik populärer Musik. Hauptstr. 34, 2095 Oldershausen

Suchtprävention im Deutschunterricht

Reinhard Bockhofer

1 Besinnungsstörung als Eingriffschance

Die Wirklichkeiten, die hinter den Begriffen „Sucht" und „Drogen-abhängigkeit" stehen, sind nur schwer zu fassen. In ihrer „phänome-nologischen Analyse" deuten der Mediziner Bochnick und der Psy-chologe Richtberg (1980) den Kernbereich der süchtig gewordenen Persönlichkeit als tiefgreifende „Besinnungsstörung":

„Die innere Realität des Depravierten verliert mit ihren Konturen und Formen auch personale Substanz. Sein und Wollen unterliegen immer stärker einer unbekümmerten, situativen wie illusionären Wandelbarkeit. Die Unstetigkeit aller Reaktionen wird zum einzig berechenbaren Faktor, ihre selbstschädigen-den Folgen werden unbekümmert vor sich und anderen bagatellisiert. Damit tritt ein bekanntes Wesensmerkmal des Depravierten in den Vordergrund: der flache, an Scheinrealitäten geknüpfte Optimismus, der dem Süchtigen barm-herzig den Blick trübt für die Öde und Leere seiner privaten Existenz, die für seine Umgebung zum Ärgernis wird. Der Unernst seiner Pläne, die Leere seiner Versprechungen, die Labilität seiner Bindungen, die Schwäche seiner Anstrengungen, die Unbegründetheit seiner Hoffnungen und Zuversicht machen ihn ‚vergleichbar einem im Wasser treibenden steuerlosen Wrack'."

Zu einer kritischen Bewertung seiner Lebensführung ist der Drogen-abhängige unfähig geworden, seine Fähigkeiten werden zum bloßen Erfüllungsgehilfen seines süchtigen Geltungsstrebens. Die Selbstaus-sage eines extremen Fixers verdeutlicht den Zusammenbruch selbst-bestimmter Lebensgestaltung:

„Nachher hatte ich mich eigentlich dran richtig gewöhnt dran, wie das so lief. Morgens erstmal'n Schuß, bin ich aufgewacht wie mit'm Wecker, 'nen Schuß gesetzt, dann gepennt bis mittags so, wieder'n Schuß, noch 'ne Stunde oder zwei gepowt, dann mußt ich aufstehen und auf die Scene, vorher noch 'nen Schuß, damit ich das brachte ... Ja, dann hab' ich gesehen, was da zu machen war, zwischendurch wieder'n Schuß oder auch mehr, also je nachdem wie spät's wurde. Dann kam ich spät nach Hause, noch 'ne Scheibe gehört. Da lag ich da flach und bin abgedröhnt. Oder mit'm Frauchen, aber das war auch bloß noch reine Routine. So ging das die ganze letzte Zeit, bevor die mich erwischt haben" (Berger/Reuband/Widlitzek 1980, 109).

Fähigkeiten in den Dimensionen des Denkens, Fühlens, Wollens und Handelns sind u. a.:

- die Fähigkeit, Realitäten zu erkennen, die eigene Lebensführung zu durchdenken; mögliche Folgen vergangenen, gegenwärtigen und künftigen Handelns abschätzen und bewerten zu können; Verstand und Vernunft als Richter über Tun und Lassen einzusetzen;
- die Fähigkeit, sich selber aus der Distanz erleben zu können; sich nicht in seinen Kräften zu überschätzen, sich mit den eigenen Möglichkeiten und Grenzen auseinanderzusetzen, das eigene Geltungsstreben in Frage stellen zu können; Scham zu empfinden vor dem Zustand, anderen zur Last zu fallen; Mut und Zuversicht zu entwickeln;
- die Fähigkeit, sich planend mit den eigenen Möglichkeiten auseinanderzusetzen; stark gefühlsbeladene, komplexhafte Vorgänge bei seinen Entscheidungen in die Abwägung einzubeziehen; sich kleine, erreichbare Ziele zu setzen, die Realität im Probehandeln vorwegzunehmen;
- die Fähigkeit, Situationen aktiv gestalten zu können, besonnen und aktiv in Geschehnisse einzugreifen; für das eigene Wohlergehen Sorge zu tragen; sozialen Konflikten nicht auszuweichen, sondern sie auszutragen, zu regeln; sein Leben in der Gemeinschaft mit anderen zu gestalten.

Wenn diese Fähigkeiten fehlen bzw. verloren gehen (Abbau der Vernunft, der Selbstkontrolle, der besonnenen Planung, der gestalterischen Handlung), sprechen wir von Depravation, ein Begriff, der auch den Kernbereich süchtiger Entgleisung zu treffen versucht. Als Schlußfolgerung für den Erziehungsbereich kann aus diesem Befund plausibel abgeleitet werden: Alles pädagogische Handeln, das die vier knapp skizzierten Dimensionen im täglichen Klein-Klein berücksichtigt – seien es Eltern, Lehrer oder andere Personen, die mit jungen Menschen umgehen – trägt letztendlich zur inneren Festigung der Heranwachsenden bei. Erziehung, als Gesamtaufgabe begriffen, hat einen präventiven Aspekt; Schule mit allen Tätigkeitsfeldern, auch der Deutschunterricht, regt zur Besonnenheit an.

„Besonnenheit ist ... ein wesentliches Element menschlichen Willens. Sie ermöglicht das Erkennen, Entscheiden und Formen innerer Werte, Haltungen und eigener Lebensstile. Besonnenheit ist daher die entscheidende Voraussetzung der Entwicklung zur reifen Persönlichkeit. Besonnenheit hebt unser Verhalten über Trieb- und Affektsteuerungen hinaus, schützt uns vor unguten Anpassungen, bewahrt unsere Leidenschaften vor süchtigen Entgleisungen..." (Bochnik/Richtberg 1980, 90).

Der hier knapp angedeutete Versuch, vorbeugende Eingriffe als Kampf gegen die suchtspezifische „Besinnungsstörung" zu begründen, könnte heute auf der Basis vorhandenen empirischen Befragungsmaterials abgesichert werden, soweit sich z. B. Faktoren wie die kognitive Differenzierungsfähigkeit, Gesundheitsbewußtsein, Problemeinsicht, Dauer des Bildungsweges (Schulabbrüche, Aufgabe der Berufsausbildung) u. a. im Hinblick auf Grad und Intensität des Drogengebrauchs und der Folgeprobleme isolieren lassen. Die pädagogisch vorbeugende Reaktion könnte so gezielter und engagierter erfolgen.

2 Suchtprophylaktische Arbeitsmöglichkeiten im Deutschunterricht

Die auf den ersten Blick überraschend wirkende Verknüpfung von Deutschunterricht und Drogenprävention ergibt auf der allgemeinen Ebene durchaus Sinn: Mehr als jeder andere Lerngegenstand trägt Sprache, in der Lebenserfahrung und Erkenntnis erschlossen und weitergegeben werden kann, zur Ich-Entwicklung bei. Es bedarf der Sprache, um sich des eigenen Ichs innerhalb der sozialen Beziehungen und der Umwelt bewußt zu werden. Kommunikationsfähigkeit ist eine der Voraussetzungen verantwortlicher Selbstbestimmung in Denken, Sprechen und Handeln. Sprache ist ein zentrales Element, um gegenwärtige und künftige Lebenssituationen zu bewältigen. Sofern eine suchtspezifische „Besinnungsstörung", also Mangel an Besonnenheit, den langen Weg in die Abhängigkeit – neben anderen bedeutsamen Faktoren – ebnen hilft und beschleunigt, können aus dieser Erkenntnis Motivationen bei Pädagogen erwachsen, die kommunikativen Aspekte für den Aufbau, die Aufrechterhaltung und Fortentwicklung der Ich-Identität neu und gründlich zu durchdenken.

Aber auch spezielle drogenerzieherische Zielsetzungen lassen sich einbeziehen. Sie sind zunächst naheliegender, einfacher begründbar und vor allem schon in den nächsten Deutschstunden praktikabel. Der Deutschunterricht kann nämlich nach fachspezifischen, formalen Gliederungsprinzipien, aber auch nach thematisch-inhaltlichen Gesichtspunkten erfolgen. Thematisch-inhaltliche Elemente fördern die Lernmotivation, verstärken die Realitäts- und Praxisorientiertheit des Lernprozesses und schaffen so wichtige Voraussetzungen für einen differenzierten Sprachgebrauch. Konkrete Sprachförderung ist ohnehin am sinnvollsten, wenn über die Erarbeitung bestimmter

Fertigkeiten hinaus der menschliche Erfahrungshorizont und Handlungsweisen ins Blickfeld rücken. Auf diese Weise ist die Verknüpfung des gesellschafts- und gesundheitspolitisch schwer durchschaubaren Drogenproblems mit Fachinhalten des Deutschunterrichts möglich.

2.1 Verknüpfung von Suchtprophylaxe mit Zielen des Deutschunterrichts

In allen drei Arbeitsbereichen des Deutschunterrichts – den kommunikativen Übungen, der Übung des Textverstehens, der Reflexion über Sprache und ihrer Verwendung – können fachspezifische Inhalte mit realitätsnahen drogenerzieherischen Zielsetzungen kombiniert werden. Hier Vorschläge für die Klassen 8 bis 10:

2.1.1 Kommunikative Übungen

mündlich:
Vorbereitetes *Telefonat* mit Gesundheitsamt, Drogenberatungsstelle, Apotheke u. a. über Risiken eines Medikaments, einer Droge;
Gespräch (mit vorbereiteten Fragen und Argumenten) mit einem Drogenexperten, Psychologen, Zoll- und Kriminalbeamten;
Pro- und Contra-*Diskussion* zum Verbot der Zigaretten- bzw. Alkohol- oder Medikamentenwerbung;
Argumentieren gegen den Cannabiskonsum junger Menschen;
freigehaltener *Vortrag* über Folgen, Folgeprobleme der Drogenproblematik (Alkohol, Medikamente, illegale Drogen);
Überzeugungsrede für die Vermehrung ambulanter Hilfseinrichtungen;
Rollenspiel: Eine lohnende Übung könnte darin bestehen, eine Gefährdungssituation zu simulieren, in der ein Drogenangebot geschickt ausgeschlagen wird. Wie weist man Probierangebote ab?

● Die eigene Unabhängigkeit betonen:
„Mit klarem Kopf gefalle ich mir besser."
„Mir macht es Spaß hier – auch ohne Drogen."
„Deine Witze sind mir lieber."
„Sowas brauche ich nicht."
„Nö, kein Interesse."
„Ich versuch' gerade, erwachsen zu werden."
● Unsicherheit gezielt benennen:
„Weiß nicht, ob mir das bekommt."

„Mir ist das Risiko zu hoch."
„Dazu fühle ich mich nicht stark genug."
„Ich kenne meine Grenzen nicht – nachher habt ihr Scherereien mit mir."
● Denkanstöße geben:
„Woher bist du so sicher, daß der Stoff in Ordnung ist?"
„Willst du noch mehr Drogenberater, Entzugskliniken, Polizei?"
„Es gibt schon genug, die mit dem Zeug nicht umgehen können."
„Ich finanzier doch nicht deine Stereoanlage."

schriftlich:
Notizen zu einem Tonbandprotokoll, zu einem Film, z.B. „Ich war kein starker Typ" (SFB-Serie, Schulfernsehen);
Exzerpt aus einem Sachbuchkapitel, z.B. zur Frage der Früherkennung eines Drogenfalles (Mohl 1984, 149–152);
Inhaltszusammenfassung eines Zeitungsartikels z.B. zur Drogenentwicklung;
Anfrage an eine Spirituosenfirma zu einer Werbeaktion;
Plakat z.B. mit dem Schwerpunkt der volkswirtschaftlichen Kosten des Alkoholproblems;
Wandzeitung zum Verlauf einer Suchtentwicklung mit den zentralen Gefährdungsfaktoren;
Stellungnahme zur Boulevardberichterstattung über Drogenprobleme;
Flugblatt gegen Zigarettenwerbung, Verteilung unter Kinogängern;
Erörterung zum Komplex der Ursachen der Drogenentwicklung;
Hörspiel zu einem erarbeiteten Drogenfall;
Brief an einen Gefährdeten;
Petition für ein Verbot der Werbung für Psychopharmaka.

(Hinweis: Beim gemeinsamen Versuch einer Beeinflussung der Öffentlichkeit sollte die Lerngruppe das Entscheidungsverfahren bestimmen und sich über den Umgang mit Minderheitenvoten einig werden.)

2.1.2 Übungen des Textverstehens

Der *Umgang mit Nachschlagewerken* (Was ist unter „Drogenabhängigkeit", was unter „Sucht" zu verstehen?) und die Lektüre von Sachliteratur (z.B. Bongartz/Goeb 1981, Koerner 1981, Mohl 1984) bieten vielfältige Arbeitsmöglichkeiten.

Die *Erschließung eines Sachbuchs* wiederum gehört zu den zentralen Aufgaben des Deutschunterrichts. Die zahlreichen Fertigkeiten, die hierbei geübt werden können, sind eingebettet in die Vermittlung solider Sachinformationen zur Drogenthematik.

Das Aufgreifen der Darstellung der *Sucht in der Literatur* ist pädagogisch besonders fruchtbar. Die subjektiv betonten literarischen Texte *Autobiografie, Tagebuch, Roman, Briefliteratur* u. a. lösen Motivation und Anteilnahme aus. Erfahrungen fremder Menschen werden zugänglich, erörterungsfähig.

Die Auseinandersetzung mit Lebenswegen und -krisen junger Drogenkonsumenten hilft, Problembewußtsein zu schaffen. Aus drogenerzieherischen Gründen ist ein solcher Zugang auch deshalb zweckmäßig, weil alles menschliche Handeln nur aus dem Zusammenspiel von subjektiver Realitätsverarbeitung und objektiver Erfahrung erklärbar ist. Die Personalisierung des Sachproblems macht die inneren Vorgänge nicht nur anschaulich, der Nachvollzug fremder Erfahrungen unterstützt auch die Selbstwahrnehmung, die Auseinandersetzung mit dem eigenen Lebensplan. Zur Analyse individueller Lebensgeschichten ist der Deutschdidaktiker ohnehin fähig. Verfügt er über Sachkenntnisse zur Suchtentwicklung, können beispielsweise der lange Weg einer Drogenentwicklung und die Phasen der Drogenkarriere in einer realitätsnahen Darstellung schrittweise erschlossen und problematisiert werden. Ursächliche Faktoren, Folgen und Folgeprobleme sowie die Reaktion der Gesellschaft werden plastisch. Am Beispiel des Berliner Drogenreports „Christiane F. Wir Kinder vom Bahnhof Zoo" lassen sich die pädagogischen und didaktischen Möglichkeiten gut erkennen (vgl. Bockhofer 1982).

Jedes literarische Werk enthält spezifische Schwerpunkte. Der Pädagoge ist gut beraten, sich vor dem Unterrichtseinsatz über verkürzt oder einseitig dargestellte Aspekte des Drogenproblems klarzuwerden. Er kann dann das gewählte Medium relativieren, ergänzen.

Neben erzählerischen Texten sind auch *Theaterstücke* und *Filme,* die das Drogenthema behandeln, ein unerschöpfliches Reservoir für fachübergreifende Unterrichtsvorhaben.

Ausgewählte Titel

Literatur:
Ingeborg Bayer: Trip ins Ungewisse. München 1981
Wolfgang Gabel: Fix und fertig. Weinheim 1980
Ingeburg Kanstein: Versuch zu leben. Hamburg 1980
Klaus Kordon: Die Einbahnstraße. Stuttgart 1980
Ann Ladiges: Hau ab, du Flasche. Reinbek bei Hamburg 1980
Dietrich Seiffert: Verlier nicht Dein Gesicht. Recklinghausen 1980
Nina S.: Und der Jones ist immer pünktlich. München 1982
Grace Slick (Mitarbeiterin, Autorin anonym): Fragt mal Alice. Stuttgart 1982
Mary Stolz: Jahreswechsel. München 1980
Rainer Wochekke: Absprung. Recklinghausen 1979

Theaterstücke:
Bundeszentrale für gesundheitliche Aufklärung (Hrsg.): Vier Theaterstücke über Alkohol und Drogen, Spielen, Probieren, Neues Versuchen. Köln 1980
Theater Rote Grütze: Mensch, ich lieb dich doch. Berlin (West) 1981

Filme:
Heroin: Dieter (Regie: Tumler) 1978
Drogen: Sylvia (Regie/Autor: Krebs/Scherdin) 1978
Heroin: Rainer (Regie: Tumler) 1978
Rauschdrogen 1. und 2. Teil (Regie/Autor: Lehmann/Schibber) 1978
Helmut, 18 Jahre, Alkoholiker (Regie: Koplin u. a.) 1979
Rückfälle (Regie: Beauvais) 1979
Stärker als alle Vernunft (Regie: Edwards) 1962
Falsche Liebe (Regie: Runge) 1982
Sarah T. (Regie: Donner) 1976

2.1.3 Reflexion über Sprache und ihre Verwendung

Zukunftsbezogener Deutschunterricht fördert kompetente Stellungnahmen zu gegenwärtigen Problemen und tritt für Abhilfe ein. Er holt deshalb außerschulische Wirklichkeiten in den Unterricht, arbeitet sie durch: „learning by reflected doing". Das simulative Durchspielen geschieht in komplexen Zusammenhängen, in Spracherfahrungen. Sprache als Medium der Herausforderung und Tradierung individueller und gesellschaftlicher Erfahrung wird hierbei auch immer selber zum Gegenstand der Reflexion. Sprachreflexion, die Problembewußtsein schärft, kann erforderlich sein bei Situationsdeutungen, unterschiedlichen Erfahrungsweisen, Störungen der Verständigung, bei der Frage, ob das eigene Sprachverhalten bzw. das anderer Menschen, Institutionen u. a. geändert werden müßte. Die Art der Ansprache eines drogengefährdeten Schulabbrechers kann bedeutsam sein, ebenso eine offensive Werbung für Zigaretten, Alkohol, Psychopharmaka. Beispiel „Jatrosom":

„Angst traurig einsam Zwang gehemmt Druck Phobie Dunkel Qual Enge finster gefangen gepeinigt ausgeliefert Abgrund Leere hoffnungslos gereizt – Jatrosom – das Antidepressivum auch für Angst und Zwangsneurosen" (Werbetext der Röhm Pharma GmbH, Weiterstadt).

An Eingriffs- und Arbeitsmöglichkeiten mangelt es nicht. Die Sprachreflexion wirft immer auch Licht auf die Sache; zur Beurteilung des Textbeispiels sind Sachinformationen Voraussetzung. Weitere Beispiele:

– *Nonverbales Kommunikationsverhalten* („Mit dem Körper reden") kann auf ungefestigte Naturen (Novize in der Drogenclique) in besonderem Maße wirken, z. B. Mimik, Gestik, Augenkontakt; zelebrierte Ritualisierung provozieren Gefühlsreaktionen; begleitende nonverbale Mittel sind z. B. Kleidung, Musik, Drogengebrauch, zugleich Ausdrucksmittel eines Lebensgefühls und -stils. Wie reagieren Neulinge hierauf? Sprechen sie darüber? In welcher Weise?

– *Kommunikationsverläufe* in Familie, Freizeit, peer group; Unterscheidung des Inhalts- und Beziehungsaspekts; die affektive Atmosphäre beeinflußt Sprechen, Denken, Handeln.

– Funktion, Reichweite, Grenzen des *Drogenjargons* (Gruppensprache), Art der Signalisierung wechselseitiger Bestätigungen; Ausgrenzungen, Ausschluß von unerwünschten Mithörern; Formen des Renommierens.

– Typische *Rechtfertigungsmuster* für den Drogengebrauch, Denkklischees; Formen der (Selbst-)Täuschung: Bagatellisieren, Ablenken, Aufbauschen, Überschätzen der eigenen Kraft („Dachte, nur ein Schuß. Bist nicht so labil."); stereotype Redewendungen.

– Einführung sachlich-neutraler *Fachbegriffe;* kritische Betrachtung analoger, metaphorischer Begriffsverwendungen: „Droge Fußball" (Weisweiler), „Droge Astrologie" (Der Spiegel), „Die Droge im Wohnzimmer" (Buchtitel), „Droge Sexualität" (Ratzinger) oder auch „Datensucht" (des Überwachungsstaats), „subventionssüchtige" Unternehmer, „karrieresüchtig"; affektive Einfärbungen bestimmter Wörter, die zugleich eine Anweisung enthalten, wie sich Menschen verhalten sollen: „Rauschgift" soll abschrecken; die „Sucht zu vervielfältigen„ (niedersächsischer Kultusminister Oschatz) soll Kopieren eindämmen; werbend, auffordernd: „Schultüte voller Joints", „Trip-Fete" usw.

– Sprachliche *Formen des Vermutens,* Zweifelns, Meinens, Behauptens in der Ursachendiskussion zum Drogenproblem signalisieren die Grenzen des Wissens.

– Art der Informationsvermittlung in der *Boulevardpresse:* vereinfachend, verkürzend, einseitig, Verzerrung des Problembewußtseins, willkürlicher Umgang mit Tatsachen, Werten durch Benennungen, Mittel der Befriedigung der Sensationsgier.

– Sprachliche Mittel in *Werbebotschaften* (Zigaretten, Alkohol, Medikamente; Arten des Schwärmens für illegale Drogen).

– *Sprachhandlungen* zur Erweiterung der eigenen Handlungsfähigkeit, Versuch der Einflußnahme auf Gruppenprozesse durch Initiativen für Freizeitaktivitäten, Argumentation; Reflexion der mutmaßlichen Wirkungen eigenen Sprechens auf andere einschätzen und antizipieren.

– Formen, Methoden, Grenzen *partnerschaftlichen Konfliktlösens,* um mit eigenen Problemen besser fertig zu werden oder anderen bessere Entwicklungschancen einzuräumen.

2.2 Beispiele für Unterrichtseinheiten

Die nur beispielhaft gemeinte Zuordnung drogenpräventiver Inhalte zu fachspezifischen Zielsetzungen in den drei Arbeitsbereichen des Deutschunterrichts macht den Beitrag sichtbar, den der Deutschlehrer im Rahmen fächerübergreifender Unterrichtsvorhaben und Projekte leisten kann. Im folgenden seien noch ein paar konkrete Unterrichtsreihen stichwortartig skizziert, in denen die aufgezeigten Verknüpfungen umsetzbar sind:

– Jugendliche in Gruppen – Jugendbücher zum Drogenproblem.
– Drogenprobleme in der Bundesrepublik – Erarbeitung eines Sachbuchs.
– Wir lesen und vergleichen Presseartikel zum Drogenproblem – Jugendpresse, Illustrierte, Tageszeitung, Wochenblatt.
– Wir werden umworben – Analyse der Werbung für Zigaretten, Alkohol, Medikamente unter medizinischem, psychologischem, ökonomischem und juristischem Aspekt.
– Wir informieren andere – Planung und Durchführung eines Vortragsabends (Fünf-Minuten-Beiträge mit kurzer Aussprache) für Eltern und Mitschüler.
– Wir melden uns zum Drogenproblem öffentlich zu Wort – Plakat, Wandzeitung, Flugblatt, Offener Brief, Petition.
– Wir unterhalten andere – Inszenierung eines Theaterstücks bzw. eines Hörspiels zum Drogenproblem.
– Wir vergleichen Filme zum Drogenproblem und erarbeiten einen kurzen Videofilm – Filmanalyse, Einsatz filmischer Mittel.
– Konflikte in der Familie (u. a. Generationskonflikt) und im Freundeskreis – partnerschaftliches Konfliktlösen.

Literatur

Berger, H. u. a.: Wege in die Heroinabhängigkeit. München 1980
Bochnik, H. J./Richtberg, W.: Depravation – Ausdruck und Folgen einer suchtspezifischen Besinnungsstörung. In: Keup, W. (Hrsg.): Folgen der Sucht. Stuttgart/New York 1980

Bockhofer, R.: Christiane F. im Unterricht. In: Prävention 5 (1982) 1, 13–16
Bockhofer, R.: Drogenerziehung ohne moralische Appelle. In: Prävention 5 (1982) 3, 90–96
Bongartz, D./Goeb, A.: Das Drogenbuch. Hamburg 1981
Koerner, W.: Drogen-Reader. Frankfurt a. M. 1981
Mohl, H. (Hrsg.): Sucht. München 1984

Suchtprävention durch ein Trainingsprogramm zur sozialen Kompetenz

Marianne Manns/Jona Schultze

Als in den siebziger Jahren der Alkoholkonsum Jugendlicher immer bedrohlichere Ausmaße annahm, beauftragte uns der Senator für Gesundheit in Berlin im Rahmen seiner Maßnahmen zur Bekämpfung des Jugendalkoholismus mit der Erstellung eines Präventionsprogramms für alkoholgefährdete Jugendliche. Nach eingehendem Literaturstudium, eigenen empirischen Erhebungen und aufgrund theoretischer Überlegungen kamen wir jedoch bald zu dem Schluß, daß es nicht sinnvoll sei, ein solches Programm zu erarbeiten. Einerseits hatte sich bei unseren Erhebungen gezeigt, daß dieses Problemverhalten kaum jemals isoliert auftrat, zum anderen war zu berücksichtigen, daß die Bedingungen, denen in der Literatur die Entstehung von Alkoholismus zugeschrieben wird, ebenso als Entstehungsbedingungen für anderes Fehlverhalten angenommen werden konnten. Darüber hinaus zeigte sich, daß sich gerade die Faktoren, die noch die beste Vorhersagevalidität für späteres Auftreten von Alkoholismus besaßen (z.B. „broken homes", Arbeitslosigkeit), durch ein Präventionsprogramm am wenigsten ändern ließen. Aufgrund dieser Sachlage sowie bestimmter (theoretisch begründeter) Entscheidungen kamen wir zu der Auffassung, daß derzeit nur ein Programm zu rechtfertigen sei, dessen Intervention auf störungsübergreifende Prävention bei Jugendlichen abzielen.

Das (vorläufige) Ergebnis unserer Arbeit – ein Programm zum Training sozialer Kompetenz in der Schule und seine theoretische Begründung – möchten wir im folgenden vorstellen.

1 Einführung in den theoretischen Rahmen

Psychologen und Pädagogen beklagen seit langem, daß fundiertes und umfassendes Wissen sowie bewährte Theorien über die Entstehung, Behandlung und Verhütung so problematischen Verhaltens wie z.B.

Alkoholismus und Drogenmißbrauch, aber auch Gewalttätigkeit, Kriminalität oder schwere Depressionen, fehlen. In der Tat hat die wissenschaftliche Forschung trotz intensiver Bemühungen bisher nur eine Reihe im einzelnen zwar gut begründeter, insgesamt aber keineswegs hinreichender und z. T. einander sogar widersprechender Ansätze zur Erklärung derartigen Verhaltens und seiner Entstehungs- bzw. Manifestationsbedingungen erarbeiten können (Brandtstädter 1982). Hinzu kommt, daß diesen Ansätzen nur selten schlüssige und konkrete Handlungsanweisungen für gezielte präventive Interventionen entnommen werden können. Kennzeichnend für die derzeitige Vorgehensweise auf dem Gebiet der Prävention ist denn auch eher die Prüfung bestimmter störungsübergreifender Konzepte im Hinblick auf die Frage, ob und inwieweit sich daraus theoretisch begründete Präventionsmaßnahmen ableiten lassen. Das ist insbesondere der Fall, seit sich in der Psychologie, aber auch z. T. in der Medizin Theorieansätze durchgesetzt haben (oder doch zumindest als Sichtweisen durchzusetzen beginnen), die die Bedingung für die Entstehung und Aufrechterhaltung eines gestörten, vom „Normalen" abweichenden Verhaltens nicht allein in der betroffenen Person suchen, sondern die soziale Bedingtheit jeglichen Verhaltens in den Mittelpunkt des Interesses rücken. Hierzu gehören u. a. die Theorien sozialen Lernens (Bandura 1977; Mischel 1973), das Konzept der sozialen Kompetenz, das sowohl den social-skills-Ansatz (Bellack/ Hersen 1979) als auch den Ansatz des interpersonellen Problemlösens umfaßt (Goldfried/D'Zurilla 1969) sowie – eher praxisbezogen – gemeindepsychologische/-psychiatrische Konzepte (Sommer/Ernst 1977), auf denen unsere eigenen Arbeiten basieren. In allen diesen Ansätzen werden der individuellen Persönlichkeit relativ langfristige Handlungsdispositionen zugeschrieben, die sowohl innen- als auch außen- (d. h. sozial-)gesteuert und darauf ausgerichtet sind, Anforderungen des täglichen Lebens möglichst effizient zu bewältigen. Typischerweise stellen sich derartige Anforderungen in unserer, aber wohl auch in jeder anderen Gesellschaft, häufig als Probleme dar, die eine ganz bestimmte soziale Komponente enthalten: Ihre Entstehung geht auf Ansprüche und Erwartungen zurück, die die relevante soziale Umwelt an die einzelne Person oder Personengruppe heranträgt. Das gilt insbesondere für Kinder und Jugendliche, deren soziale Position allein schon aufgrund ihres geringen Alters und des damit verbundenen Entwicklungs- und Erfahrungsstandes noch wesentlich weniger selbstbestimmt ist als die des „durchschnittlichen" Erwachsenen. So ist z. B. aufgrund des bestehenden Machtgefälles der Typ des Autoritätskonfliktes zwischen Jugendlichen und Erwachsenen relativ häufig anzutreffen. Aber auch Probleme des Anerkanntwerdens in der Gruppe Gleichaltriger, des Findens eines angemessenen Platzes in je wechselnden Gruppierungen treten nicht eben selten auf.

Unter ungünstigen Bedingungen kann sich nun bei den Versuchen des Kindes bzw. Jugendlichen, die jeweiligen Anforderungen zu bewältigen, ein im Laufe der Zeit immer größer werdendes Mißverhältnis zwischen den Erwartungen der sozialen Umwelt einerseits und dem Verhalten des Jugendlichen andererseits ergeben. Dieses kann von den Beteiligten solange bagatellisiert oder nicht zur Kenntnis genommen werden, bis es scheinbar plötzlich eine Qualität erreicht, die von der sozialen Umwelt als nicht mehr erträglich erlebt wird: Das Verhalten des Jugendlichen wird nunmehr als unangepaßt, abweichend oder gestört bezeichnet und führt zu entsprechenden Reaktionen auf seiten der relevanten Sozialpartner. Verhaltensstörungen sind so gesehen also untaugliche, d. h. sozial nicht akzeptierte Versuche eines Individuums, den Anforderungen, die andere ihm stellen (oder die es sich selbst stellt), nachzukommen.

Es ist klar, daß nicht in jedem Fall gestörtes Verhalten in dieser Weise beschrieben und erklärt werden kann. Oft muß man davon ausgehen, daß die Anforderungen selbst unangemessen sind, z. B. den altersentsprechenden Fertigkeiten des Jugendlichen nicht gerecht werden. Die o. g. Definition von Verhaltensstörungen gilt also ausdrücklich unter der Voraussetzung, daß es sich um altersadäquate Anforderungen handelt, deren Bewältigung von den meisten Jugendlichen der jeweiligen Altersstufe in sozial akzeptierter Weise geleistet werden kann. (Es sei bereits an dieser Stelle erwähnt, daß die genannte Definition implizit – d. h. ohne konkrete Benennungen – auf gesellschaftliche Normen und Wertungen Bezug nimmt. Wir werden an anderer Stelle darauf noch etwas näher eingehen.)

Bei den Versuchen eines Jugendlichen, die alltäglichen Anforderungen zu bewältigen, entsteht aber auch für seine „Sozialpartner" eine Verantwortung, und zwar in doppelter Hinsicht: Einmal müssen sie adäquate Strategien zur Problembewältigung so vermitteln, daß der Jugendliche diese in Handlungen umsetzen kann. Zum anderen müssen sie durch ihr eigenes Verhalten dazu beitragen, daß der Jugendliche untaugliche Lösungsversuche nicht deswegen auf Dauer beibehält, weil diese wenigstens zu Ersatzbefriedigungen führen (man denke in diesem Zusammenhang nur einmal daran, daß störendes Verhalten im Unterricht häufig mehr Beachtung findet als unterrichtsbezogenes!). Betrachtet man nun auch Prävention unter dem Gesichtspunkt der Verantwortung und der Wirkmöglichkeiten von „Sozialpartnern", so ergibt sich daraus ohne weiteres, daß ein großer

Teil der präventiven Aufgaben durch die natürlichen Bezugspersonen der (potentiell gefährdeten) Jugendlichen wahrgenommen werden sollte. Herausragende Bedeutung kommt in diesem Zusammenhang zweifellos den Lehrern zu, denn ihr Tätigkeitsfeld „Schule" (einschl. der Vorschule) ist für Kinder und Jugendliche mindestens 10 Jahre lang eine wesentliche soziale Lernumwelt, und zwar in einem Alter, in dem diese besonders aufnahmebereit sind. Von besonderer praktischer und theoretischer Bedeutung ist ferner die Tatsache, daß die in Klassen zusammengefaßten Schüler im Hinblick auf das Merkmal „potentielle Gefährdung" als „unausgelesene Stichproben bestimmter Altersgruppierungen" angesehen werden dürfen. Damit ist nichts anderes gemeint, als daß Schüler nicht nach dem Grad ihrer Gefährdung, zu irgendeinem Zeitpunkt überdauernde Verhaltensstörungen wie etwa Suchtverhalten zu entwickeln, identifiziert werden. Genau diese „Etikettierung" nämlich, die gewöhnlich eine Reihe negativer sozialer Konsequenzen von seiten der Umwelt nach sich zieht (Verurteilung, Isolierung), kann – so die Aussagen der Theorien zum Labeling-Ansatz (Lemert 1967; Scheff 1973) – dazu führen, daß sich aktuelle Abweichungen von sozial akzeptiertem Verhalten überhaupt erst zu therapiebedürftigen Störungen entwickeln.

Aus diesem kurzen Abriß läßt sich andeutungsweise wohl schon der allgemeine theoretische Rahmen entnehmen, in den unsere Arbeit eingebettet ist: Wir favorisieren in Ermangelung bewährter Ätiologietheorien zu Verhaltenskomplexen wie Alkoholismus, Drogensucht etc. einen psychosozialen Störungsbegriff, der auf den Ansätzen der sozialen Lerntheorien basiert und die Bedingungen für Entstehung und Aufrechterhaltung von Drogenmißbrauch in den Interaktionen von Individuum und sozialer Umwelt sucht. Mit unserer speziellen theoretischen Grundlage, dem Konzept der sozialen Kompetenz (Goldfried/D'Zurilla 1969; Sommer 1977), gehen wir davon aus, daß der Alltag von Jugendlichen zu einem großen Teil durch Anforderungen von seiten anderer gekennzeichnet ist, deren sozial akzeptable Bewältigung von der sozialen Umwelt erwartet wird. Wo dies mißlingt, d. h. wo Jugendliche nach anfänglichen Bemühungen um effektive Lösungen vor Anforderungen z. B. permanent ausweichen (etwa durch „Flucht in den Alkohol") oder diese in einer Weise bewältigen, die die soziale Umwelt schädigt (z. B. durch Gewalttätigkeit), sprechen wir von Verhaltensstörungen. Da durch derartige Verhaltensweisen sowohl die momentane Entlastung von Anforderungen als auch z. B. die Bekräftigung der Zugehörigkeit zu einer „Clique" erreicht werden kann, nehmen wir an, daß sie sich – falls von der sozialen Umwelt keine geeignete Unterstützung geboten wird – auf

Dauer verfestigen werden, selbst wenn die Handelnden vorhersehen können, daß daraus kurz- oder langfristig gesellschaftliche Sanktionen resultieren werden.

„Anforderungen" in unserem Sinne sind also großenteils nicht einfach durch „automatische" Handlungssequenzen, über die man gar nicht weiter nachzudenken braucht, zu bewältigen. Sie sind vielmehr – wie z. B. Konflikte oder der Wunsch, Freunde zu gewinnen – häufig als problematische Situationen i. S. von Goldfried/D'Zurilla (1969) anzusehen. Als problematisch werden von Goldfried/D'Zurilla komplexe Anforderungssituationen definiert, für die das Individuum nicht auf bereits erprobte Lösungsstrategien zurückgreifen kann und für deren Bewältigung es seine bisherigen Erfahrungen sowie die Erfahrungen anderer in konstruktiver und kreativer Weise umstrukturieren muß. In dem Maße, in dem es dem Individuum gelingt, die problematische Situation in effektiver Weise zu lösen, wird sein Verhalten von der sozialen Umwelt als kompetent bzeichnet. „Effektivität" oder auch Adäquatheit bedeutet in diesem Zusammenhang, daß ein Verhalten oder Verhaltensmuster die problematische Situation so verändert, daß sie nicht länger problematisch ist und daß gleichzeitig – kurz- und langfristig – ein Maximum an positiven und ein Minimum an negativen Konsequenzen daraus folgen. Dabei ist nach Sommer (1977) die soziale Umwelt ausdrücklich zu berücksichtigen, und zwar sowohl die potentiellen Reaktionen der „Sozialpartner" als auch die Konsequenzen, die sich aus der Problemlösung ergeben.

An dieser Stelle sei das Problem der sozialen Normen und Wertmaßstäbe, das weiter oben bereits angedeutet wurde, noch etwas ausführlicher dargestellt. Wenn eben gesagt wurde, daß die soziale Umwelt Verhalten unter bestimmten Voraussetzungen als „kompetent" bezeichnet (oder als „sozial kompetent", wenn es sich um entsprechende Anforderungssituationen handelt), so soll mit dieser Ausdrucksweise darauf hingewiesen werden, daß „soziale Kompetenz" keine Eigenschaft darstellt, die Individuen in größerem oder geringerem Maße besitzen, sondern daß mit diesem Begriff eine Bewertung individuellen Verhaltens ausgedrückt wird. Bewertungen sind bekanntlich niemals völlig objektiv; sie erfolgen aber auch selten völlig subjektiv. Sie beruhen sowohl auf persönlichen Erfahrungen und Reaktionen als auch auf breiter fundiertem Wissen. Sie spiegeln sowohl kodifizierte Normensysteme (z. B. gesetzliche Regelungen) als auch stillschweigend praktizierte Selbstverständlichkeiten im weiteren oder engeren Rahmen des gesellschaftlichen Zusammenlebens wider. Ein weiteres Merkmal von Bewertungen besteht darin, daß als Beurteilungskriterien oft nur Wahrscheinlichkeitsaussagen oder Vermutungen benutzt werden können, nämlich dann, wenn – wie in der Definition der sozialen Kompetenz gefordert – in der Bewertung wie in der Problemlösung die kurz- *und* langfristigen Konsequenzen einer Handlung berücksichtigt werden sollen und diese nicht genau vorhergesagt werden können. Hinzu kommt, daß sich die wenigsten Beurteiler völlig klar darüber sind, welche Kriterien sie insgesamt ihrer Bewertung zugrunde legen oder ob und inwieweit ihr Urteil unter gleichen Bedingungen immer das gleiche ist.

In unserer eigenen Arbeit haben wir dieses Dilemma in ähnlicher Weise wie Goldfried/D'Zurilla (1969) aufzulösen versucht: Kompetenzbewertungen von Verhalten in altersentsprechenden Problemsituationen spielen sowohl unmittelbar in vielen Übungen unseres Trainingsprogramms als auch bei den trainingsbegleitenden Messungen eine Rolle. Problemsituationen und Lösungen haben wir in mehreren Schulklassen und Jugendgruppen erhoben sowie aus Interviews mit Eltern entnommen. Eine dem oben dargestellten theoretischen Konzept entsprechende Kompetenzbewertung der Lösungen, die Schüler in den problematischen Situationen gefunden hatten, wurde zunächst nur von uns und Mitarbeitern unserer Arbeitsgruppe vorgenommen. In einem weiteren Schritt haben wir dann festzustellen versucht, ob sich diese Bewertungen in ihren Ergebnissen grundlegend von den Lösungsbeurteilungen durch Schüler unterscheiden, mit anderen Worten: ob Schüler z. B. die Lösungen, die wir als kompetent beurteilt hatten, als gute/sehr gute Lösungen einstufen würden oder aber als schlechte. Hierzu haben wir den Schülern zweier Klassen eine Reihe besonders häufig genannter problematischer Situationen vorgegeben, zu denen wir jeweils zwei kompetente und zwei inkompetente Lösungen formuliert hatten. Die Schüler werden gebeten, die Lösungen mit den üblichen Schulnoten zu bewerten. Die ersten Ergebnisse sind recht ermutigend: Nur bei einigen, von uns als eher inkompetent bewerteten Lösungen kamen die Schüler zu entgegengesetzten Urteilen, bei kompetenten Lösungen praktisch nie. Obwohl der geringe Stichprobenumfang natürlich keine definitiven Aussagen erlaubt, meinen wir sagen zu dürfen, daß in unsere Bewertungen zumindest nicht völlig andere Normen und Wertvorstellungen eingehen als in die Urteile der benotenden Schüler. Weitere Untersuchungen in dieser Richtung sind geplant.

Mit dem Konzept der sozialen Kompetenz- die wir als effektive und sozial akzeptable Bewältigung von altersentsprechenden Anforderungen definiert haben – hätten wir nach unserer Auffassung trotz der oben dargestellten Probleme ein störungsübergreifendes Modell für eine sinnvolle Prävention gefunden. Dabei ist uns klar, daß außer

Defiziten im Bereich bestimmter Fertigkeiten („social skills") oder in der Fähigkeit, vorhandene Fertigkeiten situationsadäquat einzusetzen, auch noch andere Faktoren psychosoziale Störungen begünstigen können. Gestützt wird unsere Auffassung u. a. durch Untersuchungen, die zeigen, daß die Anwesenheit entsprechender Fähigkeiten ein besserer Prädiktor für eine positive psychosoziale Entwicklung ist als die Abwesenheit solcher Symptome (Kent/Rolf 1979; Felner u. a. 1983). Wir denken daher, daß die Förderung sozial kompetenten Verhaltens bei Jugendlichen eine wesentliche Möglichkeit ist, der Verfestigung von Fehlverhaltensweisen vorzubeugen.

2 Der Aufbau eines Kompetenztrainingsprogramms für 12- bis 14jährige Jugendliche

2.1 Inhalte

Wie dargestellt basiert die Idee, die Stärkung von Problemlösungsfähigkeiten des jugendlichen, noch nicht ausgereiften Individuums als präventive Intervention einzusetzen, auf unserem Verständnis von psychosozialen Schwierigkeiten und Verhaltensstörungen. Wir nehmen an, daß effiziente Strategien zur Bewältigung alltäglicher gesellschaftlicher Anforderungssituationen dem Jugendlichen einen gewissen, möglicherweise auch langfristigen Schutz gegen die Manifestation von unangepaßtem, Anforderungen vermeidendem Verhalten und anderen psychopathologischen Symptomen bieten können. Diese Strategien lassen sich unserer Ansicht nach am besten mit Hilfe eines systematischen Sozialtrainings vermitteln, das die Erziehungsbemühungen des Elternhauses und der Schule unterstützt, in der aktuellen sozialen Bezugsgruppe (hier: der Schulklasse) stattfindet und grundsätzlich von Mediatoren, die sowieso eine wichtige Funktion im Leben der Zielgruppe haben (hier: Lehrer), durchgeführt werden kann.

Das von uns erstellte Sozialtraining versucht, die Operationalisierung des Konzepts der sozialen Kompetenz in seinen Lernzielen und diese in einer Abfolge von aufeinander aufbauenden Übungsaufgaben zu verwirklichen. Es enthält 16 Übungseinheiten von je einer Doppelstunde und kann, evtl. über einen längeren Zeitraum verteilt, innerhalb des Rahmenplans der Schule leicht in den Deutsch- oder Sozialkundeunterricht der 7. oder 8. Klasse von Haupt- und Gesamtschulen übernommen werden.

Die Operationalisierung des Konzepts „soziale Kompetenz" stellte allerdings ein gewisses Problem dar: In der Literatur werden z. B. die Begriffe „soziale Kompetenz" und „soziale Fertigkeiten" („social skills") nicht sauber voneinander getrennt und häufig abwechselnd zur Charakterisierung desselben Sachverhalts benutzt. Wie unserer Definition zu entnehmen ist, fassen wir „Kompetenz" ausschließlich als summarischen Begriff auf, der die soziale Bewertung der Qualität individuellen Verhaltens in einer gegebenen Situation reflektiert. Die „sozialen Fertigkeiten" stellen dagegen für uns die verhaltensmäßige Grundlage für „soziale Kompetenz" dar. Damit ist ein Verhaltensrepertoire gemeint, über das ein Individuum zunächst einmal verfügen muß, um schließlich, wenn es seine Fertigkeiten effektiv und in akzeptabler Weise eingestellt hat, als „sozial kompetent" beurteilt zu werden. (Mit der letzteren Darstellungsweise nähern wir uns ausnahmsweise der üblichen Sprechweise an, in der ja meist die Person statt ihres Verhaltens bewertet wird.) Welche Fertigkeiten dieses Repertoire nun enthalten muß, ist letztlich eine Frage der Anforderungen, mit denen 12- bis 14jährige in unserer Gesellschaft üblicherweise konfrontiert werden. In Ermangelung umfassender Taxonomien waren wir hier auf die Befunde einschlägiger Korrelationsstudien (zusammenfassend z. B. Hops 1983), auf entsprechende Interviewangaben von Eltern und Jugendlichen sowie auf unser eigenes Erfahrungswissen angewiesen.

Danach muß zur Bewältigung altersüblicher sozialer Anforderungen insbesondere die Verfügbarkeit über grundlegende Kommunikationsfertigkeiten wie *adäquates Wahrnehmen und Aussenden verbaler und nonverbaler Informationen; adäquates Geben und Annehmen von sozialem feedback,* soziale Interaktionsfertigkeiten wie *angemessene Kontaktaufnahme; sozial akzeptables Durchsetzen eigener Forderungen bzw. Zurückweisen unakzeptabler Forderungen* sowie eine in vielen unterschiedlichen Situationen einsetzbare Problemlösungsstrategie gegeben sein.

Bei der Auswahl der Programminhalte stützen wir uns auf Arbeiten zur Funktion von „social skills" in der Kommunikation mit Sozialpartnern (Argyle 1972), zur „sozialen Kompetenz" nach Hersen, Eisler und Miller (1973) und zum „interaktionalen Problemlösen" (Goldfried/Goldfried 1975; Grawe 1980). Die Gruppe um Argyle beschäftigt sich mit verbalen und nichtverbalen Grundfertigkeiten des Miteinander-Umgehens, die durch gesellschaftliche Normen vermittelt und in der Regel automatisch eingesetzt werden, um Kontakt zu etablieren und aufrechtzuerhalten, als da sind: Zustimmung und Ablehnung, Lob und Tadel, Blickkontakt, Sprechtempo und Pausen u. a. m. Im lerntheoretischen Sprachgebrauch handelt es sich um Fertigkeiten, die andere verstärken und Verstärkung durch andere hervorrufen. Diese Verhaltensweisen sind zwar nicht bewußtseinspflichtig, jedoch bei entsprechender Lenkung der Aufmerksamkeit durchaus bewußtseinsfähig. Dies ist auch notwendig, denn obgleich es sich um gesellschaftliche Selbstverständlichkeiten handelt, ist bei vielen Jugendlichen wie auch bei manchen Erwachsenen ein Defizit in ihrem sozialen Einsatz zu beobachten. Da es sich um Grundlagen jeder befriedigenden sozialen Interaktion handelt, wurde ihre Einübung im Programm in sieben Übungseinheiten verankert. Ein Auszug aus der 5. Übungseinheit des Programm-Manuals möge als Beispiel dienen:

5. Übungseinheit

A) Aufgabe	Zeit	B) Lernziele, Anforderungen an die Teilnehmer
V.1 Rollenspiel „Zeugnis".	15'	V.1 Spielerischer Einsatz der einfachen Formen positiver und negativer Rückmeldung.
V.2 Erarbeiten der Feedback-regeln, Ergänzen des Kommunikationsmodells in der Gruppe.	30'	V.2 Erkennen der Rückmeldung; Einschätzen der Funktion und der Folgen positiver und negativer Rückmeldung; Ableiten sinnvoller Regeln der Rückmeldung.
V.3 Wiederholung des Rollenspiels „Zeugnis" mit anschließender Diskussion des Spiels.	25'	V.3 Beim Geben und Annehmen positiver/negativer Rückmeldung sollen die erarbeiteten Regeln so sinnvoll wie möglich eingesetzt werden, sowohl im Rollenspiel als auch in der anschließenden Diskussion.
V.4 Entspannung des ganzen Körpers.	20'	V.4 Wie bisher.

Im Manual folgen im Anschluß daran detaillierte Beschreibungen des Trainingsmaterials und der Trainingsdurchführung, von denen wir aus Platzgründen nur ein stark gekürztes Beispiel geben können:

V.1 Heute wollen wir zwei weitere wichtige Regeln herausarbeiten und üben, und zwar geht es dabei um die Art und Weise, wie man einem anderen Rückmeldung über die Wirkungen seines Verhaltens geben kann. Ihr alle kennt ja die Situation, daß Ihr Euren Eltern Euer Zeugnis zeigt, und Eure Eltern reagieren dann darauf. Sie geben Euch damit Rückmeldung über

die Wirkung, die Eure Zeugnisse bei ihnen ausgelöst haben. Eine solche Situation – ein Kind überreicht seinen Eltern sein Zeugnis – wollen wir jetzt als erstes einmal durchspielen. Dazu brauchen wir zwei von Euch, die das Kind und die Mutter oder den Vater spielen; wer will die Rollen übernehmen? Das Zeugnis haben wir schon mitgebracht.
...

V.2 Die Gruppe arbeitet die im Spiel verwendeten Formen von Rückmeldung heraus, indem die Teilnehmer die jeweiligen praktischen Beispiele anführen und diskutieren.
...

Auf jeden Fall sollen folgende Feedbackregeln erarbeitet werden (notfalls mit ergänzenden Beispielen):

Regeln für den Geber von Feedback:
1. Gib Rückmeldung über ein *Verhalten* (über das, was der andere tut)!
2. Kritisiere nicht die ganze Person!
3. Schlage besseres Verhalten vor!
4. Gib nur dann Rückmeldung, wenn der andere es verwerten kann!
5. Dränge den Partner nicht in die Verteidigung!

Regeln für den Empfänger von Feedback:
1. Erbitte Rückmeldung!
2. Wenn *Du* kritisiert wirst, frage, welches Verhalten gemeint ist!
3. Frage nach Verbesserungsvorschlägen!
4. Zeige dem anderen, daß Du bereit bist, Rückmeldung anzunehmen!
5. Verteidige Dich nicht gleich, wenn Du Dich angegriffen fühlst!
   Versuche erst genau zu vestehen, was der andere meint.

Die Autoren, die sich mit der Vermittlung sozialer Kompetenzen befassen (Hersen u. a.), gehen von Personen (Studierenden, Kindern) aus, die Schwierigkeiten haben, die Beziehungen zu ihren relevanten „Sozialpartnern" sinnvoll zu definieren, konkret: sozial offensive, aggressive oder sozial zurückgezogene Individuen. Die von ihnen vorgeschlagenen Programme enthalten neben den oben genannten Grundfertigkeiten auch Übungen, die der sozial akzeptablen Durchsetzung eigener Bedürfnisse und Ziele unter Berücksichtigung der Interessen anderer dienen, z. B. Meinungen äußern und begründen, die Rolle eines Partners übernehmen, anderen helfen, Kritik üben, sich durchsetzen. In der Formulierung von Aufgaben, die der Bewußtmachung und Einübung sozialer Fertigkeiten dienen, konnten wir uns zum Teil auf die vorliegenden Programme der oben genannten Autoren stützen (s. a. Michelson u. a. 1983), teilweise auch Anleihen bei dem ATP (Selbstsicherheitstraining) von Ullrich de Muynck/ Ullrich (1976) machen.

Während die meisten einschlägigen Arbeiten bei der Vermittlung und Evaluierung der bisher beschriebenen Grundfertigkeiten haltmachen, erschien uns ein Training dieser Art noch nicht ausreichend, weil zu formal. Zunächst einmal hängt es vom aktuellen sozialen

Kontext ab, ob der Einsatz bestimmter Verhaltensweisen angebracht und zweckmäßig ist; die Einschätzung der Konsequenzen eigenen Handelns, auch der langfristigen, muß also mitreflektiert werden. Weiterhin sind inhaltliche Probleme und Konflikte, wie sie in der alltäglichen Interaktion mit Beziehungspersonen häufig sind, auch nur mit inhaltlichen Mitteln zu bewältigen, d. h. aber mit Ideen, Lösungsalternativen, Kompromissen, Entscheidungen und Realitätsprüfungen. Da in der von uns angezielten Altersstufe 12- bis 14jährigen eine ganze Anzahl von Konflikten und sozialen Anforderungen auftritt, diese Situationen jedoch aufgrund der noch relativ uniformen Umwelt relativ einheitlich sind, bietet es sich an, anhand aktueller, von den Jugendlichen selbst erlebter Problemsituationen eine generelle, auf unbekannte Probleme übertragbare Problemlösungsstrategie einzuüben.

Diese Strategie, die in den Übungseinheiten 10 und 11 systematisch eingeführt wird, besteht aus den vier Stufen

- Identifizieren und Benennen eines Problems.
- Finden verschiedener Lösungswege.
- Sich für eine Lösung (begründet) entscheiden.
- Bedenken von kurz- und langfristigen Konsequenzen der getroffenen Entscheidungen für alle davon Betroffenen und gegebenenfalls Revision der Entscheidung.

Die vier Stufen werden in Kleingruppenarbeit zunächst anhand von schriftlichen Materialien im einzelnen erarbeitet und begründet. In den letzten vier Übungseinheiten erfolgt dann die Anwendung der Strategie auf reale, von den Schülern vorgeschlagene Problemsituationen, wobei die verschiedenen Lösungsalternativen mit dem Ziel der Festigung der erlernten Kommunikationsregeln und der Erweiterung des Verhaltensrepertoires in Rollenspielen ausprobiert werden. Nach jedem Rollenspiel wird abschließend jeweils herausgestellt, aufgrund welcher Kriterien die Spieler sich für die von ihnen dargestellte Lösung entschieden haben, und gegebenenfalls noch eine für die gesamte Gruppe akzeptable Lösung erarbeitet.

Man kann ohne Zweifel den Problemlösungsansatz auch ohne vorherige Einübung sozialer Grundfertigkeiten einführen. Wir sind jedoch der Ansicht, daß die Einhaltung kommunikativer Regeln die Chancen des Individuums, mit seinen Ideen durchzudringen bzw. die Gruppe zu konstruktiver Arbeit zu veranlassen, unverzichtbar ist, so daß alle bisher genannten Fertigkeiten in ein Programm integriert werden sollten.

Schließlich muß bedacht werden, daß die besten Kommunikations-

und Problemlösungsfertigkeiten wenig nützen, wenn in der konkreten sozialen Situation Affekte wie Wut oder Angst verhindern, daß sich das Individuum daran erinnert. Man kann und soll zwar auch die Einschaltung gedanklicher Prozesse unter Streß einüben, doch werden gerade Jugendliche sicherlich leicht von der Dynamik der Situation erfaßt, so daß es zu inkompetentem Verhalten kommt, das an sich als solches erkannt und vermieden werden könnte. Als flankierende Maßnahme haben wir daher, in der Hoffnung, eine gewisse Affektkontrolle bewirken zu können, ein Entspannungstraining in das Programm aufgenommen.

2.2 Aufbau und Durchführung des Programms

Bei der Konstruktion der Übungseinheiten wurden folgende Prinzipien beachtet:

– *Vom Einfachen zum Komplizierten.* Dies gilt sowohl für die Kommunikationsübungen als auch für das Problemlösen. So wurden zunächst Zuhören, Beobachten und Nachfragen eingeführt, später das Geben und Annehmen von Feedback und dann erst die Übernahme fremder Rollen. Die Schritte des Problemlösens (Identifizierung und Spezifizierung des Problems, Analyse des Problems, Aufstellen von Zielen und Generierung von Lösungsalternativen, Planen, Durchführen, Bewertung) werden einzeln vorgestellt und erst zum Schluß auf Vorfälle in der täglichen Alltagspraxis der Jugendlichen angewendet. Auch das Entspannungstraining schreitet wie üblich von einzelnen Körperpartien zur gesamtkörperlichen Lockerung fort.

– *Vom Strukturierten zur freien Gestaltung.* Jugendliche der von uns angezielten Altersgruppe sind vom Schulunterricht her gewohnt, Aufgaben zu lösen, bei denen Material, Ziele und Lösungswege genau vorgegeben sind. Wird freie Gestaltung einer Situation verlangt, etwa im Rollenspiel oder in der Planung von Gemeinschaftsarbeiten, so sind sie gehemmt, es fehlen Regeln und Strategien, und sie brauchen das Modell der Trainer. Das Programm trägt dieser Tatsache Rechnung, indem zunächst stark strukturierte Themen zu bearbeiten sind (z. B. mit Hilfe von Arbeitsbögen etc.) und die Trainer als Modell fungieren. In den späteren Phasen wird dann die Hilfe allmählich entzogen, und die Gruppen schaffen sich selbst Inhalte und Formen zur eigenständigen Auseinandersetzung mit den entsprechenden Lernzielen.

- *Vom Konkreten zum Abstrakten.* Am Anfang steht das spontane Handeln, das Spiel, das Lösen einer Aufgabe. Über die Selbstbeobachtung und die Diskussion wird dann die theoretische Struktur des Geschehens erarbeitet. So entsteht im Laufe des Kommunikationstrainings (7 Übungseinheiten) durch Gemeinschaftsspiele, strukturierte Aufgaben und Gespräche ein fortschreitend komplexeres Kommunikationsmodell, das die Begrifflichkeit und die Struktur des Informationsverarbeitungsansatzes verwendet. Das gleiche geschieht im Problemlösungsteil, indem Rollenspiele analysiert und zunehmend nach dem o. g. Schema geplant werden. Es wird erwartet, daß über diese Modelle die Verfügbarkeit der gelernten Strategien im Gedächtnis erhalten bleibt.

- *Vom Allgemeinen zum Persönlichen.* Grundsätzlich wurde versucht, den Stoff inhaltlich so aufzubereiten, daß er der Erlebniswelt der Zielgruppe entsprach. Entsprechende Anregungen hatten wir aus Intensivinterviews und anderen Befragungen, aus psychotherapeutischer Literatur sowie aus Spiel- und Aufgabensammlungen entnommen. In der Durchführung wurde darauf geachtet, daß zumindest in den Nachbesprechungen eigene Erfahrungen mit ähnlichen Situationen zur Sprache gebracht werden konnten. Es lag uns jedoch im Sinne der Lernziele daran, daß nicht nur „Als-Ob"-Handeln geprobt wurde, sondern daß auch offene, ungelöste Klassen- und möglichst auch Familienprobleme zur Sprache kamen. Dieser Anspruch kann natürlich, wenn überhaupt, erst am Ende eines längeren Gruppenprozesses nach fortschreitender Vertrauensbildung verwirklicht werden.

Die 16 Übungseinheiten wurden mit allen Trainer- und Arbeitsmaterialien, genauen Instruktionen und exaktem Zeitraster für jeweils 90 Minuten ausgearbeitet. Das Entspannungstraining fand in jeder Sitzung statt; das Kommunikationstraining wird nach 7 Sitzungen beendet, weitere Sitzungen haben sozial kompetentes Verhalten in bestimmten, besonders häufigen Interaktionssequenzen zum Inhalt, und in den letzten 7 Sitzungen wird das interaktionelle Problemlösen geübt.

3 Erfahrungen mit dem Trainingsprogramm

Das Programm wurde bisher dreimal vollständig durchgeführt, und zwar jeweils in der 8. Klasse einer Haupt- und einer Gesamtschule sowie in der 7. Klasse einer weiteren Hauptschule (Förderklasse). Die

Klassen wurden nach Vorbeobachtungen im Schulunterricht in möglichst gleichwertige Untergruppen geteilt und in getrennten Räumen gleichzeitig mit dem Programm unterrichtet. Gruppen und Trainer blieben über die gesamte Trainingszeit konstant. Trainer waren Mitarbeiterinnen unseres Instituts, Studierende der Psychologie, Studierende des Lehramts und ausgebildete Lehrer/Lehrerinnen.

Wenn Erfahrungen dokumentiert werden sollen, so stehen wir vor der Schwierigkeit, daß es sich in unserem Falle zunächst einmal um eine sehr begrenzte Erfahrungsbasis, insbesondere im Hinblick auf die kleine und beliebige Stichprobe handelt. Zum anderen erhebt sich die viel brisantere Frage, ob wir mit unseren Bemühungen überhaupt erreicht haben, was wir intendierten.

Erfahrungen können einmal in objektiven Maßnahmen bestehen, die die Annäherung an ein vorher gesetztes Lernziel feststellen. Diagnostische Instrumente werden vor und nach der Intervention oder prozeßbegleitend eingesetzt, um die Lernfortschritte abzubilden. Erfahrungen können andererseits mehr oder minder subjektive Eindrücke über den Verlauf der einzelnen Durchgänge sein und in Vorschläge zur Optimierung des Vorhabens münden.

a) *Diagnostische Instrumente*

Es ist hier nicht der Ort, die komplizierte Meßproblematik, die die Evaluation eines Gruppentrainingsprogramms mit sich bringt, in aller Breite darzustellen. Hier seien nur die wesentlichen Punkte genannt:

Zunächst ist zu konstatieren, daß sich in der einschlägigen Literatur nur wenige oder gar keine theoriegeleitet konstruierten und bewährten Meßverfahren für den Bereich der sozialen Kompetenz finden. Wie so viele andere befindet sich auch dieser Bereich angewandter Forschung in dem Dilemma, Verfahren zur Messung des Effekts einer Intervention gleichzeitig mit der Intervention zu entwickeln, wobei zumindest anfänglich bei Ausbleiben positiver Erfolge nicht feststellbar ist, ob z.B. das Programm nutzlos war oder die Tests nicht valide sind, d.h. nicht messen, was sie messen sollen. Wir haben bisher nach jedem Durchgang unsere Meßinstrumente den Erfahrungen angepaßt und beabsichtigen jetzt, sie auch unabhängig vom Programm zu validieren.

Ein weiteres Problem, das wir mit unseren Mitteln nicht lösen können, ist, daß wir zwar einen Zuwachs an sozialer Kompetenz, wie wir sie operationalisiert haben, erfassen können, nicht jedoch den Effekt dieses Zuwachses für die Prävention von Verhaltensstörungen in der zukünftigen Entwicklung der Jugendlichen. Dieser bleibt eine zwar plausible und theoretisch begründete Hypothese, aber eben doch nur eine solche. Eine Annäherung an das Kriterium wird man vielleicht erzielen, indem man eine möglichst umfassende Mehrebenendiagnostik einsetzt, so wie wir ja auch das Programm selbst mehrdimensional angelegt haben. Es ist zwar nach wie vor nicht nachgewiesen, daß Kognitionen, das Wissen um kompetentes Verhalten, einen langfristigeren Transfer garantieren als Verhalten in Situationen, und auch über die Stabilität der Stellung eines Schülers in der Gruppe bestehen keine sicheren Voraussagen. Wir sind jedoch der Ansicht, daß wir auf jede Weise versuchen müssen, die Verfügbarkeit des Gelernten aufrechtzuerhalten und ebenso diese Verfügbarkeit auf möglichst vielen Ebenen zu messen. Dementsprechend wurden, jeweils zu mehreren Meßzeitpunkten einschließlich einer Datenerhebung 8 Wochen nach Beendigung des Trainings Interviews, Beobachtungsverfahren, Problemlöseaufgaben, Selbst- und Fremdbeurteilungen und Soziogramme eingesetzt. Bisher ist es allerdings noch zu früh, mehr über die Qualität der Verfahren (und damit des Programms) zu sagen, als daß sich vielversprechende Ansätze zur Weiterarbeit ergeben haben. So befassen wir uns gegenwärtig mit der Evaluation einer systemisch aufgebauten Reihe von Prüfungsaufgaben, die außerhalb des Programms von der Gruppe bearbeitet und mit Beobachtungsverfahren ausgewertet werden sollen. Auch die Problemlösungsfragen wurden überarbeitet und ihre Auswertung systematisiert. Wir hoffen, nach dem nächsten Durchgang die Meßinstrumente der Öffentlichkeit vorstellen zu können.

b) *Qualitative Auswertung*

Das Trainingsprogramm trifft, dies kann man konstatieren, eindeutig die Interessenlage des Jugendlichen und, wie oben gezeigt werden konnte, auch ihre Einschätzung von kompetentem Verhalten. Obgleich bisher noch nicht objektiv erfaßt, konnten doch eine Verbesserung des Gruppenklimas, ein wachsendes Verständnis untereinander und vor allem eine Leistungsverbesserung bei den Aufgaben mit Fortschreiten des Programms konstatiert werden. Auch die abstrakteren Inhalte, die Kommunikations- und die Problemlöseregeln, wurden beherrscht, wenn auch ihrem Erwerb ein gewisser Widerstand entgegengesetzt wurde; spielerische Tätigkeiten fanden verständlicherweise größeren Anklang. Überraschend positiv wurde das Entspannungstrainiung angenommen, obgleich organisatorisch bedingte Störungen in der Schulumwelt mache Trainingssituationen auf eine harte Probe stellten.

Im einzelnen wurden u. a. folgende Beobachtungen gemacht:

- Die Begrifflichkeit des Kommunikationsmodells (Sender/Empfänger etc.) hatten die Jugendlichen bereits im Deutsch- oder Sozialkundeunterricht erworben, und auch die Kenntnis notwendiger Fremdwörter (Feedback etc.) war vorhanden. Ein Zusammenhang mit eigenem oder fremdem Verhalten und eine Strukturierung aktueller Situationen, waren jedoch noch keineswegs erfolgt. Die Jugendlichen waren erstaunt, daß man dieses theoretische Wissen in der Praxis wiederfinden und gebrauchen konnte. Natürlich war es ihnen zunächst lästig, die Kommunikationsregeln streng einzuhalten, jedoch erstaunte uns immer wieder die Fülle an Beispielen, die sie aus ihrem täglichen Erleben beitragen konnten, und die Genauigkeit, mit der sie z. B. andere beobachteten und deren Verhalten bewerteten.
- Bei der Einführung der Problemlösungsstrategie zeigte sich, daß die Jugendlichen Probleme leicht entdeckten und zahlreiche Lösungen anboten. Bei vorgegebenen Alternativen konnten sie weitgehend sicher die besseren von den schlechteren trennen. Was ihnen jedoch sehr schwer fiel, war die Abschätzung langfristiger Konsequenzen. Sie waren darauf aus, Schwierigkeiten auf dem schnellsten Weg aus der Welt zu schaffen, am liebsten durch Mehrheitsentscheid, oft auch durch Unterdrückung. Dies läßt sich leicht aus den erlebten unmittelbaren Erfolgen dieser Maßnahmen im täglichen Umgang mit Gleichaltrigen erklären, und es erwies sich als mühsam, sozusagen gegen den Augenschein zu arbeiten und langfristige Aspekte zu berücksichtigen. Gelang dies, so überraschte wieder die Kreativität der Jugendlichen, die zu der Hoffnung Anlaß gibt, daß wiederholtes Bewußtmachen des Problemlösungsprozesses doch dazu führt, daß vor dem Handeln Denken und Planen eingeschaltet werden. Selbstgewählte Problemsituationen wurden hauptsächlich dem Schulbereich entnommen, bei Schwierigkeiten im häuslichen Bereich waren die Jugendlichen verständlicherweise zurückhaltender, so daß auf hypothetische Probleme von hinreichender Repräsentanz zurückgegriffen werden mußte.
- Zum Entspannungstraining ist zu sagen, daß es trotz aller situationsbedingten Störungen meist befriedigend ablief und daß das begleitende Beschreiben und Vorstellen beruhigender, bildhafter Situationen durch den Trainingsleiter als sehr angenehm und die Entspannung befördernd empfunden wurde.

Im folgenden sollen noch einige Hinweise gegeben werden, die unbedingt zu beachten sind, wenn das Programm (oder überhaupt ein Sozialtraining) erfolgreich durchgeführt werden soll:

– Der Lernerfolg der einzelnen Aufgaben ist zu sichern, und zwar entweder durch Nachfragen und Diskussion oder kurze Wiederholung in der nächsten Sitzung. Da das Programm systematisch aufgebaut ist, würden bei Verständnismängeln schlecht ausgleichbare Kenntnislücken entstehen. Notfalls müssen Aufgaben wiederholt oder die Anforderungen ohne Aufgabe des Lernziels gesenkt werden. (Das Programm enthält Vorschläge dazu.) Diese Maßnahme ist auch deshalb notwendig, weil es während der Spiele oft turbulent zugeht und Störungen an der Tagesordnung sind, wobei manche Informationen dann ungehört verloren gehen. Wenn die Jugendlichen nicht wissen, zu welchem Zweck sie sich anstrengen sollen, sinkt ihre Motivation rapide.

– Auch weitere, vom Programm unabhängige Maßnahmen zur Stabilisierung der Motivation der Teilnehmer können sich als erforderlich erweisen. Die Jugendlichen sind vom Schulunterricht her gewohnt, durch Noten und eventuell auch Strafen extrinsisch motiviert zu werden. Sanktionen dieser Art stehen dem Trainer nicht zur Verfügung und sind bei einem Kompetenztrainingsprogramm auch völlig unangebracht. Auch wenn der Lehrer selbst das Training durchführt, sollte er schulische und programminterne Anreizsysteme streng trennen. Hauptsächlich sollte auf positive Bekräftigung gesetzt werden.

– Die wichtigste Bedingung für eine erfolgreiche Durchführung des Trainings ist nach unserer Ansicht die Zustimmung der Trainer zu dem von uns vertretenen Konzept der sozialen Kompetenz. Aus der theoretischen Erörterung ist sicherlich deutlich geworden, daß der Ansatz eine bestimmte Art der Bewertung von Verhalten impliziert: Selbstentfaltung und Eigenaktivität werden gefördert, jedoch nur unter Berücksichtigung kurz- und langfristiger Konsequenzen für das Individuum selbst und seine Sozialpartner, also nicht um jeden Preis. Individualität und Konformität müssen sich die Waage halten, und die Jugendlichen müssen dieses Gleichgewicht durch in dieser Hinsicht eindeutiges Verhalten und Feedback des Trainers erfahren. Das ist natürlich nur möglich, wenn der Trainer/Lehrer selbst hinter dieser Form von Intervention steht.

– Wenn im schulischen Alltag relativ wenig erfahrene Trainer, z.B. Praktikanten, das Programm vermitteln sollen, müssen sie zuvor ein Trainer-Training erhalten, das sie mit der Theorie, den Materialien, Instruktionen und der Art der Darbietung vertraut macht. Die in den vorigen Abschnitten besprochenen Punkte sind dabei zu beachten; mindestens ebenso wichtig aber erscheinen uns Ratschläge, wie man mit schwierigen Gruppensituationen umgehen sollte. Mit Hilfe von Videofilmen, Rollenspielen und durch Supervision müssen vorab Fertigkeiten – wenn man so will „soziale Kompetenz für Erwachsene" – erworben werden, die verhindern, daß das Geschehen „aus dem Ruder läuft", und gewährleisten, daß die Lernziele wirklich erreicht werden.

Literatur

Argyle, M.: Soziale Interaktion. Köln 1972

Bandura, A.: Social learning theory. Englewood Cliffs 1977

Bellack, A. S./Hersen, M.: Research and practice in social skills training. New York 1979

Brandtstädter, J.: Prävention als psychologische Aufgabe. In: Brandtstädter, J./ v. Eye, A.: Psychologische Prävention. Bern 1982, 15–36

D'Zurilla, T. J./Goldfried, M. R.: Problem solving and behavior modification. J. Abnorm. Psychol. 78 (1971) 107–126

Felner, R. D./Jasan, L. A./Moritsugu, J. N./Farber, S. S.: Preventive psychology: Theory, research, and practive. New York 1983

Goldfried, M. R./Goldfried, A. P.: Cognitive change methods. In: Kanfer, F. H./Goldstein, A. P.: Helping people change. New York 1975, 89–116

Goldfried, M. R./D'Zurilla, T. J.: A behavior.analytic model for assessing competence. In: Spielberger, C. D.: Current topics in clinical and community psychology. Vol. 1. New York 1969

Grawe, K.: Verhaltenstherapie in Gruppen. München 1980

Hersen, M./Eisler, R. M./Miller, P. M.: Development of assertive responses: Clinical, measurement and research considerations. Behavior Research Therapy 11 (1973) 505–521

Hops, H.: Children's social competence and skill: Current research practices and future directions. Behavior Therapy 14 (1983) 3–18

Kent, M. W./Rolf, J. E.: The primary prevention of psychopathology. Vol. 3 – Social competence in children. Hannover 1979

Lemert, E. M.: Human deviance, social problems, and social control. Englewood Cliffs 1967

Michelson, L./Sugai, D. P./Wood, R. D./Kazdin, A. E.: Social skills assessment and training with children. An empirically based handbook. New York/ London 1983

Miller, G. A./Galanter, E./Pribram, K. H.: Strategien des Handelns. Stuttgart 1973

Mischel, W.: Toward a cognitive social learning reconceptualization of personality. Psychological Review 80 (1973) 252–283

Scheff, T. J.: Das Etikett „Geisteskrankheit". Soziale Interaktion und psychische Störung. Frankfurt a. M. 1973

Sommer, G.: Kompetenzerwerb in der Schule als primäre Prävention. In: Sommer, G./Ernst, H.: Gemeindepsychologie. München 1977, 70–98

Ullrich de Muynck, R./Ullrich, R.: Das Assertive Training-Programm (ATP): Einübung in Selbstvertrauen und soziale Kompetenz. 3 Bde. München 1976

Urban, H. B./Ford, D. H.: Some historical and conceptual perspectives on psychotherapy and behavior change. In: Bergin, A. E./Garfield, S. L.: Handbook of psychotherapy and behavior change. New York 1971, 3–30

Suchtprävention in schulischen Freiräumen

Helga Knigge-Illner/Peter Rubeau/Gerhard Sommer

1 Das Projekt: Psychologische Beratung in der Schule

Schule ist ein hochorganisierter und geregelter Betrieb, in dem alle Aktivitäten von Lehrern und Schülern nach Plan verlaufen. Es sind kaum Lücken anzutreffen, in denen nicht die Zielvorgaben eines Planes, sondern spontane Einfälle und momentanes Erleben den aktuellen Handlungsverlauf bestimmen. Solche Lücken sind Ausnahmen von der Regel wie z. B. die Cafeteria als Pausenort für informelle und vergnügliche Kommunikation oder Spiel und Sportangebote im Bereich außerunterrichtlicher Angebote von Gesamtschulen. Will man neue Angebote innerhalb oder außerhalb des Unterrichts machen, muß man nach Freiräumen suchen. Das trifft in ganz besonderem Maße für Untersuchungen zur Suchtprävention zu.

Im folgenden wird über ein Projekt berichtet, das im Rahmen einer Schule über einen geradezu idealen Freiraum verfügte: Über zwei Jahre hin konnten wir – ein externes Psychologenteam – innerhalb eines Forschungsprojekts zur Suchtprävention in eigener Verantwortung, ausgestattet mit einem kleinen Etat für Sachmittel, eine psychologische Beratungsstelle für Schüler und Lehrer „vor Ort" einrichten. Wir haben unsere Handlungsspielräume dazu genutzt, aus den täglichen Erfahrungen des Schulalltags heraus psychologische und therapeutische Angebote zu entwickeln, mit denen einer psychosozialen Gefährdung von Jugendlichen präventiv entgegengewirkt werden kann. Aber auch in diesem organisatorischen Freiraum war es manchmal nicht leicht, gegen die geregelten Abläufe des Unterrichtsalltags anzukommen und Platz für neue Angebote zu schaffen.

Wir gehen davon aus, daß unsere Erfahrungen mit verschiedenen psychologischen Arbeitsformen eine Fülle von Anregungen und Handlungsmöglichkeiten enthalten, die nicht nur für Psychologen „vor Ort", sondern auch für Lehrer interessant und – zumindest teilweise – anwendbar sind. (Eine ausführliche Dokumentation unserer Ergebnisse findet sich in Knigge-Illner u. a. 1983.)

2 Bedingungen und Umfeld der Schule

Das Projekt wurde an der Martin-Buber-Oberschule (MBO) in Berlin-Spandau durchgeführt. Die Initiative dazu war in gemeinsamen Diskussionen mit Lehrern dieser Schule entstanden. Die bereitwillige Unterstützung durch Lehrerschaft und Schulleistung hat sicherlich erheblich zu dem Erfolg unseres Projekts beigetragen. Die MBO ist eine Gesamtschule mit gymnasialer Oberstufe und wird im Halbtagsbetrieb geführt. Sie hat etwa 900 Schüler, davon 270 in der gymnasialen Oberstufe. Die soziale Zusammensetzung der Schülerschaft entspricht etwa der für Berliner Gesamtschulen typischen Konstellation: Kinder von Facharbeitern, Angestellten und kleinen Selbständigen prägen durch ihre Orientierung an sozialem Aufstieg durch Bildung das durchschnittliche Leistungsbewußtsein der Schüler. Zwischen hauptschul-, realschul- und gymnasialempfohlenen Schülern der Mittelstufe (in Berlin die Klassenstufen 7–10) besteht eine angenäherte Gleichverteilung.

Die Schule vermittelt das Bild einer recht gut funktionierenden Gesamtschule. Es herrscht ein relativ freundliches Klima zwischen Lehrern und Schülern. Gravierende Disziplinprobleme oder Gewalttätigkeiten unter Schülern sind die Ausnahme. Die Probleme, mit denen die Lehrer an uns herantraten, lagen im Normalbereich schulischer Probleme: fehlendes Interesse am Lernen, „Schule schwänzen", auffälliges Sozialverhalten, Konflikte mit Eltern und Drogenmißbrauch (vorzugsweise Rauchen oder „Kiffen").

Das *Umfeld* der Schule zeichnet sich dadurch aus, daß es einerseits gute Bedingungen der Freizeitgestaltung bietet, andererseits aber auch drogengefährdende Voraussetzungen enthält: Offenes Spielgelände und Naherholungsgebiete ermöglichen freies Spiel und sportliche Betätigung. Das Wohngebiet hat nahezu kleinstädtischen Charakter, in dem die soziale Integration eher positiv ausgeprägt ist. Viele Schüler beteiligen sich an dem regen Vereinsleben, insbesondere in den Sportvereinen. Den Kontakt mit Drogen finden sie vorwiegend in den Jugendfreizeitheimen. Diese waren z.Z. unseres Projekts bevorzugte Stätten des Konsums von legalen und illegalen Drogen (Zigaretten, Alkohol und Haschisch). Von einer „Heroinszene" konnte allerdings nicht die Rede sein.

3 Zum Aufbau der Beratungsstelle

Wir richteten zwei gemütliche Räume ein, die im Kontrast zu den nüchternen Unterrichtsräumen recht einladend wirkten. Wir veranstalteten Informationstage, die viele Schüler zu einem zwanglosen Besuch bei uns veranlaßten. Unsere Türen standen offen. Auf reges Interesse stieß unsere kleine Psycho-Bibliothek, die wir mit unserem Etat finanziert hatten. Wir nutzten viele Gelegenheiten, uns persönlich zu zeigen und möglichst zwanglos ansprechbar zu sein: durch Aufenthalt in der Cafeteria, in den Pausenräumen und auf dem Schulhof. Unsere „offene Sprechstunde" erfreute sich bald eines regen Zuspruchs. Nicht nur Schüler suchten uns auf, bald kamen auch Lehrer immer häufiger, die uns um Beratung bei Schwierigkeiten mit Schülern baten oder uns zu einem Gespräch in ihre Klasse einluden. Die Beratungsstelle wurde zunehmend eine Einrichtung für Schüler *und* Lehrer.

4 Leitvorstellungen unserer Arbeit

Wir gehen von den folgenden Grundsätzen zur suchtpräventiven Arbeit aus:

Suchtprävention ist Neurosenprävention. Wir sind der Meinung, daß präventive Maßnahmen, die der Entstehung allgemeiner neurotischer Persönlichkeitsentwicklungen entgegenwirken, prinzipiell auch geeignet sind, Suchtgefährdung zu verhindern. Das heißt: Um drogenpräventiv arbeiten zu können, bedarf es keiner spezifischen drogenorientierten Beratungs- und Therapieansätze. Unsere psychologisch-therapeutischen Aktivitäten sind darauf gerichtet, den Schülern Erfahrungen zu vermitteln, die ihre subjektive Handlungsfähigkeit im Umgang mit persönlichen Problemen sowie ihre Fähigkeit zu einer persönlicheren, offenen und solidarischen Kommunikation mit anderen erweitern helfen.

Wir sehen die wesentlichen psychischen Voraussetzungen der Suchtgefährdung in allgemeineren Defiziten bzw. Blockierungen der psychosozialen Persönlichkeitsentwicklung. Das bedeutet: Die psychischen Konstellationen, die zu neurotischen Verhaltensmustern führen, sind auch für die Ausprägung von Suchtverhalten verantwortlich. Aus dieser Auffassung leitet sich unser Konzept einer präventiven Arbeit ab. Mit unseren Aktivitäten wollen wir positiven Einfluß nehmen auf psychosoziale Lern- und Entwicklungsprozesse der Schüler und damit einer psychischen Gefährdung im voraus entgegenwirken.

Unser Konzept beruht auf den Leitvorstellungen einer Humanistischen Psychologie und orientiert sich insbesondere an den Zielsetzungen der Persönlichkeitsentwicklung nach C. R. Rogers (1976). Unsere Beratungsangebote sollen die Schüler dazu anregen und befähigen,

- sich selbst und andere differenzierter wahrzunehmen und zu beurteilen,
- mehr Offenheit gegenüber eigenen und fremden Gefühlen, Bedürfnissen und Erfahrungen zu entwickeln,
- eine größere Unabhängigkeit von äußeren und inneren Normen und Zwängen zu gewinnen und
- mehr Verantwortlichkeit für das eigene Tun zu entwickeln und sich von eigenen Zielsetzungen und Bedürfnissen bestimmen zu lassen.

Wir entwickeln keine „Spezialbehandlungs-Programme für Drogengefährdete", sondern wenden uns mit verschiedenen Angeboten an die Schüler insgesamt. Indem wir im Prinzip *alle interessierten Schüler* ansprechen, reduzieren wir die Schwellenangst und verhindern, daß es zu einer unseligen Etikettierung und sozialen Diskriminierung der Gruppe von „besonders gefährdeten" Schülern kommt.

Wir halten es für günstig, im Rahmen der Suchtprävention einerseits Einzelberatung und andererseits psychologische Gruppenarbeit anzubieten. Die Teilnahme an den Veranstaltungen soll grundsätzlich freiwillig sein.

Wir bieten thematisch offene „Psycho-Gruppen" an. Unserer Erfahrung nach sind spezifische informationsorientierte Veranstaltungen zum Drogenthema meist wenig geeignet, zu tiefergreifenden Lernprozessen zu führen. Unsere „Psycho-Gruppen" haben das Ziel, Themen und Fragen ausgehend von den Interessen und der persönlichen Betroffenheit der Schüler aufzugreifen und soweit zu bearbeiten, daß es zu einer Problemklärung und zum Erkennen von Handlungsmöglichkeiten kommt.

5 Erfahrungen mit Einzelfallberatung

Im Rahmen unserer „offenen Sprechstunde" besuchten uns viele Schüler, sie kamen einzeln oder in kleinen Gruppen. Daraus entwickelte sich eine Vielfalt von Einzelfallaktivitäten. Aus einigen Kontakten, insbesondere mit Schülern der Oberstufe, entstanden im engeren

Sinne Therapien (von drei bis zehn Monaten Dauer), bei denen Probleme des Selbstwertgefühls im Vordergrund standen.

Den breitesten Raum nahmen verschiedene Arten von kurzfristigerer Einzelberatung ein. Dazu gehörten:

- einmalige Beratungsgespräche,
- pädagogisch-psychologische Betreuung bei gravierenden schulischen Problemen,
- sporadische Beratung über einen längeren Zeitraum und
- Intervention in Krisensituationen.

Schüler, die meist auf eigene Initiative zu einem einmaligen Beratungsgespräch zu uns kamen, wollten einen handfesten Ratschlag zur Lösung eines bestimmten Problems haben. Wo uns das möglich war, haben wir diese Erwartung akzeptiert und mit dem Schüler daran gearbeitet, die Problemsituation zu klären. Anschließend wurde ein Verhaltensvorschlag erarbeitet und u. U. in einem Rollenspiel erprobt. Die Schwierigkeit bestand dabei darin, in einem einzigen Gespräch zu einem möglichst konkreten, in Handeln umsetzbaren Ergebnis zu kommen. Erwartungsgemäß waren die Resultate dieser Form von Beratung sehr unterschiedlich.

Ausgangspunkt bei *der pädagogisch-psychologischen Betreuung bei gravierenden schulischen Problemen* war z. B. „Schule schwänzen" oder drohende Nichtversetzung. Der Kontakt mit den Schülern kam meist dadurch zustande, daß ein Lehrer uns um Unterstützung bat. Diese Schüler erwiesen sich als unsere größten „Problemfälle". Sie hatten ein großes Leistungsdefizit gegenüber ihren Klassenkameraden und konnten oft auch beim besten Willen im Unterricht nicht „mitkommen". Die ursprüngliche Hoffnung, die Lücken noch aufzuholen, war einer resignativen Grundhaltung gewichen: „Ich schaff es doch nicht mehr" oder „Die Schule ist mir egal". Hinzu kamen meist auch eine fehlende Unterstützung durch das Elternhaus sowie ein Mangel an positiven emotionalen Beziehungen zu den Klassenkameraden. Zudem hatten diese Schüler oft die Erfahrung machen müssen, daß sie zwar aus „pädagogischen Gründen" von Klasse zu Klasse „mitgeschleppt" wurden, aber sich selten wirklich jemand um sie bemüht hatte.

Die Beratung mit diesen Schülern konnte deshalb nur über das Herstellen einer persönlichen Beziehung, durch motivierende Gespräche und ein Vorgehen in kleinen pragmatischen Schritten erfolgen. Es wurden konkrete, für den Schüler realisierbare Abmachungen getroffen. Positive Verstärkung und Ermutigung waren dabei für das Gelingen von großer Bedeutung, da den Schülern eine intrinsische Motivation meist fehlte. In manchen Fällen hätten jedoch weitere Bedingungen wie Unterstützung durch Eltern und Klassenkameraden hinzukommen müssen, um einen dauerhaften Erfolg zu sichern.

Eine *sporadische Beratung über einen längeren Zeitraum* erwies sich als geeignet für die Schüler, die zu einer längerfristigen und kontinuierlichen Beratung nicht motiviert waren, aber in bestimmten Situationen Hilfe in Anspruch nehmen wollten. Oft ging es bei dieser Form von Beratung um Konflikte mit den Eltern, in einigen Fällen auch um Schwierigkeiten mit den Lehrern. Zwischendurch kamen diese Schüler auch mal vorbei, um „einen Schwatz zu halten". Der Kontakt zwischen Berater und Schüler blieb so über einen längeren Zeitraum erhalten; der Psychologe wurde zu einer Art Vertrauensperson für den Schüler.

Zu *Interventionen in Krisensituationen* kam es dann, wenn z. B. Schüler von zu Hause „abhauen" wollten, „auf Trebe gingen" oder auch plötzlich sehr auffallende psychische Symptome zeigten, die weitergehende Maßnahmen erforderlich machten (z. B. psychiatrische Behandlung).

Bei unseren Interventionen ging es meist darum, die soziale Handlungsfähigkeit des Schülers wiederherzustellen, Aussprachen mit anderen Personen (Eltern, Lehrern oder Freunden) herbeizuführen und zu unterstützen oder auch andere Institutionen (z. B. Familienfürsorge) hinzuzuziehen.

Einzelfallberatung war insbesondere in der ersten Phase der Schwerpunkt unserer psychologischen Arbeit. Sie erwies sich in vielen Fällen als erfolgreich, führte uns aber auch häufig die Grenzen unserer Einwirkungsmöglichkeiten vor Augen, insbesondere dort, wo weitergehende Maßnahmen erforderlich gewesen wären, wie z. B. Zusammenarbeit mit den Eltern oder der Wechsel in eine andere Schule.

Darüber hinaus kommt der Einzelfallberatung allgemeinere Bedeutung zu. Die Beratungsstelle „vor Ort" stellt einen sozialen Raum zur Verfügung, in dem abseits von Hektik und Streß des normalen Schulalltags, persönliche Anliegen vorgebracht werden können. Es sind hier für Schüler und Lehrer Ansprechpartner vorhanden, die sich für diese Aufgabe genügend Zeit nehmen und kompetente Hilfe anbieten.

Die Einzelfallberatung hat auch soziale Wirkungen, die über den unmittelbaren Effekt für den Einzelnen hinausgehen. Sie kann insbesondere dann, wenn sie viele Schüler einer Schule einbezieht – wie das bei uns der Fall gewesen ist –, dazu beitragen, humanistische Wertvorstellungen erfahrbar zu machen, indem sie ein Klima schaffen hilft, in dem Unterstützung bei persönlichen Schwierigkeiten, persönliches Interesse aneinander und gegenseitige Anteilnahme zu einem festen Bestandteil der Alltagsrealität werden.

Die aufgeführten Funktionen von Einzelfallberatung stellen somit ganz wesentliche Voraussetzungen für die Realisierung allgemeiner Zielsetzungen von Suchtprävention dar. Je leichter und selbstverständlicher es ist, in Problemsituationen Hilfe in Anspruch zu nehmen und zu bekommen, um so eher wird gleichzeitig verhindert, daß Schüler ernsthafte psychosoziale Defizite und neurotische Verhaltensmuster entwickeln.

6 Erfahrungen mit Gruppenarbeit

In unserer ursprünglichen Projektkonzeption war die Arbeit mit Schülergruppen als zentraler Schwerpunkt unseres Beratungsangebots geplant. Im Gegensatz zur Einzelfallberatung, wo durch die Einrichtung der „offenen Sprechstunde" ein organisatorischer Rahmen gegeben war, in dem während des gesamten Projekts kontinuierlich Beratungsarbeit mit einzelnen Schülern stattfand, stießen wir mit der geplanten Gruppenarbeit auf eine Reihe von Schwierigkeiten. So ließ sich die ursprünglich intendierte Gruppenarbeit mit festen, kontinuierlich stattfindenden Gruppen in der Anfangsphase des Projekts nicht verwirklichen – die Teilnehmer blieben aus.

Mit den in der Folgezeit entwickelten Arbeitsformen – „ad-hoc-Gruppen" und „Gruppen mit Filmarbeit" – versuchten wir, besonders das Problem der Kontaktanbahnung zu lösen. Ziel dabei war es, uns und unsere Arbeitsweise bekannt zu machen und zu weiteren, intensiveren Formen von Beratung hinzuführen. Mit dieser Intention besuchten wir auch Klassen bzw. Kerngruppen in ihren Tutorenstunden.

Bei den „ad-hoc-Gruppen", die sich in unseren Räumen – nicht selten aus Neugier – spontan zusammenfanden, ging es meist um ein aktuelles Problem, einen Konflikt der Schüler untereinander oder mit einem Lehrer.

Mit Filmen psychosozialen Inhalts lockten wir manchmal Schüler zu Gruppendiskussionen in unsere Beratungsstelle. Damit konnten wir auch Schüler ansprechen, die den Kontakt mit uns von allein nicht gesucht hätten. In solchen Gesprächsrunden kam es mit unserer Unterstützung nicht selten zu fruchtbarem persönlichem Erfahrungsaustausch. – Bei dem Besuch von Klassenverbänden standen meist gruppendynamische Probleme im Vordergrund.

Parallel zu diesen Aktivitäten versuchten wir, mit der Zielgruppe der besonders drogengefährdeten Schüler in Kontakt zu kommen und für sie spezielle Angebote zu entwickeln. Mit einer Gruppe von Schülern der Mittelstufe, die gewohnheitsmäßig Haschisch rauchten, konnten wir über einen längeren Zeitraum zusammenarbeiten.

In den im zweiten Projektjahr durchgeführten festen und kontinuierlich stattfindenden *Gesprächs- und Selbsterfahrungsgruppen* mit Schülern der Mittelstufe haben wir versucht, unsere Konzeption zur Förderung psychosozialer Lern- und Entwicklungsprozesse durch psychologische Gruppenarbeit in die Praxis umzusetzen. Da wir diese Arbeitsform als das Kernstück unserer suchtpräventiven Maßnahmen betrachten, soll darüber ausführlicher berichtet werden. Zuvor soll jedoch kurz auf unsere Erfahrungen mit Gruppen von drogenkonsumierenden Schülern eingegangen werden, die uns zur Überprüfung unserer Konzeption von psychologischer Gruppenarbeit veranlaßt hatten.

6.1 Gruppen mit drogenkonsumierenden Schülern

Mit einer Gruppe von „Kiffern", auf die uns besorgte Lehrer aufmerksam gemacht hatten, verfolgten wir zunächst das Ziel, den Schülern das eigene Drogenverhalten stärker bewußt zu machen. Wir besprachen mit ihnen Anlässe und Situationen des Konsums, Motive und Ziele ihres „Kiffens". Die Schüler sollten ausprobieren, inwieweit sie das eigene Drogenverhalten noch kontrollieren konnten, z. B. durch Nein-Sagen in Versuchungssituationen. Mit diesem Ansatz kamen wir allerdings nicht allzuweit: Die Schüler empfanden unsere Fragen als „Madig-Machen" und Ausreden ihres „Kiffens" und versteckten sich hinter der mystifizierenden Sprache der „Kiffer-Subkultur". Wir zogen daraus die Konsequenz, die Gruppe zunächst einmal als eine Art Selbsterfahrungsgruppe weiterzuführen, in der die Beziehungen der Schüler untereinander und ihr eigenes Selbstbild thematisiert werden sollten. Es folgte dann eine Reihe von Sitzungen, die wir mit Übungen und Interaktionsspielen gestalteten. Die Mehrzahl der Schüler kam gern und regelmäßig. Die für sie neuen Formen, über sich selbst und andere mehr zu erfahren und sich damit auseinanderzusetzen, stießen auf reges Interesse. In dieser Zeit kamen noch weitere nicht-„kiffende" Schüler zu der Gruppe hinzu. Themen dieser Stunden waren z. B. Beziehungen zu den Eltern, Selbstbild, Klärung der Beziehungen der Schüler untereinander.

Bei dem Versuch einer erneuten Thematisierung des Drogenkonsums setzte jedoch ein Abbröckeln in der Gruppe ein. Das Ausmaß des Konsums hatte sich bei den meisten Schülern in der Zwischenzeit nicht verändert. Als wir begannen, die Frage nach der Abhängigkeit von der Droge zu stellen, und vorschlugen, sie sollten doch einmal probeweise drei bis vier Tage nichts rauchen, begannen die Schüler sich zurückzuziehen. Unsere Versuche, sie durch Ansprechen in den Pausen zu einer Weiterarbeit zu bewegen, scheiterten schließlich.

Für die Arbeit mit drogenkomsumierenden Schülern ist die Einhaltung des Prinzips der Freiwilligkeit der Beratung gerade wegen der großen Widerstände besonders wichtig. Das führte in unserem Projekt zwar dazu, daß wir nur mit relativ wenigen drogenkonsumierenden Schülern Kontakt hatten. Aber die negativen Folgen eines Verstoßes gegen dieses Prinzip erscheinen uns wesentlich schwerwiegender. Das wird am folgenden Beispiel deutlich:

Wir haben in einem Fall dem Druck der Lehrer nachgegeben und das Thema „Drogenkonsum" zur Pflicht für die Schüler gemacht. Eine Gruppe von Oberstufenschülern war auf einer Klassenreise beim „Kiffen" erwischt worden. Von einer Bestrafung seitens der Schule sollte abgesehen werden, wenn sich diese Schüler in der Beratungsstelle „freiwillig" mit dem Thema Drogen auseinandersetzten. Die Gespräche mit diesen Schülern waren geprägt von einer generellen Abwehrhaltung uns gegenüber, so daß wir die Gruppensitzungen nach einigen Malen beendeten. Außerdem sprach sich dieses Vorgehen unter den Schülern herum, was dazu führte, daß viele uns mit Mißtrauen und Skepsis begegneten.

Zusammenfassend können wir sagen, daß das direkte Ansprechen der Schüler über das Symptom „Drogenkonsum" und die, wie geschickt auch immer gestaltete, darauf aufbauende Auseinandersetzung mit diesem Thema sich als wenig geeignet erweist, gefährdete Schüler zu einer produktiven Bearbeitung ihrer Probleme zu bewegen. Dieser Ansatzpunkt erscheint eher inadäquat.

6.2 Gesprächs- und Selbsterfahrungsgruppen

Der Einrichtung fester Gruppen für Schüler der Mittelstufe gingen organisatorische Vorüberlegungen voran. Da sich wegen der Terminfrage ständig Probleme ergeben hatten, suchten wir nach besonders günstigen Bedingungen. Die Gruppensitzungen sollten vormittags während der normalen Schulzeit stattfinden. Dies stellte sich uns als schulorganisatorisches Problem dar, das jedoch mit der zuvorkommenden Unterstützung der Schulleitung gelöst werden konnte. Die Schüler, die an den Gruppen teilnehmen wollten, wurden für die

Dauer der Sitzungen vom Unterricht befreit und bei ihren jeweiligen Fachlehrern entschuldigt. Um den Unterrichtsausfall für einzelne Fächer nicht zu groß werden zu lassen, wechselten wir die Termine für die Gruppensitzungen nach einem verabredeten Modus wöchentlich. Darüber hinaus betrieben wir eine intensivere Werbung für unsere Gruppen.

Die Konzeption zu unserer Gruppenarbeit beruhte auf den o. a. Leitzielen zur Förderung psychosozialer Lern- und Entwicklungsprozesse. Wir wollten insbesondere an dem Interaktions- und Kommunikationsverhalten der Teilnehmer ansetzen. Die angestrebten Lernprozesse sollten insbesondere emotionale Erfahrungen vermitteln. Die Themen sollten zur Intensivierung des Geschehens möglichst auf das Hier und Jetzt der jeweiligen Gruppensituation bezogen werden. Unsere Rolle als Leiter sahen wir darin, die Teilnehmer zu Erfahrungen anzuleiten, die zu größerer Offenheit und zur Auseinandersetzung der Schüler mit sich selbst und miteinander führen.

Die allgemeine Zielsetzung suchtpräventiver Gruppenarbeit, die Schüler zu einer Auseinandersetzung mit sich selbst und anderen anzuregen und zu versuchen, alternative Handlungs- und Konfliktverarbeitungsweisen zu entwickeln, blieb bestehen. Wir verzichteten jedoch auf das Thema „Drogen" als einem unbedingten Bestandteil der Gruppenarbeit. Es sollte nur dann behandelt werden, wenn es von den Schülern selbst eingebracht würde.

Es interessierten sich mehr als 30 Schüler für die Gruppen, so daß wir insgesamt drei Gruppen einrichteten. Das Verhältnis der Geschlechter war in den Gruppen fast ausgeglichen. Die Gruppen blieben alle mehrere Monate lang (15 bis 18 Sitzungen zu je zwei Stunden) in derselben Besetzung bestehen.

Im folgenden soll über die wesentlichen Aspekte der Gruppenarbeit etwas detaillierter berichtet werden.

- Beginn der Gruppenarbeit: Entwicklung einer Atmosphäre von Vertrauen und Offenheit.

Das Motiv zur Teilnahme an den Gruppen beruhte bei den Schülern vor allem auf Neugierde und der Hoffnung, zum üblichen Schulunterricht eine interessante Alternative zu bekommen. Ihre Äußerungen auf die Frage, was sie zur Teilnahme veranlaßt habe, waren vorwiegend: „Die Einladung hat mich neugierig gemacht; ich bin gekommen, um zu sehen, was hier los ist und was hier geboten wird; ich möchte über die Gruppe andere Schüler kennenlernen."

Vorrangiges Ziel der ersten Sitzungen war die Entwicklung einer Atmosphäre von Vertrauen und Offenheit, um auf dieser Basis intensive Gruppengespräche und Erfahrungen zu ermöglichen.

Dies wurde durch intensives persönliches Kennenlernen aufgrund von gegenseitigen Befragungen, in die auch die Gruppenleiter einbezogen wurden, zu fördern versucht. Insbesondere in der Anfangsphase waren unsere Interventionen darauf gerichtet, persönliche Inhalte und emotionale Bezüge genauer anzusprechen.

– Finden und Verwirklichen von Interessen und Themen.

Wir hatten zu Beginn der Gruppenarbeit den Schülern betont, daß es um ihre Interessen gehen und es ihnen offenstehen sollte, Themen in die Sitzungen einzubringen. Es dauerte jedoch einige Zeit, bis die Schüler die Gruppe als „ihre" betrachteten und sich mit ihren Problemen und Interessen von selbst einbrachten. Deshalb strukturierten wir in der Anfangsphase die Sitzungen häufiger mit Übungen, die den Schülern eine Anleitung und Anregung geben konnten. Später unterstützten wir dann den Zeitraum, in dem die Themensuche stattfand. Dabei versuchten wir, möglichst alle Schüler einzubeziehen und auf kleine Hinweise und Anzeichen von Interesse, Anspannung oder Problemdruck zu achten. Schwerpunkte der Themen, die mit den Schülern behandelt wurden, waren einmal die Probleme mit sich selbst bzw. die Beziehung der teilnehmenden Schüler untereinander. Zum anderen ging es vorwiegend um Probleme und Konflikte mit den Eltern und der Familie, mit Freunden sowie um Schulprobleme (Noten, Beziehung zu Lehrern).

– Feedback im Gruppenprozeß.

Feedback-Übungen, d. h. Mitteilungen über die gegenseitige Wahrnehmung, spielten in unserer Gruppenarbeit eine große Rolle. Mittels Feedback erhalten die Gruppenteilnehmer die Möglichkeit, sich eigener unbewußter Wahrnehmungen bewußt zu werden und zu erkennen, wie sie selbst auf andere wirken. Die Erfahrungen von Differenzen zwischen Selbst- und Fremdwahrnehmung kann zur Überprüfung des Selbstbildes und störender Verhaltensweisen führen. Wir haben Feedback-Übungen häufig in Form eines Spiels, in projektiver Art und in direkter Gesprächsform durchgeführt.

– Psychologische Übungen und gruppendynamische Spiele.

Psychologische Übungen und Interaktionsspiele haben wir als Werkzeuge benutzt, um im Gruppenprozeß ein erfahrungsbezogenes Lernen zu ermöglichen. Lernprozesse können durch den Bezug auf das Hier und Jetzt verkürzt und intensiviert werden. Ein zu häufiger Gebrauch von Übungen und Spielen birgt jedoch die Gefahr in sich, daß sie zum Selbstzweck werden können. Für die Auswahl der Übungen erscheint es uns wichtig, den jeweiligen Stand der Gruppe zu betrachten und die Vorgehensweise zu wählen, die dem jeweiligen Gruppenprozeß förderlich sein kann (vgl. Knigge-Illner u. a. 1983).

– Gespräche über Probleme und Konflikte.

Wenn ein Problem oder Konflikt zwischen zwei Gruppenteilnehmern behandelt wurde, haben wir meist darauf hingearbeitet, daß zwischen den beiden wieder ein echtes Gespräch möglich wurde. Dabei haben wir sie zum Ausdruck ihrer Gedanken und Gefühle, auch ihrer negativen ermuntert und angeregt, selbst Konfliktlösungs- und Handlungsmöglichkeiten zu suchen. Die übrigen Schüler hörten zunächst zu, nahmen später auch Stellung zu den geschilderten Problemen oder gaben ihr Feedback zu der Auseinandersetzung.

– Rollenspiel in der Gruppenarbeit.

Um Probleme möglichst konkret zu behandeln, haben wir mit Rollenspielen gearbeitet. Anknüpfend an die Schilderung eines Problems wurden Szenen nachgespielt und im Anschluß daran ausgewertet. Danach wurden alternative Verhaltensmöglichkeiten besprochen und in weiteren Rollenspielen ausprobiert.

In dem Maße, wie sich eine vertrauensvolle Atmosphäre in der Gruppe entwickelte, konnten wir bei den meisten Schülern ein offeneres Verhalten feststellen. Viele zeigten anfangs deutlich ihre Abneigung, sich mitzuteilen oder gingen auf unsere Angebote nicht ein. Die meisten gelangten schließlich dazu, daß sie ihre Gefühle und Ängste offen ausdrücken konnten, da in den Gruppen negative Sanktionen ausblieben. Das offene Verhalten in der Gruppe führte bei den Schülern zu einer veränderten Wahrnehmung und Beurteilung. Zu Beginn der Gruppenarbeit herrschte bei den meisten eine geringe Bereitschaft, die anderen zu akzeptieren. Besonders in Konflikt- oder Feedback-Situationen wurde dies deutlich.

Später war zu erfahren, daß Schüler von ihren gegenseitigen Vorurteilen abrückten und sich mitteilten, daß sie sich nun viel besser verstehen würden. In einzelnen Fällen führte dies zu neuen Beziehungen und freundschaftlichen Kontakten.

Der Gruppenprozeß ermöglichte es einigen Schülern, fassadenhaftes Verhalten abzubauen und neue selbstbewußtere Verhaltensformen zu entwickeln. Erkennbar war auch eine zunehmende Selbstbestimmung bei der Wahl der Themen und der Gestaltung der Sitzungen. Je mehr es ihnen gelang, sich in die Gruppe einzubringen, um so stärker entwickelte sich ihr Selbstvertrauen.

Die Gruppen stellten für viele eine Hilfe dar, ihre eigenen Probleme zu erkennen und auf eine andere Art und Weise damit umzugehen. Im Umgang mit Konfliktsituationen war in den Gruppen ebenfalls ein Lernprozeß zu beobachten: Zunächst wurden Konflikte als unangenehm und störend erlebt. Einige Schüler wollten sich – z. T. bis zuletzt – nicht auf die Möglichkeit einlassen, Konflikte in den Gruppen zu bearbeiten. Bei der Mehrzahl der Schüler setzte sich jedoch die Einsicht durch, daß durch Gruppengespräche Konflikte zur Zufriedenheit der Beteiligten gelöst werden können.

Die folgenden Schüleraussagen vermitteln einen Eindruck von den Lernerfolgen unserer Gruppenarbeit.

Anne: „Ich glaube, daß ich meine Fehler leichter und schneller zugebe und meine Gefühle mehr zeigen will, weil ich meine, daß man mich dann besser versteht. Bei ärgerlichen Situationen versuche ich nicht auszurasten, sondern darüber zu reden – das fiel mir sonst sehr schwer. Mir hat das unheimlich viel gebracht."

Christine: „Ich habe erst einmal andere kennengelernt. Ich habe gelernt, mich besser zu verstehen und versuche jetzt immer, bewußt über etwas nachzudenken, warum jemand was tut oder nicht. Damit meine ich, daß der andere vielleicht Sorgen hat und deshalb so handelt. Ich habe auch gelernt, etwas selbstsicherer zu sein gegenüber Leuten, die ich nicht so gut kenne."

Unsere Erfahrungen veranlassen uns zu der Einschätzung, daß mit psychologischer Gruppenarbeit Lernerfolge erzielt werden können, die mit den Zielsetzungen einer Förderung der psychosozialen Persönlichkeitsentwicklung übereinstimmen.

7 Arbeit mit Lehrergruppen

Da die Lehrer der MBO großes Interesse an unserer Arbeit zeigten, lag die Idee nahe, ein Fortbildungsprogramm für sie zu entwickeln. Sie als Erzieher und Förderer von psychosozialen Lernprozessen in unser Konzept miteinzubeziehen, erschien uns für eine größere Breitenwirkung unserer Arbeit besonders wichtig. Wir entwarfen ein Programm, bei dem wir von Grundsätzen der Humanistischen Psychologie ausgingen und Anregungen von der Gestaltpädagogik, der Themenzentrierten Interaktion und der Gruppendynamik aufnahmen.

Das Grundanliegen unseres Konzepts zur Lehrerfortbildung besteht darin, Lehrer dazu zu befähigen, Unterrichtsprozesse so zu gestalten, daß sie die Schüler als ganzheitliche Individuen ansprechen und nicht nur ihre kognitiven, sondern auch ihre emotionalen und motorischen Bedürfnisse miteinbeziehen. Ganzheitliches Lernen soll dem Schüler auch emotionale Erfahrungen mit dem Lerngegenstand vermitteln und sein persönliches Erleben mit einschließen. Indem solche Lernprozesse auch die Orientierungs- und Steuerungsfunktion von Gefühlen miteinbeziehen, können sie beim Individuum in einem ganzheitlichen Sinne intelligentere und kreativere Verhaltensweisen bewirken.

Ganzheitliches Lernen soll mit dazu beitragen, Erfahrungen und Erkenntnisse über das Selbst, über die eigene Person, zu erweitern. Das bedeutet: Die Begegnung mit neuen Lerninhalten soll so gestaltet werden, daß sie zu einer Integration des neuen Wissens in die Persönlichkeit des Lernenden führen und damit zu seiner Selbstentfaltung beitragen kann. Voraussetzung dafür ist die Erfahrung, als Person im Unterricht angesprochen zu werden und Kommunikationsprozesse zu erleben, die differenzierte Stellungnahmen der anderen Personen zur eigenen Person vermitteln.

Die Intentionen ganzheitlicher Erziehung lassen sich nur dann verwirklichen, wenn Lernprozesse in die Gegenwärtigkeit des Erlebens gelegt werden. Wir fördern solche Lernprozesse durch die Verwendung von Übungen, die zu einer erlebnisnahen Wahrnehmung und zu kreativen Formen des Umgangs mit Lerngegenständen anregen.

Das methodische Vorgehen im Seminar besteht in den folgenden drei Schritten:

(1) Durchführung einer Übung – Erleben ganzheitlicher Erfahrungen
(2) Auswertung
    – Auswirkung der individuellen Erfahrungen
    – Austausch der Erfahrungen in kleinen Gruppen
(3) Transfer – Übertragung der Erfahrungen auf den Unterricht, Möglichkeiten der Umsetzung in Unterrichtsvorhaben.

Nach den ermutigenden Erfahrungen von zwei Vorlaufseminaren entwickelten wir schließlich ein „100-Stunden-Curriculum" zur „Humanistischen Erziehung". Es fand im Verlauf eines halben Jahres statt und umfaßte drei Wochenenden, vier ganze Tage und zehn Abendtermine.

Der folgende Ausschnitt aus unserem Programm soll einen Einblick in das Spektrum unseres Angebots vermitteln:

– Übungen, die implizite Werte und Werthaltungen bewußt machen sollen,
– Übungen zur Sensibilisierung für eigene Körperreaktionen und den Zusammenhang zwischen dem Spüren und Erleben von Gefühlen,
– Übungen, die die Ebene des Träumens und Wünschens als wichtigen Bestandteil der Person erfahrbar machen (z. B. „Fantasiereise"),

- einführende Übungen zur Technik des klientenzentrierten Beratungsgesprächs,
- vorstellungsmäßige Bearbeitung von Beziehungen, z. B. zu einem „problematischen" Schüler,
- Übungen zum Umgang mit „Störungen" in der Gruppe,
- Übung zur gestalt-orientierten Bildbetrachtung im Kunstunterricht.

Die Teilnehmer zeigten sich sehr interessiert und engagiert. Der Gruppenprozeß entwickelte sich sehr positiv und vermittelte sehr bald eine vertrauensvolle und emotional befriedigende Atmosphäre, in der intensive Lernprozesse und Austausch von persönlichen Erfahrungen möglich wurden. Anregungen zu eigenen Unterrichtsentwürfen wurden bereitwillig aufgegriffen und führten zu recht kreativen Lösungen.

Die abschließende Seminarkritik erbrachte ausschließlich positive Aussagen. So hoben Teilnehmer hervor, daß sie durch die Erfahrungen in der Gruppe zum einen in persönlicher Hinsicht weitergekommen seien – sie seien z. B. offener für die emotionale Seite von Kommunikation geworden, sie erlebten sich als kreativer und interessierter – und zum anderen hinsichtlich ihrer Unterrichtstätigkeit einfallsreicher geworden seien und an positiver Motivation gewonnen hätten; den Konflikten in der Klasse könnten sie nunmehr gelassener entgegenschauen. – Die Kommunikation im Lehrerkollegium schien ebenfalls befriedigender geworden zu sein.

Die Aussagen der Lehrer bestätigen uns in dem Eindruck, daß sie die sinnlich-konkrete Erfahrung des ganzheitlichen Lernens selbst gemacht hatten und dazu angeregt worden waren, auch den Schülern diese neue Art des Lernens zu vermitteln.

8 Schlußfolgerungen und Empfehlungen

1. Die Ergebnisse unseres Projekts haben uns dazu geführt, uns generell für die Einrichtung von dezentralen psychologischen Beratungsstellen „vor Ort", d. h. im Rahmen der Schule, auszusprechen. Eine solche schulinterne Beratungsstelle sollte sich prinzipiell nicht auf spezifische Probleme – wie z. B. Suchtverhalten – oder spezifische Adressatengruppen ausrichten, sondern ihre Hauptaufgabe darin sehen, einen Beitrag zur Förderung psychosozialer Lern- und Entwicklungsprozesse der heranwachsenden Schüler zu leisten, um damit der Entstehung neurotischer

Fehlentwicklungen entgegenzuwirken. Gerade darin liegt zugleich die Grundvoraussetzung für eine wirkungsvolle psychologisch-präventive Arbeit: Indem sich die Angebote der Beratungsstelle an *alle* Schüler wenden, werden optimale Voraussetzungen dafür geschaffen, daß auch die im engeren Sinne psychisch gefährdeten Adressaten erreicht werden können.

2. Die schulinterne Beratungsstelle sollte nicht nur für die Schüler dasein, sondern sich auch an die Lehrer wenden und diese insbesondere als Erzieher und Förderer psychosozialer Lernprozesse ansprechen.

3. Für die Arbeit der Beratungsstelle sind im wesentlichen die folgenden drei Schwerpunkte zu empfehlen, die sich aufgrund unserer Erfahrungen als notwendig und fruchtbar erwiesen haben:
   - psychologische Gruppenarbeit
   - Einzelberatung
   - Lehrerfortbildung.

   Für eine wirkungsvolle präventive Arbeit ist es wichtig, daß diese drei Schwerpunkte ineinandergreifen und sich gegenseitig in ihren Funktionen unterstützen.

3.1 Zur Förderung psychosozialen Lernens erscheinen insbesondere kontinuierlich arbeitende psychologische Gruppen mit mindestens 12 Sitzungen geeignet, die sich an den Konzepten Humanistischer Psychologie orientieren. Sie sollen prinzipiell allen Schülern offenstehen.

3.2 Es sollte auf jeden Fall Einzelberatung für Schüler angeboten werden, die individuelle Hilfe bei persönlichen Problemen benötigen.

3.3 Die Weiterbildung von Lehrern hinsichtlich psychosozialer Erziehungsaufgaben sollte einen ganz wesentlichen Stellenwert erhalten; denn es ist in hohem Maße von den Lehrern abhängig, ob die psychologisch-präventive Arbeit auf breiterer Ebene Wirkung erzielt. Unser Lehrerfortbildungsprogramm zur „Humanistischen Erziehung" hat nachgewiesen, daß die Prinzipien des ganzheitlichen, persönlich bedeutsamen Lernens Lehrer dazu befähigen können, den Unterricht lebendig zu gestalten und die Beziehungsstruktur und Kommunikationsprozesse in der Klasse zu verbessern.

4. Es sollte angestrebt werden, die Aufgaben einer solchen Beratungsstelle – soweit es möglich ist – an die Lehrer der Schule zu übertragen. Wir empfehlen dafür die Einführung von *Modellversuchen:* Ein Team von 3–4 Psychologen (mit therapeutischer

Zusatzqualifikation) sollte im Rahmen einer Schule gemäß unserem Konzept eine Beratungsstelle bzw. ein Beratungsangebot aufbauen. Es sollte von Anfang an eng mit den Lehrern kooperieren und sie durch intensive Fortbildungsarbeit für die Übernahme der vorgesehenen Beratungsaufgaben qualifizieren. Nach einer Laufzeit von ca. drei Jahren sollte sich das Psychologen-Team zurückziehen und nurmehr für sporadische Beratung bzw. Unterstützung zur Verfügung stehen.

Literatur

Knigge-Illner, H./Rubeau, P./Sommer, G./Vollmer, K.: Suchtprävention in der Schule. Weinheim 1983
Rogers, C. R.: Entwicklung der Persönlichkeit. Stuttgart 1976

IV Suchtprävention in der Lehrerbildung

Suchtprophylaxe als Ausbildungsinhalt (und -ziel)

Gunhild Juhr

Obwohl Suchtprobleme einen ganz wesentlichen Anteil an unserem Alltag haben und obwohl sie in einer großen Zahl von Berufen eine Rolle spielen, findet sich diese Thematik in kaum einem der einschlägigen Ausbildungsgänge: Weder bei der Ausbildung von Ärzten, noch bei der von Psychologen, Pädagogen, Sozialarbeitern, Erziehern oder Lehrern ist Sucht ein selbstverständlicher Teil des Curriculum. Ärzte lernen das symptomorientierte Verschreiben von Medikamenten, aber nur selten etwas über deren Mißbrauch. Psychologen lernen etwas über die Bedingungen und die Therapie abweichenden Verhaltens, nur selten aber etwas über das Spezialproblem süchtigen Verhaltens. Lehrer werden auf eine Fachlehrertätigkeit, auf ein wenig Didaktik und bestenfalls auf allgemeine pädagogische Probleme vorbereitet, nicht aber auf kritische Situationen im Schulalltag, wie sie z. B. durch das Rollen einer leeren Bierflasche durch den Klassenraum oder durch das Kreisen eines Joints während des Landschulheimaufenthalts charakterisierbar sind. Lehrer sind mit Suchtproblemen oft allein und alleingelassen. Lehrer haben aus der ersten Ausbildungsphase so gut wie nie ein angemessenes Rüstzeug mitgenommen, um auf spezielle Probleme suchtgefährdeter Schüler oder einer suchtgefährdeten Klasse eingehen zu können.

Lehrer werden oft zu Feigenblatt-Funktionen herangezogen, zu Drogenkontaktlehrern oder Beratungslehrern ernannt. Und sie tragen auch ohne die besondere Ehre eines solchen Titels in vielen Situationen – z. B. Pausenaufsicht, Schulfest oder Klassenfahrt – die Verantwortung für das gesamte Verhalten ihrer Schüler, Suchtverhalten eingeschlossen.

In Berlin, wo es seit Ende 1977 die Institution des Drogenkontaktlehrers gibt (an jeder Oberschule wurden zwei Lehrer als Kontaktlehrer benannt), ist die Situation nur teilweise besser: Allen Drogenkontaktlehrern wird zu Beginn ihrer Tätigkeit ein dreitägiges Einführungsseminar angeboten, danach gibt es mehr oder weniger regelmäßigen Erfahrungsaustausch und eventuell auch teilweise Freistellung vom Unterricht.

Aber trotz der in der Schulpraxis oft und gerade auf die Junglehrer zukommenden Anforderung, Drogenkontaktlehrer zu werden, wurde erst 1985 die Behandlung des Themas Drogen verpflichtend in die zweite Phase der Lehrerausbildung aufgenommen.

Die Technische Universität hat im Rahmen der Biologie-Ausbildung schon ab Wintersemester 1980/81 die Herausforderung durch die Praxis angenommen und ein Studienprojekt „Aufgabenbereich des Drogenkontaktlehrers – Möglichkeiten und Grenzen schulischer Suchtprophylaxe" begonnen. Schon mit der Verwendung des Begriffes *Sucht*prophylaxe wurde dabei ein anderes Signal gesetzt, als dies durch den Begriff *Drogen*kontaktlehrer geschieht. Einen großen Teil der Orientierung für die Inhalte der Arbeit bezogen die Veranstalter (Prof. L. Staeck und G. Juhr) auch aus der Jugendarbeit, in der zu diesem Zeitpunkt längst erkannt war, daß sich vorbeugende Arbeit nicht auf eine Sorte von Drogen (z. B. die illegalen) oder nur auf stoffgebundenes Suchtverhalten kaprizieren darf, sondern daß vorbeugende Arbeit das Insgesamt süchtiger (und gelegentlich noch weiter: abweichender) Verhaltensweisen im Blick haben muß (vgl. dazu den zweiten Band von „Sucht und Erziehung": „Sucht und Jugendarbeit").

Struktur und Verlauf des Ausbildungsprojektes werden hier wiedergegeben, um Anregungen für die Lehrerbildung zu geben und um deutlich zu machen, wie wichtig eine Beschäftigung mit dem Thema Sucht schon in deren erster Phase ist. Inzwischen hat es auch an anderen Ausbildungsstätten ähnliche Veranstaltungen gegeben; von einer echten Durchsetzung der Thematik in der Lehrerausbildung kann jedoch bisher keine Rede sein.

1 Intention des Studienprojektes

Die Auseinandersetzung mit der Suchtproblematik im allgemeinen und mit dem Aufgabengebiet des (Kontakt-)Lehrers in der Suchtprophylaxe im besonderen bedeutet, Fragestellungen aus vielen Bereichen (Psychologie, Soziologie, Pädagogik, Humanbiologie, Medizin und Didaktik) nachzugehen und zu einem eigenen Bild dieser Probleme zusammenzufügen.

Die Hypothese, daß jeder Mensch latent suchtgefährdet ist, bzw. sich vielleicht schon süchtig verhält, gibt diesem Thema eine persönliche Dimension, die bei der Arbeitsgestaltung entsprechend berücksichtigt werden mußte und die Vorgehensweise im Studienprojekt stark mitbestimmte.

Suchtprophylaxe hat sehr viel zu tun mit Möglichkeiten, positive Erfahrungen mit sich selbst und anderen zu machen, mit Erleben von Aktivität statt passiven Konsumierens, mit Durchsetzen von Aktivität gegenüber Fremdbestimmtheit. Diese Reihe positiver, optimistischer Verhaltensweisen gegenüber abhängigen, depressiven Verhaltensweisen ließe sich fortsetzen – und immer würde sich ein Bezug zur Suchtprophylaxe herstellen.

In diesem Sinne war das Studienprojekt ein Beitrag zur Suchtprophylaxe sowohl in Hinblick auf die zukünftigen Schüler der teilnehmenden Lehramtsstudenten als auch in Hinblick auf die Studenten selbst – und nicht zuletzt auch auf die Ausbilder.

Bedingung für ein positives Ergebnis der Seminararbeit war eine aktive Mehrheit der Teilnehmer, beispielsweise:

- die eigenen Interessen zu artikulieren,
- den eigenen Standpunkt darzulegen und sich mit der Kritik der anderen auseinanderzusetzen,
- Aufnahmebereitschaft und Interesse gegenüber Erfahrungen und Vorstellungen der anderen zu zeigen,
- sich mit sehr hoher Verbindlichkeit auf einen gemeinsamen Erfahrungs- und Erlebnisprozeß einzulassen.

Solche Ansprüche können sich – wie sich auch hier wieder zeigte – nicht realisieren, ohne daß die Seminarleiter sie auch an sich selbst stellen.

2 Form und Inhalte des Studienprojektes

Das Projekt gliedert sich in zwei Teile. Im ersten Semester wurden grundlegende Erkenntnisse zum Thema Sucht erarbeitet. Die persönliche Dimension des Themas kam in diesem ersten Schritt besonders zum Tragen. Die Teilnehmer kannten sich in der Regel nur flüchtig oder gar nicht. Deshalb war es wichtig, behutsam zu beginnen und den Teilnehmern Zeit zu lassen, einander und sich selbst näher kennenzulernen. Aufgrund der gewählten Vorgehensweise und Fragestellungen entwickelte sich in den ersten Sitzungen ein persönlicheres Verhältnis untereinander, als es die Teilnehmer aus anderen Seminaren an der Universität erlebt hatten.

Von Anfang an war klar, daß es die Aufgabe der Teilnehmer selbst ist, die Seminararbeit entsprechend den eigenen Interessen zu gestalten. Dadurch sollte eine stärkere Identifikation der Teilnehmer mit ihrer Veranstaltung erreicht werden. Die Seminarleiter waren in dieser Phase Ratgeber und natürlich auch Informanten und versuchten solche Ideen und Interessen der Teilnehmer aufzugreifen und zu fördern, die zum Erreichen der gesetzten Seminarziele besonders geeignet erschienen.

Inhaltlich wurden im ersten Semester folgende Themen behandelt:

- Sucht und Abhängigkeit (Definitionen, Erscheinungsformen, eigene Erfahrungen und Probleme);
- Ursachen süchtigen Verhaltens (psychologische, soziologische und medizinische Modelle, eigene Vorstellungen);
- Suchtmittel (stoffgebundene und stoffungebundene Süchte, geschichtliche Entwicklungen, biologische und medizinische Aspekte);
- Beratung und Therapie (verschiedene Modelle);
- Betäubungsmittelgesetz und Drogenkriminalität.

Neben der Bearbeitung dieser Themen wurden die Teilnehmer angeregt, sich mit aktuellen Problemen in der Suchtarbeit zu befassen. Am Anfang jedes Treffens wurden aktuelle Meldungen und Materialien vorgestellt bzw. verteilt und Termine von Vorträgen, Tagungen usw. mitgeteilt.

Die Treffen dauerten länger als gewöhnliche Seminare und hatten auch informelle Teile (Kaffeepausen), die interessanterweise sehr themenorientiert verliefen.

Im zweiten Semester veränderte sich der Schwerpunkt. Während zuvor der Aufbau und die Klärung des eigenen Standpunktes im Vordergrund stand, sollten nun auf dieser Grundlage Vorstellungen für zukünftiges eigenes Handeln als Pädagogen und Lehrer entwickelt werden. Dies sollte sich so weit wie möglich an der schulischen Realität orientieren.

Dabei wurden folgende – miteinander verzahnte – Zielsetzungen verfolgt:

- Aufgaben, Rechte und Pflichten des Drogenkontaktlehrers kennenzulernen,
- einen Überblick über die Literatur zum Thema Suchtprophylaxe zu erarbeiten,
- besonders geeignet erscheinende Maßnahmen, Modelle, Unterrichtsbeispiele und Medien in Hinblick auf Suchtprophylaxe in der Schule zu diskutieren und
- standardisierte Interviews mit in der Praxis tätigen Lehrern und Sozialarbeitern (Jugendfreizeitbereich) durchzuführen und auszuwerten.

3 Durchführung des ersten Projektschrittes

In methodischer Hinsicht leiteten das Seminar folgende Ideen:

- Nicht nur darüber reden, wie man bei Schülern selbstbestimmtes Lernen erreichen kann, wie man zu einem persönlichen positiven Umgang miteinander kommen kann, sondern die Arbeit im Seminar so gestalten, daß dies hier und jetzt erlebbar wird.
- Erfahren, wie eine Aufgabe eine Situation, eine Aktion usw. auf einen selbst wirkt und diese Erfahrung in Hinblick auf die künftige Arbeit als Lehrer reflektieren.

Bei der Bearbeitung der Literatur zur Suchtprävention konnten wir feststellen, daß Zielvorstellungen und Inhalte in der Regel sehr ausführlich beschrieben werden, daß aber darüber, *wie* diese Inhalte erreicht werden, häufig wenig ausgesagt wird. Deshalb legt die folgende Darstellung besonderen Wert auf den Modus der Seminararbeit.

Vor allem die ersten Treffen sind für die gesamte weitere Arbeit sehr wichtig. In einer behutsamen Führung der Teilnehmer sollten diese möglichst persönlich angesprochen und zu Aktivitäten herausgefordert werden. Dabei sollte deutlich werden, daß die Seminarleiter sich auch als Teilnehmer verstehen – damit geben sie zumindest zum Teil die Verantwortung an alle Teilnehmer weiter. Dies geschieht durch die Teilnahme *aller* Anwesenden an den vorgeschlagenen Aktivitäten. Wenn z. B. ein persönliches Vorstellen vereinbart wird, können die Seminarleiter durch die Angaben, die sie über ihre eigene Person machen, den Rahmen weiter oder enger stecken. Dies geschieht z. B. in Assoziationsspielen zu vorgegebenen Reizwörtern (Glück, Jugend, Erlebnis) oder in Gesprächen zur persönlichen Lebensgestaltung („Wie verbringe ich meine freie Zeit?").

Die sonst übliche Seminarform (Referat mit anschließender Diskussion) sollte zugunsten anderer Arbeitsformen, die einer „Konsumhaltung" der Teilnehmer entgegenwirken, auf ein Minimum eingeschränkt werden. Neben einem Zuwachs an Information geht es hierbei auch darum, Aktionen zu initiieren und Medien zu nutzen, die zu einer persönlichen Auseinandersetzung mit den Inhalten führen. Folgende Arbeitsschritte haben sich als vorteilhaft erwiesen:

- Präsentation kurzer Texte (auch literarischer Art)
- Vortragen von Fallstudien
- Initiierung von Planspielen
- Vorlage von Thesenpapieren (pro und contra)

- graphische Darstellungen empirische Ergebnisse
- Vorlage und Bewertung von Broschüren, Plakaten usw.
- Anfertigung von Collagen
- Abhören von Tonbändern und Schallplatten
- Präsentation von Filmen und Video-tapes.

Darüber hinaus suchten wir in den Seminaren das Gespräch mit Menschen, die in der Suchtprävention arbeiten (Drogenkontaktlehrer, Sozialarbeiter im Jugendfreizeitbereich, Drogenberater, Therapeuten, ehemalige Drogenabhängige oder „trockene" Alkoholiker). Manchmal war es möglich, diese Gesprächspartner einzuladen, oft aber kam es auch zu Besuchen „vor Ort".

Die durch das Seminarthema z. T. provozierte Beteiligung ganz bestimmter Studenten wäre ohne die besondere Seminarform kaum aufgefallen. Was uns immer wieder betroffen machte, war die Dokumentation von ganz persönlichen Interessen am Thema, die nicht selten erst in den letzten Sitzungen des Semesters offenkundig wurden: eigene Abhängigkeit oder Gefährdung, massive Vorerfahrungen, Probleme mit abhängigen Familienmitgliedern oder Partnern. Es wurde oft genug deutlich, daß das Studienprojekt auch in der Absicht gewählt wurde, eigene Probleme anzugehen.

4 Durchführung des zweiten Projektschrittes

Die Leitfragen, die das zweite Seminar bestimmten, lauteten:

- Was muß ich als Kontaktlehrer in der Schule tun?
- Welche Vorstellungen, Modelle und Erfahrungen gibt es zum Arbeitsfeld Suchtprophylaxe in der Schule?

Diese auf Schulpraxis bezogene Fragen bergen natürlich auch die Gefahr, daß nach Rezepten gesucht wird und Frustration eintritt, wenn diese nicht alsbald gefunden werden.

Die beiden Aspekte – theoretische und praktische Kenntnisse der Drogenkontaktlehrer-Tätigkeit und Auffinden geeigneter Modelle schulischer Suchtvorbeugung – müssen miteinander verbunden erarbeitet werden, um eine komplexe Perspektive für eine zukünftige Praxis zu bieten.

Das erste Anliegen wurde durch die Herstellung von Verbindungen zu Kontaktlehrern und durch möglichst praxisnahe Diskussionen und Beobachtungen abgedeckt, die auch zu ersten Einschätzungen über die Möglichkeiten der Institution „Drogenkontaktlehrer" führten. Auch die Kontakte zu Mitarbeitern aus den Jugendfreizeitheimen waren sehr aufschlußreich, weil dadurch ins Bewußtsein der zukünftigen Lehrer rückte, daß es falsch ist, Jugendliche nur als „Schüler" zu betrachten, daß sich in der Freizeit ganz andere pädagogische Möglichkeiten bieten und daß suchtprophylaktische Arbeit den Jugendlichen als „ganzen Menschen" wahrnehmen muß.

Aufgrund der Informationen aus der Praxis ließen sich einige Probleme aus der Arbeit der Drogenkontaktlehrer in Plan- und Rollenspielen näherungsweise aufarbeiten:

– Wahl eines Drogenkontaktlehrers: Wie und warum wird jemand Kontaktlehrer?
– Fortbildungsveranstaltung für Drogenkontaktlehrer: Wie sind die Kontaktlehrer auf ihre Aufgabe vorbereitet?
– Lehrer als Vorbild: Wie steht der Kontaktlehrer zu seiner Aufgabe/ zu seinem Suchtverhalten? Wie sehen ihn die Schüler?
– Elternabend mit dem Thema Sucht und Schule: Wie wird ein solcher Abend vorbereitet und durchgeführt?

Das zweite Anliegen focussierte sich auf ein eingehendes Literaturstudium, um einen Überblick über die Möglichkeiten der Suchtprävention zu gewinnen.

Drei Themenkomplexe fanden sich im Literatur-Berg:

1. Beiträge, die Theorien/Konzepte/Modelle der Suchtprävention behandeln.
2. Beiträge, die präventive Maßnahmen im Rahmen der Schule (Projekte/Veranstaltungen/kompensatorische Aktivitäten) oder Drogenerziehung (Sucht als Gegenstand von Unterricht) behandeln.
3. Beiträge, die Medien analysieren oder als Medien Anwendung finden.

Bei der Behandlung des zweiten und dritten Themenkomplexes bot es sich an, Einzelsequenzen aus Unterrichtsbeispielen bzw. Medien mit den Seminarteilnehmern auszuprobieren. Aktive Teilnahme und individuelle Betroffenheit statt passivem Konsumieren waren die Folge.

Auf diese Art und Weise konnte z. B. erarbeitet werden, wie der Film über die „Kinder vom Bahnhof Zoo" auf erwachsene Zuschauer wirkt, und es konnte über Unterschiede zur Wahrnehmung von Jugendlichen nachgedacht werden. Weitere Beispiele für das Simulieren von „Life-Situationen" der schulischen Suchtprävention: die Einladung eines „Ex-users" und der Besuch einer Drogenberatungsstelle.

5 Zusammenfassung

Es ist durchaus nicht leicht, im Rahmen der oft nicht nur der Praxis, sondern auch den Alltagsproblemen fernen universitären Lernsituation, Betroffenheit herzustellen – zumal dann nicht, wenn das Thema „Sucht" behandelt wird, also ein Phänomen, das gemeinhin mit Bahnhofstoiletten und kriminellem Untergrund assoziiert wird.

Nichtsdestoweniger ist der betroffene, ernste, „angemachte" Umgang mit diesem Thema Voraussetzung (und Ziel) jeder pädagogischen Intervention in diesem Bereich. Will Ausbildung einen Beitrag zur Suchtprävention leisten, muß sie – neben der Bereitstellung von Literatur, Praxiserfahrung, Empirie – auch „anmachen", d. h. die Auszubildenden motivieren, sich mit ihren – oft nicht eingestandenen – süchtigen oder suchtgefährdeten Tendenzen auseinanderzusetzen.

Schwerpunkt des hier beschriebenen Studienprojektes war nicht die Nabelschau, die eitle Beschäftigung mit sich selbst, sondern die inhaltliche Vorbereitung auf die Praxis des Drogenkontaktlehrers. Gleichzeitig konnte aber eine Form gefunden werden, die zur Selbstreflexion ermunterte. Der Vermittlung dieser Form galt dieser Beitrag.

Erfahrungen mit einem Lehrerfortbildungsprogramm zur Suchtprävention

Anneliese Rieck/Klaus Schupp

1 Zur Vorgeschichte des Programms

Die Entstehung von Abhängigkeit und Sucht ist wissenschaftlich nicht endgültig geklärt. Wir haben deshalb auch relativ wenig gesichertes Wissen darüber, wie Suchtvorbeugung eigentlich sein müßte.

Wir wissen jedoch aus Berichten von Betroffenen, wie Abhängigkeit und Sucht erlebt werden. Und wir können davon ausgehen, daß es soziale Einflußmöglichkeiten gibt, die einer Gefährdung und Suchtentwicklung entgegenwirken können. Drogenmißbrauch und süchtiges Verhalten sind in den letzten Jahren zunehmend bei Kindern und Jugendlichen aufgetreten. Sie vor dieser Gefährdung zu schützen, ist unbestritten auch eine Aufgabe der Schule und der darin tätigen Lehrer. Seitdem Berlin zur Stadt mit großen Drogenproblemen geworden ist, gibt es viele Versuche, präventive und therapeutische Ansätze, vor allem für Jugendliche, zu entwickeln. Die Vorstellungen darüber, wie eine wirkungsvolle Prophylaxe beschaffen sein soll, veränderten sich im Laufe der Zeit.

Anfang bis Mitte der siebziger Jahre wurde – teilweise in Großveranstaltungen – versucht, durch Vorträge, Einsatz von Medien und durch Berichte Betroffener vom Konsum von – vor allem illegaler – Drogen abzuschrecken. Da sich diese Methode eher als Werbung für Drogen und die entsprechende „Scene" erwies, begannen wir, über die Wirkung von Drogen ausführlich aufzuklären. Aber auch diese Methode brachte nicht die gewünschten Ergebnisse, da die Jugendlichen nun glaubten, die Wirkungen von Drogen genau einschätzen und steuern zu können, was gleichzeitig ihre Neugier und die Lust am Risiko verstärkte.

Wir mußten feststellen, daß informationsorientierte Aufklärung über Sucht und Drogen – sei sie didaktisch auch noch so geschickt vermittelt – nicht ausreicht, um die Gefährdung durch Suchtverhalten adäquat zu verstehen. Dies wurde auch im Rahmen von Fortbildungsveranstaltungen für Drogenkontaktlehrer, die seit 1977 in den Berliner Kollegien berufen werden, deutlich.

Mit Beginn der achtziger Jahre setzte sich die Einsicht durch, daß Prävention nur dann sinnvoll ist, wenn sie ursachenorientiert ist und Suchtverhalten als multifaktoriell bedingt versteht. Das führte zu der Auffassung, daß die Neigung zum Suchtverhalten nur über die ganze Persönlichkeit des Schülers und seine sozialen Bedingungen positiv zu beeinflussen ist und nicht lediglich über seine kognitive Urteilsfähigkeit. Hinzu kam die Erkenntnis, daß die persönliche Glaubwürdigkeit des Lehrers als Vermittler und Vorbild eine wichtige Rolle dabei spielt. Als Folge davon wurden mehr Selbsterfahrungsangebote in die Fortbildung einbezogen, die es den Teilnehmern ermöglichen sollten, die eigenen subjektiven Voraussetzungen und Tendenzen zum Suchtverhalten zu erkennen und zu reflektieren. Auch wenn diese bisweilen nicht unproblematisch verliefen, hat sich doch die Zielrichtung: hin zur Erkundung der eigenen Betroffenheit – wie Berichte von Lehrern und Schülern zeigen – als wichtig und sinnvoll erwiesen.

2 Unser Ansatz zur Suchtprophylaxe in der Lehrerfortbildung

Aus diesen Erfahrungen und Zielvorstellungen wurde eine neue Konzeption für Fortbildung entwickelt, und es ergab sich die Notwendigkeit, hierfür „Teamer" (Multiplikatoren) zu qualifizieren. Seit 1980 bot daher das Drogenreferat des Landes Berlin in Zusammenarbeit mit der Sozialpädagogischen Fortbildungsstätte „Haus am Rupenhorn" Lehrgänge für Multiplikatoren in der Suchtprävention an. In diesen Weiterbildungslehrgängen hatten wir ein Jahr lang Gelegenheit, uns ausführlich mit süchtigem Verhalten, Sucht, Drogen und mit uns selbst auseinanderzusetzen, sowie wichtige Einrichtungen und Experten im Bereich der Drogenarbeit kennenzulernen. Während eines sechswöchigen Praktikums (inklusive Supervision) in einer therapeutischen Einrichtung machten wir grundlegende Erfahrungen im Umgang mit süchtigen Menschen und unserer eigenen Betroffenheit bzw. unseren Fluchttendenzen. Darüber hinaus erfolgte eine Auseinandersetzung mit Zielsetzungen, Methoden und Materialien zur schulischen Drogenprävention. Die gemeinsamen Lernprozesse der Lehrgangsteilnehmer (Mitarbeiter aus allen Bereichen von Jugendarbeit und Schule) führten auch zu einer Schärfung des Problembewußtseins.

Als direkte Folge der ersten beiden Jahrgänge entwickelte sich auch unsere gemeinsame Arbeit in der Lehrerfortbildung. Aus den Erfahrungen mit Teilnehmern unterschiedlicher Zielgruppen (wie Sozial-pädagogen an Gesamtschulen, Grundschullehrern, Heimerziehern, Eltern, Mitarbeitern bezirklicher Gesundheitsdienste, Kontaktleh-rern und Schülern) haben wir unser Programm für die Lehrerfortbil-dung entwickelt. Diese Fortbildungsveranstaltungen sind für etwa 20 Teilnehmer/innen konzipiert und finden an drei aufeinanderfolgen-den Tagen statt.

Unser Programm umfaßt die folgenden Zielsetzungen und Inhalte:

Erster Tag
1. Klärung der Begriffe Sucht, süchtiges Verhalten, Suchtentwick-lung, Drogen:
   - Bewußtmachen eigener Einstellungen und Wertungen,
   - Vermittlung grundlegender Sachkenntnisse,
   - Informieren über rechtliche Fragen zur Suchtprophylaxe in der Schule.

Zweiter Tag
2. Die Rolle des Lehrers in der Suchtprophylaxe:
   - Einstellungen und Haltungen zu Süchtigkeit von Jugendlichen und Erwachsenen,
   - Bedeutung eigener Betroffenheit,
   - Umsetzung in pädagogisches Handeln.

Dritter Tag
3. Informationen über suchtpräventive Ansätze und Anregungen für die Praxis:
   - Erarbeiten von Kriterien für Suchtprophylaxe als Prinzip päd-agogischen Handelns,
   - Information über Angebote und Projekte,
   - Erfahrungsaustausch über die praktische Arbeit in der Schule.
4. Übungen zur Gesprächsführung (Simulation und Rollenspiele).
5. Information und Diskussion mit Experten.

Am ersten Tag werden die Begriffe von süchtigem Verhalten, Sucht und Drogen – sowie rechtliche Fragen und eigene Einstellungen geklärt. Wir versuchen von Anfang an, die wichtigste Literatur praktisch in der Arbeit einzusetzen, um die Notwendigkeit des eigenen Handelns gegenüber dem üblichen Konsum von bedrucktem Papier zu vermitteln. Wir sammeln assoziativ alle Begriffe, die den Teilnehmern zum Thema Sucht und Drogen spontan einfallen (mög-lichst mindestens so viele wie Teilnehmer anwesend sind), und bitten jeden Teilnehmer oder kleine Gruppen, sich einen der Begriffe zu wählen und diesen anhand der von uns vorgestellten Literatur und

Materialien nach einem vorgegebenen Raster auf einer Karteikarte zu bearbeiten. Das aktive Umgehen mit Literatur und sinnvolle Zusammenstellen von Daten zwingt auch zur Auseinandersetzung mit eigenen Standpunkten. Nach der Phase der Erarbeitung können sich die Teilnehmer gegenseitig nach den Begriffen befragen, die sie am meisten interessieren – so können die Karteikarten bereits benutzt werden, wir haben die Möglichkeit korrigierend oder ergänzend einzugreifen. Sämtliche Karteikarten werden den Teilnehmern anschließend fotokopiert zugeschickt, so daß eine kleine, selbsterarbeitete Materialsammlung zur Verfügung steht, zugeschnitten auf ein Maß erster Kurzinformation, die häufig der Beginn einer prophylaktischen Arbeit mit Kollegen sein kann.

Die Diskussion rechtlicher Fragen im Suchtbereich und relevanter Fragen des Schulrechts (z. B. Schweigerecht) wird mit Unterstützung durch einen sachkompetenten Rechtsanwalt, den Leiter des Berliner Rauschgiftdezernats und einen Experten für Schulrecht durchgeführt. Möglichkeiten, aber auch Grenzen der Zusammenarbeit von Menschen mit unterschiedlichen Aufgaben, jedoch ähnlichen Zielen, werden so den Teilnehmern erfahrbar gemacht.

Am zweiten Tag versuchen wir durch sowohl direkte als auch möglichst sensible Fragen und eindeutige, teils provozierende Beispiele den Lehrern zu helfen, ihre eigenen Anteile an Sucht zu erkennen. Sie sollen üben, ihre Erfahrungen, Ängste, Phantasien, Verharmlosungen, blinden Stellen in der Wahrnehmung, Ideologien und isolierte Fakten, Vorurteile, Ekel und Faszinationen zu erkennen, zu benennen und in Zusammenhänge mit ihrem pädagogischen Handeln zu setzen. Wir bewirken dadurch eine Reflexion der Lehrerrolle, die sich nicht nur auf die Funktion des Wissensvermittlers begrenzen läßt, sondern auch ganz persönliche Anteile im Umgang mit Schülern, Kollegen, Eltern und Vorgesetzten enthält. Rollenspiele und Simulationen helfen bei der Wahrnehmung und Überprüfung des eigenen Handelns und dessen Reflexion.

In dieser Phase entscheidet es sich, ob es uns gelungen ist, eine vertrauensvolle Atmosphäre herzustellen und uns als glaubwürdige Gesprächspartner für die Dauer der Fortbildung anzubieten, sowie den Lehrern das Gefühl für die Bedeutung eigener Betroffenheit zu vermitteln.

Am dritten Tag fassen wir die bereits benutzte Literatur und die Arbeitsergebnisse der Vortage zusammen, sammeln Kriterien für die praktische Arbeit nach dem Prinzip, aktives Handeln anzuregen und einem schnellen unreflektierten Abgreifen von Literatur, Material und Personen (als bloßem Konsumverhalten) entgegenzuwirken. Es folgen Hinweise auf Projekte, Ausstellungen, Aktionen, Angebote aller Art. Zusätzlich werden Informationen und Erfahrungen aus der täglichen Arbeit an der Schule ausführlich ausgetauscht.

Im Verlaufe der Seminare hat sich herausgestellt, daß Lehrerinnen und Lehrer möglicherweise noch mehr als andere dazu neigen, ihre Wahrnehmungen vorschnell zu bewerten. Um jedoch mit suchtgefährdeten Jugendlichen ins Gespräch zu kommen, ist die Fähigkeit erforderlich, sich in sie hineinzuversetzen und ihre Einstellungen und Gefühle erfahren zu können.

Um Fakten von Interpretationen trennen zu können und auf voreilige Ratschläge zu verzichten, ist hierfür die Fähigkeit zum aktiven Zuhören eine unbedingte Voraussetzung.

Besonders Anfänger in der präventiven Arbeit beschreiben ihre Unsicherheit, Suchtgefährdung von normaler altersgemäßer Entwicklung zu unterscheiden und dies in den Gesprächen mit den Schülern zu berücksichtigen.

Als Ergänzung aus dem Bereich außerschulischer Angebote hat sich die Möglichkeit ergeben, mit dem Mitarbeiter eines Berliner Jugendamtes, der Gefährdete betreut, in Rollenspielen, Simulationen und Übungen Gesprächsführung zu üben und zu reflektieren. Hiermit soll die Bereitschaft geschult werden, die Schüler zu akzeptieren und ihnen zuzugestehen, daß sie auf ihre Art und Weise versuchen, ihre Situation zu bewältigen.

Nach dem Austausch von Informationen und Erfahrungen diskutiert der Drogenbeauftragte des Landes Berlin mit den Teilnehmern des Seminars über Drogenpolitik, Präventions- und Therapiekonzepte und berichtet über aktuelle Themen aus seiner Arbeit.

Den Abschluß der Fortbildung bilden kritische Rückmeldungen darüber, welche Angebote als hilfreich für die künftige Arbeit in der Schule angesehen werden, die als Beginn eines präventiven Lernprozesses im Schulbezirk mit bezirklichen Einrichtungen, Fachleuten und anderen zusammen fortgeführt werden könnten.

Nach einem Vierteljahr findet ein zweitägiges Ergänzungsseminar statt, in dem die Teilnehmer offengebliebene Fragen diskutieren und ihre Erfahrungen aus der Praxis aufarbeiten können.

Als Ergebnis unserer mehrjährigen Aktivitäten im Bereich der Beratung und Fortbildung mit verschiedenen Zielgruppen (z. B. mit Eltern, Drogenkontaktlehrern und praktizierenden Kollegen) und von unterschiedlicher Dauer (z. B. 14tägig, zwei Stunden, ganztägig, zwei oder dreitägig oder über ein Wochenende) haben sich eine Reihe grundlegender Erkenntnisse niedergeschlagen:

Wenn wir Suchtprävention langfristig als „Beziehungsarbeit" oder

„gute Pädagogik" begreifen, müssen wir immer wieder genau beobachten, was die Pädagogen daran hindert, diese Ziele zu erreichen.

Ohne die häufig beklagten Bedingungen und Verhältnisse in Schule und Gesellschaft negieren zu wollen, suchen wir gemeinsam nach den noch vorhandenen Spielräumen, den unbeachteten Beschränkungen und den Veränderungsmöglichkeiten der Menschen, die jeweils zu Beratung und Fortbildung kommen. Manchmal können wir sogar die bestehenden Verhältnisse ein wenig verändern.

Die Schule scheint ein ganz besonderer sozialer Ort zu sein – jeder hat seine eigenen Erfahrungen damit gemacht, wir alle waren selber Schüler, sind vielleicht heute Eltern von Schülern – und dennoch gibt es viele falsche Vorstellungen und Erwartungen von der Schule.

An jedem Schultag treffen sich in der Schule viele Menschen unter ganz bestimmten Regeln und mit ganz bestimmten Erwartungen. Die Vorstellung, daß Kommunikation kein besonderes Problem darstellt, hat sich als unzutreffend herausgestellt. Offensichtlich wird in den Schulen zwar viel und laut, aber wenig im Sinne von Verständigung miteinander geredet. Inwieweit hier Defizite der Schüler aus ihren Elternhäusern resultieren, inwieweit die Massenmedien oder die Ausbildung der Lehrer eine Rolle spielen, können wir hier nicht klären. Wir können nur versuchen, alles möglichst genau zu beobachten, den Lehrern bewußt zu machen und ihnen brauchbare Hilfen anzubieten.

Rollenspiele haben gezeigt, daß Lehrer oft in einer ganz bestimmten Art zu kommunizieren scheinen. Ihr Handwerkszeug ist die Sprache als zentrales Kommunikationsinstrument, deren Wirkungen sie jedoch zumeist wenig zu kennen scheinen. Sie haben oft keine Vorstellung davon, wie die Schüler sie erleben und verstehen. Als Teilnehmer in den Fortbildungsseminaren wirken Lehrer meist redegewandt. Häufig werden Informationen wiederholt, die Redeanteile sind lang und die Erwartungen an uns als Teamer verlaufen häufig nach dem Muster: „Habe ich die richtige Antwort gegeben?" – „Wollten Sie das hören?" Vor allem Fragen werden oft als didaktisches Mittel verstanden – nicht als echte Fragen. Sicher ist aus den Erfahrungen des Unterrichts heraus zu verstehen, daß Lehrer oft „nicht passende" Antworten gar nicht wahrnehmen – oder z.B. in Rollenspielen auf eine hohe kurzzeitige Erfolgserwartung fixiert sind und dadurch unerwartete Reaktionen und Informationen ignorieren.

Im Verlauf von Gruppengesprächen entstehende Pausen werden oft schwer ausgehalten. Das Bedürfnis, die Situation immer im Griff haben zu müssen, für andere das Fazit zu ziehen und stets eine richtige Antwort wissen zu müssen, scheinen berufliche Verhaltensmuster zu sein, die wenig reflektiert werden.

Wir erleben die Lehrer in ihrer kommunikativen Struktur häufig einbahnig, belehrend, erklärend – seltener aktiv zuhörend und als gute Fragesteller. Viele Lehrer tun sich oft schwer, persönliche Anteile ihres Handelns als wertvoll, wichtig und pädagogisch sinnvoll anzuerkennen. Selten wird über Angst vor Schülern, vom Bedürfnis, von den Schülern geliebt oder wenigstens akzeptiert zu werden, gesprochen oder davon, daß Lehrer bewußt oder unbewußt auch Macht ausüben. Es dauert oft einige Zeit, bis sie zugeben, daß sie sich überfordert fühlen oder sich selbst überfordern. Häufig ist Lehrern unklar, inwieweit sie über Wissensvermittlung hinaus soziale Erziehungsarbeit leisten, andere wiederum haben kaum eine Vorstellung vom Leben der Schüler außerhalb der Schule, die wenigsten wohnen in der Nähe ihres Arbeitsplatzes.

Übungen und Rollenspiele, in denen Lehrer sich in ihre Schüler oder in ihre eigene Schulzeit hineinversetzen, haben sich als hilfreich erwiesen und kommen gut an.

3 Erfahrungen und Erkenntnisse aus unserer Arbeit

Die Rückmeldungen über die Wirksamkeit von Vorschlägen, Ratschlägen, Empfehlungen oder Warnungen zeigen, daß die derzeitige Konzeption unserer Beratungs- und Fortbildungsarbeit eine brauchbare Hilfe darstellt.

Um möglichst vielen Lehrer konkrete Hilfen anbieten zu können, ist eine gründliche Planung der Fortbildungsveranstaltungen erforderlich. Häufig entwickelt sich im Zusammenhang mit der Fortbildung eine Beratung einzelner Lehrerinnen und Lehrer oder sie bitten um Unterstützung bei ihrer Suche nach Material (z.B. vorbereitete Unterrichtseinheiten). Die etwa einstündigen Beratungsgespräche verlaufen in der Regel ähnlich wie die Fortbildungsveranstaltungen. Aus dem Anliegen, z.B. ein Buch auszuleihen, entwickelt sich ein Gespräch über bisherige Aktivitäten, Erfahrungen mit gefährdeten Schülern und besorgten Eltern, bis die Ziele des konkreten Vorhabens klar formuliert sind.

Eine solche intensive Beratung ist notwendig, da Unterrichtsplanungen abgestimmt werden sollten auf die Vorerfahrungen der Schüler, deren Interesse am Thema, die verfügbare Zeit, auf mögliche Zusammenarbeit mit anderen Pädagogen oder z.B. Drogenberatern und natürlich mit den ureigenen Zielen des betreffenden Lehrers selbst (was jeweils auch abhängig ist von seinem eigenen Verhältnis zu Genußmitteln). Manchmal erfordert dies eine beratende Begleitung über einen längeren Zeitraum.

Da die Beziehung zwischen Schüler und Lehrer langfristig das tragfähigste Element in der Präventionsarbeit ist und die kurzfristige Faszination, die ein Experte ausübt, nur sinnvoll sein kann, wenn sie in eine längere Zusammenarbeit einmündet, entsprechen wir dem Wunsch nicht mehr, als Experten mal kurz in die Klasse oder die Schule zu kommen.

Am schwersten zugänglich blieb uns bisher der Bereich des Umgangs der Lehrer mit anderen Erwachsenen, mit den Kollegen und den Eltern. Die von uns vorausgesetzte Routine, kommunikative Prozesse didaktisch zu planen, scheint selten vorhanden zu sein. Die Vorstellung, z. B. einen Elternabend zu Drogenthemen zu planen und durchzuführen, löst Ängste und Unsicherheit aus. Sicher spielen hierbei der Begriff „Sucht" und das Ansprechen nicht spezifisch „schulischer" Themen eine große Rolle.

Gespräche mit Eltern, die einen höheren sozialen Status haben als Lehrer (z. B. Ärzte, Therapeuten, Richter), werden als angstbesetzt bzw. als nicht erfolgreich beschrieben.

Wir wollen deutlich hervorheben, daß wir die Beschreibung der vielleicht negativ klingenden Erfahrungen mit typischen Kommunikationsweisen von Lehrern auf keinen Fall zu einem Vorwurf werden lassen, sondern als Ausgangsbasis betrachten, die wir als Herausforderung ernst nehmen und als Grundlage für angemessene Hilfsangebote verstehen. Die Bereitschaft vieler Lehrerinnen und Lehrer, sich auf ihre kommunikative Kompetenz kritisch einzulassen, hat uns immer wieder beeindruckt.

Lehrer beschreiben sich und die Schule als überhäuft mit immer neuen Aufgaben, wobei der Fachunterricht, z. B. Biologie oder Chemie, als ein wenig geeigneter Ort erscheint, Jugendlichen eine positive und handelnde Auseinandersetzung mit den Schwierigkeiten ihres Alltags, der Schule und ihres Lebens zu ermöglichen, weil hier nur Kenntnisse über die toxische Wirkung der Drogen vermittelt werden und nicht die Möglichkeit des Erlernens einer kritischen Distanz zum Konsum gegeben wird. Wünschenswert ist eine suchtbezogene anstelle einer stoffspezifischen Information. Es geht um Einstellungen und Haltungen anstelle von Faktenwissen, um die Problematisierung anstelle von Abschreckung.

Der Lehrer muß Vorbild im Sinne eines Lernmodells sein und eine kontinuierliche Suchtprävention als langfristiges Ziel in die schulische Arbeit einbringen.

Gesundheit im weitesten Sinn, Genußfähigkeit (einschließlich Rausch und Ekstase als ein existenzielles Bedürfnis des Menschen, dessen Befriedigung nicht automatisch süchtig machen muß) und bessere Wahrnehmung von Körper, Gefühlen und Bedürfnissen sowie deren angemessene Befriedigung sind wesentliche Bereiche, die von einer verbesserten Pädagogik gelehrt werden sollten. Wir alle tun uns schwer, mit dem Genießen kultiviert umzugehen.

In Ruhe und ausführlich über diese Themen miteinander sprechen zu können, sich gegenseitig zu befragen, eigene isolierte Vorstellungen und Arbeitseinsätze zu diskutieren, erweist sich bereits als eine wichtige Hilfe für Lehrer im Sinn von Suchtprävention. Wenn Lehrerinnen und Lehrer

- merken, daß sie Hilfe und Anregung brauchen,
- zur Beratung und Fortbildung kommen,
- erkennen, daß Suchtprophylaxe ein mühsamer Prozeß ist, der sehr viel mit ihnen selbst zu tun hat,
- ihre eigene Kreativität wiederentdecken,
- Zusammenarbeit mit Kollegen suchen,
- den zeitlichen und inhaltlichen Abstand von ihrer Arbeit während der Fortbildungsseminare auch genießen können,
- ermutigt in ihre Schulen zurückgehen,

waren unsere Bemühungen hinsichtlich einer Sensibilisierung für suchtpräventive Maßnahmen in der Schule erfolgreich.

Literatur

ajs informationen: Mitteilungsblatt der Aktion Jugendschutz Landesarbeitsstelle Baden-Württemberg. Stuttgart 3/1985
Hallmann, H. J.: Drogenprävention in der Schule. Vorbeugung als pädagogisches Handlungsprinzip. München 1983
Harten, R.: Normal und süchtig. Suchtprobleme in unserer Gesellschaft. Material für die vorbeugende Arbeit. Aktion Jugendschutz. Kiel 1981
Senator für Schulwesen, Jugend und Sport: Blattwerk zur Suchtarbeit in Berlin. Berlin 1981
Speichert, H.: Süße Sachen. Reinbek 1982

Lehrerberatung zur Suchtprävention

Werner Clemens

1 Problemaufriß

In vielen Bundesländern und auch im Ausland gibt es den Kultusbehörden zugeordnete oder von diesen geförderte pädagogische
Institute, die als unmittelbare Service-Einrichtungen für Schulpäd-
agogik und Unterricht arbeiten. Beispielhaft für das Engagement
solcher Institute in Fragen der Suchtprävention können hier das
Landesinstitut für Schule und Weiterbildung in Bremen, das Institut
für Curriculumentwicklung und Lehrerfortbildung in Soest/Nord-
rhein-Westfalen, das Pestalozzianeum in Zürich/Schweiz und das
Pädagogische Zentrum (PZ) in Berlin genannt werden.

Für ein Institut wie das Berliner PZ, das nicht in einem Flächen-,
sondern in einem Stadtstaat liegt und deshalb den Vorteil der kurzen
Wege nutzen kann, ist es daher einfacher, mit einem offensiven
Angebot auf die Schulen zuzugehen, obwohl auch hier die Koopera-
tionsprobleme nicht zu unterschätzen sind. Vielleicht wurde deshalb
schon relativ früh – d.h. im Jahre 1977 – auf die Debatte um
Suchtprobleme in der Schule mit der Bildung eines Referats „Schule
und Suchtprävention" im PZ Berlin reagiert. Wenn hier beispielhaft
dieses Angebot vorgestellt wird, so deshalb, weil ein Teil der hiesigen
Praxis auch auf andere Stadtstaaten oder zumindest auf die den
jeweiligen Instituten in Flächenstaaten nähergelegenen Regionen
übertragbar sein dürfte.

Darüber hinaus offeriert das Pädagogische Zentrum Berlin neben
Fortbildungsangeboten für Lehrer und Schulsozialpädagogen auch
Beratungen zu fast allen schulischen und unterrichtlichen Fragen und
Bereichen. Besonders bewährt hat sich das Prinzip der kollegialen
Beratung und Praxisreflexion ohne Bevormundung. Kennzeichnen-
des Merkmal dieses Beratungsangebots war und ist die Herrschafts-
freiheit, d.h., in der Situation der Gespräche und der gemeinsamen
Erwägung und Entwicklung von praktischen Konzepten liegt kein wie
immer auch geartetes Herrschaftsgefälle vor, wie es von Schulleitern

oder Schulaufsichtsbeamten zu Lehrern oder Schulsozialpädagogen auftreten könnte.

In dem Referat „Schule und Suchtprävention" arbeiten eine Sozialarbeiterin und ein Lehrer für die beiden Aufgabenbereiche:

– Didaktisch-methodische Angebote zur Suchtproblematik in Schule und Unterricht. Beratung, Materialien und Unterrichtshilfen, insbesondere für Drogenkontaktlehrer.
– Sozialpädagogische Angebote und Beratung zur Suchtprävention für Sozialpädagogen, Erzieher und Lehrer; Sammlung von Materialien/Literatur.

In der folgenden Darstellung liegt der Schwerpunkt auf der unterrichtsbezogenen Suchtprävention.

Nach intensiver Einarbeitung in die theoretischen Grundlagen, die natur- und sozialwissenschaftlichen sowie die juristischen Implikationen (Phänomen Sucht, Jugendprobleme, Entwicklungspsychologie etc.) wurden Konzepte für das Beratungsangebot entwickelt. Sie entstanden nicht nur auf der Basis des Diskussionsstandes in den Berliner Schulen, sondern wurden – über Schule hinaus – in enger Kooperation mit dem Drogenbeauftragten des Berliner Senats und Mitarbeitern der Drogenrehabilitation und der Bundeszentrale für gesundheitliche Aufklärung (BzgA) in Köln erarbeitet. So wurden Kriterien für schulische Präventionsarbeit und erste Medien entwickelt, die diesen Kriterien entsprachen, z. B.: „Alltag. Szenen einer Clique" (BzgA 1981), „... und jeder meint: Das kann mir nicht passieren!" (Senator für Schulwesen 1981). Im Jahre 1981 wurde eine Umfrage unter Berliner Drogenkontaktlehrern mit dem Ziel durchgeführt zu erfahren, wie sie ihre Situation beurteilen und welche Vorstellungen und Wünsche sie zur Verbesserung der Suchtprävention in der Schule haben (vgl. Clemens 1981). Wie erwartet, zeichneten die Umfrageergebnisse ein Bild, das weit über die Probleme in der Schule hinausging und – den bis dato entwickelten Kriterien voll entsprechend – Fragen wie ausweichendes Verhalten und apersonale Bedürfnisbefriedigung („Knopfdruckbefriedigung"), also stoffunspezifische Erscheinungen, mit in die pädagogische Problemliste aufnahm. Aus diesen Gründen stellt sich das Beratungsangebot breitgefächert dem Fragenkomplex: Wie können Lehrer/Schulsozialpädagogen präventiv in der Schule arbeiten? Was kann man tun? Diese Fragen sind zwar ganz grundsätzlich gestellt und stellen sich letztlich jedem Lehrer in der Praxis. Auf Sucht und Drogen bezogen kommen sie jedoch in den pädagogischen Ausbildungsgängen so gut wie nicht vor.

Um hier zumindest die größten Defizite auszugleichen, sind insbesondere die Drogenkontaktlehrer in Berlin gehalten, sich durch die Teilnahme an dreitägigen Seminaren sachkundig zu machen im Hinblick auf die Problematik der konsumierten Stoffe und die daraus resultierenden juristischen, therapeutischen und pädagogischen Konsequenzen bzw. Angebote.

Spätestens hier wird die Dringlichkeit weitergehender Beratung und Fortbildung offenbar: Ein Lehrer kann in noch so gut durchdachten und durchgeführten dreitägigen Seminaren wohl schwerlich das Maß an Sachkunde erwerben, das er braucht, um die schulischen Möglichkeiten suchtpräventiver Arbeit auszuloten und – zumal auf die Situation in einer bestimmten Schule bezogen – zu entwickeln. Patentrezepte können aus der Fortbildung nicht mitgegeben werden, bestenfalls ein solides Grundwissen, eine geschärfte Wahrnehmung und eine kritischere Einstellung zur Suchtproblematik. Hier bietet das PZ – auch im Sinne von „Nacharbeit" oder individueller Vertiefung der Fortbildung (nach Terminabsprache) – die folgenden Beratungs- und Serviceleistungen an:

1. Sachinformationen zu Drogen, Sucht und Prävention.
2. Unterstützung in Form von Literaturauszügen, Publikationen, Hinweise auf audiovisuelle Medien, Kommentierung von Medien.
3. Didaktische Vorschläge für den Unterricht und Reflexion der pädagogischen Praxis.
4. Für die Berliner Schule aufbereitete Materialien, erprobte Unterrichtsbeispiele und Kommentierung der Einsetzbarkeit von Unterrichtseinheiten und -materialien.
5. Beratung vor Ort, d. h. in Kollegien oder Fachgruppen und Praxisbegleitung bei schulischen Projekten wie Theateraufführungen, Ausstellungen etc.

Die Beratungen von jeweils eineinhalb Stunden Dauer erstrecken sich über einen längeren Zeitraum.

2 Problemfelder der Lehrerberatung zur Suchtprävention

2.1 Sachinformationen zu Drogen, Sucht und Prävention

Schwerpunkt hierfür ist nicht die Vermittlung enzyklopädischen Wissens, sondern vielmehr der Versuch, gemeinsam – auch unter Einbeziehung eigener Süchte – die *Begriffe* Sucht, Abhängigkeit, Droge, Genuß, Rausch, Prävention, Prophylaxe zu verdeutlichen. Dabei können historische, kulturelle, ethnologische, ökonomische und politologische Aspekte des Phänomens Sucht vom Berater in einem kurzen Vortrag dargestellt werden, um sie dann gemeinsam zu diskutieren und zu problematisieren.

2.2 Analyse konzeptioneller und medialer Fragestellungen

Unter Hinweis auf einschlägige Publikationen wird die Diskussion um Konzepte der Suchtprävention der letzten 20 Jahre zusammengefaßt, auf Entwicklungen des informationsorientierten Ansatzes hingewiesen und die heutige Favorisierung des ursachenorientierten Ansatzes begründet. Mit Hilfe von Schaubildern, Literaturhinweisen und -auszügen wird der Unterschied zwischen struktureller und kommunikativer Prävention erarbeitet. Die verfügbaren Medien werden bezüglich ihrer Orientierung an den verschiedenen Ansätzen eingeordnet und dadurch auch bezüglich ihrer Eignung für bestimmte Vorhaben bewertet.

2.3 Planung situationsorientierter Präventionsangebote

Unter Einbeziehung der Rahmenrichtlinien werden Möglichkeiten erwogen, wo überhaupt Raum für suchtpräventive Ansätze ist und wie diese als Interaktion zwischen Pädagogen und Schülern gestaltet werden können. Dabei wird sehr stark von den bereits vorhandenen Erfahrungen des jeweiligen Pädagogen ausgegangen, und es kommt nicht selten zu Erörterungen des eigenen Selbstverständnisses, des Selbstbildes, der Anpassungsfähigkeit, der Kreativität, der Durchsetzungsfähigkeit etc.

2.4 Vorstellen existierender Planungsmaterialien

Am vorläufigen Abschluß der Beratung steht die Präsentation von Materialien wie Texte, Tonträger (Schulfunk), englische und deutsche Pop-Musik-Texte zum Problem, Fotos, Video-Bänder (z. B. die Serie „Kopfball" der ARD), die bereits in der Praxis erprobt worden sind. Hier hat sich besonders eine Methode von Beratung bewährt, die auf „Gefälle" verzichtet. Hierdurch ergibt sich eine ständige Rückkoppelung aus der praktischen Arbeit in den Schulen mit den Beratern über den jeweils aktuellen Stand der Erfahrungen beim Medieneinsatz.

Die an die Pädagogen weiterempfohlenen Materialien sind keine fertigen Unterrichtseinheiten, sondern können als „Bausteine zur Suchtprävention" bezeichnet werden. Sie verstehen sich als ein offenes Angebot, das die Pädagogen den besonderen Gegebenheiten ihrer eigenen Praxis anpassen können. Es ist eine gesicherte Erfahrung, daß durch die Bereitstellung von „Bausteinen" weit mehr Motivation bei den Kollegen erreicht wird, sich den Herausforderungen präventiver Arbeit in der Schule zu stellen, als durch fertige Unterrichtseinheiten. Meistens entsteht nämlich der Wunsch und die Bereitschaft, sich mit Konzepten der Suchtprävention intensiv zu beschäftigen, einmal andere auf diesem Gebiet erfahrene Kollegen aufzusuchen, im Unterricht neue Ideen zu erproben oder das Kollegium für übergreifende Maßnahmen, z. B. Projektwochen zu begeistern. *Erfahrungsaustausch* und *Rückkoppelung* werden als ständiger Prozeß angestrebt. Denn so kann versucht werden, die Qualität der Beratungsinhalte und Angebote ständig zu überprüfen, zu korrigieren und zu vervollständigen. Daneben bietet dieses Verfahren den Vorteil, daß Kollegen, die sich mit dem Arbeitsfeld Prävention vertraut machen wollen, auf erprobte und kommentierte Materialien (Bausteine) zurückgreifen können. Das Beratungsangebot wird flankiert und ergänzt durch die Bibliothek und das Archiv zur Unterrichtsplanung des PZ, aus dem weitere unterrichtspraktische Hinweise und Erfahrungen abgerufen werden können.

2.5 Beratung vor Ort

Zum Beratungs- und Kooperationsangebot des PZ zur Suchtprävention in der Praxis gehört auch die Bereitschaft der Berater, direkt in die Schulen zu kommen, dort Fragen zu beantworten oder Seminare in der zweiten Phase der Lehrerausbildung und Vorträge vor Kollegien zu halten oder mit Schülergruppen zu diskutieren. Interessanter aber wird dieses Angebot, wenn – wie häufig geschehen – der Berater vom PZ personelle Unterstützung über einen längeren Zeitraum hinweg einbringt, um z. B. einen Gesprächskreis einzurichten, ein Projekt planen zu helfen, ein Theaterstück oder eine Ausstellung mit vorzubereiten. Es war auch schon möglich, Projekte von der Idee bis zur Verwirklichung und darüber hinaus bis zur Auswertung zu begleiten (vgl. Clemens/Lachmund 1984). Durchaus ähnlich, wenn auch nicht unter direktem Praxisbezug ist die Beratung von Lehramtskandidaten beim Abfassen von wissenschaftlichen Hausarbeiten und/oder Unterrichtsentwürfen sowie zur Vorbereitung von mündlichen Prüfungen. Im bereits genannten Archiv für Unterrichtsplanung und im Handapparat des Beraters sind Publikationen, Examensarbeiten und didaktische Entwürfe sowie die offiziellen Unterrichtseinheiten der Bundeszentrale für gesundheitliche Aufklärung vorhanden. Auch den Examenskandidaten kann in einer streßfreien Atmosphäre deutlich gemacht werden, daß „das Rad nicht neu erfunden werden muß". Dabei werden über die „Lehrerberatung zur Suchtprävention" hinaus zur Ergänzung von Studium und Prüfung konkrete Hilfen geboten. Es werden Impulse für die Bereitschaft gegeben, mit anderen zu kooperieren, Fortbildungsveranstaltungen zu besuchen oder den Schulalltag durch neue Ideen zu beleben. Dadurch soll dem Gefühl der Hilflosigkeit und Inkompetenz entgegengewirkt und deutlich werden, daß andere ähnliche Probleme haben, die durch Diskussionen über alle Schulstufen (und auch mit Fachleuten aus den Rehabilitationseinrichtungen für Drogenabhängige) bearbeitet werden können.

3 Fazit

Abschließend sollen die konzeptionellen und inhaltlichen Schwerpunkte der Lehrerberatung zur Suchtprävention am PZ noch einmal zusammengefaßt und – soweit sie aus der Beschreibung der konkreten Arbeit nicht unmittelbar deutlich werden konnten – ergänzt werden:

Schon zu Beginn der Beratungstätigkeit wurde deutlich (und in der später durchgeführten Umfrage noch einmal nachgewiesen), daß bei den Lehrern (Drogenkontaktlehrern) ein ausgeprägtes Bedürfnis nach praxisrelevanter Beratung besteht. Praxisrelevant bedeutet dabei einerseits: in zeitlicher und materieller Hinsicht in der Schule als Prävention realisierbar und andererseits: nicht auf die enge Definition von Drogen als den illegalen, verbotenen Stoffen beschränkt, sondern in einem viel breiteren Ansatz auf süchtiges Verhalten und dessen allgemeiner Verbreitung im Schulalltag ausgerichtet. Die Beratung orientiert sich an der kausalen Präventionsstrategie und an den Zielen kommunikativer Prävention. Sie ließe sich auch mit dem populären Begriff „Lebenskunde" beschreiben (vgl. Vontobel 1979).

Um in diesem Bereich in der Schule wirksam werden zu können, ist eine Analyse der schulischen Möglichkeiten und eine daraus resultierende praxisorientierte und theoretisch fundierte Beratung sinnvoll und erforderlich. Beratung und insbesondere Praxisbegleitung erfolgen durch das PZ in Kooperation mit dem Referenten für Schulsozial-pädagogik, wodurch gewährleistet wird, daß auch über rein unter-richtsorientierte Ansätze hinaus gedacht und geplant werden kann. Ein wesentliches Element der kommunikativen Prävention ist der emanzipatorische Aspekt: Schüler und Lehrer erproben und erfahren dabei neue Qualitäten in ihren Verkehrsformen miteinander und erschließen neue Erfahrungsfelder des sozialen Lernens, die zunächst wenig kognitive, sondern vielmehr affektive Angebote enthalten und damit neue Erfahrungen (ohne Drogen) ermöglichen und zulassen. Hier ist jedoch wichtig, eines klar zu sagen:

Lehrer und Schulsozialpädagogen sind keine Therapeuten!

Dieser Anspruch soll und kann in der Schule nicht erfüllt werden. Es kommt bei kommunikativen Präventionsmaßnahmen vielmehr darauf an, bei Schülern die Bereitschaft und die Möglichkeit, herzustzellen, sich (auch untereinander!) selbst zu helfen, und sie zu ermutigen, ihr Leben auszuprobieren, bevor sie in Drogen eine scheinbare Alterna-tive sehen. Dem Pädagogen werden neben seiner Professionalität im Bereich der Suchtprävention auch eigene Standpunkte zu dem Pro-blem abverlangt. Daher wird in der Anfangsphase einer Beratung meist der „10-Punkte-Katalog" vorgelegt und durchgesprochen, um eine Diskussionsplattform abstecken zu können:

1. Haben die Schüler Vertrauen zu mir?
2. Werde ich von den Schülern als glaubhaft angesehen?
3. Welche Einstellungen habe ich zum Problem?
4. Ist gewährleistet, daß ich meine Einstellung nicht als die einzig richtige betrachte?
5. Besteht auch außerschulischer(-unterrichtlicher) Kontakt zwi-schen meinen Schülern und mir?
6. Ist es möglich, daß die Themen leistungsmessungsfrei behandelt werden?
7. Ist in der Schule fächerübergreifender Unterricht und team-teaching möglich?
8. Verfügen die Kollegen und ich über hinreichende Sachkennt-nisse? Konsens?
9. Bin ich mir bewußt über meine eigenen Süchte (Abhängigkeiten)?
10. Warum will ich das Problem in der Schule behandeln?

Ein Beratungsgespräch ist dann gut gelungen, wenn zusammen mit Kollegen didaktisch und inhaltlich exemplarisch eine solche Situation hergestellt werden konnte, wie sie sich die Beteiligten in der Schul-realität wünschen und vorstellen. Nur, unsere Bemühungen um Suchtprävention in der Schule wirken nicht unmittelbar. Spektakuläre Erfolge werden wir nicht erzielen. Kommunikative Prävention ist eine Kompetenz, die auf Langfristigkeit angelegt ist.

Literatur

Baumann, A. u. a.: Drogen in der Schule? Pestalozzianeum. Zürich 1980
Clemens, W.: Zur Lage der Drogenkontaktlehrer an der Berliner Schule. Pädagogisches Zentrum. Berlin 1982
Clemens, W./Lachmund, M.: Kommunikative Ansätze in der schulischen Drogenprävention. In: Prävention 7 (1984) 4, 120–124

Medienverbund zur Suchtprävention für Schule und Lehrerfortbildung

Botho Priebe

In allen Bundesländern wird versucht, die sucht- und drogenpräventive Arbeit in den Schulen zu verbessern. Insgesamt gesehen zeigt sich fast überall das gleiche Bild: Es gibt empirisch signifikanten Suchtmittelmißbrauch unter den Jugendlichen und viele Drogengefährdungen; es gibt Erlasse zur schulischen Suchtprävention und Landesprogramme zur Drogenbekämpfung; es gibt einzelne qualifizierte Prophylaxekonzepte, die dem neueren Diskussions- und Forschungsstand entsprechen – neben solchen, die antiquierten Ansätzen bloßer Information und Abschreckung folgen. Im präventiven Aufgabenbereich der Schule und in ihrem Umfeld arbeiten zahlreiche Einrichtungen mit unterschiedlichen Zuständigkeiten und vielfältigen Erfahrungen überwiegend unverbunden nebeneinander her. Knappe Haushaltsmittel und Mangel an qualifiziertem Personal gehören darüber hinaus meist ebenso zum Erscheinungsbild der schulischen Sucht- und Drogenprävention wie das Fehlen einer fachlich und organisatorisch stimmigen sowie politisch tragfähigen Gesamtkonzeption.

Im bevölkerungsreichsten Bundesland Nordrhein-Westfalen (NRW) hat die schulische Suchtprophylaxe eine besondere quantitativ bedingte Problemdimension:

– Im Vergleich mit den Stadtstaaten verfügt das Flächenland NRW nicht über ein gleich dichtes Netz von Beratungs- und Prophylaxeeinrichtungen.
– Der suchtpräventive Arbeitsbereich erstreckt sich in NRW auf 2,8 Millionen Schüler und 160 000 Lehrer in 7200 Schulen.

Vor diesem Hintergrund hat das Landesinstitut für Schule und Weiterbildung gemeinsam mit Experten aus Theorie und Praxis im Auftrag des Kultusministers und in Zusammenarbeit mit den Regierungspräsidenten und Schulämtern eine Lehrerfortbildungskonzeption zur schulischen Sucht- und Drogenprävention erarbeitet, die gegenwärtig landesweit erprobt wird und deren zentrale Elemente nachfolgend dargestellt werden.

1 Grundlagen der schulischen Sucht- und Drogenprävention

Zu den Grundlagen der sucht- und drogenpräventiven Arbeit in der Schule gehören die Auftragslage und eine entsprechende Prophylaxekonzeption.

1.1 Der Auftrag zur Sucht- und Drogenprävention in der Schule

Nach dem in NRW geltenden Erlaß zur „Bekämpfung des Suchtmittelmißbrauchs" soll an jeder Schule des Landes ein besonders beauftragter Lehrer suchtpräventive Aufgaben erfüllen, die sich als

- Information
- Beratung und
- Durchführung von Maßnahmen

im Hinblick auf das Lehrerkollegium, Schüler und Eltern zusammenfassen lassen.

Das „Landesprogramm zur Bekämpfung des Drogenmißbrauchs" betont die Prophylaxe als vorrangige Maßnahme und die besondere Bedeutung der präventiven Arbeit in den Schulen.

Die erforderliche Qualifizierung von Lehrern für die schulische Sucht- und Drogenprävention soll durch die Lehrerfortbildung gewährleistet werden. Entsprechend hat das Landesinstitut eine Konzeption zur schulischen Sucht- und Drogenprophylaxe vorgelegt, die in einer Anzahl von Materialbausteinen für Lehrerfortbildung, Schule und Unterricht entfaltet bzw. konkretisiert wird und die über ein Arbeitskreismodell zur lokalen Lehrerfortbildung auch eine organisatorische und didaktische Grundlage erhält.

1.2 Die Konzeption zur Sucht- und Drogenprävention in der Schule

Die Konzeption hat folgende Grundlagen und Zielbereiche:

Der *klassische Drogenbegriff,* der sich auf Wirkstoffe bezieht, die durch Einwirkungen auf das Zentralnervensystem Wahrnehmungs- und Gefühlsveränderungen auslösen, und der *erweiterte Drogenbegriff,* der alle Substanzen als Drogen einbezieht, die im lebenden

Organismus Funktionsveränderungen bewirken können, sind stofflich, d. h. pharmakologisch, ausgerichtet. Das in der Fachdiskussion vorherrschende Erklärungsmodell der Genese von Drogenkonsum und -abhängigkeit sieht demgegenüber den stofflichen Faktor „Droge" in Wechselwirkungen mit weiteren Faktoren: Person und Umwelt des Konsumenten bzw. Abhängigen (multifaktorieller Erklärungsansatz).

Damit kommen nicht nur stoffliche, sondern auch soziale Abhängigkeiten von bestimmten Personen, Situationen oder Verhaltensweisen (z. B. „Glücksspiel", „Arbeitswut", „Kaufrausch", „Freßsucht") in den Blick, die für viele Menschen mit Gier und unüberwindlichem Verlangen verbunden sind. Das Gefahrenpotential liegt hier überwiegend nicht auf der stofflichen Seite, sondern stellt sich als drohende *psycho-soziale Abhängigkeit* von Verhaltensweisen und Situationen dar, mittels derer die Betroffenen aus einer als unerträglich erlebten Wirklichkeit in ein illusionierendes Lebensgefühl flüchten. Dieses zwingende Verhalten (Abhängigkeit) heißt *Sucht.*

Sucht überkommt Menschen nicht schicksalhaft, sondern hat in der Regel jeweils eine bestimmte Entwicklungsgeschichte. In den Wechselwirkungen zwischen Person, Umwelt und gegebenenfalls Droge verdichten sich *Suchthaltungen,* die langsam oder schlagartig (z. B. in Katastrophen- oder Überlastungssituationen) in manifestes *Suchtverhalten* umschlagen können.

Suchthaltungen werden erworben und verstärkt – vor allem in den sensiblen Zeiten von Kindheit und Jugend – beispielsweise durch Flucht- und Ausweichverhalten bei Konflikten, durch bedingungslose Anpassung an Außenerwartungen oder durch Ersatzhandlungen zur Kompensation von Perspektiv- und Sinnlosigkeit des eigenen Lebens. Das auf diese Weise immer wieder herbeigeführte illusionierende „feeling" begünstigt den Aufbau stabiler Suchthaltungen und süchtigen Verhaltens – erst recht in Verbindung mit Drogen.

Von diesen grundlegenden Überlegungen her läßt sich der schulspezifische Auftrag zur Sucht- und Drogenprävention beschreiben:

Sucht- und Drogenprophylaxe in der Schule bezeichnen die psychosoziale Vorbeugungsarbeit im Hinblick auf Suchthaltungen und süchtiges Verhalten im pädagogischen Handlungsrahmen Schule. Im Gesamtzusammenhang einer multifaktoriell angelegten Sucht- und Drogenprophylaxe kann die Schule lediglich *einen* Beitrag leisten – in enger Zusammenarbeit mit außerschulischen Beratungs- und Therapieeinrichtungen. Therapie (professionelle Behandung suchtkranker Menschen) und Drogenbekämpfung (z. B. polizeiliche Fahndung) sind keine schulischen Aufgaben.

Primärprävention ist die langfristige pädagogische Arbeit der Befähigung von Schülern zum verantwortlichen Umgang mit persönlichen und sozialen Anforderungen, Problemen, Konflikten und Abhängigkeiten und ist eine Aufgabe der ganzen Schule (Erziehungsauftrag). Humanisierung und Pädagogisierung der Schule sind die Arbeitsfelder primärer Prophylaxe von Suchthaltungen.

Sekundärprävention meint spezielle Beratung und Maßnahmen für Schüler in akuten Gefährdungssituationen und darüber hinaus für deren Lehrer und Eltern. Die sekundäre Vorbeugungsarbeit hat im Zusammenhang mit dem generellen *Ziel* der persönlich und sozial verantwortlichen Lebensführung folgende konkrete *Ziele* im Hinblick auf Drogen:

- Abstinenz gegenüber illegalen Rauschmitteln,
- kontrollierter und eigenverantwortlicher Umgang mit Alkohol,
- weitgehende Vermeidung von Tabakerzeugnissen,
- bestimmungsgemäße Einnahme von Medikamenten.

Der mit der Sucht- und Drogenprävention beauftragte Lehrer steht in primärpräventiver Hinsicht vor der Aufgabe, sein Kollegium bei der allgemeinen pädagogischen Vorbeugungsarbeit zu beraten und zu unterstützen. Er kann aber davon ausgehen, daß seine Kollegen hier qua Ausbildung und Berufserfahrung kompetent sind.

Anders verhält es sich mit der Sekundärprävention. Um in diesem Bereich seine Aufgaben (Information, Beratung, Durchführung von Maßnahmen) erfüllen zu können, benötigt der besonders beauftragte Präventionslehrer spezifische Handlungskompetenzen und Materialien für folgende Arbeitsbereiche:

● *Information/Sachwissen:* Qualifizierte Kenntnisse über Ursachen und Erscheinungsformen von Sucht, Suchthaltungen und Suchtverhalten, über Arten, Konsumweisen und Wirkungen von Drogen, über Präventionskonzepte, -möglichkeiten und -grenzen, über ökonomische und soziokulturelle Zusammenhänge der Sucht- und Drogenproblematik, über Rechtsfragen etc.

● *Beratung:*
- Beratungskompetenz im Hinblick auf die jeweils problemrelevante Information von Lehrern, Eltern und Schülern über Sucht und Drogenkonsum, über deren Ursachen und Präventionsmöglichkeiten, über Verhaltenskonsequenzen etc.
- Kompetente Beratung von Lehrerkonferenzen, Lehrergruppen und einzelnen Lehrern hinsichtlich präventiver Möglichkeiten und Erfordernisse sowie eines fundierten Unterrichtsangebots.

- Qualifizierte Beratung von Lehrern, Eltern und Schülern – auch in Zusammenarbeit mit Beratungsstellen –, die für den Umgang mit sucht- und drogengefährdeten Schülern Unterstützung und Hilfe brauchen.
- Elternberatung (besondere Elternarbeit) ist in der Sekundärprävention unverzichtbar. Erfolge in der prophylaktischen Arbeit mit gefährdeten Schülern sind ohne die Zusammenarbeit mit deren Eltern kaum zu erreichen.

● *Unterrichtsangebot/Unterrichtsmaterialien:*
Mit der besonderen Beauftragung eines Lehrers für die Sucht- und Drogenprävention ist die Gefahr verbunden, daß sich die anderen Lehrer des Kollegiums von der gemeinsamen Vorbeugungsarbeit entpflichtet fühlen. Der Sucht- und Drogenberatungslehrer kann dieser Gefahr der Distanzierung besonders dadurch entgegenwirken, daß er seinen Kollegen durch das Angebot qualifizierten Unterrichtsmaterials Beteiligungsmöglichkeiten an der sucht- und drogenpräventiven Arbeit eröffnet.

● *Inner- und außerschulische Zusammenarbeit:*
Der Sucht- und Drogenberatungslehrer sollte die gemeinsamen präventiven Aufgaben seines Kollegiums über den unterrichtlichen Bereich hinaus in den Blick rücken, Impulse geben und Arbeitsangebote machen können. Dazu gehört auch die Kooperation mit Facheinrichtungen außerhalb der Schule.

2 Zur Umsetzung der Konzeption „Sucht- und Drogenprävention in der Schule" in die Schulpraxis

Für die Prophylaxearbeit sollen die Sucht- und Drogenberatungslehrer qualifizierte Fortbildungs- und Materialangebote auf dem Weg über lokale Lehrerarbeitskreise und durch einen „Material- und Medienverbund zur schulischen Sucht- und Drogenprävention" erhalten.

2.1 Das Modell lokaler Lehrerarbeitskreise

In NRW haben die Schulämter (untere Schulaufsichtsbehörden) eine schulformübergreifende Zuständigkeit für den Arbeitsbereich der

Sucht- und Drogenprävention. Entsprechend wird die landesweite Einrichtung schulformübergreifender lokaler Arbeitskreise von Sucht- und Drogenberatungslehrern angestrebt, die auf Schulamtsebene von den dienstlich zuständigen Schulräten mit den Aufgabenbereichen „Sucht- und Drogenprophylaxe" und „Lehrerfortbildung" betreut werden. Besonders erfahrene und kompetente Lehrer sollten Leiter oder Moderatoren der Arbeitskreise werden, die mit den Schulaufsichtsvertretern eng zusammenarbeiten.

Diese Arbeitskreise treffen sich zu regelmäßigen Sitzungen – z. B. alle drei Wochen einen Nachmittag lang. Bei besonderen Vorhaben sind mehrtägige Blockveranstaltungen sinnvoll, die als dienstliche Lehrerfortbildungstagungen der Schulämter gegebenenfalls in inhaltlicher und finanzieller Zusammenarbeit mit Jugendämtern, Gesundheitsämtern, Drogen- und anderen Beratungsstellen und -einrichtungen durchgeführt werden können. Die Arbeit dieser Gruppen ermöglicht eine kontinuierliche kollegiale Vorbereitung und Reflexion der Erfahrungen aus der suchtpräventiven Alltagsarbeit, verbindet Fortbildung und Schule, Theorie und Praxis und hat durch ihren dienstlichen Charakter auch einen institutionell gesicherten Bezug auf das suchtpräventive Arbeitsfeld Schule.

2.2 Der Material- und Medienverbund zur Sucht- und Drogenprävention für Schule und Lehrerfortbildung

Um die Lehrerarbeitskreise bei der Vorbereitung, Durchführung und Supervision suchtprophylaktischer Schularbeit wirksam zu unterstützen, ist ein Verbund von Medien und Materialien entwickelt worden, der für die schulbezogene Konkretisierung der vorstehend skizzierten Konzeption zur Sucht- und Drogenprävention Vorschläge und Handlungsstrategien anbietet. Die Bausteine dieses Verbunds sind vorrangig Fortbildungsmaterialien für Lehrergruppen, d. h. sie sind für die nur individuelle Erarbeitung am häuslichen Schreibtisch genauso ungeeignet wie für die bloße Verteilung an alle Schulen des Landes. Fast alle Bausteine setzen im Hinblick auf ihren Gebrauch in der Schule die kollegiale Vorbereitungs- und Reflexionsarbeit in der Sucht- und Drogenberatungslehrergruppe voraus.

Bezogen auf die suchtpräventiven Aufgabenfelder umfaßt der Material- und Medienverbund folgende Bausteine:

1. Baustein: Sucht- und Drogenprävention in der Schule

Dieser Grundlagenbaustein des gesamten Material- und Medienverbunds beschreibt die in NRW vorliegende Problemsituation im Hinblick auf Sucht- und Drogengefahren mit Bezug auf empirische Untersuchungsergebnisse. Im Anschluß daran werden die theoretischen und praktischen Grundlagen schulischer Suchtprävention vom gegenwärtigen Erkenntnisstand der Suchtforschung her dargestellt – z. B. klassischer und erweiterter Drogenbegriff, Erklärungsansätze und Standpunkte zum Drogenkonsum, physische und psychische Abhängigkeiten, „feeling", Sucht, Suchthaltungen, Suchtverhalten.

Nach diesen Klärungen werden primäre und sekundäre, kommunikative und strukturelle Prävention im Hinblick auf mögliche Konsequenzen für die schulische Suchtvorbeugung erörtert. Auf dieser Grundlage erfolgt dann eine Darstellung der Ziele und Arbeitsfelder der Sucht- und Drogenvorbeugung in der Schule im Zusammenhang mit den alle Lehrer betreffenden primärpräventiven und den besonderen sekundärpräventiven Aufgaben der Sucht- und Drogenberatungslehrer.

2. Baustein: Sachinformationen

Dieser Baustein ist ein Kompendium aller für die Arbeit des Sucht- und Drogenberatungslehrers wichtigen Sachaspekte. Die im Grundlagenbaustein eingeführten Begriffe, Theoreme und Konzepte erhalten hier eine gut verständliche Faktenbasis, die von den Sucht- und Drogenberatungslehrern zur eigenen Orientierung gebraucht werden kann aber ebenso auch zur Unterrichtung von Kollegen, Eltern und Schülern. Das Material ist kopiergeeignet, kann auf Folien gezogen und entsprechend in Konferenzen oder bei Elternversammlungen verwendet werden. Die Informationen dieses Bausteins sind grundlegend für die schulische Vorbeugungsarbeit und im Zusammenhang mit allen anderen Materialbausteinen einsetzbar.

Die Ausführungen umfassen fünf Blöcke:
– Zusammenhänge von Konsum, Abhängigkeit und Sucht.
– Arten, Anwendungen und Wirkungsweisen von Drogen und anderen Suchtmitteln.
– Die psychosozialen Faktoren der Sucht und des Drogenkonsums.
– Wertungen und Haltungen zum Sucht- und Drogenproblem.
– Maßnahmen gegenüber Sucht- und Drogenproblemen.
Der Baustein schließt ab mit einer kurz kommentierten Literaturliste.

3. *Baustein:* Sucht und Drogen als Unterrichtsthemen

Dieser Baustein enthält annähernd 80 Unterrichtseinheiten und -projekte für fast alle Schulstufen, -formen und -fächer. Seine Angebote können von allen interessierten Lehrern wahrgenommen werden. Jede einzelne Einheit umfaßt neben Unterrichtsmaterialien folgende Lehrerinformation: Projekttitel, Zeitumfang, fachlicher/interfachlicher Einsatz, Ziele, Unterrichtsgeschehen, didaktischer Kommentar, besondere Bemerkungen zum Vor- und Nachlauf der Unterrichtseinheit.

Das Unterrichtsmaterialangebot dieses Bausteins ist in folgende Gruppen unterteilt:

● Unterrichtseinheiten/-projekte mit überwiegend informierendem Charakter
  – Informationen über Sucht- und Rauschmittel
  – Beratungs- und Therapiemöglichkeiten
  – Drogen und Gesellschaft
● Entwicklung psychosozialer Identität
  – Gruppendruck
  – Entwicklung eines Selbstkonzepts
  – Zukunftsperspektiven
  – Werte und Normen
● Soziale Kompetenzen
  – Kommunikationsfähigkeiten
  – Problemlösefertigkeiten
  – Der Lebensraum Schulklasse
  – Freundeskreise und Familie
● Selbsterfahrung und Selbstvertrauen
  – Selbstwahrnehmung
  – Befindlichkeiten und Gefühle erkennen
  – Soziale Wahrnehmungen
  – Vom Umgang mit Gefühlen
● Medien und Medieneinsatz
  – Filme, Dias, Videos und Schallplatten zur Suchtprävention
  – Alternativen in der Medienarbeit im Bereich der schulischen Suchtprophylaxe
● Anhang
  – Hinweise auf weitere Unterrichtsmaterialien
  – Ergänzungstexte zu Unterrichtseinheiten
  – Grundlagenliteratur
  – Verzeichnis der Unterrichtsmaterialien nach Schulstufen und Fächern geordnet
  – Schlagwortregister

In einem zweiten kleineren Teil dieses Bausteins werden Projekte aus dem Schulleben (Schule als Erfahrungs- und Lebensraum) dargestellt, die an den Unterrichtsbereich anknüpfen, aber noch über ihn hinausgehen.

Die folgenden drei Bausteine zielen im Zusammenhang mit den anderen Bausteinen weniger auf Informationen als mehr auf die Befähigung zum konkreten Beratungshandeln in der Suchtprävention.

Beratung ist ein integraler Bestandteil des Lehrerhandelns in Schule und Unterricht im Hinblick auf Schüler, Eltern und Lehrer. Präventionsarbeit an Suchthaltungen bedarf in Verbindung mit qualifizierter Sachinformation und Unterrichtsarbeit beraterischer Lehrerkompetenzen, denn Einsichten und entsprechende Verhaltensbereitschaften Gefärdeter lassen sich nicht allein durch Aufklärung bewirken. Sie sind am ehesten in Kommunikationsprozessen erreichbar, in denen die Betroffenen erleben, daß sie akzeptiert werden und daß ihnen Veränderungsfähigkeiten auch zugetraut werden. Für drei wichtige solcher Kommunikationssituationen in der Schule, die bei einiger Beratungskompetenz der Beteiligten um so besser gelingen, werden Hilfen angeboten: Das Beratungsgespräch, die kollegiale Beratung in der Gruppe, das Planspiel.

4. *Baustein:* Das Beratungsgespräch

Dieser Baustein ist als Hilfe vor allem für die Situation des Gesprächs zwischen *zwei Personen* gedacht – z. B. zwischen dem Drogenberatungslehrer einerseits und einem Schüler, einem Elternteil oder einem beteiligten Kollegen andererseits. Der Baustein zeigt beratungsrelevante Situationen der Sucht- und Drogenprävention auf, stellt mögliche grundlegende Strategien des Beraterverhaltens in diesen Situationen vor und bietet ein Trainingsprogramm als Basiskurs zur Aneignung einiger grundlegender Beratungsfähigkeiten im Lehrerarbeitskreis an.

Mit dem Grundkurs „Beratungsverhalten" wird kein perfektes, geschlossenes Modell der Gesprächsführung vorgelegt, das Anspruch auf Originalität und Ausschließlichkeit erhebt. Verschiedene bewährte Ansätze aus der Gestalttherapie, aus der Gesprächstherapie und aus anderen Konzepten sind in dem vorliegenden Baustein praxisbezogen integriert worden.

Neben einer Einleitung enthält der Baustein einen Basistext, der Funktionen und Ziele des Beratungsgesprächs im Aufgabenfeld der schulischen Suchtvorbeugung darstellt, der einzelne Elemente der

Beratung skizziert sowie Phasen und Strategien des Beratungsgesprächs erläutert (Grundkurs!). Dieser Basistext ist um Orientierung der Drogenberatungslehrer bemüht und dient der Begründung der angebotenen Praxishilfen.

Vier Arbeitseinheiten gehen anschließend in der Form eines Trainingsprogramms auf folgende grundlegende Phasen des Beratungsgesprächs ein:

– Einführung in die Beratungssituation
– Erkennung und Benennung des Problems
– Problemanalyse und Diagnose
– Problembearbeitung

Für jede Gesprächsphase werden Lern- und Trainingsziele formuliert sowie Lern- und Arbeitswege beschrieben, deren leitende Prinzipien die berufliche Selbsterfahrung, die Information und das Verhaltenstraining sind. Jeder Phase ist ein Satz Trainingsmaterial zugeordnet.

Dem Baustein ist ein Videofilm beigefügt, der die im Text erläuterten Situationen und Gesprächsstrategien visualisiert und auf das schriftliche Trainingsmaterial Bezug nimmt.

5. *Baustein:* Die kollegiale Beratung in der Lehrergruppe

Dieser Baustein ist als Hilfe vor allem für die Situation des Gesprächs in einer kleineren *Lehrergruppe* (bis 10 Personen) gedacht.

Er skizziert und reflektiert die kollegiale Beratung unter Bezugnahme auf einen dem Baustein beigelegten Videofilm, in dem eine Gruppe wichtige Phasen dieser Beratungsform zeigt. Text und Film sind als Übungsprogramm für Arbeitskreise von Drogenberatungslehrern angelegt.

Der Text klärt zunächst, was mit kollegialer Beratung in der Lehrergruppe im Unterschied zu anderen Alltagsgesprächen unter Lehrern gemeint ist. Er stellt dar, was bzw. worüber in der Lehrergruppe kollegial beraten werden kann und worin sich dieses Verfahren vom Beratungsgespräch (4. Baustein) unterscheidet. Der Text erläutert folgende Arbeitsschritte der kollegialen Beratung:

– Einstieg – die Gruppe kommt zusammen, klärt Voraussetzungen ihrer Arbeit (z. B. Vertraulichkeit) und trifft Vereinbarungen (z. B. wer leitet, wer hat ein Anliegen, einen „Fall"?).
– Bericht – ein Mitglied der Gruppe trägt eine ihm wichtige Problemsituation aus der suchtpräventiven Arbeit vor.
– Bearbeitung – die Gruppe bemüht sich mit dem Betroffenen um Klärungen und Lösungen.

– Abschluß – die Gruppenmitglieder reflektieren die Beratung noch einmal, fassen die Ergebnisse zusammen und vereinbaren sich für die Weiterarbeit.

In einem zentralen Kapitel des Bausteintextes wird das Filmgeschehen der einzelnen Szenen erläutert im Hinblick auf die wesentlichen Bestandteile bzw. Arbeitsschritte einer kollegialen Beratung. Ein anschließendes Kapitel geht vertiefend und grundsätzlich auf die kollegiale Beratungsmethode ein – über das Filmbeispiel hinaus.

Der Text erörtert weiterhin die verschiedenen Verwendungssituationen des Bausteins im Bereich der schulischen Suchtprävention und gibt Hinweise und Impulse.

Für Lehrer und und Lehrerarbeitskreise, die ihre Beratungskompetenzen vertiefen wollen, werden abschließend Empfehlungen gegeben sowie Literatur, Einrichtungen und Ansprechpartner genannt, die Lernangebote zum „Gruppenleiten" machen.

6. *Baustein:* Das Planspiel

Dieser Baustein stellt ein kollegiales Beratungsverfahren für *Großgruppen* (20 bis 30 Teilnehmer) vor, das den Beteiligten gemeinsame Erfahrungen im Arbeitsfeld der schulischen Suchtprävention eröffnet und ihnen jeweils situationsrelevante Handlungsstrategien anbietet. Das suchtpräventiv ausgerichtete Planspiel eignet sich für große Lehrergruppen (auch für ganze Lehrerkollegien), Eltern- und Schülergruppen oder auch für gemischte Gruppen.

Die Teilnehmer benötigen in der Regel kein besonderes Vorwissen. Ihre Motivation, der Problemdruck, unter dem sie stehen, sind ausreichende Grundlagen. Im Hinblick auf bestimmte Sucht- und Drogenprobleme in der Schule ermöglicht das Planspiel den Teilnehmern ein *Probehandeln,* mit dem vertiefte Problemsichten, wichtige Informationen, Prüfung von Arbeitsschritten und Lösungswegen erreicht werden bzw. erfolgen können.

Der Baustein erörtert die Perspektive der Planspielmethode in der schulischen Suchtvorbeugung, erläutert, welche Voraussetzungen vor Spielbeginn geklärt sein müssen, stellt die Regeln des Planspiels dar und führt in die beiden Arbeitsphasen dieses Verfahrens ein:

● Spielablauf
  – Organisation
  – Spielstrategien
  – Spieldurchführung
  – „Blitzlicht"

- Spielauswertung
  - Interne Auswertung der Spielleitung
  - Gemeinsame Auswertung im Plenum aller Teilnehmer
  - Vertiefung
  - Übertragung in die eigene Arbeitsrealität

Die Weiterführung und Übertragung von Lösungswegen aus dem Spiel in das eigene Arbeitsfeld kann sich in besonderer Weise mit den Bausteinen Beratungsgespräch und kollegiale Beratung verbinden.

Der Baustein enthält drei spielfertige Planspiele:
- Alkohol in der Schule
- Illegaler Drogenkonsum durch Schüler
- Zur Rechtssituation des Lehrers bei Drogenfragen.

Darüber hinaus finden sich im Anhang kopierfähige Spielmaterialien, die für Vorbereitung, Durchführung und Auswertung gebraucht werden.

7. *Baustein:* Rechtsfragen in der schulischen Sucht- und Drogenprävention

Im sucht- und drogenpräventiven Arbeitsbereich der Schule können sich vielfältige rechtliche Fragen und Probleme ergeben. Alle Lehrer und besonders der zuständige Sucht- und Drogenberatungslehrer sollten darum qualifizierte Rechtsinformationen erhalten, die mit diesem Baustein zur Verfügung gestellt werden.

Die wichtigsten Informationsbereiche sind:
- Allgemeine Rechtsgrundlagen der schulischen Suchtprophylaxe und dienstrechtliche Vorschriften
- Schweigerecht und Informationspflicht
- Strafrechtliche und strafprozeßrechtliche Vorschriften
- Aufgaben der Gesundheits-, Jugend-, Ordnungs- und Sozialämter, der Staatsanwaltschaften sowie der Polizei
- Betäubungsmittelrecht und Jugendschutzgesetz

Im Anhang des Basteins sind Literaturhinweise und die einschlägigen Rechtsvorschriften zu finden.

8. *Baustein:* Zur Kooperation in der schulischen Sucht- und Drogenprävention innerhalb und außerhalb der Schule

Psychosoziale Sucht- und Drogenprophylaxe ist in primärpräventiver Hinsicht Aufgabe aller Lehrer (Erziehungsauftrag der Schule). Aber auch im sekundärpräventiven Bereich wäre der Sucht- und Drogenberatungslehrer, auf sich allein gestellt, überfordert. Ein zentrales Arbeitsziel für ihn ist darum der allmähliche Einbezug möglichst vieler

Kollegen in die Vorbeugungsarbeit. Nur so werden sich dauerhafte Erfolge erreichen lassen.

Der Kooperationsbaustein rückt für den innerschulischen (z. B. Schulleitung, Konferenzen, Lehrer mit besonderen Funktionen, Schülergruppen, Schülervertretung, Schülerzeitung) und für den außerschulischen Bereich (z. B. Lehrerarbeitskreise, schulpsychologische Dienste, Beratungsstellen, Ämter, Jugendzentren, Polizei, Vereine) alle relevanten Kooperationspartner in den Blick. Deren Zuständigkeiten werden vor dem Hintergrund bestimmter Problemsituationen erörtert.

Für die suchtpräventive Arbeit legt der Baustein konkrete Verfahrensvorschläge vor – z. B.:

– Der Drogenberatungslehrer stellt sich mit seiner Arbeit in der Lehrerkonferenz vor. Der Baustein bietet hierfür ein Modell an (Einführungsreferat, Checkliste zur Vorbereitung der Konferenz, Wunschzettel für Kollegen, Listen für Unterrichts- und Arbeitshilfen für das Kollegium).

– Der Drogenberatungslehrer informiert Fachkonferenzen über das Angebot des Bausteins „Sucht und Drogen als Unterrichtsthemen". Worauf muß er achten? Wie sind die Belange aller Fächer und Jahrgänge, sinnvoll und aufeinander abgestimmt, zu berücksichtigen?

– Schüler wenden sich an den Drogenberatungslehrer, weil sie mit ihren Alkoholproblemen nicht mehr klar kommen. Wie verhält sich dieser richtig? An wen wendet er sich, an wen gibt er den „Fall" ab, und wie begleitet er kompetente Hilfe von außerhalb der Schule?

– Beamte des Rauschgiftdezernats ermitteln in der Schule wegen des Konsums illegaler Drogen. Was muß der Drogenberatungslehrer in dieser Situation unbedingt wissen, und worauf muß er achten?

9. *Baustein:* Zusammenarbeit mit Eltern

Der Drogenberatungslehrer hat in verschiedenen Arbeitsfeldern Kontakte zu Eltern. Einerseits wird er gemeinsam mit Kollegen Gesprächsangebote machen, z. B. im Rahmen von Elternabenden und Schulpflegschaftsversammlungen. Andererseits werden ihn Eltern gefährdeter Schüler um Beratung und Hilfe bitten, wobei er klären muß, ob er hier jeweils Unterstützung geben kann oder ob er Experten von außerhalb der Schule hinzuziehen muß. In jedem Fall gelingt schulische Sucht- und Drogenprävention nur bei möglichst enger Zusammenarbeit mit den Eltern.

Der Baustein umfaßt acht einzelne Elemente zur Elternarbeit in der Suchtvorbeugung, die jeweils Bezug nehmen auf andere Bausteine des Verbunds:

- Kontaktaufnahme und Beginn der Zusammenarbeit mit Eltern
- Weitergabe von Informationen über Sucht und Drogen
- Die Gestaltung des Elternabends
- Förderung einer Elterngruppe
- Durchführung eines Elternseminars
- Das Beratungsgespräch mit Eltern
- Krisenintervention
- Schulveranstaltung zur Sucht- und Drogenproblematik

Die Bausteine sind so konzipiert, daß sie sich ergänzen und aufeinander Bezug nehmen, ohne einander in einer linearen Abfolge vorauszusetzen. Es ist zwar ratsam, mit dem Grundlagenbaustein (Konzeption) zu beginnen, aber ein Einstieg in die psychosoziale Sucht- und Drogenprävention ist über jeden Baustein möglich. Der mit einer Bausteinwahl zunächst gesetzte Schwerpunkt führt bald auch an die anderen Materialien heran.

3 Zentrale Arbeitsaspekte der Lehrerarbeitskreise

Der Material- und Medienverbund soll allen Schulen des Landes zur Verfügung gestellt werden. Er wird aber nicht voraussetzungslos an die Schulen verteilt, sondern auf dem Weg über lokale Arbeitskreise von Drogenberatungslehrern (vgl. unter 2.1) eingeführt. Die Arbeitskreise sind Fortbildungsgruppen. Ihre Tätigkeit orientiert sich vorrangig an den Erfordernissen der sucht- und drogenpräventiven Arbeit in der Schule und an den entsprechenden subjektiven Bedürfnissen und Interessen der beteiligten Lehrer im Hinblick auf deren schulische Arbeit. So wie die Prophylaxe in der Schule nicht reine Informationsvermittlung sein kann, so ist eine nur unterweisende Arbeit auch in den Fortbildungsgruppen ausgeschlossen. Die Fortbildungsarbeit sollte mit der schulischen Prävention hinsichtlich Methoden und Prinzipien weitgehend übereinstimmen.

Die Fortbildungsarbeit mit den Bausteinen des Material- und Medienverbunds erfolgt auf drei miteinander verzahnten Ebenen:

- Berufliche Selbsterfahrung, subjektive Betroffenheit.
- Training des angestrebten Beraterverhaltens, Aneignung von Beratungskompetenzen.
- Qualifiziertes Sachwissen zur Sucht- und Drogenproblematik.

Bei der Arbeit mit den Materialbausteinen ist die intensive Berücksichtigung der persönlichen Zugänge und Schwierigkeiten der Drogenberatungslehrer zur suchtpräventiven Arbeit unverzichtbar – so wie auch die subjektiven Erfahrungen und Erlebnisse von Jugendlichen im Umgang mit Abhängigkeiten und Drogen der zentrale Ansatzpunkt prophylaktischer Bemühungen sind. Lehrer werden Schüler nur dann wirksam helfen können, wenn sie ihre eigene – latente oder manifeste – Betroffenheit von Abhängigkeiten, Problemvermeidungen, Flucht- und Ausweichverhalten bei Konflikten etc. in den Blick nehmen. Erst dann sind Lehrer auch in der Lage, mit ihren Motivationen zur Suchtvorbeugung, mit ihren Belastungsgrenzen und Stärken realistisch umzugehen.

4 Zur weiteren Arbeit

Der Material- und Medienverbund zur schulischen Sucht- und Drogenprävention wird gegenwärtig (1986) in 20 ausgewählten Lehrerarbeitskreisen Nordrhein-Westfalens auf seine Praktikabilität in Schule und Lehrerfortbildung hin erprobt. Das Landesinstitut für Schule und Weiterbildung evaluiert diese Erprobungsphase, in die auf jeweils anderen Ebenen auch die mit dem Aufgabenbereich „Sucht- und Drogenprävention" betrauten Schulaufsichtsvertreter und die Prophylaxefachkräfte in den Drogenberatungsstellen des Landes einbezogen sind. Im Rahmen von „Regionalkonferenzen zur Sucht- und Drogenprävention in der Schule" werden mit den zuständigen Schulaufsichtsvertretern in den Bezirksregierungen gegenwärtig die Materialbausteine im Zusammenhang mit dem Arbeitskreismodell im Hinblick auf möglichst effiziente Umsetzung in die Schulpraxis beraten.

Erste Rückmeldungen von Erprobungsbeteiligten lassen erkennen, daß das Fortbildungsangebot offensichtlich sehr breit den schulischen Erfordernissen und den Interessen der Drogenberatungslehrer entspricht.

Auf der Grundlage der Erprobungsauswertung wird das Landesinstitut gemeinsam mit allen Bausteinautoren eine Revision der Materials vornehmen, um eine weitere Verbesserung des Praxisbezugs zu erreichen. Ende 1986 bzw. Anfang 1987 soll der Verbund den alten und vielen neuen Lehrerarbeitskreisen zur Verfügung stehen.

Curriculumentwurf zur Fortbildung von Lehrerteams zur Suchtprävention

Helga Knigge-Illner

Der vorliegende Entwurf basiert auf den Erfahrungen und konzeptionellen Vorschlägen, die aus dem Projekt „Suchtprävention in der Schule" (vgl. Knigge-Illner u. a. 1983 sowie den Aufsatz von Knigge-Illner u. a., Teil III dieses Buches) hervorgegangen sind und vom Abgeordnetenhaus von Berlin zur Grundlage des Beschlusses über die Intensivierung der Suchtprophylaxe in den Berliner Schulen vom 25. Oktober 1984 gemacht worden sind. Er wurde in Gesprächsrunden mit Berliner Experten diskutiert und unter Berücksichtigung ihrer Vorschläge und Kommentare von mir weiterentwickelt.

Der Curriculumentwurf nimmt Bezug auf den vom Berliner Drogenbeauftragten Heckmann vorgelegten Modellvorschlag für die Einsetzung von Lehrerteams zur Suchtprävention, der im folgenden kurz charakterisiert werden soll.

1. In den Kollegien der Schule sollen jeweils Teams von 2–3 Lehrern mit der Aufgabe der Suchtprävention betraut werden.

2. Sie sollen durch Stundenbefreiung in Höhe von insgesamt 20 Wochenstunden für diese Aufgabe freigestellt werden.

3. Die Lehrerteams sollen auf bezirklicher Ebene von sogenannten Suchtpräventions-Teams, die sich aus 3–4 Experten für suchtpräventive Arbeit zusammensetzen – wobei möglichst ein Psychologe, ein Sozialpädagoge bzw. Sozialarbeiter und ein Lehrer vertreten sein sollen –, betreut werden.

4. Die mobilen bezirklichen Suchtpräventions-Teams haben die Funktionen,
   - die Lehrer für ihre speziellen Aufgaben durch Fortbildungsangebote zu qualifizieren,
   - sie zu eigener Tätigkeit anzuregen und anzuleiten,
   - sie auf die spezifischen Bedingungen in ihrer Schule und in ihrem bezirklichen Umfeld vorzubereiten und
   - sie fortwährend durch Angebote zur Beratung und begleitenden Supervision zu unterstützen.

Das vorliegende Konzept zur Lehrerfortbildung geht von folgenden Prämissen aus:

1. Lehrer haben aufgrund ihrer pädagogischen und erzieherischen Aufgaben in der Schule per se auch einen Anteil an einer allgemeinen suchtpräventiven Arbeit. Sie haben bislang schon durch spezielle Aktivitäten und Unterrichtsbeiträge der Gefährdung der Heranwachsenden durch Drogen entgegenzuwirken versucht. Meist waren jedoch die daran geknüpften Erwartungen von seiten der Öffentlichkeit wie auch der Eltern wesentlich höher als die Bereitschaft zu einer konkreten Unterstützung ihrer Aufgaben durch materielle Förderung bzw. durch aktive Kooperation.

2. Die wachsende Bedeutung des Suchtproblems der Jugendlichen macht es erforderlich, den Stellenwert schulischer Suchtprävention zu überprüfen und die Arbeit daran zu intensivieren. Das kann jedoch nur dann gewährleistet werden, wenn die beteiligten Lehrer für diese Aufgabenstellung einen größeren Freiraum erhalten, der sich sowohl in Form von Stunden-Entlastung als auch durch die Bereitstellung von Fortbildungsangeboten, die sie zur Reflexion und Entwicklung von neuen Ansatzmöglichkeiten nutzen können, niederschlägt.

3. Ein adäquates Fortbildungsprogramm sollte hierfür die nötige Unterstützung liefern, indem es zum einen geeignet ist,
   - die Grundlage für ein gemeinsames Aufgabenverständnis zu legen,
   - eine adäquate Motivationsbasis zu schaffen,
   - mehr Sachkompetenz zum Problem Suchtgefährdung zu vermitteln und
   - zu konkreten Ansatzmöglichkeiten für die suchtpräventive Arbeit in der Schule hinzuführen.

4. Wichtig erscheint es dabei, daß mit dem Fortbildungsangebot auch ein Forum geschaffen wird, in dem Lehrer ihre Erfahrungen, Kenntnisse und Ideen austauschen und neue Ansätze gemeinsam diskutieren und erarbeiten können. Auch hierfür bedarf es eines Freiraums, welcher der Initiative und den Interessen der Beteiligten offenstehen muß.

5. Die Nutzung des Angebots sollte grundsätzlich freiwillig motiviert sein, da eine fruchtbare Arbeit zur Suchtprävention nur unter der Voraussetzung des eigenen persönlichen Interesses der Beteiligten entstehen kann. Damit viele Lehrer daran teilnehmen, sollte es möglichst attraktiv und anregend gestaltet sein.

A Zum Konzept schulischer Suchtprävention

Die aktuelle wissenschaftliche Diskussion zur Suchtprävention hat deutlich gemacht, daß *ein breiter Begriff von Suchtverhalten und infolgedessen auch von Suchtprävention* sinnvoll ist. Charakteristisch für süchtiges Verhalten ist nicht lediglich der Konsum von bestimmten, süchtig machenden Substanzen mit spezifischen körperlichen Effekten (wie z. B. Alkohol, Haschisch), die nachfolgend zu psychischer oder auch zu psycho-physischer Abhängigkeit führen, sondern wesentlicher erscheinen die vorangehenden psychischen Bedingungen, Motivationen und Verhaltenstendenzen, die schließlich eine fortgesetzte Selbstschädigung nach sich ziehen und beim Individuum zu einer zunehmenden Einengung der Persönlichkeitsentwicklung führen. Sie zeigt sich an der Verflachung und Verengung von Interessen und Motiven und dem Verzicht auf selbstbestimmtes, an konkreten Bedürfnissen der Existenzsicherung orientiertes Handeln. Infolgedessen ist z. B. auch eine gewohnheitsmäßige Neigung zum Glücksspiel, wenn sie ein akzeptables Ausmaß überschreitet, als Beispiel von Suchtverhalten zu betrachten.

Als Bedingungsfaktoren süchtigen Verhaltens kommen neben den subjektiven Faktoren, die die individuelle Persönlichkeitsentwicklung der einzelnen beeinflussen (wie z. B. seine subjektiven Dispositionen für die Verarbeitung von Erfahrungen sowie seine lebensgeschichtlichen Faktoren, wie z. B. Beziehungen zu den Eltern, den Geschwistern, Rolle in der Gruppe der Gleichaltrigen) die folgenden objektiven Faktoren hinzu:

– Allgemeine gesellschaftliche Bedingungen (z. B. ökonomische, sozio-kulturelle Faktoren),
– Bedingungen der Lebenssituation von Jugendlichen (aktuelle Ausbildungsmöglichkeiten, Abhängigkeitsstatus gegenüber den Eltern etc.),
– strukturelle Bedingungen der Schule (Einengung durch Lehrplan und Leistungsnormen) und
– Bedingungen des konkreten Lebensumfelds der Jugendlichen im Wohnbezirk (Freizeiteinrichtungen, aktuelle Bedingungen für den Kontakt mit Drogen – „Drogenszene").

Erst die Berücksichtigung und Kenntnis dieser verschiedenen Faktoren erlaubt eine adäquate und wirksame suchtpräventive Arbeit. Initiativen und Angebote, die dazu beitragen, diese Bedingungsfaktoren im Sinne einer förderlichen Persönlichkeitsentwicklung der Schüler zu beeinflussen, können als verschiedenartige Ansatzmöglichkeiten einer suchtpräventiven Arbeit gelten, wie z. B.:

– Unterrichtsangebote, die Schulabgängern eine bessere Zukunftsperspektive und bessere reale berufliche Startchancen vermitteln
und dadurch der Entstehung von Gefährdungsmomenten entgegenwirken oder
– strukturelle Änderungen in der Schule, die einen größeren Freiraum schaffen für die soziale Interaktion zwischen Schülern oder
auch zwischen Lehrern und Schülern und dadurch das Zusammen-
leben in der Schule persönlich befriedigend gestalten.

Für die suchtpräventive Arbeit in der Schule hat sich als besonders
förderlich erwiesen, vorbeugend anzusetzen bei den potentiellen
Defiziten, die die Persönlichkeitsentwicklung von Heranwachsenden
beeinträchtigen können und eine Gefährdung durch Suchtmittel im
weitesten Sinne zur Folge haben können (vgl. Knigge-Illner u. a.
1983). Dieser Ansatz konzentriert sich auf psychosoziale Erziehungsziele und ist insbesondere darauf gerichtet, die personenzentrierte
Kommunikation zu fördern. Das bedeutet: Es sollen bessere Voraussetzungen und mehr Gelegenheiten geschaffen werden, daß sich die
Schüler untereinander und gegenüber den Lehrern besser und leichter
als eigenständige Personen und Individuen mitteilen und dabei aus der
Einengung auf eine ihnen zugeschriebene Schülerrolle heraustreten
können. Intendiert ist dabei, daß sie Erfahrungen machen können, die
ihnen dabei helfen, ein positives Selbstwertgefühl zu entwickeln.
Dazu gehören Erfahrungsmöglichkeiten, die sie darin bestärken,

a) sich selbst und andere differenzierter wahrzunehmen und zu
beurteilen,
b) mehr Offenheit gegenüber eigenen und fremden Gefühlen,
Bedürfnissen und Erfahrungen zu entwickeln,
c) eine größere Unabhängigkeit von äußeren und inneren Normen
und Zwängen zu gewinnen,
d) mehr Verantwortlichkeit für das eigene Tun zu übernehmen und
sich von eigenen Zielsetzungen und Bedürfnissen bestimmen zu
lassen und
e) Bereitschaft zu solidarischem Handeln zu entwickeln.

Diese aufgeführten Erziehungsziele finden im gegenwärtigen Schulsystem und insbesondere im Schulalltag gegenüber der Monopolstel-
lung von „Kopfwissen" zu wenig Berücksichtigung. Es hieße aber, die
neu konstituierten Lehrer-Teams zu überfordern, wollte man an sie
die Rolle des „psychosozialen Erziehers" gänzlich delegieren und von
ihnen erwarten, daß sie die Defizite gegenwärtiger Erziehung kompensieren. Vielmehr kommt es darauf an, daß sie über einen größeren

Freiraum verfügen, den sie für eigene Initiativen, Ideen und Anstöße nutzen können, die in die Richtung solcher Leitziele gehen. Zu erwarten ist, daß ihre Arbeit beispielhaft wirkt und Anregungsfunktion gegenüber den Kollegen übernehmen kann und damit vielleicht auch einen Prozeß in Gang setzt, der zu einer Belebung und Erneuerung des Schulalltags beiträgt.

Aus den angeführten Zielsetzungen leiten sich die folgenden zentralen Aufgaben für eine allgemeine suchtpräventive Arbeit ab:

1. Angebot von Einzelgesprächen mit Schülern, die sie bei der Klärung und Bewältigung von Problemen unterstützen sollen.
2. Angebote von Gesprächsgruppen, die
   a) die Selbsterfahrung fördern, sogenannte offene Gruppen,
   b) sich auf aktuelle Themen mit emotionalem Bezug konzentrieren (z.B. „Beziehung zu den Eltern" oder „Freundschaften").
3. Weitere Angebote, die kommunikative Zielsetzungen mit gemeinsamem Arbeiten und kreativem Gestalten verbinden (z.B. Fotogruppe, Theatergruppe).
4. Unterrichtsangebote, die ganzheitliches Lernen fördern, indem sie kognitives Wissen und emotionale Erfahrungen miteinander verbinden und für die Lernenden einen stärkeren Ich-Bezug möglich machen (z.B. auf der Grundlage des gestaltpädagogischen Ansatzes).
5. Alternative Betätigungs- und Erlebnismöglichkeiten, die mit der Attraktivität von Suchtverhalten konkurrieren können (z.B. Sportkurse – Segeln, Surfen etc. –, gemeinsame Ferienunternehmungen, wie z.B. Rad- oder Motorradtour, oder auch Gruppen, die gemeinsam Rockmusik machen).

Ob diese speziellen Angebote auch von den Schülern in Anspruch genommen werden, hängt davon ab, inwieweit es dem Lehrerteam gelingt, eine aktive Kontaktanbahnung mit den Schülern zu leisten. Deshalb liegt darin eine weitere wichtige Aufgabe, die gleichsam die Voraussetzung liefert für die bisher aufgeführten speziellen Angebote:

6. Aktive Kontaktanbahnung mit Schülern. Dies erfordert von den Lehrern,
   – Interesse und Bereitschaft zu persönlichem Kontakt zu zeigen und
   – zwanglose Kontaktangebote (z.B. interessante Medien mit anschließender Diskussion), die Schüler einladen, aber nicht einbinden.

Als Adressat dieser Angebote kommen *alle Schüler* in Frage und nicht lediglich die Minderheit von „besonders gefährdet erscheinenden". Gerade von dieser Ausrichtung auf alle Schüler kann am ehesten eine Breitenwirkung der Arbeit erwartet werden. Mit der Befürwortung einer Ausrichtung auf *alle* Schüler ist nicht gemeint, daß ein Arbeiten mit der Gruppe der „besonders Gefärdeten" nicht vorgesehen ist; wichtig ist vielmehr, daß dies als Teilaufgabe in die allgemeine suchtpräventive Arbeit eingebettet wird.

Hervorzuheben ist, daß die allgemeine suchtpräventive Arbeit sich nicht auf spezifische Verhaltensauffälligkeiten, die mit Suchtverhalten einhergehen, konzentriert, sondern daß sie ganz allgemein die Verhaltensauffälligkeiten in den Blick nimmt, die zu einer das Individuum beeinträchtigenden Persönlichkeitsentwicklung führen. Dazu gehören auch Verhaltensauffälligkeiten, die weniger leicht ins Auge fallen, wie z.B. „extrem schüchternes Verhalten", „soziale Isoliertheit", „mangelnde Schulmotivation" etc. und eben auch Anzeichen von „Drogenmißbrauch" oder „Suchtverhalten".

B Zielsetzungen und Inhalte für ein Curriculum zur Fortbildung in schulischer Suchtprävention

Die Zielsetzung einer besseren Qualifizierung für die Aufgaben der psychosozialen Erziehung, insbesondere für die Förderung von personenzentrierter Kommunikation, sollte ein Hauptziel für ein Curriculum zur Lehrerfortbildung in punkto Suchtprävention darstellen.

Das Curriculum muß auch fachliches Wissen vermitteln, das zu einer besseren Einschätzung des Suchtproblems bei Schülern, insbesondere der Entstehung von Suchtverhalten und den konkreten Möglichkeiten und Grenzen der präventiven Arbeit beitragen kann.

Neben den Zielsetzungen für eine allgemeine suchtpräventive Arbeit, die bei allgemeinen psychosozialen Erziehungszielen ansetzt, sind auch Intentionen erforderlich, die auf eine *spezielle Drogenprävention* gerichtet sind und sich direkt auf das Thema Drogen, den Konsum von bzw. den Umgang mit Drogen konzentrieren. Anzustreben ist, daß Lehrer in der Lage sind, auch Informationen und Aufklärung über Drogen und Suchtgefahren zu leisten, mit Schülern darüber Gespräche zu führen und sie für den Kontakt und den Umgang mit Drogen vorzubereiten. Zielsetzung müßte es dabei sein, den Schülern eine kritische Einstellung gegenüber den Suchtgefahren durch Drogen zu vermitteln und sie in der Entwicklung einer gefestigten und eigenverantwortlichen Haltung zu bestärken. Eine wichtige Voraussetzung ist dabei auch, daß die betreffenden Lehrer aufgrund ihrer eigenen klaren Position gegenüber dem Konsum von Drogen (legalen wie auch illegalen) glaubwürdig sind und vorbildlich wirken können.

Darüber hinaus müssen sie auch darauf vorbereitet sein, mit drogenkonsumierenden Schülern umzugehen, d. h. mit ihnen über ihren Drogenkonsum und ihre Motive dazu sprechen zu können, sie eventuell beraten zu können über Maßnahmen zur Überwindung von Suchtverhalten und ihnen Angebote nahebringen zu können, die ernsthafte Alternativen zum Konsumieren von Drogen sein können.

Zu ihren Aufgaben wird weiterhin die Darstellung ihrer Arbeit im Kollegium gehören, wobei es wünschenswert erscheint, daß sie nicht nur Interesse und Verständnis wecken, sondern ihren Kollegen auch Anregungen zu eigenem Tun geben und Beratungsfunktionen wahrnehmen können.

Im folgenden sollen die Hauptzielsetzungen des Curriculums in einer Übersicht dargestellt und anschließend im einzelnen ausdifferenziert und kommentiert werden.

1. *Entwicklung eines Selbstverständnisses als Lehrer im Suchtpräventionsteam*
   - auf der Grundlage eines gemeinsamen Aufgabenverständnisses von schulischer Suchtprävention,
   - auf der Grundlage von spezifischem Sachwissen zum Suchtproblem und
   - aufgrund von Kenntnissen über suchtpräventive Konzepte.

2. *Sachkompetente Einschätzung des Suchtproblems und insbesondere der Suchtgefährdung von Schülern*
   setzt Wissen über Sucht, ihre Entstehungsbedingungen, charakteristische Hinweise auf Suchtentwicklung voraus.

3. *Fähigkeit zur Wahrnehmung und Reflexion von konkreten schulischen Bedingungen, die sich als Einschränkungen und Hindernisse für befriedigende Lern- und Kommunikationssituationen auswirken,*
   als Voraussetzung für die Fähigkeit, konstruktive Veränderungsansätze zu entwickeln, und
   als Grundvoraussetzung für die Konzipierung von konkreten Angeboten zur Suchtprävention.

4. *Qualifizierung für die Förderung von psychosozialen Erziehungszielen, insbesondere von personenzentrierter Kommunikation als Zielsetzung allgemeiner suchtpräventiver Arbeit*

erfordert zum einen persönliche Einstellungen und Bereitschaft zur Veränderung von Kommunikation in Richtung auf personenzentrierte Kommunikation und

zum anderen Fähigkeiten für personenzentrierte Gesprächsführung („einfühlendes Verstehen") und den Umgang mit gruppendynamischen Prozessen.

5. *Fähigkeiten und Kenntnisse für die Aufgaben spezieller suchtpräventiver Arbeit*
als Voraussetzung für die Entwicklung von Unterrichtsangeboten auf der Grundlage von Sachwissen über Suchtproblematik und der Kenntnis von adäquaten Konzepten.
Das erfordert ebenfalls Fähigkeiten zur Gesprächsführung (siehe Punkt 4) und darüber hinaus persönliche Voraussetzungen wie z. B. ein „ansteckendes" positives Lebensgefühl und die Fähigkeit zur Faszination durch eigenes sinnerfülltes und befriedigendes Tun.

6. *Voraussetzung für die Zusammenarbeit mit Kollegen*
Die Identifikation mit dem Aufgabenverständnis (s. Punkt 1) stellt eine wichtige Voraussetzung dar, insbesondere für
   – die Darstellung der Arbeit im Kollegium mit dem Ziel, Interesse und Akzeptanz zu bewirken, und
   – die Beratung und Anregung von Kollegen bezüglich eigener Aktivitäten.

7. *Voraussetzungen für Gespräche mit und Beratung von Eltern erfordert ähnliche Voraussetzungen wie Punkt 6.*

8. *Voraussetzungen für die Zusammenarbeit mit externen Einrichtungen*
Wissen über konkrete therapeutische Möglichkeiten, Einrichtungen der psychosozialen Versorgung (Beratungsstellen etc.) sowie sozialpädagogische Institutionen (z. B. Jugendheime) und Fähigkeit zur Kooperation mit diesen Einrichtungen.

C Differenzierung der allgemeinen Zielsetzungen

1. *Entwicklung eines Selbstverständnisses als Lehrer im Suchtpräventionsteam*
   – Selbstverständnis setzt eine Definition möglicher Aufgaben und der Grenzen dieser Aufgaben voraus (z. B. Abgrenzung gegenüber angetragenen Rollen, wie z. B. der „Super-Drogenexperte" oder der „Allround-Problem-Manager", sowie gegenüber überfordernden Erwartungen;

- Selbstreflexion der persönlichen Motivation gegenüber den neuen Aufgaben;
- Reflexion des eigenen Verhältnisses gegenüber Drogen und Sucht (gegenüber illegalen und legalen Drogen) und insbesondere gegenüber Drogenkonsum bei Schülern;
- Reflexion des eigenen Suchtverhaltens und Drogenkonsums;
- Vorbereitung auf eventuelle Rollenkonflikte, z. B. zwischen üblicher Lehrerrolle und speziellem Selbstverständnis als Beratungslehrer;
- Schaffung einer gemeinsamen Motivationsgrundlage.

Die Art der Zielsetzungen erfordert die Bereitschaft zur Selbstreflexion und Selbsterfahrung, die nur in Lernsituationen möglich sind, die einen hohen Grad an persönlicher Vertrautheit involvieren. Voraussetzung dafür sind kleine Gruppen, die kontinuierlich zusammenarbeiten.

2. *Sachkompetente Einschätzung des Suchtproblems und insbesondere der Suchtgefährdung von Schülern*
   Die Lehrer sollen vertraut sein mit den aktuellen Konzepten und Erklärungsansätzen von Sucht, Suchtgefährdung und Suchtprävention.
   Das umfaßt:
2.1 Kenntnis und Verständnis eines breiten Suchtbegriffs (süchtiges Verhalten als selbstschädigendes, die persönliche Entwicklung einschränkendes Verhalten).
2.2 Kenntnis von verschiedenen Formen und Ausprägungen von Sucht, Suchtmitteln und von deren Wirkungen und Schädigungen.
2.3 Kenntnis der Bedingungsfaktoren süchtigen Verhaltens:
   - gesellschaftliche Faktoren (ökonomische, soziokulturelle Faktoren),
   - soziale und lebensgeschichtliche Faktoren,
   - konkrete Merkmale der Lebenssituation von Jugendlichen (soziologischer und psychologischer Aspekt),
   - konkrete Merkmale der Lebenssituation der Schüler einer jeweiligen Schule (ausbildungsmäßige Zukunftsperspektive),
   - strukturelle Bedingungen der Schule, die als Einschränkung wirken,
   - Merkmale der Persönlichkeitsentwicklung (insbesondere neurotische Persönlichkeitsentwicklung).
2.4 Allgemeine pädagogische, psychologische und soziologische Kenntnisse, die das Verstehen des Verhaltens von Jugendlichen erleichtern:

- Kenntnisse der Entwicklungspsychologie bezüglich adoleszenter Entwicklung (Entwicklung von Normen, Werten, Einstellungen, Entstehung von Subkulturen und Jugendstilen);
- Kenntnis der Ausprägungsformen bestehender aktueller Jugendkulturen (regionale Ausprägungen und Erscheinungsformen im Kiez);
- sozialpsychologische Kenntnisse über die Auswirkung von Erziehungsstilen.

2.5 Kenntnis von zentralen Konzepten zur Suchtprävention:
- Suchtprävention als Förderung der psychosozialen Erziehung, insbesondere Förderung von personenzentrierter Kommunikation in der Schule, die der persönlichen Entwicklung der Schüler dient;
- Suchtprävention als Schaffung von Alternativen zu Konsumzielen: aktive und erlebnisintensive Freizeitaktivitäten (z. B. Segelkurs, Filmprojekt);
- Suchtprävention als Training von sozialen Fähigkeiten (z. B. „dem Gruppendruck widerstehen können");
- Kenntnis von konkreten Projekten und Vorgehensweisen zur Suchtprävention.

2.6 Vertrautheit mit den Lebensbedingungen der Jugendlichen im jeweiligen Wohnbezirk, mit den Freizeiteinrichtungen, Jugendheimen, dem Kiezmilieu etc.

2.7 Informiertheit über die Erreichbarkeit von illegalen Drogen im Wohnbezirk, Kenntnis der Drogenszene vor Ort.

2.8 Kenntnis der konkreten Merkmale und Hinweise auf suchtgefährdende Entwicklungen bei einzelnen Schülern und Schülergruppen (z. B. Anzeichen von Drogenmißbrauch, Verhaltensauffälligkeiten wie z. B. soziale Isoliertheit, soziale Hemmungen, Schulverdrossenheit, Absonderung von Cliquen mit starker Hinwendung zu einer drogennahen Subkultur).

Die aufgeführten kognitiven Kenntnisse sollen insbesondere die Voraussetzung für die folgenden Fähigkeiten liefern:
- Differenzierte und sensible Wahrnehmung von Verhaltensauffälligkeiten bei einzelnen Schülern und bei Schülergruppen und
- adäquate Einschätzung und Beurteilung von konkreten Beobachtungen im Zusammenhang mit Suchtgefährdung.

Bei den kognitiven Zielsetzungen geht es nicht darum, die Lehrer zu Sachexperten in Suchtfragen auszubilden, sondern es soll ihnen lediglich das erforderliche Hintergrundwissen angeboten werden, damit sie ihre psychosozialen und kommunikativen Aufgaben adäquater wahrnehmen können. Die Sachkompetenz soll ihnen insbesondere eine adäquate Einschätzung von konkreten Beobachtungen und Erfahrungen aus ihrem Schulalltag ermöglichen und sie zu einer sensiblen und differenzierten Wahrnehmung von Verhaltensauffälligkeiten bei Schülern und von spezifischen Gefährdungsmomenten befähigen. Diese Fähigkeiten setzen wiederum eine gute Informiertheit über die Schüler der jeweiligen Schule – insbesondere ihre Probleme – voraus und erfordern somit einen relativ nahen und persönlichen Kontakt mit den Schülern. Dem Ziel der adäquaten Einschätzung von konkreten Merkmalen und Entwicklungen muß auch die Form der Fortbildung Rechnung tragen: Es sollten insbesondere Fallbesprechungen, die von spezifischen persönlichen Erfahrungen mit Schülern ausgehen, in ihrem Rahmen vorgesehen sein. Das erfordert eine Veranstaltungsform, die sich am Modell von Balint-Gruppen bzw. von fachlicher Supervisionsarbeit im Kollegenkreis orientiert.

3. *Fähigkeit zur Wahrnehmung und Reflexion von konkreten schulischen Bedingungen, die sich als Einschränkungen und Hindernisse für befriedigende Lern- und Kommunikationssituationen auswirken*
   Diese Fähigkeit verlangt zum einen,
3.1 den Schulalltag kritisch wahrzunehmen und zu beurteilen, ihn auf Restriktionen, Zwänge und heimliche Normen hin zu überprüfen und nach möglichen objektiven Freiräumen bzw. Änderungsmöglichkeiten Ausschau zu halten.
   Sie impliziert weiterhin
3.2 eine selbstreflexive Einstellung und Bereitschaft zu einer Distanzierung von eigenen festgefahrenen Gewohnheiten, selbstauferlegten Zwängen und impliziten Normen.
   Und hat zur Voraussetzung
3.3 die Kenntnis von und Orientierung an wünschenswerten Modellvorstellungen von schulischen Lern- und Kommunikationssituationen (z. B. dem Konzept eines schülerzentrierten Unterrichts nach C. R. Rogers) und neuen Konzepten schulischen Lernens (z. B. „Offener Unterricht" oder „die Stadt als Schule").
   Als weiteres Erfordernis kommt hinzu:
3.4 Engagement zur konstruktiven Wendung und Motivation zur Entwicklung von Verbesserungsansätzen.

Mit diesen Zielsetzungen soll die Grundlage für eine engagierte innovative Arbeit in der Schule geschaffen werden. Die Form der Fortbildung sollte dies durch Gelegenheiten zu intensiver Diskussion und gegenseitiger Anregung und Motivation in kleinen vertrauten Gruppen begünstigen.

4. *Qualifizierung für die Förderung von psychosozialen Erziehungszielen, insbesondere von personenzentrierter Kommunikation als Zielsetzung allgemeiner suchtpräventiver Arbeit*
   Diese Zielsetzung umfaßt folgende Fähigkeiten und Eintellungen:

4.1 Fähigkeit zu personenzentrierter Gesprächsführung, orientiert an den charakteristischen Variablen der klientenzentrierten Gesprächsführung: einfühlendes Verstehen, Wertschätzung gegenüber der Person des anderen und Selbstkongruenz bezogen auf Gespräche mit einzelnen zur Unterstützung bei der Problemerklärung und -lösung.

4.2 Fähigkeit zur Förderung personenzentrierter Kommunikation in der Gruppe mit der Orientierung an den oben angeführten psychosozialen Erziehungszielen. Dies erfordert Fähigkeiten zum Umgang mit gruppendynamischen Prozessen, mit Störungen und Konflikten in der Gruppe etc.
   Diese Fähigkeiten haben bestimmte Einstellungen auf seiten der Lernenden zur Voraussetzung, nämlich

4.3 Lernbereitschaft gegenüber dieser Art von Kommunikation,

4.4 Bereitschaft zu größerer persönlicher Offenheit,

4.5 Bereitschaft zu eigener Selbsterfahrung in der Gruppe.
   Als weitere Zielsetzungen kommen hinzu:

4.6 Fähigkeit und Engagement für die Entwicklung von Unterrichtsangeboten und Aktivitäten in der Schule.

4.7 Kooperation und gegenseitige Unterstützung bei der Durchführung neuer Angebote in der Fortbildungsgruppe: Vorstellen in der Lehrergruppe, Austausch der Erfahrungen, intensive Auswertung.

4.8 Gemeinsame Fallbesprechungen mit dem Ziel der Bearbeitung von Erfahrungen mit problematischen Schülern und Situationen.

Da es für die Vermittlung der Fähigkeiten zur personenzentrierten Gesprächsführung konkrete Kursangebote und differenzierte Vorstellungen gibt, kann auf eine weitere Ausdifferenzierung von Lernzielen verzichtet werden. Wichtig erscheint jedoch die folgende Abgrenzung: Es ist nicht beabsichtigt, den Lehrern innerhalb der Fortbildung therapeutische Zusatzqualifikationen zu vermitteln; vielmehr soll ihnen die Gelegenheit dazu geboten werden, ihre Fähigkeiten zur Gesprächsführung zu erweitern. Da die Förderung von persönlich bedeutsamer Kommunikation zwischen den Schülern auch voraussetzt, daß der Gruppenleiter bzw. der Beratende selbst bereit und in der Lage dazu ist, sich auf eine persönliche Form von Kommunikation einzulassen, wird es erforderlich sein, daß er selbst auch diese Form zuvor als Gruppenteilnehmer erfahren hat. Als Veranstaltungsform sind infolgedessen Blockseminare bzw. Trainingskurse vorzusehen, die ein intensives Lernen möglich machen.

In personenzentrierter Gesprächsführung sollten wenigstens zwei aufeinander aufbauende Trainingskurse von je ca. 20 Wochenstunden vorgesehen sein.

Weitere Kurse sollten in themenzentrierter Interaktion (nach Ruth Cohn), die insbesondere die Förderung von Kommunikationsprozessen in der Gruppe anregen, angeboten werden.

Für die Aufgabe, Unterrichtsangebote zum ganzheitlichen Lernen zu fördern, empfiehlt sich die Teilnahme an einem Kurs in Gestaltpädagogik, der anstrebt, daß die Beteiligten in einem gemeinsamen Lernprozeß mit einem hohen Grad an Ich-Beteiligung zur Entwicklung von kreativen Ansätzen der Unterrichtsgestaltung gelangen.

Empfehlenswert sind weiterhin Angebote, die der Thematisierung von konkreten Problemen und Erfahrungen mit Schülern dienen sollen; hierbei sollen konkrete Fragen, wie z.B. Reaktionen auf aggressive Schüler oder Umgang mit sehr verschlossenen oder auch isolierten Schülern etc., im Mittelpunkt stehen und eine persönliche Bearbeitung der Erfahrungen möglich sein.

Gemeinsamer Erfahrungsaustausch und Bearbeitung von aktuellen Fragen und Problemen zur suchtpräventiven Arbeit in der Schule sollten zum Gegenstand regelmäßig stattfindender Gesprächsrunden im Kreis von jeweils drei bis vier Lehrerteams (maximal 12 Personen) werden. Darin sollte auch das Kernstück einer *fortlaufenden begleitenden Fortbildung* bestehen. Die Aufgabe der Betreuung dieser Gesprächsrunden sollte von den vorgesehenen bezirklichen Suchtpräventions-Teams wahrgenommen werden (vgl. Modellvorschlag von Heckmann).

Die Teilnahme an den vorgesehenen Trainingskursen sollte fakultativ sein, da ein persönlich bedeutsames Lernen nur unter der Voraussetzung der inneren Bereitschaft der Teilnehmer zustandekommt. Demgegenüber sollte allerdings die Teilnahme an den zu etablierenden Gesprächsrunden der Gruppe von Lehrerteams obligatorisch sein.

5. *Fähigkeiten und Kenntnisse für die Aufgaben spezieller suchtpräventiver Arbeit*
Auf der Grundlage des Sachwissens über die Suchtproblematik (vgl. Zielsetzung 2) und der Kenntnis von adäquaten didaktischen

Vorgehensweisen sollen Unterrichtsentwürfe und -projekte für folgende Zielsetzungen entwickelt werden können:

5.1 für die Information und Aufklärung über Drogen und die Gefahren von Drogenmißbrauch und Suchtverhalten und

5.2 für die Vorbereitung der Schüler auf den Kontakt und Umgang mit legalen und illegalen Drogen in ihrem Lebensbereich:
- mögliches Verhalten gegenüber direkter Verführung, z. B. durch Gleichaltrige und negative Vorbilder, und gegenüber indirekter Verführung, z. B. durch Produktwerbung etc.,
- Selbstbehauptung gegenüber Gruppendruck, z. B. durch adäquate Argumentation, Behauptung einer Minderheitenmeinung etc.,
- selbstkontrollierter Umgang mit „akzeptierten" Drogen;

5.3 für das Erkennen der psychologischen Funktion von Drogenkonsum und der zugrundeliegenden Bedürfnisse, Aufspüren von alternativen Möglichkeiten der Bedürfnisbefriedigung.

Weitergehende Zielsetzungen sollten auch darauf gerichtet sein,

5.4 die Schüler zu motivieren und sie aktiv dazu anzuregen, alternative Betätigungs- und Erlebnismöglichkeiten zu suchen und auszuprobieren und

5.5 alternative Angebote zu umfassen, die den Jugendlichen adäquate Betätigungs- und Erlebnismöglichkeiten verfügbar machen (z. B. Sportkurse, Radtour, Filmprojekt).

Hierzu können die Lehrer auch selbst konkrete Angebote machen, die von ihren eigenen Interessen und Hobbies ausgehen und den Schülern eben durch die eigene persönliche Beteiligung und Faszination die alternativen Möglichkeiten der Bedürfnisbefriedigung nahebringen.

Weitere Zielsetzungen der Fortbildung sollten auf die Zielgruppe der durch Drogenkonsum direkt gefährdeten Schüler gerichtet sein. Hierfür erscheint es wichtig, daß die Lehrer

5.6 mit den besonders gefährdeten Schülern sprechen können, insbesondere über deren Drogenkonsum und die zugrundeliegenden Motive, daß sie diese beraten können über in Frage kommende Maßnahmen zur Überwindung ihres Suchtverhaltens und auch dieser Problemgruppe alternative Freizeitziele nahebringen können.

Diese Zielsetzungen verlangen eine besonders intensive Berücksichtigung innerhalb der Fortbildung, denn sie erfordern, daß Lehrer dabei eigene Hemmungen überwinden und eine Kontaktaufnahme wagen, die nicht selten zunächst auf Ablehnung stoßen wird. Deshalb sollten hierfür intensive Übungsmöglichkeiten in Form von Rollenspielen und Fallbeispielen vorgesehen werden, um dadurch eine größere Verhaltenssicherheit zu entwickeln. Als günstige Voraussetzung für solche Gespräche kann dabei insbesondere die Fähigkeit zur personenzentrierten Gesprächsführung gelten.

6. *Voraussetzungen für die Zusammenarbeit mit den Kollegen*
Mit den erworbenen fachlichen Voraussetzungen und auf der Grundlage eines adäquaten Selbstverständnisses (vgl. insbesondere Zielsetzung 1) sollen die Lehrer dazu in der Lage sein, folgende Aufgaben wahrzunehmen:

6.1 Darstellung der eigenen Arbeit im Lehrerkollegium mit dem Ziel, Interesse zu wecken und Akzeptanz zu erreichen.

6.2 Initiieren einer kontinuierlichen Kommunikation im Kollegium – Gelegenheiten schaffen, feste Termine organisieren.

6.3 Informationen über suchtgefährdende Entwicklungen in der Schule geben können.

6.4 Auskünfte und Empfehlungen geben können über Einrichtungen der Drogenberatung und der allgemeinen psychosozialen Versorgung.

6.5 Kollegen beraten können bei Problemen wie z. B. dem Drogenmißbrauch von Schülern oder bezüglich des Umgangs mit problematischen Schülern.

6.6 Anregungen für die suchtpräventive Arbeit der Kollegen geben können.

6.7 Eigenen Standpunkt bezüglich des Drogenkonsums von Schülern in der Schule gegenüber Kollegen vertreten können.

6.8 Eigenen Standpunkt gegenüber dem Drogenkonsum im Kollegenkreis (Feiern mit Alkohol, Rauchen in der Schule) vertreten können; Bedeutung von Vorbildwirkung und Glaubwürdigkeit für die Vermittlung von Verhaltensregeln.

7. *Voraussetzungen für Gespräche mit und Beratung von Eltern*
Aufgrund der bisher aufgeführten Zielsetzungen und zu erreichenden Qualifikationen des Fortbildungsprogramms werden die Lehrer auch besser dafür ausgestattet sein, Gespräche mit Eltern zu führen und dabei beratende Funktionen zu übernehmen. Inwieweit sie auch längerfristige Aufgaben von Elternarbeit übernehmen können, ist abhängig von ihrem verfügbaren Zeitbudget und kann erst nach einer gewissen Anlaufphase beurteilt werden.

8. *Voraussetzungen für die Zusammenarbeit mit externen Einrichtungen*

Ziel der Fortbildung müßte es ebenfalls sein, daß Lehrer vertraut sind mit den in Berlin und insbesondere im Bezirk vorhandenen Einrichtungen zur Beratung und therapeutischen Versorgung, gegebenenfalls Schüler, Lehrerkollegen und Eltern diesbezüglich beraten können und selbst auch soweit mit diesen Institutionen in Kontakt treten können, um z. B. Überweisungen einzuleiten und Empfehlungen einzuholen.

Insbesondere für die Zielsetzung, Schüler auch zu sinnvollen Freizeitaktivitäten anzuleiten, erscheint es günstig, die Angebote der sozialpädagogischen Einrichtungen im Bezirk zu kennen und mit den dortigen Betreuern Kontakt zu pflegen. Darüber ließen sich eventuell auch Freizeitprojekte für Jugendliche anregen oder auch gemeinsam entwickeln.

D Prinzipien für die methodische Durchführung der Fortbildung

1. *Erfahrungsnahes Lernen und ganzheitliche Erfahrungen*
sollten im Vordergrund stehen; d. h. die Lehrer sollten selbst die Vorgehensweisen und Konzepte konkret erleben und erfahren, bevor sie sie mit Schülern erproben (z. B. Teilnahme an Gesprächsgruppen mit Selbsterfahrungscharakter als Voraussetzung für Angebote an die Schüler). Diese Form des Lernens sollte in größeren zusammenhängenden Blockseminaren und Trainingskursen stattfinden.

2. Es sollten regelmäßige Gesprächsrunden für jeweils drei bis vier Lehrerteams (maximal zehn Teilnehmer) etabliert werden, die von den Suchtpräventions-Teams betreut werden. Sie sollten vorwiegend dem Austausch und der Bearbeitung von konkreten Erfahrungen dienen und am Modell von Balint-Gruppen bzw. Supervisionsgruppen orientiert sein.

3. Die vorgesehenen Intensivkurse in Gesprächsführung, themenzentrierter Interaktion und Gestaltpädagogik sollten soweit möglich in den etablierten Gruppen von Lehrerteams stattfinden bzw. sollten die Mitglieder der Gesprächsgruppe möglichst gemeinsam an diesen Blockkursen teilnehmen, damit durch diese Form des gemeinsamen erfahrungsnahen Lernens die Grundlage für eine intensive Zusammenarbeit in der festen Gesprächsrunde geschaffen werden kann.

Autorenverzeichnis

Altenkirch, Holger, Jg. 1943, Facharzt für Neurologie und Psychiatrie, Professor für Neurologie am Klinikum Steglitz, FU Berlin. Hufelandpreis 1979 (deutscher Preis für Präventivmedizin). Veröffentlichungen über Heroinmißbrauch, Schnüffelsucht, toxische Neuropathien.

Bartsch, Norbert, Jg. 1940, Professor für Didaktik der Primarstufe an der Freien Universität Berlin; Veröffentlichungen zur allgemeinen schulischen Gesundheitserziehung und zur präventiven Drogenerziehung.

Bockhofer, Reinhard, Jg. 1944, Fachleiter am Wissenschaftlichen Institut für Schulpraxis in Bremen. Tätigkeit in der Lehrerfortbildung zur Drogenprävention. Veröffentlichungen zur Suchtprophylaxe.

Brauner, Klaus, Jahrgang 1937, Dipl.-Pädagoge, Lehrer an einer Hauptschule in Landau, Pfalz. Veröffentlichungen zur Gesundheitserziehung.

Clemens, Werner, Jg. 1943, Lehrer; seit 1972 am Pädagogischen Zentrum Berlin. Seit 1978 Referent für den Bereich „Suchtgefahren als Problem der Schule" mit dem Schwerpunkt methodisch-didaktische Fragen. Zwischenzeitlich Mitarbeiter in der Arbeitsgruppe „Drogenkonzeption" der Bundeszentrale für gesundheitliche Aufklärung.

Engel, Andreas, Jg. 1953, Lehrer an einer Berliner Haupt- und Realschule für Musik und Deutsch.

Heckmann, Wolfgang, Dr. phil., Dipl.-Psych., Jg. 1946. 1978–1986 Drogenbeauftragter des Landes Berlin, 1981/1982 Gastprofessor für Entwicklungspsychologie und Drogenprobleme an der Gesamthochschule Kassel.

Juhr, Gunhild, Jg. 1943, Lehrerin an einer Hauptschule. Bis 1983 Wissenschaftliche Assistentin am Institut für Biologie an der TU Berlin. Fachseminarleiterin für Suchtprophylaxe beim Senator für Schulwesen Berlin.

Knigge-Illner, Helga, Dr. phil., Dipl.-Psych., Wissenschaftliche Mitarbeiterin an der FU Berlin, Zentraleinrichtung Studienberatung und Psychologische Beratung; Lehrtätigkeit im Bereich Klinische Psychologie; Veröffentlichungen über Suchtprävention sowie zur Mediendidaktik und -forschung.

Koller, Elfriede, Jg. 1952, Dipl.-Päd., seit 1979 Wissenschaftliche Mitarbeiterin beim Landesdrogenbeauftragten von Berlin, Arbeitsgebiet Suchtprävention.

Manns, Marianne, Prof. Dr., Dipl.-Psych., Jg. 1930, Hochschullehrerin am Institut für Psychologie im FB Erziehungs- und Unterrichtswissenschaften der FU Berlin.

Meyer, Gerhard, Dr. rer. nat., Dipl.-Psych., Jg. 1952, Wissenschaftlicher Mitarbeiter an der Universität Bremen in dem Forschungsprojekt „Glücksspieler in Selbsthilfegruppen". Mehrere Veröffentlichungen zur Abhängigkeit vom Glücksspiel.

Orlopp, Günther, Jg. 1952, Sozialarbeiter in einem mobilen Team zur Suchtprophylaxe in Berlin.

Perlwitz, Erich, Professor für Psychologie am Institut für Psychologie der FU
Berlin mit dem Arbeitsschwerpunkt Handlungsregulation.

Priebe, Botho, Jg. 1942, Referatsleiter für Sozialwissenschaften im Landesinstitut für Schule und Weiterbildung in Soest; Publikationen in den
Bereichen Politische Bildung, Sucht- und Drogenprävention, Entwicklungs-
fragen in der Lehrerfortbildung.

Rieck, Anneliese, Jg. 1938, Sozialarbeiterin, Mitarbeiterin im Pädagogischen
Zentrum Berlin. Beratung und Fortbildung von Sozialpädagogen, Lehrern
und Kontaktlehrern; Aus- und Fortbildung der Berliner Lehramtsanwärter
und Fachseminarleiter im Bereich „Suchtprophylaxe in der Schule".

Rohrbach, Martina, Jg. 1955, Diplompädagogin, Wissenschaftliche Mitarbeiterin an der TU Berlin, Fachbereich Erziehungswissenschaften, Schwerpunkt Sozialpädagogik. Seit 1978 Tätigkeit als Honorardozentin in der Fort-
und Weiterbildung im Jugend- und Suchtbereich.

Rubeau, Peter, Jg. 1943, Dipl.-Psych., Ausbildung in Gesprächspsychothera-
pie und Gestalttherapie. Psychotherapeut in freiberuflicher Praxis, Veröffentlichungen über Suchtprävention und Gestalttherapie und -pädagogik.

Schupp, Klaus, Jg. 1948, Sonderschullehrer, Kontaktlehrer an einer Berliner
Schule. Seit 1982 Fortbildung aller neuen Berliner Kontaktlehrer. Planung,
Leitung und Durchführung der Aus- und Fortbildung der Berliner Lehramtsanwärter sowie Fachseminarleiter im Bereich „Suchtprophylaxe in der
schule".

Schultze, Jona, Jg. 1930, Dipl.-Psych. Wissenschaftliche Angestellte am
Institut für Psychologie im FB Erziehungs- und Unterrichtswissenschaften
der FU Berlin.

Sommer, Gerhard, Jg. 1949, Dipl.-Psych., Ausbildung in Gesprächspsycho-
therapie und Gestalttherapie, Wissenschaftlicher Angestellter am Institut
für Psychologie der TU Berlin, seit 1984 Mitarbeiter der Psychologischen
Beratungsstelle in Lahr/Freiburg.

Spittler, Hartmut, Dr. med., Jg. 1923, Nervenarzt und Psychoanalytiker. Seit
1970 Leiter der Abteilung für Alkoholkranke in der Nervenklinik Spandau
in Berlin.

Staeck, Lothar, Dr. phil. habil. Jg. 1944, Professor für Didaktik der Biologie an
der TU Berlin; derzeitiger Forschungsschwerpunkt: überfachliche Themen
des Biologieunterrichts wie Drogenerziehung im Rahmen der Gesundheitserziehung, Sexual- und Friedenserziehung.

Voß, Reinhard, Dr., Jg. 1947, Dipl.-Päd., Lehrer, z. Z. Privatdozent an der
Universität Dortmund im FB 12.

Wöbcke, Manfred, Dr. phil.; Diplom in Psychologie und Pädagogik, Real-
schullehrer, Promotion zu den Ursachen von Drogenabhängigkeit; diverse
Veröffentlichungen zur Drogenproblematik; wissenschaftlicher Mitarbeiter
im Bereich Sozialpädagogik an der Universität Mainz.

Bartsch/Knigge-Illner (Hrsg.)

Sucht und Erziehung
Band 2
Sucht und Jugendarbeit
Ein Handbuch für Lehrer und Sozialpädagogen

BELTZ Grüne Reihe

Mit einem Vorwort von Wolfgang Heckmann. (Suchtprobleme in Pädagogik und Therapie. Band 4. – Beltz Grüne Reihe.) 1986. 212 Seiten. Broschiert DM 34,– ISBN 3-407-25098-3

Süchtiges Verhalten ist für viele Schüler und Jugendliche zu einem Problem in ihrer Freizeit geworden. Drogenmißbrauch und stoffungebundene, zwanghafte Verhaltensweisen sind oft der hilflose Versuch, Problem- und Konfliktsituationen des Alltags mit untauglichen Mitteln auszuweichen. Nach einer Aufarbeitung zentraler Schlüsselfragen gibt das Buch praxisnahe pädagogische Orientierungshilfen zu erfolgreicher suchtpräventiver Jugendarbeit. Verschiedene Projekte in schulischen und außerschulischen Freiräumen geben Lehrern und Sozialpädagogen nachvollziehbare Handlungshilfen. Außerdem werden vielfältige Anregungen aufgezeigt, wie suchtpräventive Arbeit durch eine Zusammenarbeit mit Eltern und Beratungsdiensten verbessert werden kann.

EDITION SOZIAL · BELTZ

87021-221-120